-原著-
第四版

Infant and Toddler Development and Responsive Program Planning

A Relationship-Based Approach (4th Edition)

0—3岁婴幼儿发展与回应式课程设计

在关系中学习

[美] 唐纳 · S. 威特莫（Donna S. Wittmer）
桑德拉 · H. 彼得森（Sandra H. Petersen）／著

王玲艳 等／译

中国轻工业出版社

图书在版编目（CIP）数据

0—3岁婴幼儿发展与回应式课程设计：在关系中学习／（美）唐纳·S. 威特莫（Donna S. Wittmer），（美）桑德拉·H. 彼得森（Sandra H. Petersen）著；王玲艳等译. —北京：中国轻工业出版社，2022.9（2025.1重印）

ISBN 978-7-5184-3846-4

Ⅰ. ①0… Ⅱ. ①唐… ②桑… ③王… Ⅲ. ①儿童教育−早期教育−教材 Ⅳ. ①G61

中国版本图书馆CIP数据核字（2022）第020367号

版权声明

责任编辑：张天怡　　责任终审：张乃柬
策划编辑：高　君　　责任校对：刘志颖　　责任监印：吴维斌

出版发行：中国轻工业出版社（北京鲁谷东街5号，邮编：100040）
印　　刷：三河市鑫金马印装有限公司
经　　销：各地新华书店
版　　次：2025年1月第1版第3次印刷
开　　本：850×1092　1/16　印张：30.5
字　　数：350千字
书　　号：ISBN 978-7-5184-3846-4　　定价：92.00元
读者热线：010-65181109
发行电话：010-85119832　010-85119912
网　　址：http://www.chlip.com.cn　http://www.wqedu.com
电子信箱：1012305542@qq.com

242421Y1C103ZYW

译 者 序

0—3 岁婴幼儿教育是学前教育的重要组成部分，目前在中国，0—3 岁婴幼儿教育事业日益受到重视。2019 年 4 月，国务院办公厅发布了《关于促进 3 岁以下婴幼儿照护服务发展的指导意见》，更是将社会的关注点聚焦于 0—3 岁这一阶段儿童的发展。0—3 岁婴幼儿教育事业的发展需要强有力的专业引领和支持，然而目前针对 0—3 岁婴幼儿发展和养育的书籍，尤其是普及性的、面向大众的、能将理论应用于实践的书籍并不多见。

本书体系完整，思路清晰，理念定位明确，并将整个理念贯穿全书的始终。在内容上，它不仅涵盖了从出生到 36 个月的婴幼儿发展的各个方面，还关注了课程建设以及婴幼儿的项目规划。在理念上，它以关系为内核，强调在尊重、反思与联系中建立密切的师幼关系，这一关键概念是支撑 0—3 岁婴幼儿事业发展，提升专业从业人员和家长素质的核心要素指向，其背后透视出我们对儿童作为独立个体存在价值的认可，对儿童权利的尊重和维护。关系是如此重要，以至于我们不得不将改变现状的出发点和落脚点聚焦于关系。

翻译本书时，女儿的成长经历似乎在我的眼前又重新上演了一遍。然而，相比当初自己教养女儿时，内心多了一些温柔，多了一些思考，多了一些感动，多了一些理解，也多了很多当初无法体会和感受的东西。本书是一本非常好的资源，如果能将它分享给每一位新生儿的家长，让他们能从容且满怀感恩地陪伴自己孩子的成长，也算是我们翻译本书的主要贡献之一了。因此，从受众角度来讲，本书既适用于学前教育专业的学生，又适合早期教育机构的管理者和从业人员，更适合家长买来放在床头，细细品味和反思。愿我们的孩子都能被温柔以待，愿我们的家长、教师和社会大众能不断地提升自己的观念与能力，为孩子的成长以及国家和民族的复兴贡献自己的力量！

本书内容丰富，体系庞大，很难凭一己之力翻译完成。在翻译本书的过程中，我得到了很多人的支持，她们是余悦森贝、李雨霏、成思粤、张凯晨、李艳、孙悦、马文舒、罗嘉君和郑蓓。她们对 0—3 岁婴幼儿的发展有着浓厚的兴趣，同样致力于 0—3 岁婴幼儿发展领域的研究与实践，并有自己关注的领域点。翻译本书是我们团队对 0—3 岁婴幼儿持续关注的过程中的一个有意义事件，我们对中国 0—3 岁婴幼儿的发展抱有更高的期许，也愿意为此而全身心投入。

全书由王玲艳统稿，统稿的过程中得到了高君编辑的大力支持，感谢她的信任、鼓励和耐心。最后，感谢我的女儿这段时间陪在我的身边，帮我完成这个艰巨而又光荣的任务。由于译者水平有限，译文疏漏之处，恳请广大读者批评指正！

王玲艳

前　　言

本书综合性强，不仅涵盖从出生到36个月的婴幼儿发展以及课程和项目规划，还包括以关系为基础的模式的使用指南。此外，它还注重家庭成员之间和教师之间关系的重要性，以及成人与婴幼儿互动时的回应能力；吸纳有关婴幼儿发展的最新研究成果；强调以儿童为中心的项目规划；将有特殊需要的婴幼儿纳入班级；强调文化、家庭和高质量的项目对婴幼儿发展与互动的影响。

什么是以关系为基础的模式

婴幼儿具有情感和社会性需求，他们需要感到安全、被重视、被爱，希望自己的个性得到他人的欣赏，也需要与他们的家庭、文化、重要的成人和同龄人建立密切的关系。积极的支持性关系将会满足婴幼儿的上述需要，并为他们的身心发展创设一个良好的环境。

婴幼儿发展和回应式课程采用以关系为基础的模式，阐述了婴幼儿如何在家庭和教师的支持下成长与学习。以关系为基础的模式考虑了儿童个体的特征以及环境对师幼关系、亲子关系质量的影响，而这些关系又成为婴幼儿幸福感和发展的过滤器与催化剂。随着以关系为基础的模式的采用，读者将会发现婴幼儿阶段的重要性，并因能够影响婴幼儿及其家庭的生活质量而感到兴奋。

本书以婴幼儿的大脑发展为背景，呈现了婴幼儿发展的各个方面以及早期关系的基本结构。我们希望读者以儿童发展科学为依据，了解为什么某些做法可以支持婴幼儿的最佳学习，某些做法却产生阻碍作用，以及如何提供高质量的回应式项目。本书将理论、研究和实践结合起来，为读者提供了实用性指导。

项目规划

除了将有关婴幼儿发展的内容囊括在内，本书还重点阐述了项目规划并突出强调了以下组成部分：

> 项目规划的基础
> 教师的角色与作用
> 与家庭建立良好关系的重要性以及如何提供具有文化敏感性的照护
> 回应式的照护过程
> 合理的过渡环节和一日常规
> 创设具有回应性和以关系为基础的环境
> 为儿童提供回应式的活动和机会
> 以关系为基础的指导方法

重视文化与身心存在障碍的儿童

为了充分尊重文化对婴幼儿发展的影响，本书每一章都阐述了身心存在障碍是如何影响婴幼儿的学习的或不同文化的人是如何对待婴幼儿的学习的。

本书新增内容

- 每章开篇的学习成果确定了本章学习的主要目标，这有助于读者聚焦、反思、自我评估以及吸收每一章的知识。
- 写作风格和内容更加通俗易懂。本书希望能覆盖最广泛的读者群体，并满足他们将从书中所学的知识应用到实践的需要。与以前的版本相比，本书的写作风格更具解释性、直观性，并且更注重操作性。
- 研究资料已更新，并讨论了新的概念。每年有关大脑发育、婴幼儿、家庭和文化的创新研究，都有助于我们理解婴幼儿的成长、发展和学习，以及家庭和教育实践的动态。这些研究成果都已被纳入本书。
- 每一章都提供了关于有特殊需要儿童的信息，另外还有一章专门讨论有特殊需要的儿童。
- 本书的一个显著特点是包含了有关尊重、反思与联系的内容，强调在互动过程中要充分考虑这三个方面。
- 有关婴幼儿发展的每个章节都提供了一张表格，描述了婴幼儿的能力以及发展里程碑。它包括具体的例子，以帮助读者将理论与实践联系起来；列出了教师或家长与婴幼儿互动的策略，以支持婴幼儿的发展和学习；同时，还提供了一系列玩具、材料、设备和其他支持。

- 文化近观：它有助于照料者实施具有文化敏感性的实践。

内容组织

本书第一部分的第 1 章至第 3 章通过关注早期经验、家庭关系和婴幼儿发展理论为全书奠定了基础。第 1 章描述了 0—3 岁婴幼儿领域的现状，并通过有说服力的研究结果告诉我们童年早期非常重要，儿童在生命前 3 年形成的态度、知识和技能为他们一生的学习与爱打下了基础，而家庭是孩子成长中的主要影响因素。第 2 章探讨了影响家庭功能的因素。婴幼儿专业人员也对婴幼儿是否能茁壮成长有很大的影响，同时教师将他们的实践建立在理论知识之上也很重要。第 3 章主要阐述了有关婴幼儿发展的理论，指导教师如何明确工作目标，了解婴幼儿如何发展，并知道他们需要什么。第 4 章的观察和记录策略为教师提供了了解婴幼儿的方法。

本书第二部分描述了儿童在产前阶段（第 5 章）、情感领域（第 6 章）、社会性领域（第 7 章）、认知领域（第 8 章）、语言领域（第 9 章）以及运动领域（第 10 章）中的卓越学习与发展。我们描述了每个儿童在该领域的能力，然后探讨了个体特征的影响。在这些章节的最后，我们描述了婴幼儿及其家庭支持和促进项目的组成部分。

本书的第三部分（第 11 章至第 16 章）将带领读者进入一个每天都在开展的回应式项目。通过了解童年早期的重要性、理论观点以及婴幼儿令人印象深刻的发展能力，你将学会如何规划一个满足他们需求的回应式项目，并在他们学习的时候支持他们。这个过程包括尊重婴幼儿的经验，反思他们的意图和你自己的反应，并通过你与他们的互动建立联系。

照护能力和反应能力是婴幼儿专业人士必须具备的关键要素，你将学习如何在一日照护中促进婴幼儿的情感发展。通过强调互动和人际关系，你将会发现如何创设一个充满学习机会的环境（第 13 章）。有关指导策略的建议（第 14 章）强调尊重儿童的文化和个性，要求专业人员进行反思，并培养婴幼儿与他人建立建设性关系的能力。由于项目中会涉及残障儿童以及具有不同兴趣、需要和能力的儿童，第 15 章讨论了如何为有特殊需要的儿童设计个性化的项目以及如何与早期干预人员进行合作。

为了给婴幼儿提供一个高质量的项目，我们必须关注如何成为一名与婴幼儿及其家人一起工作的专业人员。第 16 章描述了婴幼儿专业人员的职业认证、反思能力，并倡导教师、家庭、项目和社区一起携手推动该职业向前发展。

我们希望本书能激励你帮助婴幼儿和他们的家庭提升幸福感、技能以及生活质量。我们还希望这是一个新旅程的开始，能够创建一个婴幼儿所依赖的并能认识到婴幼儿时期重要性的充满关爱的社会！

目 录

第 1 章

婴幼儿期的重要性：一种以关系为基础的模式

学习成果

阅读本章之后，你将能够：

- 解释胎儿期、婴儿期和学步期为什么重要，婴儿和学步儿是如何学习的，以及成人应该如何支持他们的学习与发展；
- 在思考婴幼儿的发展和婴幼儿项目时采用一种以关系为基础的模式，并解释这种模式的重要性；
- 描述为婴幼儿及其家庭提供服务的项目，阐释知识渊博的专业人员有多么重要，以及如何应用这种从“关系”角度出发的模式。

婴儿和学步儿是迷人的、讨人喜欢的小家伙！他们的茁壮成长，离不开他们与积极回应他们的家人、老师和同伴建立起健康的情感联系。本书，我们既强调婴儿和学步儿自身的学习能力，又强调关乎婴儿和学步儿幸福的敏感互动关系。

当我们使用“婴儿和学步儿”这类术语时，我们到底在谈论谁？

> “婴儿”一词起源于拉丁文，意思是“还不会说话”，它强调了婴儿没有能力做什么，反映了婴儿不得不完全依赖成人的事实。然而，“学步儿”一词聚焦于儿童与日俱增的运动能力和独立性，所以它表明我们看待儿童的视角发生了变化。
>
> ——库特纳（Kutner）

婴儿和学步儿一般指的是从出生到 36 个月大的孩子。婴儿的年龄范围是从出生到 12 个月；然后，从 12 个月到 36 个月，婴儿变成学步儿，可以行走，甚至摇摇晃晃、跌跌撞撞地奔跑，他们的身心以闪电般的速度发展。有时，我们把 12—18 个月的学步儿称为“小学步儿”，把 18—36 个月的学步儿称为“大学步儿”。本书中，“小宝宝”“婴幼儿”以及“婴儿”和“学步儿”等词汇，都是指从出生到 3 岁的孩子。儿童从胎儿期就开始发展了，然后从胎儿期到 3 岁，儿童从一个无助的依赖者发展成集丰富的关系、能力、态度和行为于一身的个体。

为婴幼儿及其家庭提供服务的专业人员指的是谁呢？我们使用“婴幼儿专业人员”一词来指代各类婴幼儿学习与发展项目中的教师和管理人员，比如婴幼儿保育和教育中心、家庭托儿所等。“婴幼儿专业人员”也指那些通过家访、早期干预和家庭支持等项目辅助家长对孩子进行保育和教育的人士。稍后，我们会对这几类项目进行界定和讨论。

“教师”是指在婴幼儿个体保教和集体保教方面接受过专门培训的人员，他们对教室或者家庭托儿所中的婴幼儿负责。我们之所以选择“教师”一词而非人们更广泛使用的“照料者”，是为了避免人们产生错误的观念，即认为“照料者”只给予照料，并不支持儿童的教育。实际上，婴幼儿教育工作意味着：

- 满足婴幼儿的生理需求；
- 与婴幼儿进行回应式互动，满足他们的情感和社会需求，并促进他们的发展；
- 创设环境，以促进婴幼儿的全面发展；
- 与婴幼儿的家庭密切合作，以建立相互信任的关系。

本书中，“教师”并非指传授知识的人，而是指提供关爱、与婴幼儿进行敏感互动以及创造各种机会来支持婴幼儿学习的人，而这些互动和机会往往建立在婴幼儿的兴趣、长处和需要的基础上。

本书中，“照料者”一词可以指代任何一个照护和关心婴幼儿的成人，包括父母、教师、祖父母及其他人士。

阅读本书，我们希望你能理解，在人的一生中，胎儿期及生命的最初 3 年是多么重要！我们也由衷地希望，你不但了解而且能充满热情地提升婴幼儿的幸福感，提高他们的能力，促使他们获得良好的发展结果，以及提高他们及家人的生活质量。“幸福感”是指“儿童自身的感觉和想法，以及他在人际关系和成就方面所体验到的愉悦和满足”[1]。“能力”是指“儿童如何有效地适应每天的变化，即儿童的适应性和灵活性”，这也正是“良好的发展结果”的外在表现。“发展结果”是指儿童的学习能力、语言能力、动作能力、情感能力以及社交技能的不断提高。“生活质量”是指儿童对自我价值、生活条件以及人际关系的体验和感受。我们真诚地希望，你对实现这四个目标的热忱和兴奋劲儿与日俱增，并让这股劲头引领你与婴幼儿进行互动，信任婴幼儿，并为婴幼儿的发展提供支持。

我们提倡一种以关系为基础的模式，因为它可以帮助婴幼儿在家庭、文化、社区和世界中保持心理健康的最佳状态。学步儿 3 岁时，如果拥有以下感受或者表现，就说明他们的心理是健康的。

- 感到自己是有能力的且充满自信。
- 享受亲密的、充满爱的关系。
- 拥有安全感。
- 对别人抱有基本的信任。
- 用健康的方式调节和表达自己的情绪。
- 能够与他人交流且能让他人理解自己的交流意图。
- 感到自己的独特个性被珍视。
- 拥有学习的精力和好奇心。

- 身体健康且能得到充足的营养。

生命早期的重要性

> 最新的脑科学研究表明，在生命早期，父母及其他照料者给予儿童的经验，对儿童形成积极的自我认同感以及他们的社会性发展和学习潜力有着重要的影响，这种影响比今后班级教师或大学教授带给他们的影响都要深远。
>
> ——拉利（Lally）

有关生命早期重要性的新发现令人兴奋和欣喜。现在，我们已经获悉儿童在胎儿期和生命的最初 3 年进行了怎样的学习。早期经验会影响他们的成长、发展和学习；对婴幼儿是什么样的人以及他们将来会成为什么样的人有着持久的影响；将会影响婴幼儿的学习能力、自我价值感、胜任感以及爱和关心他人的能力。

因此，慈爱的成人对婴幼儿实现最佳发展起着绝对至关重要的作用。

一些婴幼儿身体健康，拥有充足的食物、安全感和父母的爱，交流时会得到成人积极的回应，而且能够感到自己是家庭和文化中备受珍视的成员。然而，不幸的是，还有一些婴幼儿身陷饥饿、恐惧和暴力之中，他们或被成人虐待，或被成人忽视。那么，这些不同的早期经验会产生影响吗？是的，毫无疑问。在人类生命发展的过程中，再没有哪个阶段会像生命的头 3 年需要那么多的学习，而且相应地会带来那么多的变化。

> 在儿童发展的过程中，童年早期既是最关键的时期，也是最脆弱的时期。
>
> ——布雷泽尔顿和格林斯潘（Brazelton & Greenspan）

现在，父母及婴幼儿专业人员越来越了解到这样一个事实，即婴幼儿所处的不同类型的环境会对他们的发展产生强烈而深远的影响。

> 萨米，15 个月，小睡后睁开眼睛，开始哭着找妈妈。妈妈快步来到了他的小床边，轻声地对他说：“乖乖，你醒啦？感觉怎么样呀？”他扭动身体，然后翻过身慢

慢地站起来，这样就可以更清楚地看到妈妈了。妈妈问："你准备好从小床上下来了吗？"他笑了，脸上的表情放松下来。然后，他伸出双手，等着妈妈把他从小床里抱出来。

在这个短暂却十分重要的互动中，萨米从他妈妈的迅速回应中感知到自己的重要性，知道他在这个世界上是有能力做些事情的，也相信成人大多数时候会满足他的需求。他正在学习自己是谁，如何在人际交往中成为慷慨的一方，以及有关他所处世界的重要概念。这些正是他在生命早期最需要了解的事情，而且这些收获也将服务于他接下来的成长和生活。如果萨米一直能持续得到这类回应式照料，那么他将会茁壮成长。

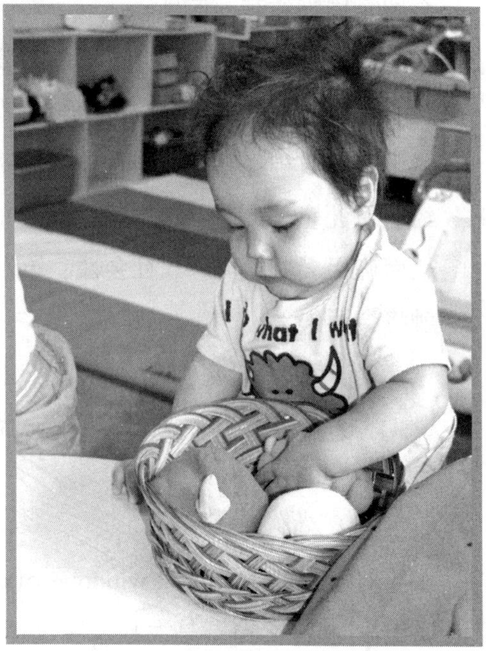

生命头 3 年的重要性是无可争议的

生命的头 3 年确实非常重要！在这一重要的发展阶段，你可以在促进婴幼儿及其家人的健康、幸福、快乐和生活质量等方面大有作为。你的职责绝非像保姆那样只是看孩子！在儿童快速成长和发展的这 3 年，养育、关爱和教育婴幼儿是你最重要的工作。

此时，大脑正在建构

塔玛拉，6 个月大，在她的视线范围内，有一束阳光正在欢快地跳跃着。她的父亲温柔地向她描述着这束明亮的光线，谈论她的眼睛以及她正在看的东西。我们看不到新的信号在塔玛拉的大脑内沿着神经通路传递的情况，但是如果仔细看，就可以看到她的眼神里有好奇，有惊奇，有喜悦。

在另外一个婴儿乔（将近 1 岁）的家里，生活压力已经快使乔的父母不堪重负了。当乔伸手去拿一块被父母禁止吃的饼干时，她的手像往常一样被重重地打了一下。我们看不到她大脑中的恐惧激素是如何激增的，也看不到这种持续存在的恐惧和乔为了保护自己而时刻保持警觉的状态是如何阻止她发展的，但是我们如果仔细看，就会发现她的眼睛里充满悲伤、惶恐、愤怒和痛苦。

有关塔玛拉、乔以及其他婴幼儿大脑发展的研究发现令人瞩目，这些发现让父母和专业人员更加坚信生命早期的重要性。对塔玛拉来说，每天的积极经历能够唤醒她大脑激素的健康分泌，有助于建立强有力的大脑回路，为学习创建一个平台。但是，对乔来说，她的大脑则“沐浴”在因为压力而产生的有害激素中，导致她的大脑构建应对危险的警惕机制，而不会留意周围的其他信息。

当父母或教师跟婴儿说话、给婴儿唱歌或者抱着婴儿，让他能够看见玩耍的小狗时，婴儿会对这些事件做出反应，他会吸收信息，对信息进行加工并储存。这时，他的大脑中就会积极地形成神经突触和各种神经通路，并创建一张学习网。这就是为什么童年早期被回应的经历对儿童如此重要：那些因重复的早期经历而被多次激活的神经突触将能够永久地存在，从而确保婴儿的情感、社会性、语言和思维获得最佳发展；反之，那些没有被激活的神经突触将会消失[2]。

> 在孩童时期，总有那么一瞬间，通向未来的门会被打开。
>
> ——格雷厄姆·格林（Graham Greene）

对于“机会之窗”（windows of opportunity）的理解，会影响我们如何看待生命早期的重要性。“机会之窗”是大脑发展过程中特定类型的学习所发生的阶段。之后，就像我们的窗户会随着年代久远而无法被打开一样，这些“机会之窗”也会很难被再次打开使用。例如，学习语言的“机会之窗”是从出生到 10 岁。不过，大脑的听力部分形成回路大约是在 1 岁；到 2 岁时，儿童听到的有意义的字词越多，他们的词汇量就越大。人们已经发现，在生命早期，视觉、听觉、数理逻辑、认知、问题解决以及情感发展能力等都有自己的“机会之窗”。

是时候降低婴幼儿的应激水平了。儿童的经历会影响其大脑的构造。科学家们已经发现，毒性压力（toxic stress）会改变儿童大脑的结构及其他器官系统，而且会给它们造成损伤。毒性压力会增加儿童（甚至成人）生病的风险，严重的甚至会损害大脑的思维能力。积极、牢固的师幼关系或者亲子关系可以缓解毒性压力对儿童的影响[3, 4]。在接下来的章节中，我们将阐述压力的更多影响。

尽管如此，我们必须记住，即使婴幼儿或学龄前儿童没有很理想的开端，这也并不意味着他们就没有希望了。许多有能力的成年人已经克服了生命初始的困难和挑战。人类的大脑有很强的可塑性。要想帮助较大儿童和成人弥补早期生活中消极有害的经历所带来的影响，时间和努力都很重要。例如，如果一个儿童在生命的头 2 年由于失聪或缺乏与成人的言语互动而常常处于无声的环境中，那么他很可能在语言发展上处于滞后水平。为此，这个儿童就需要得到密集的支持，以学习如何通过多种方式使用语言进行交流。未来，脑成像技术有可能帮助我们揭开敏感期何时发生以及什么样的干预措施能够弥补早期经验缺失的谜团[5]。

生命头 3 年的大脑发育是儿童今后学习和爱的基础，就好比一栋房子必须有坚实的地基才能继续矗立一样。只有地基结实抗压，今后的建设才会牢固。否则，在未来遇到挑战、承受重压的时刻，比如，情感上的暴风骤雨，地基就很容易被撼动甚至坍塌。有关脑科学的研究，让我们对于生命头 3 年的发展及其重要性有了更充分的了解。本书第 5 章将进一步讨论这方面的研究。

婴幼儿是有能力的学习者

此时此刻，当你阅读这段文字的时候，一个新生儿第一次睁开了双眼，感受妈妈的亲近和充满爱意的凝视；一个婴儿向父亲伸出了双手要求抱一抱；一个年幼的学步儿正在学习走路，他每 5 秒钟就摔倒一次，但很快就站了起来继续练习。

婴幼儿无时无刻不在学习。

- 在他们出生以前，学习就发生了。
- 在生命的头 3 年，学习是快速积累的——比人生的其他任何时段都要迅猛。
- 胎儿期及生命头 3 年的学习，为之后所有领域的学习奠定了基础。
- 早期经验会嵌入我们的身体（例如，太多压力会导致疾病，充满爱的关系则能保持身体健康）。
- 生命头 3 年的大脑发育决定了大脑结构，并对所有领域的学习产生影响[6]。

婴幼儿确实是非凡的学习者。在接下来有关情感、社会性、认知、语言和身体发展的章节，我们将更多地了解到他们惊人的学习能力。学习同时也受到遗传和环境、儿童的主动学习能力、识别模式的能力以及他们通过社会互动进行学习的能力等多种因素的影响。

学习受到遗传和环境动态交互作用的影响

儿童经验所产生的影响显著而具体。人们经常会问，到底哪个因素对儿童发展的影响更大？是先天的因素（遗传），还是后天的因素（环境、经验和教育）？现在，在儿童早期教育领域，人们对这一问题已经毫无争议。在婴幼儿的发展过程中，这两种因素发生了复杂的交互作用，共同塑造了儿童。基因为儿童的学习与发展提供了蓝图，例如，我们天生就会学习和使用语言，但是，我们需要与之相关的经验来使语言学习发生。当婴幼儿置身于丰富的语言环境中时，他们的大脑就会发育并为接下来的语言学习做好准备。如果婴幼儿没有听到足够丰富的词汇，或者没有与其他人进行“交谈”，那么他们的大脑就不会为今后的语言学习做好准备。经验造就了不同！

正如最新的表观遗传学所揭示的那样，经验影响着部分基因能否被激活[7, 8]。

儿童通过主动探索促进自身发展

婴幼儿不需要专门学习走路，也不需要通过机械的练习来学习说话。事实上，婴幼儿天生就渴望走路和说话，他们会自己练习或者在与同伴和成人的互动中练习。婴幼儿会与他们所处的环境互动。他们会把物体放在容器里看看它们去了哪里，会摇晃、拍打、滚动或堆叠物体看看会发生什么。他们会制造各种滑稽有趣的声音来逗兄弟姐妹大笑。他们会使用各种各样的策略来达成自己的目的，例如，让喜欢的成人看着自己，或者打开一扇门。当一切顺利时，婴幼儿就会充满好奇和活力，也会更有动力去试验和解决问题。他们会与他人进行一来一往的对话，哪怕只是打一个喷嚏或轻轻地发出咿呀声。当被赋予自由探索（这也是他们学习的最佳方式）的机会时，他们就会与关爱他们、支持他们学习的成人一起探索自己的兴趣。他们会积极主动地了解自己、他人以及自己所生活的世界。

> 儿童的思维在童年早期就展现出惊人的能力、活力和洞察力。
>
> ——汤普森（Thompson）

儿童识别模式

婴儿倾听语言，并能够分清句子中某一个字词的开始和结束。他们正在努力分辨语言中的统计模式[9]。他们了解哪个音后面最可能跟着哪个音，以及怎样引起他人或者物体的反应。他们学习如何解决问题。他们观看、倾听，并构建自己的理论来解释事物的工作原理。例如，他们根据经验认为，必须用力摇盒子，才能把里面的玩具摇出来。之后，他们基于更多的经验了解到，可以把手指伸到盒子里将玩具取出来。他们还归纳，例如，“只有男人才能当医生”“只有女人才能当护士”。他们也会笼统地认为，当他们扔东西时，东西会往下掉。因此，当看到电动玩具飞机飞上天时，他们往往会大吃一惊。他们的大脑是如此强大的学习工具[10]。

学习是社会性的

婴幼儿利用社会线索来学习[11]。在出生第 1 年时，婴儿就可以通过观察他们所信任的成人的面部表情来判断其他人或物体是否安全。他们会留意谁友善、谁不友善，谁可以信任、谁不可以信任。他们追随着成人的视线或者指向，以学习新的词汇。他们通过模仿他人来学习，也通过与他人互动来学习。

婴幼儿可以学习很多东西

> 在入学准备方面，儿童的社交能力和情感能力同语言和数学能力一样重要。
>
> ——汤普森

婴幼儿学习的方式让我们震惊，他们所学的一切都将为进一步学习打下基础。

他们的学习涵盖各个领域

之所以说生命早期很重要，是因为这一时期的婴幼儿在情绪情感、社会性、语言、认知以及身体 / 运动 / 感知觉等领域可以学到很多（见图 1.1）。儿童在成长的过程中以此为基础继续构建自己的知识。未来的学习往往建立在之前学习的基础之上。

婴幼儿具有情绪情感学习能力。他们会表达情绪情感，也乐于了解自己和他人的情绪情感。他们逐渐了解自己是谁、属于哪里，以及自己是否可爱。他们也在慢慢了解自我价值和能力，了解谁将会保护他们以及成人是否值得信任。他们基于自己最初所经历的人际关系的质量，学习如何进行人际交往。他们学习自我调节能力[12, 13]。

婴幼儿具有社会性学习能力。他们需要他人。他们乐意与照料他们的特定成人进行互动。他们通过与他人互动来学习。他们学着了解同伴，并学习如何协商和合作。他们天生具有亲社会性，即乐于关心和帮助他人，适宜的环境将有助于他们亲社会行为的发展。在成人的帮助下，他们学习如何疏导攻击性情绪。

婴幼儿具有认知学习能力。他们一直在调动大脑思考，发现语言中的模式，感知规律（比如，扔物体，物体就会掉下来），并且基于已有经验对物质环境和社会环境建立预期。他们的注意力和记忆力在提高。他们获得了关于物质世界和社会环境的知识。

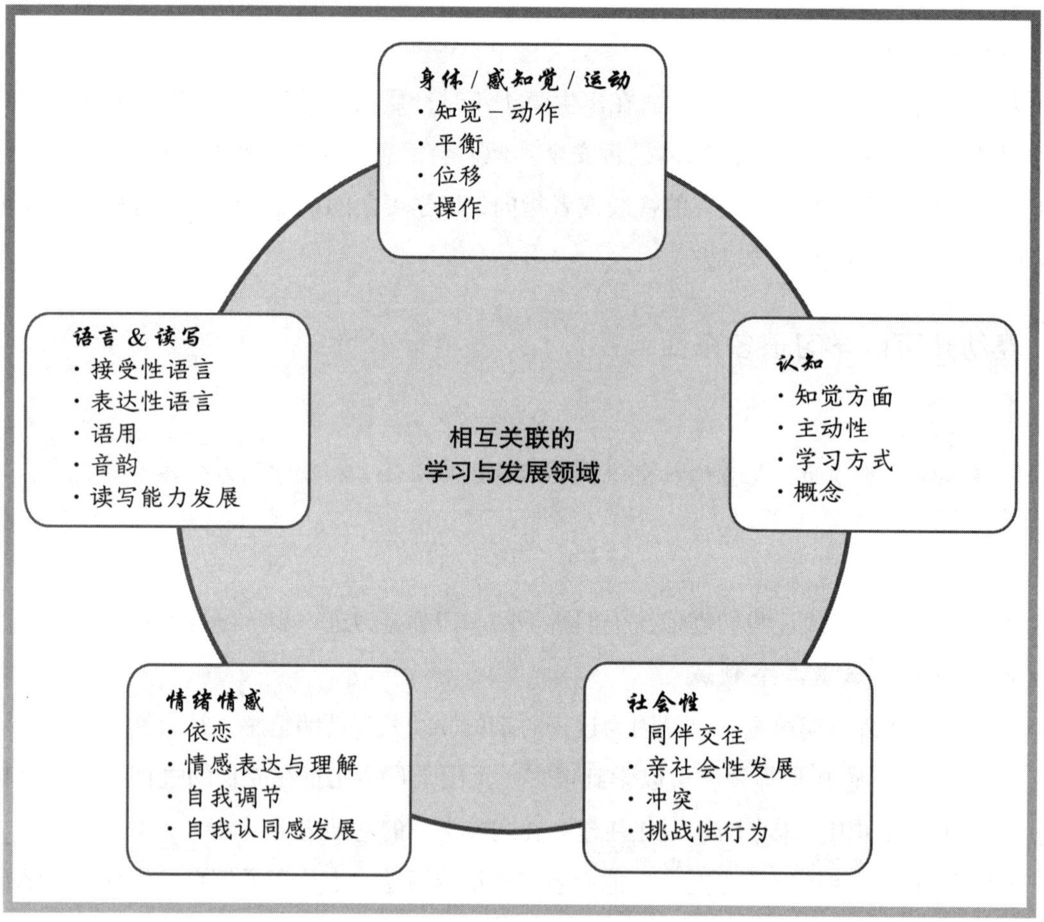

图 1.1　婴幼儿的学习和发展领域

他们愿意交流和学习语言。他们学着倾听并理解语言。他们学习如何表达自己，如何使用语言把涉及自身的重要事情（比如他们饿了）告诉他人。他们学着提问，学着如何让自己的需求得到满足。当成人回应他们并对他们使用描述性的、充满爱意的语言时，他们的词汇量也会随之增长。

婴幼儿具有身体和运动学习能力。他们乐于通过摸、尝、闻、看、听来学习。他们既学着运动，也在运动中学习。

他们天生就具有学习能力，也乐于学习。他们在生命头 3 年比人生的其他任何阶段学到的东西都要多。照料者既要欣然接纳婴幼儿的学习能力，又要理解早期学习的重要性。他们要引导婴幼儿度过这段有意义且非凡的旅程，助力他们习得并发展知识和技能！

他们学习所在家庭、文化和环境的价值观与期待

不同的家庭和文化拥有不同的背景和经验，对儿童抱有不同的期待，养育儿童的风格也受到生活习惯和风俗的影响[14]。每个人都是从自己的文化视角来看待世界的[15]。例如，在儿童 2 岁时，其文化背景可以预示，他们更关注物体还是更关注行为。开展这项研究的人员还指出，2 岁儿童正在变成“本土观察者”，他们从自己所处文化中的成人身上习得“关注偏好”[16]。

一种以关系为基础的模式

运用以关系为基础的模式思考如何与儿童互动、什么才是重要的以及如何提供学习机会，对婴幼儿的健康幸福至关重要。

以关系为基础的学习模式

建设性的、积极的、充满爱的关系是人类习得和发展经验的基础。以关系为基础的模式指出，积极的关系对于婴幼儿至关重要（见图 1.2）。婴幼儿在各种关系中学习。他们需要慈爱的成人保护他们、培育他们和帮助他们学习。生活中的重要成人给予婴幼儿回应和关爱，这对婴幼儿的安全感、自我价值感、自信心和学习动机的形成来说是必不可少的。有关健康关系的体验，是婴幼儿关爱别人和拥有学习能力的基础[17]。

婴幼儿生活在一张关系网中，例如妈妈－儿童、爸爸－儿童、妈妈－爸爸、妈妈－祖母、爸爸－邻居、妈妈－雇主以及其他许多既影响婴幼儿的幸福又受婴幼儿幸福影响的关系（见图 1.2）。以关系为基础的模式预测，一对（彼此互动的两个人）关系的质量会影响其他对关系的质量[18]。比如，亲子关系会影响婴儿对师幼关系的期待，而这两种关系继而又会影响同伴互动的性质。儿童关系的种类和质量存在且贯穿于一个相互联系的网络中，每一种关系都影响着另一种关系。

生态系统（包括文化和环境）与儿童的个性特点，会对儿童经历什么样的关系产生影响。

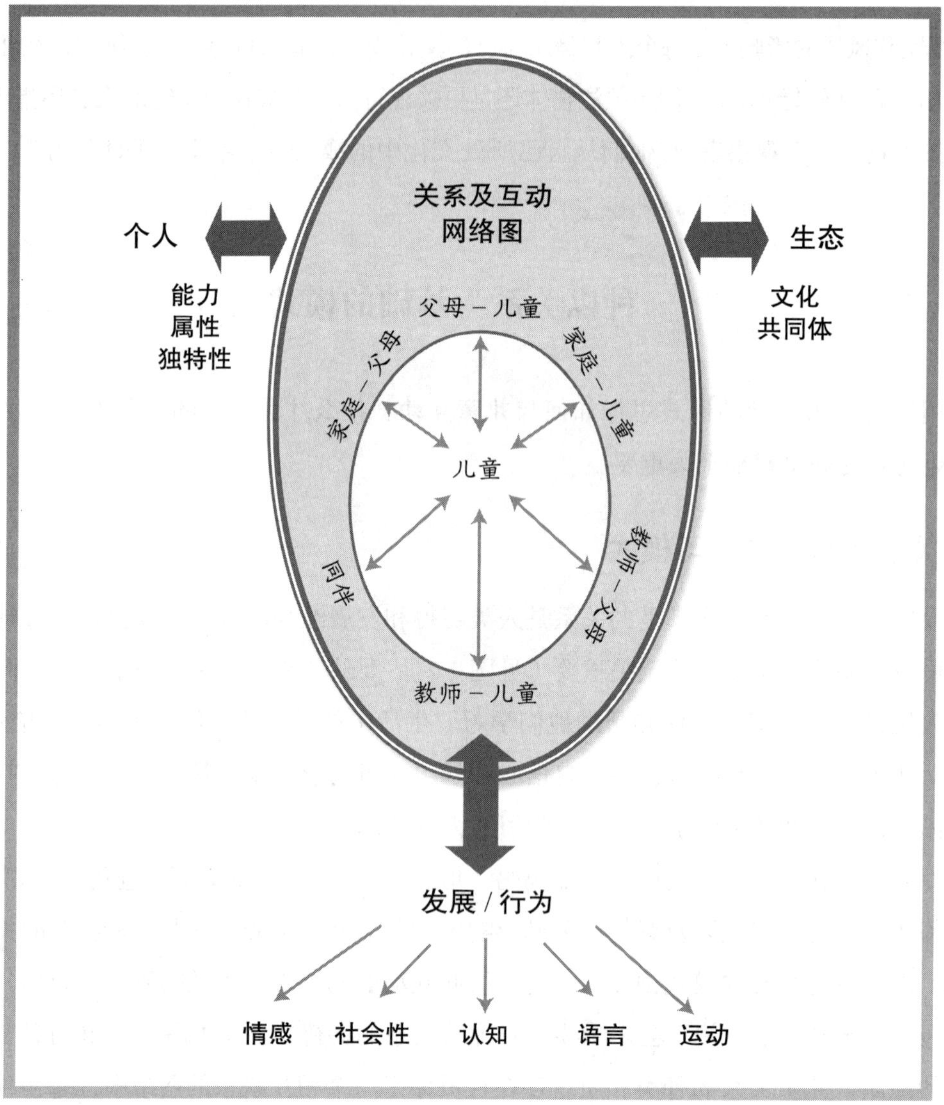

图 1.2　有关婴幼儿发展与课程设计的关系模式

生态系统如何影响各种关系

如果婴幼儿身体健康、情绪积极稳定、认知良好，并且正在体验积极的关系，那么可以说是有一套支持系统在起作用，这个系统包括家庭、文化、邻居、社区以及整个社会在内，深知且重视生命头 3 年的重要性。生物生态系统理论 [19，20，21，22] 指出，生态系统（即个人和物质环境）影响着儿童所经历关系的性质。这些关系很大程度上受到直接环境（即微观系统）的影响，即婴幼儿所在的家庭、社区以及早期保育和学习项目（见图 1.2）。

家庭也会受所处文化的影响，包括价值观、信仰（比如生活中什么是重要的）、传统、节日、语言以及与他人互动的方式等[23]。文化是指“隐藏在人们的行为背后并通过人们的行为反映出来的抽象的价值观、信仰和世界观”[24]。比如，一种家庭文化特别看重孩子的安静品质，另外一种家庭文化则可能鼓励孩子坚定自信、直言不讳。这些价值观和信仰决定了人们如何回应儿童的行为。一个具有文化素养的教师会了解并尊重孩子及其家庭的文化背景。作为生态模式的关键部分，我们将在本书中多次强调文化视角的重要性。

文化近观

克丽丝在一家大型儿童保育和学习中心工作，是学步儿班的一名教师。这家儿童保育和学习中心的孩子来自各个不同的民族。在被聘用伊始，克丽丝知道，这家中心的教职员工和家长们正在讨论如何在班级里庆祝各种节日。一个提议是，取消所有节日的庆祝活动。克丽丝不确定该怎么看待这个提议。她在上一家儿童保育和学习中心工作的时候积攒了很多节日庆祝的材料，她还想继续使用它们，而且她认为庆祝这些节日是非常有趣的活动。同时，来自不同民族和宗教团体的家长，其心情也很复杂。一些家长和教师问到，对于一些重大的节日，除了在家里庆祝，是否也可以在学校里庆祝，这样可以帮助每个儿童获得自尊，并且有助于他们了解文化的差异性。此外，基于每年班上儿童的不同，每一年每一个班级庆祝的节日也应有所不同。但是，有一位教师认为，即使班上的儿童没有太大的文化或民族多样性，儿童也应该了解世界上存在许多不同的节日和不同的庆祝方式。你认为，这家儿童保育和学习中心应该怎样做呢？

国内和国际上的法律和政策也是生态系统的一部分，它们会影响亲子关系、师幼关系的质量。比如，一个国家的公民如何看待贫困家庭、福利改革以及儿童保育质量的重要性，将会极大地影响婴幼儿生命的可能性。

除了被环境影响，婴幼儿自身的独特个性也会影响他们与父母、与家庭的关系。儿童生来就有独特的个性，而这会影响成人如何与婴幼儿互动、建立联系。

儿童的独特性如何影响各种关系

交互理论强调，婴幼儿的独特性（如年龄、性格、性别、气质、外貌和行为）会影响家长及教师的情感和反应，以及他们对待婴幼儿的方式[25]。即使同处于一个家庭或儿童保育和学习中心，也并非所有婴幼儿都能得到相同的对待。例如，一个学步儿会让家人想起一位受人爱戴的叔叔，另一个学步儿长得像一位不受待见的亲戚，这两个学步儿所产生的影响将截然不同。

然而，一个儿童的独特性到底会对家庭产生多大的影响，或许取决于这个家庭的生态环境。例如，同样是面对一个经常哭闹、需要成人及时回应的孩子，如果家人能够得到外界（如亲戚、朋友或社区）的支持，那么他们也许就能很轻松地照料这个难带的小宝宝。但是，如果这个家庭与亲戚朋友处于隔绝的状态，那么他们在照料这个孩子时就会感到异常艰辛。当家长知道他们能从社区中得到社会支持时，家长和家庭中的孩子就有可能得以发展[26]。拥有社会支持的家庭能够更好地抚慰和支持难带型的孩子，相应地，这个孩子也不会给家庭带来更大的压力。

从婴儿期开始培养孩子爱的能力

当婴幼儿降临到这个世界时，他们就已经具备许多能力。他们能够表达和解读情绪，能进行社交，也能学习、交流和运动。整个婴幼儿期，在各种充满爱的关系中，这些能力得以绽放。本书将分章节阐述这些能力以及成人可以做些什么来支持这些能力的发展。

在以关系为基础的婴幼儿发展模式中，婴幼儿的独特性与生态系统之间持续发挥着交互作用，影响婴幼儿的关系质量，进而影响他们的经验和发展。

以关系为基础的模式为何重要

> 培育人际关系是儿童健康发展的“活性成分”。
>
> ——汤普森

婴幼儿与家庭成员、教师及早期干预者（即与有特殊需要的儿童打交道的工作人员）建立积极的、充满爱的关系，其重要性已经清晰明了。充满爱的关系能够赋予婴幼儿安全感，而拥有安全感的婴幼儿将：

- 感受到更少的压力[27]；
- 与经历恐惧或焦虑关系的儿童相比，更能以健康的方式表达和控制自己的情绪（自我调节）[28, 29]；
- 具有更高水平的自我价值感[30]；
- 拥有更互惠、更多样的友谊[31, 32]；
- 较少从同伴那里得到充满敌意的回应[33]；
- 更配合、更顺从和更少抗拒他们的照料者[34]；
- 在 3 岁时，较少表现出行为问题[35, 36]；
- 体验到更积极的亲子关系[37]；
- 更善于解决问题[38]。

当成人采取如下行动时，婴幼儿将产生安全感：

- 积极回应并关爱婴幼儿[39]；
- 对婴幼儿的需求和痛苦十分敏感[40, 41, 42]；
- 及时给予婴幼儿情感支持[43, 44]；
- 支持婴幼儿的自主活动和自主性[45]。

“回应”是本书频繁使用的一个关键词语。婴幼儿通过他们的面部表情、肢体动作、手势和语言进行交流。回应，既指成人能充分地理解婴幼儿想表达什么（儿童发出的信号），也指成人能有效地（迅速地、适时地、恰当地）回应婴幼儿[46]。在与婴幼儿互动的过程中，回应无时无刻不在发生；同时，伴随着时间的推移，成人会计划接下来的互动、环境和活动，以满足婴幼儿的需要和兴趣。成人的回应影响着婴幼儿对于他人会如何对待他们的期待。例如，在一项研究中，母亲温暖、适时（基于儿童发出的信号）的回应，影响着婴儿对积极社会互动关系的期待以及

自我效能感（即相信自己有能力进行有效的互动）的形成[47]。在另外的一项研究中，研究者发现，学步儿的社会性－情感能力与其母亲的适时回应相关[48]。

在项目中，婴幼儿与教师建立安全的关系，对他们的发展也非常重要。当婴幼儿拥有安全感的时候，他们的社交能力更强[49]，语言发展更好，更能调节自己的情绪，也更乐于参与到问题解决活动中[50]。一项经典的研究发现，当教师与幼儿一起高度卷入时，比如，拥抱他们，抚慰他们，同他们交谈等，幼儿就能充满安全感地去爱和学习。与严苛（爱批评、威胁和惩罚）或冷漠（低水平互动）的教师相比，对婴幼儿越敏感（温暖、细心和专注）的教师越会让婴幼儿拥有安全感[51]。

研究表明，师幼互动的数量和质量同样重要——“在日托中心，儿童不仅需要敏感的照料者，更重要的是，他们需要敏感的照料者能找到时间经常展现其敏感性，使儿童足以相信这样的照料者可以成为他们的避风港和安全基地”[52]。我们需要问一问：“婴幼儿是如何体验到教师的敏感性和回应性的？在这样的环境中和这样的教师在一起，婴幼儿感到安全和安心吗？”以关系为基础的婴幼儿保育和学习项目可以培养具有安全感的儿童。

风险和复原力——关系如何发挥作用

与婴幼儿建立充满爱的关系可以降低风险，培养他们的复原力。

莎娜虽然只有 1 岁，但是在她短暂的生命中，她已经经历了太多的痛苦：过度饥饿，长时间大哭却没有人把她从婴儿床里抱出去，以及严重腹泻。她感到非常无助，缺少支持和保护，并且很容易受到进一步的创伤。然而，在莎娜和许多儿童的生活中，有很多渠道可以让他们获得复原力（即，尽管风险存在，也能够茁壮成长），帮助他们实现积极的转变[53, 54]。复原力有可能来自儿童的家庭。例如，一位慈爱的祖父，或者一开始忽视孩子，但是在获得了支持后以一种新的、积极的方式与孩子互动的母亲。对莎娜来说，她的复原力可能来自今后生活中的朋友、给予她辅导的人员或者教师。每一个人都可能因为多种原因而变得脆弱，也有多种渠道来获得复原力[55, 56]。

风险

“发展的风险可能来自直接的威胁，也可能由于缺乏正常的、可预期的机会。”[57]风险因素（见表 1.1）可以影响儿童当前和之后的学习、语言、社会性和情感的发展。当多重风险因素同时出现在儿童生活中时，就会对儿童产生最有害的影响[58, 59]。由于健康、性格问题或身体状况而变得很脆弱的儿童，更容易受到风险因素的消极影响[60]。

表 1.1　风险因素

- ✦ 营养不良
- ✦ 儿童自身的生理风险，如跌打损伤、出生时体重过轻或健康问题
- ✦ 生活在贫困当中或贫困边缘
- ✦ 父母吸毒或酗酒
- ✦ 父母患有抑郁症或焦虑症
- ✦ 父母处于极度的痛苦当中
- ✦ 父母的消极对待或虐待
- ✦ 父母采用严厉的体罚方式
- ✦ 家庭缺少社会支持
- ✦ 生活在暴力行为频发的社区
- ✦ 父母失业
- ✦ 父母工资低
- ✦ 缺乏高质量的儿童保育
- ✦ 父母有健康问题
- ✦ 缺少健康和医疗保障
- ✦ 父母受教育水平低
- ✦ 经常搬家（生活无常）
- ✦ 父母在监狱服刑

贫困是其中一项风险因素。它可能通过个人经验直接影响每个人，也可能通过影响一个国家来影响每个人。在美国，贫困的标准通过收入来界定。2013 年美国联邦政府规定的贫困线如下：有两个孩子的四口之家，年收入为 23624 美元*；有一个孩子的三口之家，年收入为 18751 美元；有一个孩子的两口之家，年收入为 16057 美元。“低收入”是指处于联邦贫困线或高于联邦贫困线

儿童处于恐惧和悲伤之中

* 以实时外汇汇率换算为准。——译者注

200%，而“贫困”指的是低于联邦贫困线 100%[61]。根据美国贫困儿童中心的报告[62]，2013 年，47% 的 3 岁以下儿童（530 万个）生活在低收入家庭，25% 的儿童（270 万个）生活在贫困家庭。显而易见，美国有太多家庭正面临着连最基本的需求都满足不了的严峻挑战。

贫困是一个全球话题[63]。从满足基本需求的角度来定义贫困，需要考虑七个要素——“饮用水、卫生、营养、健康、庇护所、教育和信息”[64]。儿童在生活中缺少上述任何一个要素，就被认为生活在贫困当中。德拉莫妮卡和米纽吉姆（Delamonica & Minujim）[65]报告说，在 46 个发展中国家中，有 10 亿儿童——占总人口的一半——被至少剥夺了其中一个要素。联合国儿童基金会[66]在其发布的报告《世界儿童的状况 2008》中指出，尽管我们在减少 5 岁以下儿童的死亡率方面取得了巨大进步，但是在全世界范围内仍有大概 1000 万个儿童因为缺少七个要素中的一个或几个而无法存活到 5 岁。

生活在贫困当中，无论是收入低还是缺乏基本的权利，对婴幼儿家庭而言都是十分艰难和充满挑战的。他们需要高薪的工作，需要高质量的、可负担得起的儿童保育和健康服务，需要充足的营养和像样的住房，需要社区提供基本的服务。贫困家庭所面临的这些压力将对儿童的学业、健康及社会性发展产生消极的影响。表 1.2 中的信息强调了，减少贫困儿童是一个国家可以对未来做出的最明智的投资之一。

表 1.2　减少贫困

减少贫困儿童是国家可以对未来做出的最明智的投资之一。贫困儿童减少将意味着：

- 有更多的儿童能进入学校学习
- 学校更成功，辍学的儿童更少
- 儿童更健康，医院和公共卫生体系的压力更小
- 少年司法制度的压力更小
- 饥饿和营养不良的儿童更少，以及其他方面的重要进步

复原力

对于正面临风险因素的儿童来说，个人特征和环境特征共同作用于他们的复原力。

“复原力是指面对不利处境时仍然能够成长、成熟和提升自己的能力。”[67]与其他儿童相比，具有复原力的儿童其自身特征和所处环境的特征能帮助他们承受和应对更多的压力。布雷斯林[68]指出，给儿童贴上“处于风险中”的标签并无益处，不如着眼于能帮助每个儿童茁壮成长的长处和能力——复原力的要素。复原力的要素（见表 1.3）或有助于儿童获得复原

力的特征可以被分为三类：个人要素、环境要素以及关系要素。

表 1.3　复原力的要素

1. 个人要素——婴幼儿的个人特征
- ✦ 精力充沛
- ✦ 能忍受挫折
- ✦ 乐于合作
- ✦ 具有内控性
- ✦ 擅长社交

2. 环境要素——环境的特征
- ✦ 母亲可以得到社会支持
- ✦ 家庭可以得到社会支持
- ✦ 有受过教育的照料者
- ✦ 有一个安全的社区

3. 关系要素——儿童与他人的关系特征
- ✦ 照料者与儿童之间联系紧密
- ✦ 儿童的生活中有精心呵护他们的成人
- ✦ 有能及时做出回应的照料者
- ✦ 父母和教师允许儿童在安全的环境中进行充分探索
- ✦ 有同伴
- ✦ 成人对于儿童的长处给予积极的反馈

就像许多紧密编织在一起的线能够很好地抵御外部力量一样，对一个儿童来说，拥有复原力的线（要素）越多，他们就越有可能编织出一张经久耐用的挂毯，这样即使面对风险和逆境，他们也更有力量、更易转变。1955 年[69]，沃纳（Werner）对 698 名出生于高风险环境中的不同种族的儿童进行研究，揭示了保护性要素（即可以庇护和保护儿童的要素）在构建儿童的复原力方面的重要性。当这些儿童长到 45 岁的时候，沃纳进行了跟踪研究并报告说，人生头 1 年的积极照料是一个保护性因素，那些在人生头 1 年得到积极照料的儿童，成年后更善于自我调节。同时，他也发现，亲密的朋友、配偶、指导师的情感支持，以及亲职教育课程都有利于成人获得复能力[70]。沃纳的研究成果激励着我们去思考，当我们为婴幼儿及其家庭规划策略、重新设计项目时，个人、环境及关系要素是多么重要！当成人了解了儿童及其家庭所面临的风险和复原力要素时，他们在社区服务和商业实践方面做出重大决策时就会考虑慈爱的、积极回应的成人对婴幼儿的重要意义。

在生命的头 3 年，具有关怀性的回应式环境的重要性毋庸置疑、无可争辩。但是，一个完美的婴幼儿期并不能保证对今后生活中的麻烦免疫。一个儿童也许 3 岁的时候很开朗、充满活力、关心他人、热情投入，但是，4 岁的时候或者青少年时期可能经受严重的创伤。这些创伤则会侵蚀儿童对他人的信任以及他的自我价值感。正在发展中的儿童，无论在哪个年纪面对风险时都是很脆弱的。相反，一个儿童在 3 岁之后仍然可以受到保护性因素的影响。例如，在生命头 3 年有情感和行为问题的儿童，如果他在之后遇到一个慈爱的成人，并且这个成人发自内心地相信他具有积极的特质并持续地提供一个关爱他的环境来促进他的能力发展，那么他就会对这个成人做出美好的回应[71，72]。

婴幼儿项目与入学准备

在美国，婴幼儿保育和学习项目是婴幼儿及其家庭生活的重要组成部分。支持父母的高质量项目可以减少婴幼儿接触风险因素的机会，同时可以帮助他们构建复原力和各种积极的关系。高质量的项目可以支持婴幼儿的学习，提升他们的幸福感。现在，我们非常需要懂得如何以关系为基础创建高质量项目的专业人员。

婴幼儿项目类型

现在，让我们来审视一下现有的三种婴幼儿项目类型，并探讨与这些项目相关的一些事情：婴幼儿保育和学习项目，针对风险儿童的早期干预项目，针对有残障问题的儿童的早期干预项目。一个社区可能分别提供这三类项目，也可能把这三者整合到一个项目中。

婴幼儿保育和学习项目

婴幼儿保育和学习项目一般在家长上班的工作日为婴幼儿提供不同时长的服务。这些项目通常被称为“婴幼儿照护项目”或“日托中心”。然而，我们认为应该把它们称为“婴幼儿保育和学习项目”，因为“婴幼儿照护”一词经常被认为仅仅是照看孩子。婴幼儿保育和学习项目的经营者或者教师有机会，也有义务为婴幼儿提供充满丰富的学习机会的项目。

在美国，需要婴幼儿保育和学习项目的家庭数量在不断增加。2011 年，900 多万职场妈妈的孩子在 3 岁以下，其中，有 1/3 的职场妈妈其孩子小于 1 岁[73]。伴随着家庭对婴幼儿保育和学习项目需求的增加，对提升这些项目的数量和质量的公共资源和私人资源的需求也更加迫切。家长会选择各种各样的服务，为婴幼儿提供不同的体验。这些选择既包括家庭托儿所提供的婴幼儿保育和学习项目，也包括儿童中心提供的婴幼儿保育和学习项目。

家庭托儿所提供的婴幼儿保育和学习项目包括以下几种：

> 小型家庭儿童保育项目（保育人员在自己家里照料一些儿童）
> 大型家庭儿童保育项目（在保育人员的家里，通常不超过 7~12 个儿童，同时有一个全职助手）
> 儿童在自己家中接受保育（由家庭中非亲戚关系的人员照料儿童）
> 由亲戚和朋友提供保育（由一位亲戚、朋友或邻居来照料儿童）

儿童中心提供的婴幼儿保育和学习项目包括以下几种：

> 非营利性的（由社区或政府机构提供支持）
> 地方营利性的（私人拥有）
> 全国营利性连锁机构（遍布某一地区、全国甚至全世界，由一家公司创建）
> 教会支持的（通常由当地教会赞助，并坐落在教堂里）
> 公司创建的（由公司运营，为公司内部的员工提供服务）

国家政策影响着家长是否选择以及何时选择婴幼儿保育和学习项目。例如，在美国，职场妈妈通常必须请 6~12 周的病假和事假在家照顾新生儿，而且在这段时间内很可能没有工资。美国的《家庭和医疗休假法案》规定，家庭成员有 3 个月的无薪假期。然而，在其他 128 个国家，职场妈妈在孩子出生前后平均享有 16 周的带薪假期，并由政府、雇主和健康保险公司提供福利。例如，瑞典会给父母提供 18 个月的育婴假，并按原薪资的 80% 发放给他们。在有些国家，如果父亲留在家里陪伴孩子一段时间，那么育婴假就会延长，例如，在奥地利，只要父亲休 6 个月的育婴假，育婴假就可以延长到 3 年。此外，还有一些国家，如英国和瑞典，允许新生儿的父母自由选择如何分配 18 个月的假期[74]。由于休假的政策不同，因此美国的父母可能比其他国家的父母更早需要婴幼儿项目。

父母希望孩子在婴幼儿项目中是安全的，那里的教师是关心爱护孩子的。挑战在于，家长要能找到这样一所拥有受过充分培训的教师、低师幼比以及小班额的婴幼儿保育和学习项目，可以为婴幼儿提供滋养型的、以关系为基础的照料。不幸的是，父母很难找到一所既负担得起又优质的儿童保育和学习项目。

有一项经典的研究关注了美国 4 个州共 400 家儿童保育中心的质量和收费情况，研究人员使用《婴幼儿环境评量表》—— 一个广泛用于测量儿童保育环境的物理特征和情感特征的工具——进行评估，其结果显示，只有 8% 的婴儿教室被评为“良好”或“优秀”，高达有 40% 的儿童保育中心被评为“差”[75]，还有 52% 的儿童保育中心被评为“一般”。

最近，美国国家儿童健康和人类发展研究所早期儿童保育研究网对 1000 多名儿童进行了一项纵向研究，以确定婴幼儿保育和学习项目的特征与质量。2000 年，参与这项研究的人员报告说，在所有进入保育和学习项目的儿童中，那些接受了高质量保育服务的婴幼儿在语言、智力和社交技能方面取得了更好的发展[76, 77]。高质量的保育服务强调“成人温柔的回应”“摆放得井井有条的学习玩具和材料”“语言发展”以及“家园之间友好、互惠关系”的重要性。它对婴幼儿的发展也有积极的影响！

本书，我们将用 5 个章节（第 11 章至第 16 章）阐述如何创建能回应婴幼儿及其家庭的需求、促进婴幼儿的学习，并且以关系为基础的婴幼儿保育和学习项目。

针对风险儿童的早期干预项目

针对风险儿童的早期干预项目是为家庭和儿童提供的第二类资源。“早期开端计划”就是这样一个项目，它标志着“美国致力于为最年幼儿童及其家庭提供支持的转折点”[78]。作为一个为贫困家庭提供支持的国家干预项目的典范，早期开端计划减少了婴幼儿的风险因素，培养他们的复原力，为婴幼儿及其家庭的发展提供服务。正如美国卫生与公众服务部前秘书长唐娜·沙拉拉（Donna Shalala）所描述的那样：“早期开端计划为我们最年幼的孩子以及处境最不利的儿童提供了健康成长、学习以及为入学做好准备的机会。”[79] 由美国联邦政府资助的早期开端计划为正在期待拥有宝宝的家庭，以及有 3 岁和 3 岁以下儿童的家庭提供服务，包括儿童发展服务、家庭卷入和亲职教育、健康和营养以及早期预防和干预等，以帮助家长支持孩子的发展。

美国现有的 1007 个早期开端计划项目都强调，要与社区机构通力合作提供服务。早期开端计划项目与社区合作提供的特定服务包括：产前和产后教育，咨询服务，婴幼儿发展项目，家庭教育和参与，健康和营养教育，医疗和牙科服务，以及向家庭推荐并协助他们获得全面的产前及产后护理。这些服务也可以通过家访提供。

一项有关早期开端计划有效性的全国性研究[80]表明，早期开端计划正在对儿童及其家庭产生影响。参与这一研究的 3000 名婴幼儿来自全美 17 个地区，其中一半参与了早期开端计划（实验组），另一半没有参与（控制组）。与控制组的儿童相比，实验组的儿童 3 岁时在认知（思维）和语言（词汇和复杂句子的使用）发展方面得分更高，玩玩具的时候更专注，更能与父母进行情感上的互动，在攻击性行为方面得分更低[81]。在这些参与了早期开端计划的儿童中，只有 50% 在 3 岁时进入了正式的早期教育机构，他们在 5 岁的时候表现出更高水平的阅读技能，更少的行为问题以及更出色的学习品质。

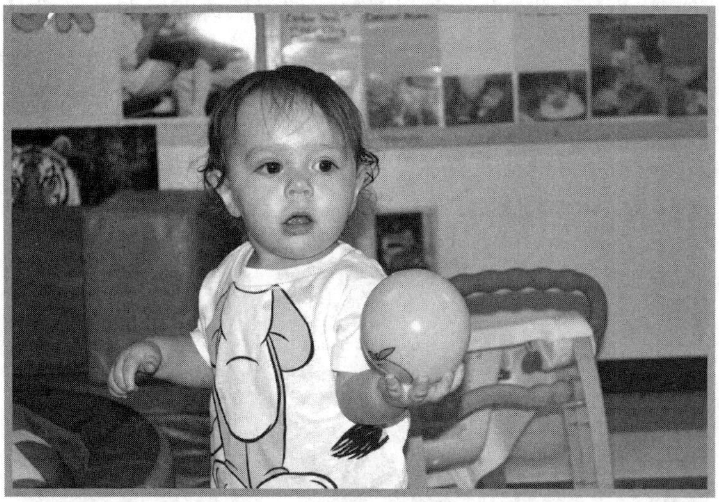
婴幼儿保育和学习项目提供了吸引人的环境

早期开端计划项目同样给家庭带来了改变。当参与了早期开端计划的儿童 3 岁时，研究者观察到，与控制组的家庭相比，这些儿童的家庭对学习抱有更支持的态度，更愿意给孩子读书，会给孩子更多情感上的支持，同时在家庭环境质量、养育行为及婴幼儿发展知识方面得分更高。参与了早期开端计划的父母反映，他们很少打孩子，会使用分散注意力、解释、温和的回应等非体罚的方式解决问题。参与了早期开端计划的家庭反映，他们的养育压力降低了，家庭冲突减少了，更愿意参与学校培训项目或职业培训项目[82, 83]。当参与了早期开端计划的儿童 5 岁时，他们的父母会读更多的书给孩子听，提供更丰富的家庭环境，而且患抑郁症的风险更低[84]。这一纵向研究凸显了早期开端计划的益处，同时强调早期开端计划中的儿童进入正式的幼儿园的重要性，但不幸的是，因为联邦政府提供的资金有限，美国最贫困的婴幼儿中只有不到 4% 的孩子（120433 个）加入早期开端计划[85]。

家访是为处于风险中的婴幼儿提供的另一类主要项目。美国有许多家访项目，“母婴及早期儿童家访计划”是这些项目的重要资金来源。

针对有残障问题的儿童的早期干预项目

针对有残障问题的儿童及其家庭的早期干预服务，是我们将讨论的第三类早期发展和教育项目。在美国，所有婴幼儿都有权接受全面的评估，以判断他们是否有残障问题，包括他们在与人沟通和互动、运动、思维以及感知觉方面是否存在发展迟缓问题。这项全面的评估由家庭所在的学区、医生和儿童发展专家实施。如果一个儿童在被评估后需要接受早期干预服务，那么家庭和相关专业人员就会基于家庭的优势、优先在意的事项、关心的问题和资源为儿童和家庭制订一个计划。早期干预项目还可能对家庭进行探访和给家庭提供支持，从而“提升家庭的能力，使其能够朝着自己的目标努力，以及有效地应对他们对孩子和家庭的担忧”[86]。婴幼儿在参与保育和学习项目的同时，也会从专业人士那里得到特定的帮助。

婴幼儿对于健康、归属感和爱有不可消减的需求

美国《残疾人教育法案》指出，联邦政府和州政府应该为有残障问题的儿童接受特殊教育服务提供大量的资金。《残疾人教育法案》的 C 部分就这类婴幼儿接受早期干预服务做出了指示。这个法案不仅详细说明了必须为儿童提供哪些干预服务，而且要求父母成为早期干预团队中的积极力量，从而决定孩子的发展目标。此外，这个法案还高度重视将有残障问题的儿童充分纳入社区；它明确规定，应尽可能在自然的环境中为婴幼儿提供早期干预服务，如家庭、公园、儿童保育项目以及其他这类儿童所在的地方。

1994 年，美国有残障问题的儿童数量是 165351 人；2010 年，人数上升到 342821 人[87]。接下来，我们将在多个章节中讨论这类儿童，并在第 15 章专门进行阐述。

为婴幼儿服务的高质量教师队伍

阅读本书，你将逐渐了解教师及其他婴幼儿专业人员需要具备哪些知识和技能支持婴幼儿的学习与发展；同时，你在与家长和团队成员打交道时将更怀有敬意。我们需要大量具备专业知识和技能的人员来为婴幼儿及其家庭研发出具有创意的项目。

以关系为基础的婴幼儿项目

以关系为基础的婴幼儿项目认识到师幼关系的重要性，强调教师与儿童之间建立安全、信任和相互关爱的关系，从而让儿童拥有爱和学习的能力。

具有回应性和敏感性的互动

教师要观察婴幼儿，读懂他们发出的或关注的或分心的信号，并通过回应来满足他们的需求。教师在与婴幼儿互动时往往要深思熟虑且目标清晰，理解婴幼儿面临的困难，关爱和保护他们，与他们建立情感上的联系。教师追随婴幼儿的需求；与婴幼儿平等地交谈，而非对着婴幼儿说个不停；向婴幼儿示范语言和关爱他人的行为，展示获得新发现后的兴奋之情。他们每天都与婴幼儿进行这样的互动！

安全且令人兴奋的学习环境

以关系为基础的项目强调教师的情感可获得性。当婴幼儿探索和游戏时，教师要待在他们身边。教师每天都要为婴幼儿创造学习机会，并观察他们获得的新发现，然后根据婴幼儿的新发现调整环境来满足他们的兴趣和能力需求！

小组

小组为安全稳定的师幼关系及同伴关系的发展创造了更多的机会。教室里的孩子少了，意味着师幼之间语言交流的可能性增多了。同时，教师也能更好地满足儿童个体的兴趣，以及他们在情感、社会性、语言、认知和身体发展与学习上的需求。

主要照护和照护的连续性

在婴幼儿保育和学习项目中，主要照护和照护的连续性对于年幼儿童获得安全感十分重要。班级里的所有教师都应与所有儿童建立温馨良好的关系，婴幼儿应该与所有教师都建立信任感。然而，主要照护是指每个儿童都有一位指定的教师来与他建立充满爱的关系（即依恋关系），这位教师会抱着他轻轻地摇晃，会喂他吃东西，也会哄着他睡觉。这位教师还会和儿童的家庭建立联系，并尊重家庭的文化和家长的意愿。

照护的连续性是指不被打断、持续存在的师幼关系与同伴关系。教师会跟随儿童一起升入新的班级。海伦·雷克斯（Helen Raikes）[88] 在观察了儿童保育中心的婴幼儿后发现，91% 和一位教师共处一年以上的儿童具有安全感，而只有 50% 和一位教师待了很短时间的儿童具有安全感。最近，研究人员对 1000 多个学步儿进行了研究，其研究结果表明，当班级所有教师或者至少一位教师跟班走时：

- 儿童和教师之间会形成亲密的、相互信任的情感关系；
- 儿童在班级中更乐于与同伴交往；
- 在家里，儿童很少表现出消极行为或攻击性行为；
- 儿童的认知和语言能力有所增长。[89]

如果教师没有跟班走，婴幼儿就会失去照护的连续性，那么结局就不会如此乐观了。在进入幼儿园前，婴幼儿失去的照料者越多，他们在和同伴交往时越有可能表现出社会性退缩和攻击性行为[90]。婴幼儿在连续的照护中学着信任成人，学着如何在高质量的关系中进行人际交往。

入学准备？是的，入学准备

仅仅在数年前，关于是否应该谈论婴幼儿的入学准备这个话题，早期教育界的人士还有争议。大家担心谈论这个话题，会让如此年幼的孩子承受学习和随之而来的评估压力。但是，近几年，我们已经认识到胎儿期的大脑和生命头 3 年之间的联系会成为今后使用大脑的基础。

0—3 岁是一个显著发展的时期，为今后所有的学习奠定了基础[91]。生命头 3 年形成了注意力、记忆力、好奇心、问题解决能力及意志力发展的基础，然后这些能力在我们的一生中不断地完善和使用。儿童在生命头 3 年发展了躯干的力量和稳定性，为今后坐着阅读和书写打下基础。他们学习理解和使用语言；形成了关于自己、他人和世界的基本概念。他们也学习读写和数字。最重要的是，他们了解了自己的感受和能力，以及和他人相处时的复杂性。

为了在 3 岁时做好入学准备，婴幼儿需要能积极回应他们的成人。他们需要成人能够发现短期和长期互动中所蕴含的学习机会，也需要成人使用适合他们年龄的策略来鼓励他们学习，如玩耍、探索、温暖的互动等。

满足婴幼儿不可消减的需求

满足婴幼儿不可消减的需求，是将各类婴幼儿项目、高质量教师队伍与入学准备联系到一起的线。不可消减的需求，是指儿童生存与健康生长所绝对必要和必须满足的需求（见表 1.4）。布雷泽尔顿和格林斯潘[92]强调，当这七种需求得到满足时，儿童将朝气蓬勃地成长和学习。我们可以从婴幼儿的角度来思考这些需求，并想象一下，需求得到满足的婴幼儿和需求没有得到满足的婴幼儿分别有什么样的感受。本书就满足婴幼儿不可消减的需求提供了一些策略。我们由衷地希望，所有成人，包括正在阅读本书的你，能够协同努力来满足婴幼儿的需求，让婴幼儿可以茁壮地成长，即拥有安全感，能够与他人建立温暖和亲密的关系，善于交流，能够解决问题，善于使用文化适宜性的方式表达情感，欣赏自己和他人的独特性，并且拥有自我价值感。

表 1.4　婴幼儿不可消减的需求

1. 持续存在的、滋养他们的关系
2. 身体上的保护、安全和调节
3. 适合个体差异的经验
4. 发展适宜性经验
5. 有限制的环境、结构和期望
6. 稳定的社区和文化上的连续性
7. 保护儿童未来的成人

本书分享了儿童、家庭和社区的故事，鲜活地展现了 0—3 岁婴幼儿的个体独特性、与成人和同伴的关系，以及所处的生态系统。我们希望通过分享这些故事、研究成果以及有关儿童发展和回应式照料方面的信息等，帮助婴幼儿去爱、去笑、去学习，同时你也将成为生命重要性的倡导者！

本章小结

本书旨在帮助你了解并热情地促进婴幼儿的幸福、能力和良好发展。

- 胎儿期和生命的最初 3 年对儿童以及他们长大成为什么样的人，十分重要。有关大脑发展的研究，影响了父母和专业人员如何看待生命头 3 年的重要性。我们刚刚理解婴幼儿的学习方式，他们在生命的头 3 年里学习大量的知识。你能够对婴幼儿的生活产生重要的影响。
    - □ 以关系为基础的婴幼儿发展模式影响了本书的内容和结构。
    - □ 儿童所处的生态系统以及个体的特征和能力，影响了儿童人际关系的质量。
    - □ 儿童人际关系的质量影响了他们的经验和发展。
    - □ 我们可以根据儿童对健康关系的需要来考虑风险和复原力要素。
- 婴幼儿可以参与儿童保育和学习项目。

- 婴幼儿及其家庭对高质量的儿童保育和学习项目有强烈的需求。高质量的儿童保育和学习项目不仅要有受过充分培训的教师，而且教师与儿童之间要进行充满关爱的回应式互动，同时项目与家庭之间要建立互惠互利的关系。
- 入学准备是婴幼儿期的一部分，因为这个时期会为今后所有的学习奠定基础。

当我们看到婴儿眼中闪烁的光芒，看到生机勃勃的学步儿展现出旺盛的好奇心时，我们就会明白，我们重视健康的关系以及影响这些关系的生态要素并为此付出的努力是非常值得的！

反思与应用

反思的问题

1. 为什么婴幼儿需要与父母、家庭及教师建立具有回应性、连续性和充满爱的关系？
2. 为什么生命最初 3 年对婴幼儿的幸福如此重要？请将所有原因列出来。
3. 你所在的社区是如何满足婴幼儿不可消减的需求的？
4. 有关大脑发展的研究是如何影响父母及教师思考生命最初 3 年的重要性的？

观察与应用

1. 讨论：你的个性如何影响你在生活中与他人的关系？
2. 布兰娜生活在一个贫困家庭，哪些风险或者复原力要素可能会影响她的人际关系质量？
3. 从儿童不可消减的七种需求中选择一种并讨论：从儿童的立场思考，如果他的这一需求得到满足会如何？没有满足又如何？

第 2 章

婴幼儿及其家庭

学习成果

阅读本章之后，你将能够：

- 阐述生物学和文化对家庭生育体验的影响；
- 描述父母的经验与养育方式的多样化；
- 考虑家庭结构的多样性对家庭和教师的影响；
- 解释婴幼儿项目的哪些方面可以支持家长。

在家长会上，萨米环顾了一下教室，“大都会婴幼儿中心”所服务群体的多样性给她留下了深刻的印象。其中，一些多样性来源于种族，还有一些多样性来源于文化。考虑到所在社区的情况，该中心还会为拥有不同背景和宗教信仰的家庭服务。不过，多样性的内涵远不止于此：苏珊是一位单身医生，她从柬埔寨领养了一个婴儿；朱厄尔正在抚养她的孙子孙女们；梅尔和欧内斯托正在适应从年轻夫妻到新手爸妈所带来的身份上的转变。每个家庭在养育子女方面似乎都有自己独特的情况，对支持和信息的需求也各不相同，同时在养育孩子方面也有自己独特的主张！

如萨米所意识到的那样，家庭的结构和大小各不相同。但是，无论什么样的家庭都可以养育快乐、健康、发育良好的孩子。各种各样的家庭既有其相似之处，也有其独特性。它们在大小和结构上存在差异，父母和孩子的角色也各不相同。在如何看待孩子和父母方面，甚至在出生时的仪式和分娩过程方面也不尽相同。本章，我们还将目光投向直系亲属以外的支持，因为家庭成员也参与婴幼儿项目和接受其他服务。这些服务反过来又受到州和联邦立法者制定的政策和规章制度的影响。尽管这些政策和规章制度貌似与一个家庭的日常生活相去甚远，但正如生物生态系统理论所描述的那样（见第 3 章），它们可能对家庭获得资源、服务和信息产生重大影响。

生物学原理和文化对家庭的影响

所有人都有一个共同的开端。受孕、分娩和早期发育的生物学原理对所有人类婴儿都是一样的。然而，即使在这个早期发育的基本模型中，每一个儿童的开端也可能有所不同。例如，有些母亲期待孩子的出生，有些母亲害怕生孩子或不想要孩子。有些父亲在妻子或伴侣怀孕和分娩时全程陪伴并积极参与，有些父亲则不然。同样，为人父母也是一种极具个人化的经历。每个家庭在创建自己独特的身份时都融入了自己的文化背景、当前的社会规范、个人历史和性格特征、能够获得的资源、承受的压力和家庭结构等多种因素。

生物性影响育儿模式

生物性和进化决定了我们的某些育儿模式。由于婴儿生来就极其依赖他人，因此世界各地的父母都开发出了密切照顾和保护婴儿的方法。人类一出生便拥有看着很大但并没有发育完全的大脑。胎儿无法一直待在母亲的子宫里让大脑完全发育，母亲的身体和胎盘只能在一段时间内满足胎儿的发育需求，等到胎儿的身体发育到一定大小就必须分娩而出了。因此，胎儿的大小也是分娩过程中的一个重要因素。对许多母亲和婴儿来说，分娩是一个漫长且艰辛的过程。在大多数文化中，分娩活动都是有计划进行的，医生、助产士、助产师或家庭成员会协助母亲分娩。

无论在全世界哪个国家，父母第一次看到新生儿时的反应都差不多。他们会抱着婴儿，凝视对方的眼睛。他们会触摸婴儿的小手指、小手掌、小胳膊和小腿，然后是身体躯干[1]。反过来，婴儿一出生时就准备好参与人类的互动了[2,3]。

漫长的妊娠期、艰难的分娩过程、婴儿的依赖性以及父母对新生儿可预测的反应，存在于整个人类中。它们共同促进了全身心高度投入的长期育儿模式。然而，这种育儿模式的确切性质因文化而异。

文化对育儿模式的影响

今天的育儿模式一部分植根于人类的生物性，一部分基于我们从祖先那里传承下来的文化适应性。以下对文化所做的定义有助于阐明这一观点。

> 一个群体中的每一个成员都遵循一套社会规则，在一个特定的精神信仰体系中运作，并坚持一种有助于社会顺利运行的意识形态。每个群体都可以根据生存模式、商品的生产和分配、人际交往和社会规则以及社会历史来描述[4]。

文化信仰将导致截然不同的育儿实践。有的文化信仰主张父母及时满足孩子表达的所有需求，有的文化信仰主张父母教导孩子耐心和慷慨。社会经济也会影响我们的儿童观和育儿风格。想象一下，有两个国家，一个国家需要依赖孩子来照看农场里的牲畜，或者需要他们在父母工作的时候照顾弟弟妹妹，而另一个工业化国家认为儿童长大成人后才开始工作。在这两个国家中，人们对儿童的期望以及对待儿童的方式，将会大有不同。

我们往往是看不见自己的文化信仰的。在我们成长的过程中，母亲不会说：“我们是意大利人，我们相信婴儿就是这样的。”祖父也不会说：“我们是非裔美国人，我们相信婴儿就是这样的。”我们在一套根深蒂固的文化信念和价值观中长大，相信自己知道的就是真理，并且是唯一的真理，也相信事情的本来面目就是这样的。只有当遇到具有不同信仰的人时，我们才开始意识到自己认定的一些真理可能是基于自己的文化。例如，一对年轻的夫妇在他们的第一个孩子出生后发生了分歧。妻子来自孩子重于一切的俄罗斯－犹太家庭，丈夫则来自长辈主导一切的斯堪的纳维亚半岛。因此，妻子认为应该保护新生儿的日常作息，丈夫则认为新生儿应该适应他们夫妻两人的生活安排。很长一段时间内，他们都没有意识到这些不同是由于文化信仰在起作用。

不同的文化价值观

有关人际关系的价值观也因文化而异。美国和北欧是典型的个人主义文化，他们将个人的重要性置于集体之上，重视独立、竞争、结果和个人责任。拉丁美洲、非洲和亚洲国家是典型的集体主义文化，他们重视合作、过程（而不是结果）以及相互依存的关系，个人首先要对集体的和谐与幸福负责，将个人的利益放在一边[5, 6]。

人的文化信仰是在照料者与婴幼儿的早期互动中传授的。婴幼儿正是通过这种方式学习成为家庭和社区的一员。研究人员对来自全世界 9 个文化社区的 214 个家庭进行了一项调查研究，并描述了早期互动的两种主要模式：一种是近端模式，一种是远端模式。近端模式是指照料者与儿童进行持续的身体接触，这一模式经常被运用在“传统的生存型社会中，其社会目标体现为人际关系、服从以及等级关系等”[7]；远端模式的特点是面对面的眼神交流和物体刺激，这种模式经常为工业化、受过良好教育的社会所使用，这种社会重视“自主性和独立性，而这恰恰是独立行为的征兆”[8]。

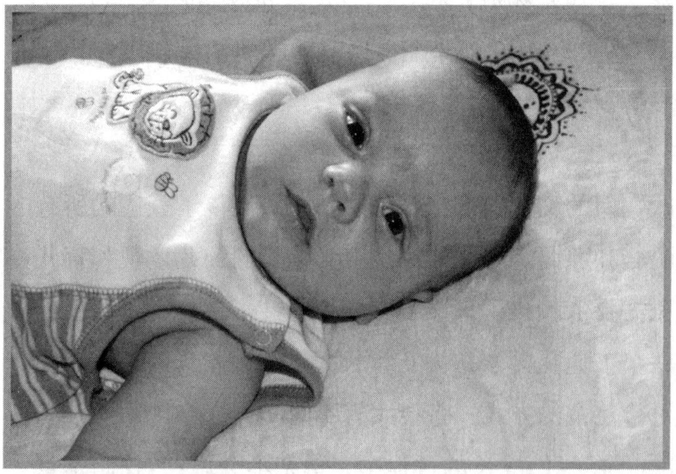
怀亚特的父母大多数时候会抱着他，但是他们也认为他需要一些时间来感受自己的身体

重视独立性的父母会花时间向孩子展示具有刺激性的玩具，但他们也经常抱着孩子玩，所以会与孩子进行身体接触。重视相互依存性的父母大多数时候会抱着孩子，给孩子提供一种亲密感和责任感；不过，来源于这种文化的、受过良好教育的城市父母则倾向于同时使

用这两种互动模式[9]。

婴幼儿项目中的文化问题

文化差异给婴幼儿教师以及儿童发展研究人员带来了许多问题。教师和家长在如何对待婴幼儿的饮食、睡眠、语言发展及其他方面可能存在分歧，而这种分歧可能植根于每个人内隐的文化信仰。如果是这种情况，那么相互尊重的协商有助于双方就婴幼儿的照料和学习问题达成共识。例如，一位母亲总是抱着她的孩子，因为在她的文化中，抱着孩子表明了对孩子的爱和保护。如此一来，当教室里允许婴儿在地板上玩耍和爬行时，这个孩子怎么知道他是被爱着的呢？教师坚信，“地板时间”对婴儿的身体发育非常有好处，而且如果她一直抱着一个孩子，就不可能同时照顾小组中的另外三个孩子。当这个孩子的母亲和教师花时间讨论她们各自的立场，并努力尊重和倾听对方的看法时，她们解决了分歧。教师向孩子的母亲保证，她会和孩子在干净的地板上玩耍，并且会待在他的身边，让他感到自己是被保护的。教师也承诺会尽可能多地抱抱孩子，让他感受到在家里的那种照料。

文化近观

美国纽约市的一个家庭访问项目为一个人口不断增加的移民社区提供服务，这个社区中的居民都来自同一个国家的同一个地方。在社区中的一位妇女怀孕期间，家访人员进行了全程跟访。孩子出生后，家访人员很期待见到他，而且需要在孩子出生后的两周内拜访这位母亲——这既是她所在项目的规定，也是该项目资助者制定的一条制度。当家访人员打电话与这位母亲预约时间时，这位母亲告诉她：她们当地的习俗认为，产妇和孩子应该卧床休息并且只由家人照顾，一直到孩子满 100 天。这位家访人员怎样做才能既执行项目资助者制定的制度，又能尊重这个家庭的文化信仰呢？

然而，有时候即使分歧源于文化信仰的不同，有些方面也是不容协商的。一个常见的例子是，一位家长坚持说：“我小时候就被打过屁股，但是我现在没事啊！如果我的孩子不听话，那么我希望你也打她的屁股。”无论打屁股或其他形式的体罚是否违背你的文化信仰，儿童保育中心许可制度都绝对不允许你这样做。此时，你根本不需要与家长讨论文化差异，只需要对她说“我们的儿童保育中心许可制度不允许我们打孩子”就可以结束话题。此外，你可以向家长解释为什么许可制度中会规定这一条，这是家长教育工作的一项有益举措。

为人父母

在教室中，教师经常能观察到婴幼儿身上的快速发展与变化，并为之着迷。有时候，这种变化就在教师的眼前发生。然而，父母自身正在经历的巨大变化并不那么明显，但是它们同样影响深远。在人们向父母角色转变的过程中，教师可以助他们一臂之力！

育儿的影响因素

影响育儿的因素有很多。生物性和文化只是一个开端。生态式育儿法描述了影响家庭运作的多种因素[10]，包括早期经历和当下的处境。

童年和依恋经历的影响

在单亲家庭中长大的年轻女性更有可能成为单亲妈妈。在不稳定的家庭中长大、经历了很多生活变故的年轻男性，更有可能早早地成为父亲，但不太可能与孩子的母亲生活在一起[11]。

一个人早期的家庭结构会影响他未来的家庭观念，家庭成员之间的互动方式则会影响他未来对人际交往方式的理解。依恋理论（见第 3 章）指出，我们最初经历的人际关系使我们建构了有关人们如何相处的心智模式[12]。友善的人际关系教会我们成为友善的人，愤怒的人际关系教会我们成为愤怒的或令人害怕的人。如果一个成人在一个有安全感的、充满爱的家庭中长大，那么他就会具有良好的人际关系心智模式。当他的婚姻出现问题时，他更可能以建设性的方式处理[13]。如果夫妻二人在童年时期都拥有安全稳定的人际关系，那么他们就会以更积极的态度对待婚姻，也更擅长养育孩子[14]。即使他们的父母离婚了，这样的成人在结婚后的头 6 年里离婚的概率也比较小[15]。

单亲父母的其他成人关系的影响

当单亲父母拥有其他有益的成人关系时，他们与孩子就会变得更好。朋友和家人的支持，有助于单亲父母与孩子建立和维持稳固、积极的关系。

“不论你的家庭结构、收入、性别、种族和孩子的年龄如何，情感支持都十分重要。”[16]

贫困的母亲在谈及情感支持的重要性时指出，她们的孩子不太可能表现出不良行为和抑郁情绪，也不太可能留级；与缺乏母亲情感支持的孩子相比，他们的社交能力更强，也更有可能参与到学习中。

经济状况影响亲子互动

经济状况也会影响儿童的社会性和情感发展[17]。当父亲拥有一份不错的工作时，他们往往更愿意陪伴孩子。然而，工作时间安排却会干扰父亲持续的育儿机会[18]。灵活的工作时间安排有助于增加父亲和孩子在一起的时间[19]。然而，有关女性这方面的研究并不多。女性仍然被认为需要兼顾工作和照料孩子两个方面。

大多数女性无论婚前婚后都要工作。当女性认为这个男人能够改善她的经济状况时，她们就更愿意结婚；反之，如果她们单身时经济状况似乎更有保障，那么她们就更有可能选择独居或与人同居而非结婚[20]。

想象中的孩子和真实的孩子

早在成为父母之前，早在怀孕之前，甚至早在小时候，我们就在玩扮演爸爸妈妈的游戏或者扮演爸爸妈妈的角色。通过儿时的游戏，通过十几岁时照看弟弟妹妹或堂弟堂妹的过程，我们形成了有关婴儿的概念。在母亲怀孕期间，准爸爸妈妈会对他们的孩子很好奇，想象他们的孩子长什么样子以及将来会成为什么样的人。致力于研究亲子关系的心理健康工作者认为，准爸爸妈妈会想象他们希望拥有的孩子的理想形象（如漂亮、健康、聪明、爱运动、快乐等），并且克服他们对孩子可能具有的一些负面形象（如畸形、身体虚弱、丑陋或长大后有暴力行为、酗酒、人品卑劣，或者像他们不喜欢的某位家庭成员）的恐惧。在孩子出生后，父母的职责之一就是了解并接受孩子的真实样子[21]，包括放弃他们之前所想象的孩子的特征。婴幼儿教师需要意识到，新手爸妈很容易受到他人想法和评论的影响，因此教师对每个孩子个性的评价应该是真实的、积极的。

给教师的建议

儿童早期政策的领导者琼·隆巴尔迪（Joan Lombardi）指出，我们这个领域的首要任务是为我们所服务的孩子的家庭提供支持。理解成为父母对成人和夫妻的巨大影响，有助于婴幼儿教师成为整个家庭的重要支持来源。此外，让婴幼儿家长有机会与其他家长碰面探讨育儿问题，也是有价值、有意义的事情。

从夫妻到父母的身份转变

近年来，在育儿方面出现了一些“游戏规则的颠覆者”。例如：没有结婚但同居的情侣，他们会采取一些措施来避免怀孕；妻子的工作收入与丈夫相当，甚至比丈夫还多；经济在经历了衰退后，正在缓慢复苏，等等。

当婚姻和同居不再与养育联系在一起时，这种结合往往被认为情感浓厚。这样的夫妇在表达自己作为个体或夫妻时会有更强的感受[22]。他们重视浪漫和性伙伴关系，也重视陪伴以及共同的兴趣和活动。当他们打算要孩子时，会就孩子的孕育和出生进行交流。然而，孩子出生后的几个月会令他们的满意度较低，因为他们两人在一起的时间少了，他们的角色受到了性别的束缚，而且在照料孩子时面临睡眠不足和安全感不足的问题。不过，因为他们之间有牢固的情感基础，所以到婴儿 6 个月大比较容易带时，这种不满就会逐渐消失[23, 24, 25]。

为人母

娜恩每天早上醒来都觉得自己几乎无法面对新的一天。她一直想要小宝宝，并认为拥有孩子应该是她一生中最幸福的时刻。然而，她的丈夫罗伊自从她宣布怀孕以来变得越来越疏远，现在他几乎每天晚上都出去打篮球。孩子出生时，她的家人打来问候电话并且送了鲜花表示祝贺，但是他们住得太远，帮不上什么忙，工作上认识的朋友就更不用说了。她感到非常孤独，觉得自己是一个非常糟糕的妈妈，因为她并没有因为有了小宝宝而感到快乐和感恩。她担心自己知道得不够多或者对孩子关心得不够多，而无法做一个好妈妈。

成为母亲“既是一个自然的过程，也是一次重大的转变”[26]，这是一种普遍但又因人而异的体验。当一个女人的身体发生变化，当她在超声波图片上看到胎儿的成长，当她开始考虑要照顾一个小宝宝时，成为母亲的过程就开始了。伴随而来的可能是快乐，也可能是绝望，这在很大程度上取决于母亲的健康状况、能够获得的资源与支持以及她与孩子父亲之间、她与自己母亲之间的关系。

瑞典的 12 名孕妇分享了她们对许多话题的看法。这些怀有 3 个月身孕的女性谈论了只有她们自己和伴侣知道这个秘密的感受，认为这种感觉很好，但也非常孤独，因为她们想要与他人分享这个令人开心的消息。这些女性还谈到，她们很开心可以生育下一代，但同时这也让她们回忆起自己的成长经历和父母在其中的缺失[27]。对新西兰孕妇的调查表明，她们认为自己越能掌控分娩过程，对分娩的感受就越好[28]。这些女性在生完孩子后还谈论了对婚姻的不满，包括与伴侣独处的时间减少以及家务分配的不公。此外，她们努力面对身心疲惫、职业身份的丧失、改变了的社交生活以及个人时间被剥夺等问题[29]。

"密集母职"形容的是母亲对自己的高标准和高要求。社交媒体强化了母亲的感受，让她们觉得应该把每件事都做好并相信有正确的做事方式。其观点如下。

- 母亲是孩子最重要的家长。
- 母亲应该为孩子提供持续的智力刺激。
- 母亲要直面挑战。
- 母亲的生活应该完全围着孩子转。

研究发现，母亲较严重的情绪消沉和应激水平与这些强烈的信念有关[30]。

给教师的建议

教师需要明白，成为母亲或者再次为人母对女性的影响深远，会改变她对自己的认识、对婚姻的满意度或者对社会支持网络的需求。教师应该对她们抱有同情心，认真倾听她们，并帮助班上的母亲们相互认识和交流。

为人父

克雷格从小就梦想将来有一天能有自己的孩子，但他之前认为育儿是母亲和婴儿之间的事情。现在，他是 6 个月大孩子的父亲，他深深地爱着自己的女儿凯特琳。每天他去托儿所接女儿时，教师总会跟他打招呼说："看凯特琳见到你多么兴奋呀，你一进来她的眼睛就亮了，开心极了！"

教师在欢迎和重视父亲育儿方面同样发挥着重要作用。在美国，2400 万儿童（1/3）没有生物学上的父亲，这一数字令人震惊。与此同时，我们更加了解父亲对孩子的积极发展所做出的独特贡献及其重要性[31]。

> 那些害怕成为父亲的男人不明白：父亲不是完美男人才能承担的角色，恰恰相反，男人成为父亲后才能变得完美。养育孩子的最终成果不是孩子，而是父母。
>
> ——弗兰克·皮特曼（Frank Pittman）

男性需要努力应对生活中发生的变化。对许多男性而言，无论是从生物学意义上还是就所处文化而言，做父亲都有着巨大的意义。父亲的形象因文化和社会群体而异，当父亲们认为他们在育儿方面发挥着重要作用时，他们就会参与照顾孩子、培养孩子以及带领孩子开展认知活动，也会表现出更多的父爱和温暖[32]。

这对父子显然很喜欢彼此的陪伴

在女性的产前健康方面，男性也很重要。如果父亲参与其中，那么女性在怀孕初期（即前3个月）接受产前护理的可能性要高出40%，同时，可以使孕妇的香烟消费量降低36%。他们还可以鼓励母亲对新生儿进行母乳喂养。此外，陪伴母亲一起进行产前检查的父亲，在孩子日后的成长中更有可能参与亲子活动[33]。

在受教育程度（均接受了大学教育）和收入水平相同的情况下，白种人家庭、拉丁裔美国家庭和非裔美国家庭中的父亲对婴幼儿使用的语言类似，但是非裔美国家庭中的父亲和拉丁裔美国家庭中的父亲更愿意和孩子一起玩耍和照顾孩子，非裔美国家庭中的父亲会和孩子进行更高水平的身体运动游戏。患有产后抑郁症的非裔美国妇女报告说，她们孩子的父亲会与孩子进行更多的身体运动游戏；但对白人女性来说，情况并非如此。它反映了非裔美国人的集体主义文化，这种文化强调亲密关系，同时父亲会补偿婴幼儿因母亲抑郁而带来的缺失[34]。婴幼儿会与敏感的父亲建立安全的依恋关系[35]。

母亲对父亲的积极态度以及对父亲参与育儿过程的积极支持，无论在已婚家庭还是未婚家庭中都很重要[36]。对于没有与孩子住在一起的父亲而言，父母双方之间的积极关系是预测父亲参与程度的最有力因素[37]。母亲可以围绕孩子与父亲进行交流，鼓励父亲承担照顾孩子的任务以及建立一种和谐的父母关系，从而吸引父亲参与到孩子的生活中[38]。

给教师的建议

婴幼儿教师应该让父亲们感到他们是受欢迎的，他们与孩子的互动是被欣赏的。教师可以在班级悬挂父子互动的海报，或者专门为父亲提供一些信息。在大厅摆放一些汽车或体育杂志，有助于营造欢迎他们的氛围。对于新手爸爸而言，从教师那里得到一些积极的反馈也非常有帮助，例如他们作为父亲很称职、他们的孩子很出色、他们的孩子很爱他们，等等。亲职教育可以有效地向初为人父的男性传授亲子互动的技能[39]。

教养方式

对婴幼儿来说，与父母在一起时的感受很重要。如果孩子和父母在一起时害怕被批评和指责，那么此时家长的陪伴和互动就是无益的。成人在教养孩子时往往会带有自己的理念、记忆和方式。

“教养方式”是指不同父母在引导和控制孩子方面存在的模式差异[40]，它包括父母对孩子的回应和父母对孩子提出的要求[41]。已有文献指出，通常有 4 种教养方式：溺爱型（放任型）、专制型、权威型和忽视型。

- **溺爱型（放任型）父母**：会积极回应孩子，但很少要求孩子表现得成熟一些，完全依赖孩子的自我调节能力。
- **专制型父母**：只一味地要求孩子，从不对孩子做出回应。他们要求孩子遵守一套严苛而广泛的规则。
- **权威型父母**：既要求孩子，也回应孩子。他们为孩子设立了高标准，但同时也会积极地提供支持。
- **忽视型父母**：对孩子既不做出回应，也不提出要求，但还没有到完全忽视的地步[42]。

在西方文化中，教养方式与孩子的发展结果息息相关，尤其是在青春期。放任型教养方式下的孩子有较强的自尊心，但也更有可能出现学习和行为方面的问题。专制型教养方式下的孩子在学习方面表现出色，但往往自尊感低、情绪消沉并且缺乏社交技能。权威型教养方式下的孩子社交能力很强，同时在智力方面也非常突出。忽视型教养方式下的孩子在各个方面都表现得不尽如人意[43]。

然而，父母的教养方式也与文化有关。在强调个人主义和自由的美国，专制型父母往往对孩子具有约束性；不过，来自高权威型中国家庭的孩子却发展得很好，这反映了中国家庭将权威性视为家庭和谐重要力量的文化态度[44]，同时他们对孩子的严格要求伴随着关爱和亲密关系。强调努力和勤奋胜过天赋，貌似专制，但实际上是权威型做法[45]。

给教师的建议

婴幼儿教师将会发现，向所服务的家庭分享有关教养方式方面的信息很有帮助。不过，这类信息也有助于教师进行自我反思。师幼关系类似亲子关系。因此，你需要思考自己与孩子的相处方式是放纵型、专制型、权威型还是忽视型。你将从反思中深受启发。

家庭结构

当我们努力理解家庭的复杂性时，一项重要的任务就是定义什么是家庭。家庭可能由已婚父母和他们所生的孩子组成，这是传统意义上的家庭；也可能由单亲父母和他们的孩子，祖父母和他们的孙辈，或者养父母和他们的孩子组成。此外，还有一种是混合家庭。父母双方可以有相同或不同的宗教信仰，也可以来自相同或不同的种族、文化背景、性别。然而，家庭构成的不同并不会改变孩子作为家庭成员的重要性。美国儿科学会的一份报告指出，"儿童的最佳发展似乎更多地受到家庭单位内部成员之间的关系和互动性质的影响，而非家庭的特定结构"[46]。

我们过去认为只有传统意义上的家庭才是正常的，其他的家庭结构形式缺少了重要的元素，但家庭结构的多样性已经使我们对这一点有了不同的看法。我们现在认为，所有家庭都具有风险性因素和保护性因素[47]。正如第 1 章所述，风险性因素是指那些威胁儿童或家庭幸福的生活事件或个人特点，保护性因素则是对抗风险性因素的生活事件和个人特点[48]。例如，相比父母酗酒和有暴力行为的传统家庭，一个温馨祥和的单亲家庭会给孩子提供更多的保护。

在任何家庭中，婴幼儿都可以快乐、健康地成长。双亲家庭中的孩子会有一些优势，他们更有可能摆脱贫困、青少年未婚生育以及学业和心理健康问题[49]。大多数美国儿童生活在双亲家庭中，然而，根据最新的人口普查报告，自 20 世纪 60 年代以来，这一比例一直在持续下降。现在，大约 69% 的儿童与父母（亲生父母或继父母）生活在一起，24% 的儿童只和母亲生活在一起，4% 的儿童只和父亲一起生活，还有 4% 的儿童没有与父母任何一方同住[50]。婴幼儿教师需要具备与各种家庭打交道的技巧，并了解与家庭结构相关的一些问题。美国家庭有很大的差异，围绕它们的问题太过复杂，因此可以将以下讨论视为对这个值得深入研究的主题所做的简要介绍。

传统家庭

当然，传统家庭也是多种多样的。例如：父母双方都工作或都不工作，或者一人工作而另一人不工作；赚钱养家和做家务可能由父母双方共同承担，也可能由一方承担得更多一些；育儿的责任可能由父母双方共同分担，也可能由其中一人分担得更多；由于文化或个性的原因，父母中的一方可能更乐于与你交流。

父亲和母亲可以为孩子带来不同的馈赠。母亲可能更平和、更慈爱，与孩子之间的游戏更加社会化，让孩子为未来的人际交往做好准备。父亲则更注重身体运动，喜欢带孩子玩新奇刺激的游戏，在与孩子互动时会更多地解释自己的冒险行为以及解决问题和应对挫折的方法。所有这些都对孩子的发展至关重要[51]。

给教师的建议

在与家长打交道时，你既需要与家长分享有关儿童发展的一般信息，又需要向他们提供有关你的班级和他们孩子的具体信息。在家长逐渐适应了给孩子换尿布、帮助孩子打嗝的同时，你要帮助他们了解如何为孩子大脑的健康发育和入学准备打下坚实的基础。

你需要通过家长了解他们的孩子，了解家长的育儿观念、问题、纠结和成功之处。家长参与，是家长与教师之间基于相互尊重建立的伙伴关系。在涉及自己的孩子时，家长必须有权做决策。与此同时，你需要在这个过程中平衡家庭的需求和你自己的需求。你需要具备良好的倾听技巧、扎实的儿童发展知识和灵活变通的思维，并找到让家长有效参与的中间立场。

离异家庭

婴幼儿的父母在离异时需要考虑一些特定的问题。婴幼儿可能无法理解他们的父母正在经历的困难，然而他们能够清楚地感知到周围环境的情感基调。父母因离异而产生的伤心和愤怒情绪以及双方之间的紧张氛围，会给婴幼儿带来不小的压力[52]。婴幼儿需要培养对他人的信任感，这取决于成人回应的可预测性以及他们持续给予婴幼儿的情感支持。只有当父母双方都把孩子的幸福放在首位时，他们才能在共同抚养孩子这件事上做到最好。

婴幼儿的两种发展需求被看作是相冲突的，一种是每个孩子都受益于与父亲的亲密且持续性关系，另一种是每个孩子都至少需要与生活中的重要他人建立一种依恋关系，从而产生安全感、控制焦虑情绪和分享快乐。这两种需求并不矛盾，但它们往往会在父母离婚时发生冲突。孩子与父母双方建立依恋关系同等重要，还是孩子与母亲建立依恋关系更为重要，这一问题目前还存在争议。

离异家庭面临的一个主要问题是，婴幼儿是否应该在丧失监护权的母亲或者父亲（通常是父亲）家里留宿。其中一个问题是，在父亲家里过夜可能会给正在建立日常生活节律的婴幼儿造成很大的压力[53]。不过，婴幼儿偶尔会在朋友或者祖父母家里过夜。

由母乳喂养的婴幼儿晚上需要与母亲待在一起，除非母亲能将母乳提供给父亲。当下，许多母亲都使用吸奶器吸出母乳，然后由婴幼儿教师喂给孩子，因此，吃奶对于留宿在父亲家的婴幼儿可能不是一个大问题。然而，母亲们可能仍然需要夜里起来哺乳婴幼儿，以保证母乳的持续供给。

父母共享监护权，会影响孩子的依恋关系建立。大多数儿童在 18 个月大时会至少与一个成人建立一种依恋关系。有些人认为，婴幼儿必须先建立一种主要的依恋关系；同时，我们要对这种依恋关系加以保护。固定的睡觉时间、睡觉地点和起床时间所带来安全感，是建立这种主要依恋关系的一部分。

总之，父亲的角色及其与孩子持续接触的重要性是显而易见的。孩子与父母建立依恋关系的重要性，也不言而喻。婴幼儿项目没有办法解决这些问题，只能经由法院来调解或判决。

给教师的建议

婴幼儿教师必须平等地对待离异的婴幼儿父母，支持双方与孩子的亲子关系和互动。在这样一个父母双方都处境艰难的情况下，教师必须保持中立。在支持婴幼儿与父母互动时，教师要让父母双方都充分了解孩子的情况，并在必要时设法将父母之间的关系或监护现状对孩子产生的影响告诉家长。

单亲家庭

单亲父母面临许多压力和挑战，其中最大的挑战是贫困。在美国，女性未婚生子的比例正在急剧上升：20 世纪 60 年代初，只有不到 1%；2000 年，这一数字是将近 10%；2009 年，这一数字已经达到了 41%[54]。

> 单亲家庭收入低的可能性是已婚家庭的两倍多。总的来说，美国有大约 230 万个婴幼儿至少有一位家长全职工作，尽管这些家长全年无休，但是其薪资仍然难以让家庭摆脱低收入群体。研究表明，幼年时的贫困可能会给儿童带来极大的伤害，影响他们之后的成就与就业[55]。

单亲父母也面临其他挑战。无论是上班还是求学，他们都面临两份重担。同时，他们无人分享经营家庭和养育孩子的乐趣或负担。因此，单亲父母往往压力很大且疲惫不堪。

给教师的建议

婴幼儿教师要理解和体谅单亲家长，你的工作是支持他们与孩子建立良好的亲子关系，同时要对他们所面临的贫困和压力问题保持敏感。对于单亲家庭的孩子，你还要意识到：这些儿童需要并渴望与成人（男性和女性）进行安全、有益的接触。由于婴幼儿教师以女性为主，因此婴幼儿项目为那些由单亲父亲抚养的儿童提供与女性接触的经验，比为那些由单亲母亲抚养的儿童提供与男性接触的经验要容易得多。

由祖父母抚养孩子的家庭

在美国，祖父母抚养孙辈的现象越来越普遍[56]。孩子的父母并不一定与其同住，而是由祖父母为其提供主要的照料。根据美国人口普查局的数据，2012 年有 270 万个儿童住在祖父母的家里[57]。这一数字持续增长的原因有很多：父母虐待孩子、母亲未成年怀孕、家庭暴力、父母生病或被监禁。祖父母虽然有时也能为孙辈提供一个稳定的家庭，但他们往往不具备任何照顾孙辈的法律权利，导致他们难以获得儿童保健或其他方面的社会支持[58]。

给教师的建议

祖父母和婴幼儿都需要教师的体恤和理解。家庭和婴幼儿项目之间的联系对每个孩子来说都是至关重要的，在以祖父母为主的家庭中尤其重要。教育专业人士需要掌握有关祖父母照料孩子的信息，并对这种情况有独到的见解[59]。

婴幼儿可能会因为失去父母而感到悲伤，因此祖父母需要改变他们的角色，不再溺爱孙辈，而是对孙辈承担起许多的教养责任。

领养家庭

领养是另一种养育孩子的方式。2008 年，美国有大约 210 万个儿童与养父母生活在一起。然而，这里面的情况存在非常大的差异[60]。有的婴儿一出生就被亲生父母遗弃，而被其他人领养；有的婴儿因为受到虐待或被忽视而离开亲生父母，在寄养中心度过数年；有的婴儿可能在妈妈的肚子里时就接触过毒品或酒精。显然，被领养前的处境对孩子的成长有相当大的影响。

对婴幼儿来说，与他人建立信任的关系在很大程度上有赖于反应迅速且持续照护他们的成人。对所有婴幼儿来说，要在对照料者的安全依恋与到外面世界去探索的健康能力之间取

许多婴幼儿项目通过家访或与父母和孩子一起活动来服务于家庭

得平衡是一项挑战。在早期关系中经历过许多挫折的婴幼儿，在建立信任关系与形成安全感慢慢地探索世界这两件事上可能存在特殊的困难。

给教师的建议

前文描述了男性和女性在成为父母后所面临的一些问题，领养过程可能需要数年时间，但是许多家庭从接到领养通知说有适合的孩子到正式接收孩子，可能只有短短几天的时间。与怀孕 9 个月相比，这几乎没有留给养父母们情感准备时间。

为了避免让自己失望，养父母们可能不会像自己孕育孩子那样对孩子充满想象。他们可能一开始害怕对孩子过于喜欢，而且由于缺乏基因之间的联系，他们可能会担心自己是否会爱孩子或孩子是否会爱他们。他们可能还需要你来帮助他们确定出现的问题是婴幼儿的典型行为问题还是与领养有关的问题。

寄养家庭

当儿童受到虐待或被忽视时，他们就会进入儿童福利系统，并经常被安置在寄养家庭。2014 年，进入寄养家庭的美国儿童中，近 40% 的儿童年龄在 5 岁以下[61]。寄养儿童中数量最大的一个群体是 3 岁以下的儿童，这些儿童可能是美国最脆弱的群体。在被寄养之前，在生命的最初几个月或几年，他们已经经历了巨大的压力或危险的养育境况，他们的母亲可能没有得到过产前护理，他们在母亲的子宫内可能就营养不良。

这些儿童中有近 80% 由于产前接触过药物或酒精而面临医疗风险和发育问题，他们可能目睹过身体暴力或性暴力，或者自身就是家庭暴力的受害者。超过 40% 的寄养儿童早产或出生体重过轻，超过一半的儿童有严重的健康问题以及发育迟缓问题——这一比例是普通儿童的 4~5 倍。因为他们所处的系统和记录保存都是碎片化的，所以他们不太可能接受早期干预或心理健康服务[62]。

给教师的建议

参与高质量的婴幼儿项目是促进寄养家庭儿童健康发展的重要策略。这些孩子都经受过身心的创伤，而高质量的婴幼儿项目所提供的刺激性、参与性和滋养性环境可以支持儿童的发展。教师还可以为寄养家庭的父母提供信息、策略和情感方面的支持。

支持家庭的项目实践

一些婴幼儿项目的主要目标是为父母提供支持，尽管如此，正如本章一再强调的那样，每个项目还有义务为亲子关系提供支持。

家长参与

家长参与是指父母及家人观察、指导、促进并参与孩子在家庭、学校及社区的日常学习活动，是一种积极的并以目标为导向的关系[63]。家长参与背后的理念是家长需要在许多方面积极主动，以帮助孩子做好在学校生活中获得成功的准备。该项目体系的诸多方面，如聘请教师、持续改进以及制定策略等，都应该有家长的积极参与，同时家长也应该影响项目提供的服务。项目还需注意以下方面：

> 家庭的幸福

> 积极的亲子关系

> 作为终身教育者的家长

> 作为学习者的家长

> 过渡环节的家长参与

> 家长与同龄人及社区之间的联系

> 作为倡导者和引领者的家长

我们知道，我们能够促进婴幼儿的大脑发育，为他们以后取得生活和学习上的成功打下基础。我们也应该认识到，我们有能力支持家庭的健康发展。当一个家庭适应新生命的到来时，它会向孩子的教师、家庭照护的提供者或家访人员寻求信息和支持。婴儿期是家庭和父母对自己形成新认识的重要时期。让家长参与我们的项目中，是一种强有力的干预措施。

亲职教育

所有为家庭提供信息的项目都可以被称为亲职教育。亲职教育包含多种服务和支持，从提供资源、建议、策略、非正式的社区计划、正式的课堂指导、咨询，到对家长的一对一支持[64]。由于家庭环境对每个孩子的发展都至关重要，因此这些项目常常为家长提供孩子在家中学习的活动、方法，鼓励家长每天给孩子朗读 15 分钟，倡导家长和孩子一起使用丰富而广泛的语言，帮助家长对年幼的孩子做出敏感、准确的情感反应。

无论什么样的家庭，它们在家庭生活的不同阶段和特定时间都需要支持。家庭支持项目为家庭提供各种各样的服务和支持，包括对母亲的产前保健、对儿童的保健服务、高质量的婴幼儿照料、教育选择和学费补贴、对有特殊需要儿童的评估和服务等。市、县的不同机构可以相互协作提供服务和支持，共同构建强大的基础设施，为产前至 5 岁儿童的家庭提供支持。

家访是一种有效地支持弱势家庭的模式。它要求一名家访人员每周一次固定到一个家庭访问。

家访人员与家庭建立起密切的工作关系，不仅可以丰富家长的育儿知识和技能，还可以：

> 改善儿童的健康和发展情况
> 预防儿童受到伤害、虐待、忽视或粗暴对待
> 改善儿童的入学准备和学业成就
> 减少犯罪，包括家庭暴力
> 提高家庭经济自给自足的能力
> 提高向其他社区寻求资源和支持的能力[65]

有特殊需要儿童的父母

具有身心障碍儿童的父母可以得到多种教育及支持服务。这些父母来自不同的种族、文化、经济地位和家庭结构，婴幼儿项目可以为其提供法律、财务和医疗方面的信息，并加强父母之间的联系。

当婴幼儿被诊断为具有身心障碍时，父母可能会做出多种反应，这些反应并非取决于他们对完美孩子的渴望，而是受到很多因素的影响，包括他们的个人经历、有关身心障碍的宗教或文化信仰、身心障碍的性质或严重程度以及他们向他人敞开心扉的能力。

许多人认为，发现孩子具有身心障碍对父母来说是一场悲剧。实际上，父母们的反应各种各样。一项研究报告称，父母们形容自己一直在“喜悦与悲伤”“希望与绝望”“反抗与顺从”之间紧绷着，他们也发现自己在应对孩子的身心障碍所带来的持续挑战时的乐观心态和

聪明才智[66]。有一些父母的个人经历比较消极，他们对孩子的未来充满担心：他会过上满意的生活吗？有一些父母觉得是因为自己的行为导致孩子具有身心障碍，并为此深感内疚。还有一些父母只是对当前的状况感到很迷茫。焦虑和睡眠不足已经使他们难以理解任何事情，更何况一次性理解复杂的医疗信息了。他们可能觉得无力控制自己的生活，也可能对自己所生的孩子感到失望，甚至对孩子或照护孩子的专业人员心存排斥[67]。许多父母形容自己在不同的时间会体验到这些感受，有时候甚至在同一时间产生相互矛盾的感觉！

唯一障碍就是没有人际关系。

——朱迪丝·斯诺（Judith Snow）

美国的每个州至少都有一个面向具有身心障碍儿童家庭的家长培训和信息中心。这类家长培训和信息中心会为父母提供关于有残障问题的儿童的培训和信息，以及相关法律规定的父母和孩子应该享有的权利，以及社区、州和国家可以提供的资源[68]。

这类家长培训和信息中心的工作人员通常是自己孩子就存在残障情况的家长。他们通过电话、讲习班和会议提供相关信息，帮助父母了解自己孩子的需求以及能够得到的服务；鼓励父母积极参与关于有残障问题的儿童服务的决策；还与相应儿童服务的提供者和干预系统进行协商，以确保这些儿童充分享有获得服务的权利。

“父母互助”项目将有相似需求的父母相互配对，从而提供支持和信息。如果某一个孩子最近被诊断为有残障问题，那么他的父母可以与该项目取得联系，并与受过培训的有经验的父母进行配对，详细聊聊作为新父母的担忧。“父母互助”项目可以帮助家长找到一个理解自己的朋友，并相互分享压力、困惑、积极的经历、资源利用策略等。持续一生的友谊有时会始于这个项目[69]。

教师应该作为残障婴幼儿早期干预小组的成员，并对当地社区的资源非常了解。不过，在日常生活中，教师或家庭访问人员作为父母的伙伴这一角色可能更为重要。教师可以持续地观察孩子萌发的兴趣和取得的成就，并提供相关信息；也可以帮助父母识别哪些新的行为可能与残障有关，哪些则是婴幼儿的正常行为。最重要的是，教师要真诚地接纳并关爱孩子，这也是父母非常关心的一个问题。

本章小结

生活的许多方面都会影响家庭的育儿方式。

- 世界各地的家庭都有一个共同的繁衍机制，这个机制促使他们照料新生儿、易受伤的幼儿以及重视父母与子女之间的关系。
  - 有关人际关系以及孩子在文化中所扮演角色的观念即使有时不可见，也直接决定了父母会怎样指导孩子。
- 从夫妻向父母角色的身份转变是一种剧烈而重要的生活变化，它受个人经历、伴侣支持、社会支持以及经济稳定等多种因素的影响。
  - 个性、文化和童年经历都会影响父母的育儿方式：放任型、专制型、权威型或忽视型。
- 不同的家庭结构，例如通过婚姻缔结的家庭、离异家庭、单亲家庭、由祖父母抚养孙辈的家庭、领养家庭和寄养家庭等，可能为家庭成员提供不同的经历。但是，关爱、责任以及亲子关系的质量对儿童的心理健康和全面发展的影响依然大于家庭结构的影响。
- 许多早期教育项目会为父母提供相关信息和支持，帮助父母尽其所能地与孩子一起做到最好。这些项目包括家长参与、亲职教育、家庭支持项目和早期儿童干预项目。
  - 每一个早期教育项目都必须尊重家长在婴幼儿生活中的首要地位。家长是我们最好的伙伴，是每个孩子的最佳信息和指导来源，也是我们存在的真正原因。

反思与应用

反思的问题

1. 在你自己的家庭里，你的父母认为他们的作用是教你独立自主还是依赖他人？他们是如何把这些信息传达给你的？
2. 当阅读有关不同家庭结构的内容时，你是否认为某些类型的家庭可能比其他类型的家庭更难以让你接受？如果遇到这种情况，你会如何克服？

观察与应用

1. 观察班级里、商店里或在公共汽车上的亲子互动，父母的什么行为会让你觉得他们可能是专制型、权威型、放任型或忽略型父母？
2. 无论在什么样的家庭中，儿童都能够健康地成长和发展。你认为，不同的家庭结构分别有哪些独特的优势？
3. 访问你所在社区的亲职教育班，评估其课程对这些家庭有多大作用。

第 3 章

理解与运用理论

学习成果

阅读本章之后，你将能够：

- 理解这些理论的含义、重要性以及我们的理论框架；
- 描述情感和社会性发展理论的主要观点；
- 阐述认知、语言和动作发展理论的主要观点；
- 解释在项目中运用这些理论的效果。

新手教师或者新手爸妈经常发现有关儿童发展的信息是相互矛盾的。比如：夜里，孩子哭醒了，一本育儿方面的书可能会建议让孩子继续哭，他哭着哭着就会睡着；另一本书则可能建议家长轻拍孩子的肚子，哄孩子入睡。再比如：新手妈妈可能听从自己母亲的话，严格按照时间表来喂孩子，即使孩子饿得哭了也置之不理；儿科医生则可能告诫新手妈妈，要根据孩子的需求进行喂养。在指导孩子的行为方面，父母和教师有时候太严苛了，有时候又太宽松了。因此，人们在探索如何支持儿童发展的时候，经常觉得很受挫。

什么是理论，理论为何重要，我们的理论框架是什么

很久以前，人类就渴望了解世界是如何运转的，即使最小的婴儿也不例外。就像试图了解季节变化或者天空中的繁星一样，人们一直试图总结有关事物如何发展或者为什么会这样发展。有的观点被嘲笑，有的观点被历史遗忘，有的观点则受到那个时代的思想家认可，甚至被运用到实践中，发展成为理论。

什么是理论

理论是对信息、发现及生活经验的解释。鲍尔比和安斯沃思（Bowlby & Ainsworth）[1, 2, 3, 4]的依恋理论解释了儿童和他们最主要的照料者之间是如何形成几种不同类型的依恋关系的。有关不同的依恋关系对儿童当下及未来行为的影响，这些理论家做出了一些猜想（假设）。很多理论都尝试探索过去和当下事件之间的连续性和意义，依恋理论是其中的一个典范。此外，理论同时提供了一种思考，或者说提供了预测未来事态发展的思路。

理论通常是一个人或一群人的研究和思考。有时，理论家最开始只是对某个领域的发展感兴趣，产生了一些想法，但不会刻意关注该领域方方面面的内容。皮亚杰（Piaget）[5]就是这样的理论家，他集中关注儿童的认知发展阶段和儿童是如何学习的，并没有关注儿童的情感和社会性发展。

当然，研究者会对一个理论所包含的观点进行不断的检验。比如，针对依恋理论，研究者会尝试探索其对男孩和女孩的影响是否存在差别。研究者也可能直接采用某个理论，或者从新的视角出发检验它或在实践应用中检验它。

理论为何重要

理论的价值在于，它帮助我们理解看似孤立的事件之间的潜在联系。例如，婴儿所受到照料的质量与他们之后行为表现之间的关系。一个理论的局限之处则在于现实的复杂性，没有哪一个理论可以解释所有的事情。正如你所见，有关儿童发展的理论会影响你如何教授婴幼儿，也会影响你与家庭、社区互动的方式。依恋理论认为，当婴儿哭泣时，其实他是在表达自己的需求，因此成人需要回应他；行为主义理论认为，当婴儿哭泣时，你得忽视他，这样他哭泣的次数才会逐渐减少。你支持哪一理论呢？将你认为有据可依的理论应用到你的工作中，这一点很重要。

我们的理论框架

在人类历史上，一直不乏有人提出有关儿童发展的理论。本章不会涉及历史上所有的理论，也不会陈述最近的理论发展概况。我们所介绍的是能够传达本书理念和价值观的理论。这些理论框架来自许多重要的发展理论家，但是它们都涉及一个共同的主题，即婴幼儿在与慈爱的成人的回应式互动中获得发展。

本书基于以下理念。

- 儿童、家庭和社区在一种相互滋养的关系中获得最佳的学习与发展。
- 儿童影响着家庭之间的关系，而家庭也会影响儿童之间的关系。
- 产前及童年早期的经历会影响人的一生发展。
- 当儿童拥有充分的安全感去探索时，当他们感到自己能对环境中的人和物产生影响时，当他们有一个听他们说话、和他们交谈、给他们读书的成人伙伴时，他们就能进行学习。
- 儿童是主动的学习者，他们不断地加工信息、得出结论、进行实验；同时，儿童需要得到回应式支持来使他们的学习效果最大化。
- 儿童早期依恋关系的发展可能会受到父母或其他主要照料者的过往经历或人际关系的影响，比如，他们经历了生活中无法挽回的损失和重创，或者当前发生了改变成人环境的事件。

- 父母与其他成人之间的关系会影响他们与孩子之间积极牢固的关系的建立。
- 儿童是家庭的一部分，也是文化、社区和国家的一部分，这些方面相互影响。
- 社区项目以及公共政策能够而且应该支持关系的建立，减少关系失败的风险。

本书明确地强调了高质量的关系对婴幼儿及其家庭幸福的重要性，这也反映了以关系为基础的儿童发展理论[6,7]、交互和统一理论[8,9,10]以及生物生态系统理论[11]的主张。基于神经科学的生态生物学发展理论[12]也描述了环境如何影响儿童的发展和人际关系的质量。每种理论都承认文化视角的影响力。人们是从自己的文化视角出发来做决定的，家庭和个体之间也因文化视角不同而存在差异[13]。

其他有关情感、社会性、认知、语言和动作发展的理论，同样对我们思考婴幼儿的能力和需求有一定的影响。这些理论互为补充，而且在某种程度上互相包含。本书将首先阐述五种均强调关系重要性的理论，即以关系为基础的理论、交互和统一理论、生物生态系统理论以及生态生物学发展理论。此外，本章还会提供许多在实践中运用这些理论的案例。

以关系为基础的理论

> 每天早晨入园时，塔拉老师都会将贾米抱在怀里以示欢迎。塔拉老师的热情、她的声音中所透露出来的愉悦感以及她和贾米的眼神交汇，都让贾米感到老师记得他，而且很高兴见到他。与此同时，塔拉老师也不忘和贾米的妈妈建立联系，她对贾米的妈妈说："祝您拥有愉快的一天！我会好好照顾贾米的。我们都会很好的，当您下班来接他的时候，他会非常开心的。"

以关系为基础的理论清晰地描述了儿童的个体经历，也考虑到其所处的社会关系网络。回想本书第 1 章所阐述的以关系为基础的理论，它给我们提供了一种理解儿童发展的新视角，这个视角与我们有关大脑发展的理论、不良经历对个人的影响以及我们的个人经历一脉相承。我们知道，在支撑我们渡过难关的过程中，充满爱的关系的力量有多么强大！

辛德（Hinde）[14]描述了以关系为基础的模式：在以关系为基础的模式中，绝不会把儿童当作一个孤立的个体，而是当作社会关系网络的一部分；会在把儿童作为个体和作为社会人之间达到一种恰到好处的平衡。

关于婴儿与他所信任的一个成人之间建立关系的重要性，心理治疗师杰雷·保罗（Jeree Paul）[15]进行了精彩的描述。

> 假如你是一个一直被好好照顾的小婴儿，那么当你面朝外被抱着的时候会非常有安全感。你知道有人关注你，你在他的心里，所以你觉得很安全……但是，只有当真的有人持续地关注你时，你才会拥有这种安全感。这样一来，无论你是否在那个人的视线范围内，你都会觉得被关注、被回应、被帮助、被保护和被理解。教师提供并强化了这种安全感，她持续不断地关注孩子，把孩子抱在怀里，并且一直放在心上，而这将会成为儿童内在感受和经验的关键部分。

教师与每个儿童都建立积极稳定的关系非常重要，特别是婴幼儿教师要把儿童一直放在心上。教师与儿童的父母及其他家庭成员建立联系也非常重要，因为成人之间的关系可能影响教师与儿童的关系。因此，婴幼儿能力发展的好坏在很大程度上取决于是否拥有有意义的回应式关系，也取决于他们所处的社会和物理环境是否支持他们与成人建立良好的关系。教师将儿童一直放在心上，对儿童及其家庭和所在的社区都是有益的。

> 爱护你的孩子，就像你希望他们爱护你的孙辈一样。
>
> ——艾尔·索尔尼特和莎莉·普罗旺斯（Al Solnit & Sally Provence）

以关系为基础的理论给“关系”下了一个明确的定义：关系不是用来形容随意联系或短暂互动的词语。作为促进儿童发展的强大力量，关系必须是有效的，它赋予一项行动或一种感觉以意义和重要性。基于这个理论，维度不同，关系的定义将有所不同。该理论的维度如下[16]。

- 互动的内容。成人与婴儿之间互动的内容包括常规活动、游戏、行为指导以及共同的兴趣和经验，同时蕴含以积极为主或以消极为主的情感基调。
- 互动的多样性。成人与婴儿之间的互动既可以是常规的照料活动，如换尿布、喂食等，又可以是广泛的互动，如交谈、唱歌、散步、玩耍和家庭活动等。
- 互动的质量。合作关系的好坏影响着互动关系。一个敏感的成人能够感知婴儿发出的信号，准确地解读它，并选择合适的方式给予婴儿及时的回应[17]。
- 互动的频率和模式。在一段关系中发生的行为是否有意义，并不取决于行为发生的次数，而是取决于行为模式是否有意义。如果父母经常触摸婴儿只是因为自己喜欢，那么并不能满足婴幼儿的需求。只有当他们发出渴望触摸的信号且父母能积极回应他们时，那么即使次数少一点，也能满足婴幼儿的需求。
- 互动的互补性和互惠性。互动的互补性，是指两种不同的行为模式之间的调和。互动的互惠性，是指不同模式下的相似行为。当父母与儿童合作且能促进儿童的行为发展时，他们就建立起一种互惠的关系，成人通过调整他们的行为使婴幼儿实现自己的目的（如得到抚慰、食物、玩具、一个朋友等）[18]。

- 亲密性。亲密的关系将奠定温暖的情感基调，激发儿童对亲密关系的渴望，培养儿童与他人相处时的安全感，增强儿童为促进他人幸福而努力的意愿。
- 人际关系感知。关系双方会感知到关系对自己的影响，而对这种影响的评估取决于情感的可获得性以及对自身和他人的认知与理解。
- 奉献。最后一个维度代表为他人幸福而努力的意愿，这种意愿使得关系得以长久。正是这种关系的长久性提升了他人的重要性，这样一来，一个人也将为他人的福祉提供支持。辛德[19]曾描述过这种长久性的重要性："在行为层面，一段关系包含两个个体之间的一系列互动，这种互动可能不会持续太长的时间，但是会受到之前互动的影响，也会影响之后的互动。然而，一段关系即使不再有互动也会保持下去，并且会受到一些主观因素的影响，例如，对以往互动的印象以及对以后互动的期望，而这两者是认知和情感方面的因素。"

教师对儿童产生真正的感情

采用以关系为基础的理论，教师可以与婴幼儿及其家庭建立更加深刻、有意义、持久和亲密的关系。

交互和统一理论

> 职业足球运动员可能一生都在与他人进行身体上的粗暴接触。有一天，这样一名足球运动员成为一个女孩的父亲，这个女孩对于别人如何对待她非常敏感。如果没有得到温柔的对待，她就会号啕大哭。她的父亲当然不希望她哭，于是调整了抱她的方式，让她在爸爸的怀抱里感到安全和舒服。随着时间的推移，对这个女孩而言，和爸爸在一起成为最重要的事情，并且她学会了容忍活跃的身体运动游戏，因为她能感受到爸爸的愉悦。

这些无声无息的短暂交互将婴幼儿与他们周围的人联系在一起，他们之间不断地磨合。正如第 1 章所讨论的那样，萨莫诺夫和钱德勒（Sameroff & Chandler）[20] 提出的交互理论既强调儿童和环境的特征，又强调在时间维度上的动态相互作用。例如，儿童有一些特定的生物和遗传特征，如性别、气质、健康状况、行为倾向或者渴望被温柔对待。环境影响一般包括儿童生命中最重要的人及其行为，如父母、兄弟姐妹、其他亲戚、朋友、同学和社区里面的邻居。在上面的例子中，一个影响因素是父亲的回应能力，另一个影响因素是父亲在身体运动游戏中产生的愉悦感。儿童的特点和行为与儿童所处的环境产生相互作用。案例中，父亲回应了孩子被温柔对待的需要，所以这个孩子很可能获得良好发展。但是，如果父亲贸然让孩子“为活跃的身体运动游戏做准备”，那么孩子的反应就会很消极，她也可能因此抵触父亲以及身体运动游戏。

交互理论的发展可以帮助大家理解，为什么出生时有相似生物风险因素的孩子却有完全不同的发展过程。萨莫诺夫和钱德勒 [21] 认为，孩子的生理条件只是影响其发展的因素之一。父母对孩子的理解以及父母回应的适宜性，有着更为巨大的影响。

> 儿童与环境之间相互影响。儿童不止受自身特征的支配和影响，也不止受照料者的特征的影响，而是两者的相互作用。
>
> ——萨莫诺夫和麦肯齐（Sameroff & MacKenzie）

交互理论 [22] 将“婴儿与照料者之间双向的、互惠互利的关系”作为基本的干预方式（见图 3.1）。交互被看作由三个部分组成的序列，并提供了三个干预点。首先，婴幼儿通过他的表现或行为刺激父母；其次，父母解读孩子发出的信号；最后，父母通过给予某种照料来做出反应。正如图 3.1 所示，婴幼儿与父母或教师之间的动态关系可以在这三个干预点的任意一点发生改变：成人可以通过矫正措施来改变孩子；成人通过重新定义可以改变对孩子行为意义的解读；成人可以通过再教育或增长知识和技能来改变照料行为[23]。

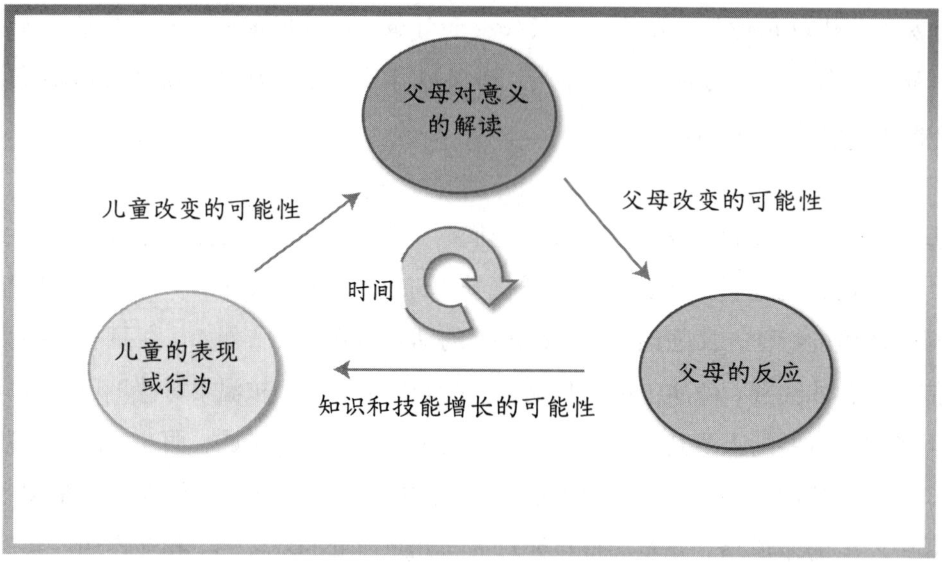

图 3.1　交互发展理论与干预点

萨莫诺夫还提出了儿童发展的统一理论[24]。一提到“统一”这个词，我们首先想到的就是“整合”“联合”和“结合”。萨莫诺夫将个人随时间而发生的变化与影响个人发展的多种环境、文化因素结合起来。他还思考了儿童如何影响自身的环境，以及成人如何在一个动态的、不断变化的过程中影响儿童。

采用统一理论的教师和家长将了解孩子的成长，并思考文化和环境对孩子成长和行为的影响。他们将了解孩子的个人特征和行为如何影响成人与孩子的互动。他们会明白，他们的责任是滋养孩子，并为他们提供关心自己和他人幸福的机会。

生物生态系统理论

佩利热衷于为婴幼儿及其家庭提供照料服务。她与婴幼儿及其家庭成员之间的关系十分密切，但是她所在的市议会对家庭式托儿所提出了新的要求，她担心自己无法满足这些要求。其他家庭式托儿所的经营者也表现出同样的担忧，他们正在与州儿童保育署署长会面，希望得到一些帮助。

影响佩利的许多问题都可以用生物生态系统理论进行解释[25]。生物生态系统理论考虑了家庭、社区和社会对儿童的影响。尤里·布朗芬布伦纳（Urie Bronfenbrenner）认为，儿童需要与一个能让他终生都感到被关爱的人建立主要的关系。事实上，他强调每个孩子都需要一个很爱他的人。布朗芬布伦纳指出，儿童需要稳定的家庭环境，需要家庭成员不断地与儿童互动。他还观察了社会结构，以确定社会是否为这一层次的关系提供支持。

生物生态系统模型通常被描绘成一系列以儿童为中心展开的同心圆，如图 3.2 所示。

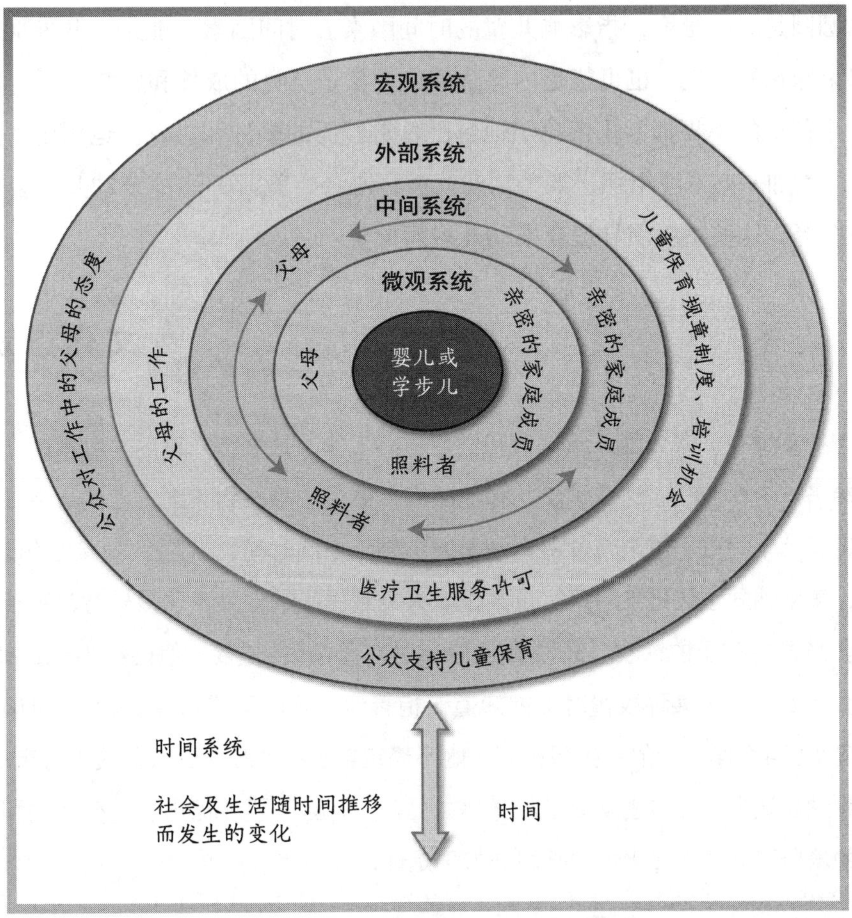

图 3.2 生物生态系统理论

最内层的圆圈代表儿童与其家人直接发生互动的微观系统，它与以关系为基础的理论联系最为紧密。与交互理论相呼应，微观系统中的家庭成员、父母和教师会影响孩子，孩子也会影响他们。中间系统包括微观系统中的关系，它也与交互理论密切相关。例如，婴幼儿教师与父母之间存在一种关系，而这种关系会影响亲子关系或师生关系。

外部系统由不包含儿童但影响儿童的环境构成。比如，在上面的案例中，市议会的新要求将对佩利所提供的照料服务产生影响，她希望国家行政部门能成为这个系统中更有帮助的一部分。

宏观系统指社会的价值观和规律[26]。一个不认可妇女工作的社会，将不会支持给予妇女平等的工资且具有灵活性的政策。在佩利的案例中，如果市政府重视家庭托儿所的服务，并且了解这项业务的经济情况与其他业务有很大不同，那么市议会可能会取消对家庭托儿所的新要求。

环绕的圆圈是时间维度，指影响儿童的时间因素。时间因素可能是一些外部事件，如父母离婚或弟弟妹妹的出生，也可能是内部事件，如孩子自身的成长和成熟。

任何一个孩子的幸福都不止依赖于他自己日常经历的事件和力量。运用生物生态系统理论的教师可以参加一些专业组织，如美国幼儿教育协会、美国0—3岁婴幼儿协会*、美国家庭儿童保育协会等，这些组织倡导提高婴幼儿教育质量。

文化近观

德莱纳在一家大型儿童保育和学习中心工作，是学步儿班的一名教师。她的班级刚刚转来一个学步儿。这个学步儿和他的家人最近才移民到美国，他的母亲在家办公，所以每天上午把孩子送来儿童保育和学习中心。中午时间，当这个学步儿的母亲来接孩子时，德莱纳向这位母亲问好。母亲很高兴见到德莱纳，并表示很乐意让孩子在班级里学习。当谈到孩子的饮食、睡眠和换尿布时，母亲说："哦，他已经接受过如厕训练了。当我看到他做出某种表情时，就知道该抱着他上厕所了。"德莱纳不知道该说什么。作为班级里4个学步儿的主要照料者，她不确定自己和助教能否按照这位母亲的意愿行事。德莱纳还认为，应该遵从孩子的身体如厕需求，且不要催促孩子。德莱纳和这位母亲之间的差异可能源于文化信仰不同。如果是你，你会怎么做？

* 英文全称为"Zero to Three"。——译者注

尊重、反思与联系

尊重：尊重高质量的关系、文化和环境对儿童的幸福、信仰及行为所产生的影响。

反思：反思每个儿童随时间推移而变化的独特个性和行为。

联系：通过与儿童互动来培养与他们及其家庭之间的关系；对社区资源的影响以及当地和联邦的儿童早期教育政策了如指掌；促进每个儿童和家庭的发展，以及提高儿童早期教育的质量。

生态生物学发展理论

韦斯特莫尔医生每周都有两天在旧城区的一家公共卫生诊所工作，他非常清楚他在那里看到的孩子和他在郊区看到的孩子之间的差异。旧城区的太多儿童几乎没有得到产前护理，他们营养不良，家庭生活压力很大。目前的神经生物学使他发现，这些孩子的大脑发育面临着挑战。

美国儿科学会发表了一篇论文[27]，介绍了终身健康的新理论。生态生物学发展理论将健康的各个方面、对压力环境所带来影响的理解、通过干预来缓解压力的认识，以及神经生物学和表观遗传学的新信息整合在一起。我们现在知道，早期的经历（产前和生命的最初几年）确实会影响大脑的结构，包括神经连接的形成、加强或丧失。这一理论吸收了我们现有的科学知识，并将其用于促进儿童发展。

生态生物学发展理论提出了一种为处于风险中的儿童提供健康和干预服务的新方法，进而对儿童的生活和健康产生重大影响。这些处于风险中的儿童往往在健康状况、人际关系以及学习和工作表现方面不佳。通过关注这些儿童各个方面的健康状况，提供养育和学习支持，我们可以改变他们大脑的进化结构。

情感和社会性发展理论：自我意识以及与他人的关系

以关系为基础的婴幼儿发展和学习理论还包括情感和社会性发展理论。

情感发展理论

情感发展理论指出，婴幼儿如何在与他人的关系中形成自我意识。情感发展理论包括埃里克·埃里克森（Erik Erikson）[28, 29] 的社会心理发展理论、马斯洛（Maslow）[30] 的需求层次理论、依恋理论 [31] 和斯特恩（Stern）[32] 的人际互动发展理论。

情感发展包括我们的感觉、爱、动机、欲望、恐惧感、安全感等各个方面，这些都是在人际关系中发展起来的。情感发展理论聚焦于人们如何发展自我意识以及与他人的关系意识。虽然下面的每一种理论都有不同的关注点，但是每一种理论都有助于我们理解婴幼儿在与一个或多个成人的主要关系中发现并形成自我同一性。

社会心理发展理论

> 塞西尔从事婴幼儿相关工作已有 15 年。当他有了小宝宝后，他经常想："这是我最喜欢的儿童年龄阶段！"当他照护大一些的孩子并为他们的能力感到惊喜时，他想："这是我最喜欢的儿童年龄阶段！"塞西尔喜欢这个阶段的部分原因是，每个阶段的孩子不仅不同，而且需要从他那里得到的东西似乎也不同。

塞西尔也许并不知道，他对儿童发展阶段的思考与心理学家埃里克·埃里克森非常相似。埃里克森创造了一个基于阶段的理论框架来解释人从出生到成年的发展，他称之为社会心理发展理论。埃里克森提出，个体在发展自我意识和与他人的关系意识时，会经历八个可预测的不同阶段。正如表 3.1[33, 34] 所示，前三个阶段非常重要。当儿童在每个阶段经历不同的生理需求、社会需求和认知需求时，某种发展危机也为儿童提供了一个机会让他们发现自己的家庭、社会和文化是否能满足这些需求。

如表 3.1 所示，每个阶段都是儿童成长、健康发展和减少脆弱性的机会。每个阶段的危机都反映了儿童的挣扎与努力。我们希望无论在哪个阶段，儿童都能使发展危机（如信任对不信任）中的前者（如信任）战胜后者（如不信任）。但是，儿童也应该从危机（信任对不信任）中发展出健康的心理。例如，婴儿不应该觉得每个人在任何时刻都可以被信任，并能够满足自己的每一个需求。学步儿在获得更多自主权的同时，必须认识到他的行为可能会带来伤害或危险的后果，而羞耻感和怀疑感可能正好是警报信号。

表 3.1　埃里克森的社会心理发展阶段

年龄范围	基本的冲突	发展任务
出生至 18 个月	信任对不信任	婴儿认识到，教师是可以信赖的，可以满足他们的需要；世界是一个安全、快乐的成长之地。
18 个月至 3 岁	自主对怀疑、羞耻	学步儿发现，他们的行为是他们自己的，并且很享受这种独立感，但是当他们被纠正或批评时，他们会感到羞愧和怀疑。
3 岁至 6 岁	主动性对内疚感	这个阶段的儿童表现得很努力，想对自己的身体、玩具和行为负责。当他们表现得不负责任或受到批评时，他们可能会感到内疚。

人类需求层次理论

塞尔玛在照顾孩子时是一个敏锐的观察者。她知道对一个爱哭的 2 岁孩子进行说教绝不是个好主意，所以当她看到约瑟夫因为卡拉把他的玩具抢走而尖叫时，塞尔玛选择去安慰他。之后，等约瑟夫安静下来时，她告诉他当别人拿走他的玩具时他可以说些什么。

塞尔玛是从人类需求层次的视角来看约瑟夫的行为的[35]。亚伯拉罕·马斯洛对人类发展的解释与埃里克森有所不同[36, 37]，他研究的是人类动机。他认为，人类之所以有进一步发展的动力，是因为有需求和成长的愿望。

学步儿喜欢挑战他们可以独立完成的事情

如图 3.3 所示，在人类需求的层次结构中，图中下方所示的需求是基础，是在有更高的需求之前必须被满足的需求。因此，前文案例中还没有安全感和归属感的约瑟夫，必须先在这些方面获得满足。所以，塞尔玛在满足他掌控玩具的需要之前，先安慰他。在某种程度上，人类需求层次理论的确遵循了人类发展的规律。对于年幼的婴儿，我们必须首先满足他们的生理需求，这样他们才会在这个世界上获得安全感，并随着这种安全感的发展，对保护他们安全的成人产生爱和归属感。接着，在幼儿园和学校的日子，他们努力学会自我调控，以获得生活中需要的技能和知识。随着儿童长大成熟，他们会在婚姻关系、工作、生产和将遗产传给下一代中实现自我。

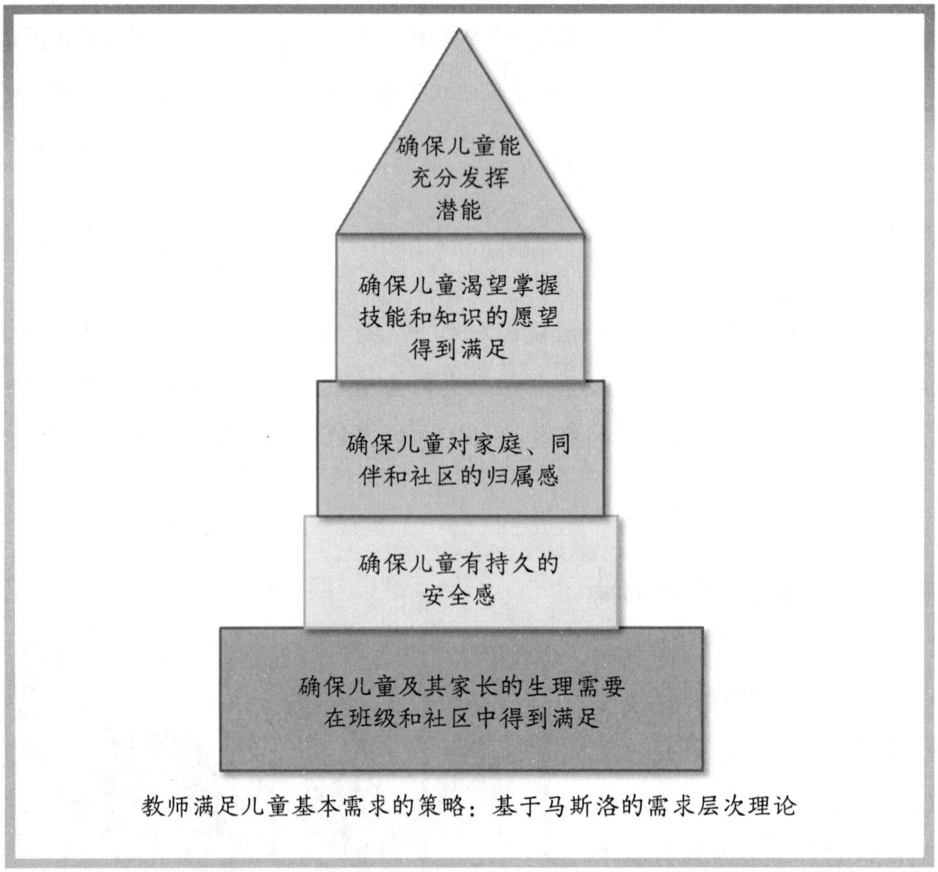

图 3.3　马斯洛的人类需求层次理论

依恋理论

奥里莉亚对班上学步儿在玩耍方式方面所存在的差异非常感兴趣。伊桑很安静，她可以独自一人玩，也可以与其他人一起玩，并且都能玩得很好。梅雷迪思十分黏人，但是又非常抗拒被安抚。艾丽西亚似乎很独立，她很少看奥里莉亚，但如果奥里莉亚离开她的视线，她就会表现得心神不宁。让奥里莉亚觉得有趣的是，当孩子们晚上与他们的父母打招呼时，她也看到了他们的这些反应。

奥里莉亚从中看到了依恋理论所描述的三种典型行为[38, 39]。这三个孩子的表现说明，他们在游戏和探索时的安全感取决于奥里莉亚是否在场，他们也向她展现了他们在生活中受成人保护和关爱方面有着非常不同的经历。关于依恋理论，第 6 章将进行详细描述。

教师可以在工作中运用依恋理论对婴幼儿做出反应，使他们感到安全。例如，帮助小婴儿调控面对困难时的感受和反应，也帮助学步儿在确保安全的情况下有探索的自由。

人际互动发展理论

当 6 个月大的伊莱看着他的母亲和老师的时候，他非常清楚她们分别是谁。在某种程度上，伊莱在这两个他非常熟悉的人面前可以继续保持做自己。

斯特恩[40]是一名精神分析学家和发展心理学家，他在过去几十年的婴儿研究基础上提出了一个情绪发展理论。斯特恩曾断言，婴儿从出生起就把自己视为独立的个体，但他们也总是努力与他人建立更紧密的联系。他认为，婴儿会经历一些时刻，在这些时刻，他们会意识到一种内在的或外在的体验。这些时刻就像记忆或心理图像一样联系在一起。这种“存在体验”伴随着一种自我能动性、一种自我连贯性和一种连续性。与此同时，婴儿也能意识到自己与他人在一起，并努力调整与他人分离时的感觉。斯特恩将这些相互支持的多层次经验称为“分层发展”，而不是各个割裂的阶段。

了解人际互动发展理论的教师，能够意识到每一刻的经验对婴幼儿的重要性。他们会对婴幼儿发出的信号做出反应，并且知道在某种程度上，婴幼儿正在从他们相处的时刻中建立自己与人相处的心理模型[41]。

社会发展理论

由维果茨基（Vygotsky）[42, 43, 44]提出的社会文化理论，有助于我们思考儿童的社会经验和人际关系如何影响他们的学习。今天，他的理论被广泛应用于设计和实施婴幼儿课程。

社会文化理论

> 7 个月大的莫里斯喜欢玩玩具卡车，他有时仍会把玩具卡车放到嘴里啃咬或扔出去，尽管他也会看到学步儿“驾驶”着他们的玩具卡车行驶在铺有路面标志的地毯上。教师苏菲和他谈论他的玩具卡车：“看看你的卡车，莫里斯！让我们发出卡车的声音——呜呜呜，呜呜呜。”莫里斯玩完玩具卡车后，苏菲把他带到窗前，说：“看窗外，街上有卡车！”

尽管维果茨基的社会文化理论有时被认为是一种认知理论，但正是社会互动促进了儿童的学习能力，文化和社会互动影响着儿童的学习内容和学习方式。成人伙伴的加入，甚至只是另外一些孩子旁观，都会成为影响儿童建构有关这个世界的因素。莫里斯可能使用图式（发出声音和移动玩具卡车）来学习关于卡车的知识，但他同时也在使用教师的语言。维果茨基认为，成人以及有更多知识的同龄人有助于年幼儿童了解文化、语言、信仰、风俗习惯等。事实上，没有社交互动，认知的充分发展是不可能发生的。他描述了当儿童从成人那里得到恰到好处的帮助和信息时，学习是如何发生的；这样当他们遇到自己力所不能及的问题时，就能够找到解决办法。维果茨基将这样的问题描述为关于儿童最近发展区的问题。例如，当一个 10 个月大的婴儿感到饥饿时，他就会向教师发出声音。教师知道虽然这个孩子还不会说话，但他已经准备好了，这时有关“词语的使用”就处于他的最近发展区内。所以，教师问他：“瓶子？你想要一个瓶子吗？”然后，这个婴儿发出“Ba-ba”的声音，他在教师的帮助（支架）下表现出更强的语言能力。

儿童既向同龄人学习，又向成人学习

维果茨基[45, 46]的第二个重要贡献是关注语言在学习中的作用。婴幼儿使用他人（父母、教师和同伴等）的语言来帮助自己发展新概念。例如，成人通过给物体命名和使用词语，帮助儿童学习分类和组织信息。

维果茨基的第三个贡献，或许也是最重要的贡献，是他对知识如何产生的认识。首先，儿童通过与特定的成人和同龄人互动来体验他们的文化（间心理），这些社会经历成为儿童思考和行为的一部分（内心理）。一个儿童所处的文化背景会影响他的信仰、语言的使用、社会态度和技能，以及优先事项。

采用社会文化理论的教师将在班级中研究儿童的文化，并与儿童家长讨论他们的文化信仰。他会观察儿童，以确定儿童的最近发展区，并为儿童的学习搭建脚手架，引导他们学习使用工具去解决问题。他会使用丰富的描述性语言来支持儿童发展沟通能力以及建构世界的能力。

认知、语言和运动发展理论

某些认知、语言和运动发展理论也告诉我们如何与婴幼儿、家长以及婴幼儿所在的社区互动。

认知发展理论

许多认知发展理论都描述了儿童是如何认识世界的，且大多数理论都与情感发展理论的某些方面相呼应。它们描述了儿童学习的发展过程，一些理论把这个过程分成几个阶段，大多数理论都认识到支持儿童学习并对此感兴趣的成人的重要性。与本书的理论基础最为接近的认知发展理论包括：建构主义学习理论、社会学习理论、新学习科学理论和核心知识理论。我们在这里将一一简要地介绍。

建构主义学习理论

> 6个月大的耶利米会把他的小卡车玩具一遍又一遍地碰撞到一起，吮吸它们，凝视它们，然后把它们扔到一边。他总是很高兴在垫子上看到它们，但是，当他把它们扔到一个更大的玩具后面看不见了的时候，他似乎并没有在寻找它们。然而，在9个月大的时候，如果耶利米的一辆卡车玩具超出他的视线，他就会爬过去把它找回来。

婴幼儿教师有很多机会观察非常小的孩子是如何不断地对世界的运行方式有所发现的。瑞士发展心理学家皮亚杰在他的建构主义理论中，将儿童描述为主动的建构者，他们通过游戏和探索积极建构对世界的理解[47, 48, 49, 50]。儿童会发展各种图式，即他当前对世界的理解的心理结构。

皮亚杰指出，儿童首先会尝试使用他们现有的图式来理解新的信息和经验，他把这个过程称为同化。6 个月大时，耶利米通过吮吸、摇晃和敲打物体来形成图示。如果已有图式不足以解释新的信息，儿童将创建新的图式，这一过程被称为顺应。例如，一个婴儿用抓和看作为理解世界的方式，当他被给予一个小鼓和一根圆圆的棍子时，他可能会将敲打作为一种同时探索这两件玩具的新方法。皮亚杰用“平衡”一词描述儿童的图式和所呈现的信息处于平衡状态的时刻，而当目前的图式不足以探索或解释新信息时，儿童的心理结构就会陷入不平衡，他就会调整心理结构以适应新的信息[51, 52]。

皮亚杰的研究对美国儿童早期教育的影响再怎么强调都不过分。皮亚杰所塑造的儿童积极建构现实知识的形象，是儿童早期教育机构创设探索性学习环境的原动力，其对儿童通过探索来学习的假设直接来自他的理论。对皮亚杰认知发展基本理论的兴趣使研究人员更进一步观察儿童如何开始思考自己，如何思考人际关系，以及如何使用不同的策略完成目标。

与皮亚杰的贡献——帮助我们理解儿童—— 一样令人印象深刻的是，他的理论受到了以下两点批评。首先，关于婴儿期学习和大脑发育的研究表明，皮亚杰大大低估了婴儿思考的能力。其次，皮亚杰笔下的儿童似乎都是通过自己的探索和建构来发现他们所有的知识，而儿童所处文化和生活中其他人的影响没有在学习过程中得以体现[53]。

抛开这些批评，在美国教育中，建构主义理论仍然是一股强大的力量。布鲁纳（Bruner）[54, 55]拓展了皮亚杰的观点，他认为，学习是一个积极的过程，学习者基于他们当前和过去的知识建构新的想法或概念。布鲁纳的研究结合了有关婴儿期的研究，表明儿童是通过认知结构来选择和转换信息、建构假设以及做出决定。认知结构，无论被称为图式还是心智模式，都为经验提供意义和结构，并允许个体构建出超越给定信息的意义。布鲁纳认为，教师的角色是为儿童提供机会，让他们自己发现基本规律，尽管这个时候社会和文化的影响也在发挥作用。教师组织信息的方式易于儿童掌握，教师知道儿童会随着理解的加深而不断重温同样的信息。

采用建构主义学习理论的婴幼儿教师，将为婴幼儿提供各种有趣的学习材料来操作和探索。他们理解婴幼儿有学习的原动力，知道他们渴望理解人与人之间的关系以及世界上的事物是如何运作的，他们将通过与儿童建立积极稳定的关系来支持这些发现。

社会学习 / 认知理论

社会学习理论[56]现在常被称为社会认知理论[57, 58]，这一理论有助于我们认识儿童思维能力的重要性。班杜拉（Bandura）[59]强调自我效能感，也就是人们设定目标、解决问题和反思的能力。他还强调，儿童对自我效能的看法会影响他们的行为。

模仿是儿童学习和文化代代相传的主要方式。班杜拉指出，儿童如何模仿对象以及何时模仿，表明儿童的模仿不是机械的行为，而是一个决策的过程。儿童通过模仿来学习，而且他们模仿某些人而不是其他人或物是有原因的。例如，如果成人在完成某个任务后说“不”，那么一个 18 个月大的儿童就不会模仿成人的行为，因为成人的语言表明这个行为是不可以被模仿的。

这种决定模仿谁和模仿什么的能力被称为“理性模仿”[60]。婴幼儿会关注成人释放的信号。例如：15 个月大时，婴儿就能模仿成人打算做但最终（由于某种原因）未做的事情[61, 62]；14 个月大时，婴儿会选择模仿那些说母语的人，而不是那些说外语的人[63]。换句话说，婴幼儿是有选择性的，他们会选择模仿对象。

了解社会认知理论的婴幼儿教师，将观察班级中的儿童如何观察和模仿以及他们观察和模仿什么。教师认识到婴幼儿可以模仿成人和同龄人的目标与行为，他们明白儿童的自我效能感会影响其行为。

新学习科学理论

一篇题为《新学习科学的基础》（*Foundations for a New Science of Learning*）[64]的论文提出了一种基于脑科学的学习理论。

1. 学习是运算。婴儿会注意周围经常发生的事情，他们知道经常发生的事情可能更重要一些。婴儿使用这种运算能力学习语言和因果关系。早在能够说话之前，儿童就开始识别自己语言的声音，以及区分句子中的词语。他们还利用事件的规律性了解世界上的因果关系，且在没有成人指导的情况下学习，但是要通过成人对他们的反应和互动来进一步学习。这些都发生在婴儿能够说话或有效处理问题之前。

2. 学习是社会性的。婴儿想要关注和模仿人们的动作，而且，当一个动作是由人而不是机器做出的时候，他们就更有可能关注并模仿它。人类的互动也充满了各种各样的信息，社会性的学习正是通过模仿、共同关注、同理心和情感分享来实现的。

3. 使用镜像神经元网络来学习。感知觉和行为在大脑中是相互联系的。当婴儿看到有人举起手时，婴儿大脑中视觉（感知觉）的部分就会被激活，大脑中能够控制婴儿手臂抬起的部分也会被激活，尽管那个时候手臂不会向上举起来。大脑中的镜像神经元网络对其他神经元的反应，就像在说："你像我一样！我能做得到！"一个才出生42分钟的新生儿就能准确地模仿成人吐舌头或张开嘴巴的动作。这个婴儿从未见过镜子，他不知道自己长什么样子，但当大人伸出舌头时，婴儿就能模仿。这个机制似乎就是连接感知觉和行为的镜像神经元网络。

核心知识理论

认知心理学家伊丽莎白·斯派克（Elizabeth Spelke）将其核心知识理论建立在对婴幼儿学习的研究上。这一理论认为，人类进化的先天系统或大脑结构已经准备好学习那些对生存至关重要的东西。有4个核心知识系统，它们帮助婴幼儿学习客体、主体、数字和几何[65]。核心知识理论还强调社会互动的重要性，因为社会互动会影响儿童在不同的系统中学习什么和学习多少。

客体表征的核心系统使婴儿能够"感知物体的边界，在脑海里呈现物体的完整形状（尽管物体有一部分或者完全移出视线之外），并预测物体何时移动和将在哪里停下来"[66]。例如，当物体靠近时，四五个月大的婴儿会做出反应，这表明他们理解向他们移动的物体可能会击中他们[67]。主体（人和动物）的核心系统使婴儿能够识别他人以目标为导向的行为。例如，如果一个成人睁着眼睛转头，那么一个10—11个月大的婴儿会跟着他的头部转动，但如果这个成人闭着眼睛，婴儿就不会跟着他的头部转动[68]。数字的核心系统有其自身的局限性和规律。如果两个物体在帘子后面移动，但只有一个物体从帘子的另一边出来，那么婴儿会显得很惊讶[69]。6—8个月大的婴儿在观看一个视频的时候，会发现成人的数量与他们听到的声音的数量相匹配[70]。第四个系统是有关环境的几何学。它使儿童和成人能够根据环境中的位置确定自己的方位。我们都见过婴儿迅速学会如何爬过一条走廊，从一扇门爬到卧室再从另一扇门爬出。他们是如此自信地"驾驭"着环境。

核心知识理论提出，人具有一种与生俱来的能力，即学习对生存最重要的东西。这表明，人类需要对生存至关重要的不同信息，而且人类大脑中已经形成处理这些信息的结构。

语言发展理论

强调关系重要性的语言发展理论有库尔的知觉映射模型和社会互动理论[71, 72, 73]，这些理论强调了与婴幼儿进行语言互动的重要性。

库尔的知觉映射模型

帕特丽夏·库尔（Patricia Kuhl）[74, 75, 76]是一位语言习得研究领域的领军人物，她提出了一种语言习得的模型，即知觉映射，这一理论与建构主义学习理论以及以关系为基础的发展理论相一致。婴儿学习语言的基本前提是，婴儿能够在出生的第一年（他们会说话之前）就知道语言的结构[77]。

库尔强调，婴儿在 1 岁的时候比许多人想象得更有能力。他们可以分解听到的语言，确定该语言的关键部分以及语言模式，能够预先判断出母语中哪些声音是相互跟随的。婴儿也能够关注词语内部或词语之间某些组合的声音出现的频率，从而计算词语可能在何时开始以及何时结束。他们学习语言中的重读音节，到 9 个月大时，更偏爱听到过的语言模式而不是其他语言模式。他们"映射"语言的主要组成部分，即声音、词语、语调和语言构造的规则。

根据库尔[78]的研究，倾听语言的经历改变了婴儿倾听语言的方式。婴儿会在大脑中映射出最常听到的语言声音，然后当他们听到类似的声音时，这些声音（就像被磁铁吸引一样）会被吸引到大脑的同一部位储存起来。婴儿能够听到和辨别世界上每种语言的声音（听觉加工），但在 12 个月大时，他们只能听辨出经常听到的声音中的不同。

婴幼儿通过愉快而有趣的社会互动来学习语言

学习一门语言不仅需要听别人说这门语言，还需要听自己发出这种语言的声音[79]。世界各地的很多妈妈都使用一种高音调的、夸张的被称为"妈妈语"的语言来直接和婴儿说话，它包括使用许多例子来反复使用新词语。这种夸张的语言形式也被称为"儿童导向的语言"[80]，因为它是针对儿童的，而且它的功能是帮助儿童学习语言和说话。年幼的儿童需要与积极回应的成人相处，从而学习一门语言。

运用知觉映射理论的婴幼儿教师认识到，对婴幼儿来说，学习语言是一个主动的、相互的、以关系为基础的过程。他们会对小婴儿使用"妈妈语"，经常与他们说话，读书给他们听，为他们提供丰富的语言经验。

社会互动理论

社会互动语言的研究者强调社会环境如何与人相互作用来影响语言发展，而非强调特定的先天语言结构[81]。语言发展的社会互动理论融合了维果茨基的社会文化理论[82, 83, 84]，强调婴幼儿需要与成人进行回应式互动来学习一门语言。这一理论认为，重要的不仅是儿童能听到语言，而且需要说这门语言的成人积极回应，能让婴幼儿参与对话。成人可以模仿婴幼儿的语言，并在他们的回答中加入一两个词语，这有助于婴幼儿学习通过轮流、停顿和倾听来参与对话。

认同社会互动理论的教师将认识到，婴幼儿是主动的学习者，他们会调整自己的语言以便被理解，所以他们与成人共同建构了语言。教师会不断地倾听儿童的声音和语言并做出反应，以便儿童可以参与对话。他们会给儿童很多表达自己和犯错误以及不断学习如何与他人沟通的机会。

运动发展理论：学习移动

尼可非常会爬。他在教室里爬来爬去。他一会儿爬到台阶上，一会儿爬到小型爬行区，一会儿又爬向一个矮坡。当他第一次开始走路时，他竟然从 12 厘米高的平台上迈空，鼻子朝地摔了下来，这让他的老师十分惊讶，因为他应该有非常良好的空间判断力，怎么会发生这样的事情？

传统的运动发展理论认为，移动能力会随着儿童神经肌肉系统发育的成熟而发生变化[85, 86]。但是现在，我们认为移动能力是一个学习的过程，或者如凯伦・阿道夫（Karen Adolph）[87]所说的“学习移动”。移动需要婴幼儿克服重力，用力量支撑自己的体重，需要平衡和协调身体各个部分。它还需要婴幼儿不断适应持续变化的能力和环境。阿道夫认为，移动过程中需要时刻掌握的技能和判断能力要求儿童“学会学习”，而不是学习一种特定的解决方案。例如，知道如何爬下一个小斜坡并不意味着儿童在一个月后知道如何走下同一个斜坡。前文案例中的尼可不能调用之前爬行斜坡的知识来安全地行走，他必须接受新的信息，根据自己目前的姿势和移动方式进行调整，并学习如何解决下坡的问题。阿道夫的“学会学习”来源于以舍・泰伦（Esther Thelen）的动态系统理论[88]。

动态系统理论认为，随着婴幼儿利用自己的身体找到最佳方案来解决所处环境中的问题，他的发展就会向前推进。环境为婴幼儿提供了一个行动的机会，我们将环境的这种功能称为可供性。假设一个 4 个月大的婴儿仰面躺在地毯上，而他的上面悬挂着一个玩具，这个玩具就提供了一个达成目标的机会。婴儿会调动他的身体系统去够那个玩具，他的视觉系统会提醒他注意玩具，他的大脑能感知到他可以做哪些动作来够玩具，然后，他会根据自己身体的长度、重量、比例以及躯干提供的支撑力等因素来调整身体。每一次尝试，他的技能都会随之提高；每一天，他的身体都在变化。运动技能的发展是一个持续不断的、动态的学习系统。

让孩子们寻找玩具，鼓励他们学会学习

擅用学习移动理论或动态系统理论的婴幼儿教师明白，每一个新的姿势都需要婴幼儿对如何在这个世界上移动有新的学习。他们会给婴幼儿提供很多活动机会，也明白，对于每一个新的姿势，婴幼儿都需要重新学习如何在环境中活动。当婴幼儿不断地学习如何利用身体进行移动时，教师会为他们提供机会和鼓励，也会时刻警惕他们的安全。

把理论应用于项目

虽然美国大多数的儿童早期发展和学习项目都是基于本章所描述的理论方法，但是它们大致可以分为两类：基于发展的项目和基于关系的项目。

儿童发展项目

大多数婴幼儿项目认为自己是以发展理论为基础的，而且认为自己理解了依恋理论，理解了埃里克森、皮亚杰和维果茨基提出的儿童发展理论，也理解了过去 20 年大脑研究的相关理论。如果你参观一个高质量的、基于发展理论的项目，你将看到许多事情正在发生。

在儿童生命的头 3 年里，每位教师主要负责照料一小群婴儿或学步儿，并且是在很长一段时间内提供这样的照料。这是依恋理论的重要体现。教师和家长之间形成一种亲密的伙伴关系，这样能够彼此支持对孩子的理解和爱。埃里克森的理论在教师如何支持儿童的自我意识发展方面最为明显。对于婴儿，为了帮助他们建立信任感，教师会及时回应他们。对于学步儿，教师可能会退居幕后，让他们自己探索所处的环境，培养他们的自主性，同时在身体和情感上仍然满足他们的需要。

教师如何追随婴幼儿的兴趣？如何为婴幼儿提供探索各种书籍、小玩具、镜子以及大动作的机会？如何利用这些机会培养婴幼儿的基本认知概念，比如客体永久性、因果关系，等等。在这些方面，建构主义或皮亚杰的认知发展理论进行了清晰的论述。维果茨基的社会文化发展理论在教师与婴幼儿互动的过程中是显而易见的。此外，教室里也充满了文化的象征。比如，海报上写着“我们的社区”，戏剧游戏区的材料再现了幼儿在家里使用的厨房玩具。同时，教师会根据婴幼儿完成手头任务的能力来调整他们的语言，以及他们给予婴幼儿的帮助及其频率。

以关系为基础的项目

尽管每个婴幼儿保育和学习项目可能都重视关系，但真正以关系理论为基础的项目会有一些容易识别的特征。比如：班额小，从而为教师与婴幼儿建立关系提供了机会；每个婴幼儿都有一位主要照护教师，而且同一个班级的婴幼儿和教师会从婴儿期到学龄前都在一起，从而培养婴幼儿之间的友谊[89]。教师会与婴幼儿及其他成人建立相互关爱的回应式关系[90]。教师与家长定期沟通，以确保每个婴幼儿都能获得一致的照料经验。

作为教师，我们要重视安全、充满爱的依恋关系的发展以及对情感体验的表达和理解。

本章小结

- 理论是对信息、观察和生活经验的解释。本书的理论基础是以关系为基础的理论、交互和统一理论、生物生态系统理论和生态生物学发展理论。
  - □ 在以关系为基础的理论中，婴幼儿并不是作为单独的个体而存在，而是作为社会网络的一部分而存在。婴幼儿需要有意义的、支持性的、持久的关系。关系有许多不同的维度，其中，亲密、回应和奉献是决定关系质量的重要因素。
  - □ 在交互和统一理论中，关系是双向的：成人影响儿童，反之亦然。成人对婴幼儿的行为意义进行解读，并做出回应。
  - □ 在生物生态系统理论中，儿童的发展会受到多层次关系的影响，且所有的系统都相互影响。
  - □ 生态生物学发展理论认为早期经历影响大脑的结构。慢性压力会损害正在发育的大脑，以关系为基础的干预可以支持发育中的大脑。
- 情感和社会性发展理论还在不断发展，当今一些重要的理论如下。
  - □ 社会心理发展理论：埃里克森的情感发展阶段以需要解决的危机为特征。
  - □ 人类需求层次理论：马斯洛对人的动机的描述。
  - □ 依恋理论：鲍尔比和安斯沃思所描述的组织系统使我们在保证安全和被保护的同时进行探索和学习。
  - □ 人际互动发展理论：斯特恩描述了婴儿如何发展自我意识以及与他人在一起时的自我意识。
  - □ 社会文化理论：维果茨基描述了通过探索、关系和文化进行学习的过程。
- 认知、语言和运动发展理论指导我们思考婴幼儿是如何学习的。
  - □ 建构主义学习理论：儿童积极地建构他们对世界的理解。
  - □ 社会认知理论。
  - □ 新学习科学理论。

- □ 核心知识理论：斯派克提出，四个先天的知识系统构成了学习的基础。
- □ 知觉映射：库尔指出，语言的习得建立在对语言结构的解码之上。
- □ 学习移动：阿道夫认为移动是一个学习的过程。

- 教师在与儿童个体、儿童群体及家长打交道时会采用不同的理论，你也要思考你在实践中采用的理论，这一点很重要。

反思与应用

反思的问题

1. 请使用布朗芬布伦纳的生物生态系统理论来分析你自己的生态系统，很明显，你的家人、朋友、同事和领导都会影响你的生活，但是在你自己的外部系统和宏观系统中，你可能会发现自己和其他群体之间的新联系。
2. 你能基于自己对婴幼儿的观察和了解来说一说交互和统一理论吗？在与婴幼儿、家长和社区打交道的过程中，你会尝试采用哪些理论？

观察与应用

1. 参观一个婴幼儿项目，根据你对项目环境和师幼互动的观察，你认为该项目正在践行哪种儿童发展理论？参加这个项目的人认为什么会影响儿童的成长？
2. 交互理论认为，儿童的性格影响他们与成人的互动。你能观察到婴幼儿在影响成人的回应方面所存在的差异吗？

第 4 章

观察的力量：了解婴幼儿

学习成果

阅读本章之后，你将能够：

- 解释为什么对儿童早期专业工作者而言，伦理观察是一项重要的技能；
- 描述教师通过观察婴幼儿可以了解到什么以及可以使用的观察方法；
- 理解观察如何成为评价的一部分以及不同类型的评价策略；
- 解释观察者对观察的影响。

帕蒂心想，如果拉妮塔再发一次脾气，她也会扑倒在地板上和拉妮塔一起尖叫！帕蒂觉得，拉妮塔总是在不停地发脾气。一天，儿童保育资源办公室的婴幼儿行为顾问前来提供帮助，他先观察并记录了拉妮塔的发脾气行为。对帕蒂来说，这天跟往常一样，也是拉妮塔没完没了地发脾气的一天。但是通过婴幼儿行为顾问的观察记录，她惊讶地发现，拉妮塔只发了 4 次脾气。帕蒂意识到，她以往对拉妮塔的情绪做出了过度的反应。

有时，我们对事件的反应会影响我们理解事件对儿童的意义。帕蒂发现，拉妮塔的脾气让人心烦意乱，以至于她觉得拉妮塔整天都在发脾气。婴幼儿行为顾问的观察帮助帕蒂发现，拉妮塔发脾气的次数是有限的，而且她每次发脾气都不超过 5 分钟。帕蒂和行为顾问在一起分析了观察笔记后发现，拉妮塔在两位教师都忙于应对其他孩子的即时需求时发脾气的次数比较多，因为这些时候教师可能无法分身来帮助她。当教师带领孩子们一起游戏时，拉妮塔很少会失控。帕蒂和行为顾问利用这一观察结果制订了一个计划，以确保拉妮塔总是得到成人足够的关注，并帮助她学习应对愤怒情绪的新方法。

观察—— 一种强大的技能

本章阐述了为什么观察很重要、观察的伦理问题，以及观察和记录的方法。我们在这一章的结尾还指出，有效的观察也包括对观察者自身反应和偏见的认识。我们希望你能以一种新的视角去看待儿童，并能够解释儿童的行为和反应、学习方式、情绪以及个别兴趣。本章，我们使用了“教师”一词，但是，这个术语也适用于其他婴幼儿专业工作者，包括家庭托儿所的工作人员。

为什么观察如此重要

教师们使用观察这一强大的技能来更多地了解婴儿和学步儿。教师了解每个儿童的兴趣、发展水平和观点，并据此制订相应的课程计划。同时，家长也可以使用观察信息来安排家中的活动。因此，不管是教师还是家长都可以使用观察信息对儿童的常规活动、行为指导和学习环境做出必要的改变。

在对儿童进行深入观察后，教师会非常欣赏儿童持续不断的、有意义的学习。例如，在观察了婴儿使用手势、声音和面部表情等多种方式进行交流后，教师可能会对婴儿的交流技巧感到敬畏，然后与其他教师和家长分享这方面信息。由此，教师和家长不仅开始以不同的眼光看待这个婴儿，而且可能以不同的眼光看待所有婴儿的能力。这一认识可能会促使成人更加珍视婴儿为交流所付出的努力，并激励他们把婴儿作为"萌芽"的交流者去对待。通过观察，教师理解并赞叹婴幼儿的能力，同样也了解他们面临怎样的挑战以及何时需要特殊的支持。

最重要的是，观察和记录婴幼儿的活动，有助于教师和其他专业人员与婴幼儿及其家长之间建立积极的关系。"观察有助于你与儿童建立积极的关系，因为它揭示了每个儿童的独特性，包括儿童的气质、长处、个性、行为风格和偏爱的表达方式。"[1] 当儿童感到被理解时，师幼之间的关系就会得到发展。当家长知道教师懂他们的孩子时，教师与家长之间的关系也会有所发展。

观察的伦理问题

从事婴幼儿教育工作的成人，必须保证他们所做的观察是合乎伦理的。美国幼儿教育协会的《道德行为准则》虽然没有直接提及"观察"一词，但对教师的观察行动具有指导价值。《道德行为准则》[2] 的首要原则是："我们不能伤害儿童。我们不得参与损害儿童的情绪情感和身体、不尊重儿童、有辱儿童人格、给儿童带来危险、剥削儿童以及令儿童恐惧的活动。这一原则在本准则中具有绝对优先地位。"

观察儿童怎么会给他们带来伤害呢？观察记录可能将不友善的意图归因于儿童的行为，或嘲笑、贬低儿童及其家庭和文化。观察的目的应该始终是更深入地了解儿童，永远不要去证明儿童有什么问题。

教师可以遵循《道德行为准则》中的以下原则对婴幼儿进行观察并与家长分享信息。

- 使用适宜的评估系统，包括多种信息来源，提供有关儿童学习与发展方面的信息。
- 努力与每个儿童建立个性化的关系；在教学策略、学习环境和课程设置上进行个性化调整并与家长协商，从而使每个儿童都能从这个项目中受益。

此外，《道德行为准则》[3] 还指出：我们保护所有通过口头、书面和电子通信等形式交流的信息，为我们所服务的儿童及其家庭保密。

总之，美国幼儿教育协会强调尊重儿童、家庭和其他专业人员，包括：

- 从家长那里取得观察和记录儿童的许可；
- 尊重家长查看记录的权利；
- 观察记录是保密的；
- 以尊重儿童的方式进行记录和讨论。

在招募观察对象的时候，教师应告知家长，观察结果是婴幼儿项目的一部分，并解释哪些记录将被保密或公开分享。例如，运用“时间取样”方法来对婴幼儿咬人事件进行的观察和记录是要保密的，但是档案记录（上面有照片和附带的文字说明）可以经常被贴在墙上，供儿童、家长和访客了解儿童正在学习什么以及他们是如何学习的。表 4.1 所示的观察记录许可表对观察和记录的目的做出了解释。

表 4.1　观察记录许可表范例

观察日期：______________

儿童姓名：______________

项目、机构或请求许可的人的姓名：______________

亲爱的父母或监护人，请妥善填写本表格并将其送至____

我允许我的孩子______________出于教育目的被观察。这些观察可以是书面形式、照片形式或视频形式。我了解这些观察结果可能会在项目中被展示或使用，以便向儿童、教师、家长和社区提供有关儿童思考和学习的信息。观察者可以使用我的孩子的名字，除非我在本页最后特地声明拒绝使用。

本人了解可以随时拒绝观察者观察我的孩子，并知道所有观察均可随时供本人审阅。

签署日期：____

家长 / 监护人姓名（打印）：______________________________

家长 / 监护人签名：__________________________________

家庭地址：____

城市：____

邮政编码：____

电话（家庭 / 工作单位）：______________________________

我们能了解到什么以及如何通过观察来了解

本节，我们将讨论观察什么以及观察婴幼儿的多种方法。当团队成员之间以及团队与家庭相互协作来理解并使用所收集到的观察信息时，对观察结果的反思便发生了。

我们能了解到什么

在《观察的力量：0—8 岁儿童》（*The Power of Observation: Birth Through Eight*，Jablon et al.）[4] 一书中，贾布伦和他的同事将观察定义为“通过观看来了解”。他们谈道：“我们通过观看、倾听和研究儿童的行为来了解他们。观看和倾听儿童的声音能帮助我们理解他们的感受、学习和想法。”

通过观看和倾听儿童，我们还能了解到什么？我们可以了解儿童在不同的关系中的表现和感受、他们发展的各个阶段（例如某个儿童在学会说话之前是如何咿咿呀呀的）以及他们发展的质量（某个儿童是如何与他人进行交流的，包括：他对谁说、说了什么以及表达了什么样的感受）。我们还可以了解以下内容：

> 婴幼儿是如何思考和学习的

> 婴幼儿的感受以及他们如何调节情绪

> 婴幼儿如何使用自己的身体

> 婴幼儿的兴趣和偏好

> 婴幼儿如何与他人相处

> 婴幼儿面临的挑战

> 婴幼儿的多种能力

> 婴幼儿为完成目标而使用的策略

> 哪类互动、材料、设备和玩具可以鼓励婴幼儿参与活动和建立关系

教师在观察时看到儿童间的友好时刻

从上面的列表可以看出，你可以选择观察多个方面。有时，你需要观察和记录儿童在一段时间内说的话和做的事，在另外一些时候你可以选择

只观察一种行为，如微笑，并记录这种行为的证据。有时，你可能想要观察一组儿童从玩特定的材料中学到了什么，如玩水。

研究儿童发展的观察者会观察婴幼儿态度和行为的复杂性。例如，一项经典的研究表明，因学步儿的击打方式不同，击打可能会有不同的含义[5]。当一个学步儿轻轻地击打另一个学步儿时，他可能是在说："离我远点。"当他用手中的东西轻轻地击打另一个学步儿时，他可能是在说："喂，你想玩吗？"而当他重击同伴时，这种行为则意味着"我不喜欢那样"，而且它比其他击打行为更容易引起同伴的负面反应。当观察者知道婴幼儿对击打的理解可能与成人不同时，就更能理解他们。

如何通过观察来了解

有很多方法可用于对婴幼儿进行观察和记录。本节介绍了逸事记录、连续记录、事件取样、时间取样和档案记录。观察所得的信息也可以用来为每个儿童创建一个档案袋，里面包括教师和家长观察到的信息以及儿童创作的作品，比如涂鸦作品或者积木建筑物的照片。

无论采用哪一种观察方法，在开始进行观察记录前，你都需要在最前面写上如下信息：

> 儿童的姓名
> 儿童的年龄
> 观察日期
> 观察背景
> 观察目的
> 观察类型
> 观察者的姓名

如果你把观察结果放在一个档案袋中，那么家长和其他同事将会非常感激能看到这些信息。

逸事记录

逸事记录是对儿童行为的书面记录，通常还包括观察者反思了大量观察后的评论。

逸事记录是观察者在儿童行为发生时或发生后不久所写的简短记录。它们描述发生了什么、什么时候发生以及在哪里发生，客观且真实，不包括观察者对儿童行为的看法或感受。这类描述可以帮助阅读记录的人直观地看到儿童在做什么。在客观地捕捉到儿童的行为之后，观察者会将其写在页面的左边；基于观察所做的评论，又称解释或推论，则写在页面的右边。

推论是观察者从客观观察中得出的结论。例如，如果观察到一个蹒跚学步的孩子把蒲公英扔到河里，看着水流把蒲公英冲走，那么教师可能推断这个孩子正在了解水和运动的特性。教师在客观地观察儿童的行为，同时也在推断儿童行为背后的意图和心理过程。当教师记录观察结果时，他可能会问："孩子是在看水流，还是在欣赏蒲公英的运动？""他是在特意做实验，还是他的行为是随机的？"教师可以把问题或推论写在页面的右边。经过几次观察，教师可能会在儿童的行为中发现一个模式。

逸事记录可能侧重于儿童探索某一概念的行为，比如物体如何与容器相匹配；也可能侧重于某一特定的发展领域，如社会领域；还可能侧重于引发关注的行为，比如挑战性行为。请注意，表 4.2 中左边的描述是客观的，右边是对观察记录的解释。

表 4.2　逸事记录范例

儿童的姓名：尼古拉斯	儿童的年龄：33 个月
观察日期：2016 年 6 月 1 日	观察地点：游乐场
观察目的：观察尼古拉斯的想法	
观察类型：逸事记录	观察员：坎迪
片段	**解释**
尼古拉斯与小组中的其他孩子脱下袜子和鞋子在小溪里涉水。	
尼古拉斯看着水在运动。	尼古拉斯似乎注意到了水的运动。
他丢下一朵蒲公英，看着水流把它冲走 。	丢下蒲公英看起来是偶然行为，他似乎对蒲公英被水冲走感到意外。
他又摘了一些，扔进了带有蒲公英的水里。	他似乎想弄明白水是怎样把蒲公英带走的。
他拿起一个塑料容器，用它泼水。	
他把容器放在草地上，摘了半桶蒲公英。	他似乎有目的地收集这些蒲公英。
他回到小溪边，把半桶蒲公英倒进小溪，看着水流把它们带走。他微笑着，用手指着喊道："看，看！"	他似乎在验证自己关于水、水流和蒲公英的假设。他说的"看"是在表达："我发现了！"

当你使用逸事记录来关注儿童发展的特定方面时，比如精细动作能力，你就需要在一段时间内进行多次的简短观察。表 4.3 表明，教师连续 4 个月（每月 1 次）在午餐时间观察拉登的抓握能力，以及从这些观察中得出的推论。在与家长分享了这些信息后，双方都对拉登的精细动作能力在如此短的时间内得到发展表示惊讶。

表 4.3　有关儿童精细动作能力发展的逸事记录

儿童的姓名：拉登 观察背景：在用餐时间进行了几次观察 观察目的：捕捉拉登的精细动作能力发展情况 观察类型：逸事记录 观察者：马文	儿童的年龄：见下文
行为	**推论**
2016 年 7 月 15 日（7 个月大）高脚椅 她像小耙子那样用食指、中指、无名指和小指拿起软化的麦片。	她一副专注的样子，好像真的在努力。
2016 年 8 月 14 日（8 个月大）高脚椅 她像剪刀那样用拇指和手指拿起软麦片。	1 个月后，她的手部动作从耙子状变成了剪刀状。当她完成一项任务时，她看起来仍然很专注。
2016 年 9 月 15 日（9 个月大）高脚椅 像钳子那样用拇指和食指拿起麦片。	1 个月后，她已经可以钳握。她似乎喜欢精细动作和手眼协调任务。
2016 年 10 月 15 日（10 个月大）高脚椅 像钳子那样用拇指和食指拿起麦片，然后一个接一个地把它们放到嘴里。	她很轻松地拿起麦片，并且面带微笑，好像真的很享受。我们需要每天为她提供安全的手眼协调活动，因为她真的很自豪，也很感兴趣。

连续记录

连续记录是对儿童行为的细节和顺序的书面记录。它们通常比逸事记录长。例如，如果观察者想要捕捉儿童在操场上一段时间内（比如 10 分钟）的行为，那么他可以使用连续记录。一位教师使用连续记录法来更好地了解某个儿童的游戏水平、他何时与同伴互动以及他如何与同伴互动（见表 4.4）。

表 4.4　连续记录范例

儿童的姓名：保罗	儿童的年龄：20 个月
观察日期：2015 年 12 月 17 日	观察地点：室外
观察目的：观察保罗与同伴的游戏	观察类型：连续记录
观察者：玛丽	
片段	**推论**
户外时间，保罗跑到院子里。	保罗似乎一到户外时间就想往外跑，他迫不及待地跑出去。
保罗绕着院子跑了 3 分钟，一边跑一边看着脚下，或者脚的前面。	他似乎需要奔跑，在奔跑的时候感觉很好。
当保罗从德里克身边跑过时，德里克叫“保罗”，但是保罗没有看德里克。3 分钟后，保罗脸上带着微笑跑回德里克身边。他对德里克说“货车”，然后坐在小山丘上，加入德里克的活动。保罗跪在地上用双手推着一辆玩具卡车走了大约 60 厘米远。然后，他转向德里克说：“卡车走了。”德里克看着保罗，开始推他的玩具卡车。	保罗在奔跑时看上去很满足，但很严肃。 他在奔跑结束后加入朋友的活动，同时仍然享受着活跃的游戏。 他似乎很喜欢和德里克互动，并说了一个词与他交流。 我们需要继续观察保罗，看看活跃的游戏是否有助于他自我调节和集中注意力。

在书写连续记录时，要尽量准确地描述儿童正在做什么和说什么，包括他们的动作、面部表情和手势等。然后，在审视了一个或多个连续记录之后添加你的推论。

阅读了几篇关于保罗（见表 4.4）的连续记录后，教师们意识到活跃的游戏和运动对他来说有多么重要。因此，他们扩大了教室里的大肌肉运动区和户外活动时间。此外，教师们还注意到保罗对德里克很感兴趣（德里克也对保罗很感兴趣），于是午餐时间教师们让他们俩坐在一起。

教师和早期干预专家已经开发出创造性使用逸事记录和连续记录的方法。

- 使用放在围裙或衣服口袋里的便笺纸进行观察和记录。
- 在一天中安排一位教师观察儿童，其他教师与儿童互动。

事件取样

观察者可以使用事件取样法来记录和分析某些事件的性质。他们通常从一个问题开始收集有关事件的信息，比如，从“儿童何时、何地以及如何打他人”开始收集有关打人事件的信息（见表 4.5）。观察者也可能想了解儿童的某种特定行为发生的频率，因此应在打人事件发生后尽快描述事件，并提供详细的信息来回答问题（当然是在对打人事件做出回应之后）。

表 4.5　有关儿童攻击性行为的事件取样

儿童的姓名：格蕾丝　　儿童的年龄：19 个月

观察日期：2 月 18 日、2 月 19 日和 2 月 22 日　　观察地点：不限

观察行为：打人行为　　观察类型：事件取样

观察者：汤姆

行为界定：使用一只手或工具以某种方式与他人接触，从而给他人带来伤害或痛苦。

观察时间	观察背景	事件之前发生了什么	事件	事件之后发生了什么	持续时间
2016 年 2 月 18 日 9:10	早餐时间	萨姆把椅子推向格蕾丝	格蕾丝打了他的手臂一下	汤姆检查萨姆的手臂，并与格蕾丝交谈	1 分钟
2016 年 2 月 19 日 10:05	游戏时间	萨拉坐在格蕾丝的腿上	格蕾丝打了萨拉的手臂	汤姆检查萨拉的手臂，语气坚定地和格蕾丝交流	1.5 分钟
2016 年 2 月 22 日 11:06	游戏时间	马特拿走了格蕾丝的玩具	格蕾丝打了马特的手臂	汤姆检查马特的手臂，劳拉老师和格蕾丝交谈	1 分钟

在观察了几次之后，观察者发现当其他儿童离格蕾丝太近，或者当格蕾丝累了或饿了的时候，她就会打人。另外，格蕾丝还不会使用语言，无法把自己的想法用语言告诉别人。于是，教师在格蕾丝身边待了几天，试图帮助她在另一个儿童离她太近时用手语来示意不要再接近。之后，教师继续运用事件取样法来观察她的行为，看看干预手段是否取得了效果。在计划和实施干预之前、期间和之后进行观察，可以为教师提供有价值的信息，以了解哪些干

预手段有助于减少儿童打人的行为。

表 4.6 显示了第二种类型的事件取样。观察者可能想研究某一类行为的发生频率，比如攻击性行为。首先，观察者要用专业术语来定义攻击性行为，可以与团队成员讨论以下问题：

- 攻击性行为是否包含打人、咬人和对另一个儿童大喊大叫？
- 攻击性行为是否包含儿童咬或伤害教师和同伴？
- 攻击性行为一定是故意的吗？

为了进行准确的观察，观察者必须清楚这一行为的定义。

表 4.6 有关儿童攻击性行为的事件取样

儿童的姓名：梅莉基娅	儿童的年龄：22 个月
观察日期：2015 年 9 月 10 日	观察背景：根据情况而有所不同
观察目的：观察那些似乎在伤害他人的行为	
观察类型：事件取样	观察者：米娅

行为 / 事件	次数（行为对象）
用巴掌打人	同伴：2 次
	教师：
用拳头打人	同伴：1 次
	教师：
击打物体或他人	同伴：2 次
	教师：
咬人	同伴：2 次
	教师：
推人	同伴：1 次
	教师：

教师通过事件取样了解到，梅莉基娅会对同龄人使用攻击性行为，对教师则不会（这一次）。梅莉基娅用巴掌、拳头打人，用嘴巴咬人，这可能引发受害者的报复行为。下一步，教师可以使用表 4.5 所示的事件取样法进行观察，以了解触发梅莉基娅攻击性行为的可能因

素是什么，并就以下问题与其家长讨论：

> 儿童对于信任和安全感的体验（埃里克森和以关系为基础的理论）
> 儿童对于如何与同龄人互动的思考（皮亚杰）
> 儿童可能在模仿谁（班杜拉）
> 儿童的社会文化经验（维果茨基）
> 什么策略有助于儿童在社交场合取得成功（维果茨基）

教师可以在策略使用前后进行事件取样，从而判断策略是否有用，比如亲社会性行为是否增加、攻击性行为是否减少等。如果没有，那么教师和家长就需要改进策略。

时间取样

时间取样法有助于教师观察和记录儿童对活动与行为的选择。教师可以制作一个图表，用于观察儿童在指定时间内的行为（见表 4.7）。例如，教师可能需要通过观察来确定有多少儿童在使用教室里的特定区域，以及有哪些区域根本没被儿童使用过。这些信息将帮助教师创设一个真正让婴幼儿喜欢的环境。

表 4.7　时间取样：八个学步儿和两位教师

儿童的姓名：学步儿班的孩子们　　儿童的年龄：16—36 月
观察日期：2016 年 5 月 9 日　　观察地点：学步儿 1 班
观察目的：观察儿童在教室里玩耍的地方
观察类型：时间取样　　观察者：卡伦尼

活动 / 时间	9:00	9:05	9:10	9:15	9:20	9:25	9:30
闲逛——没有明显的目的				1	1	1	1
从一个地方 / 教师到另一个地方 / 教师	1	2		1			
玩水			2	3	3	1	1
绘画	2	2	1	1	2	2	2
娃娃家							
操作活动	2	3	2		1	1	1

续表

活动 / 时间	9:00	9:05	9:10	9:15	9:20	9:25	9:30
建构活动				1			
身体活动	2	1	2	1	1	3	2
和一位教师在一起	1		1				1
参与由儿童或教师创编的规则游戏，如音乐椅							

通过表 4.7 可以看出，娃娃家 / 戏剧游戏区没有被使用。教师一共进行了 7 次观察，其中在 4 次观察中发现有一个或几个儿童在游荡。经过几次类似的采样，教师开始观察那些四处游荡的儿童。然后，教师试着帮助这些儿童选择一个活动或者和教师在一起。教师将空食品罐和仿制的购物车放在教室里，看看它们能否引起儿童的兴趣。

教师通过时间取样了解了有关儿童行为模式的宝贵信息。但是，当教师自然地待在儿童身边或和他们在一起时，这些行为模式是不容易被观察到的。表 4.8 重点关注了一个儿童——乔塞亚。在回顾了表 4.8 之后，教师意识到乔塞亚经常远离同伴和教师。教师疑惑他的这种行为是因为他自愿选择远离他人玩耍，还是因为他被其他儿童拒绝。这引发了教师对连续记录和事件取样方法的进一步运用。请注意，时间取样没有显示这个儿童在另一个儿童旁边玩耍或独自玩耍的时间，它只是表明了乔塞亚在指定的观察时间所做的事情。

表 4.8　时间取样：关注个别儿童

儿童的姓名：乔塞亚　　儿童的年龄：18 个月　　观察日期：2016 年 5 月 10 日

观察地点：学步儿 2 班　　观察目的：观察乔塞亚在教室里的哪些地方玩

观察类型：时间取样　　观察者：卡伦尼

活动 / 时间	10:00	10:15	10:30	10:45	11:00	11:15	11:30
在另一个儿童旁边玩耍	1						
独自玩耍，半米内没有儿童			1	1		1	1
和一位教师及其他儿童在一起		1					
和一位教师在一起，没有其他儿童					1		

档案记录

档案记录不仅仅是记录。它是一种特殊的观察方式，通过各种媒介记录儿童的经历。然后，教师分析和理解儿童是如何学习的，并根据儿童的兴趣和目标设计一个以儿童为中心的课程[6]。档案记录通常包括一系列照片、视频或其他视觉手段，用来传达婴幼儿学习的过程。档案记录为你理解儿童构建了一个框架。例如，当照片或儿童的绘画作品被展示出来时，儿童的学习对教师和家长来说就变得可见了。

我们目前对档案记录的兴趣源于瑞吉欧·艾米莉亚，这是一种意大利的幼儿教育模式。在瑞吉欧教育模式中，尊重儿童构建知识的能力是幼儿教育课程的核心。教师理解儿童知识建构的关键工具是有目的地观察和记录儿童的活动，即档案记录。档案记录不仅是对儿童活动或成就的记录，还是一种对儿童的活动和思维进行反思和理解的方法。

它也是教师在教学过程中引入新活动或新材料的基础。档案记录过程包括：观察和收集支持性信息（如儿童的绘画作品），思考并与其他教师和家长讨论观察结果，根据对儿童知识、目标和兴趣的理解进行规划和回应[7]。

档案记录过程通常以一个问题开始，它可能是关于小组儿童的一般性问题，比如，“孩子们现在最感兴趣的是什么？”“孩子们在哪些方面对数学概念表现出了兴趣？”它也可能是非常具体和个人的问题，比如，“当米娅迈出第一步时，她在学习什么？”“当马特玩积木的时候，他表明了什么？”当问题被提出后，几位教师可能会通力合作。

档案记录并不是为了客观地、不带偏见地记录儿童的活动。教师们会积极地参与儿童的活动，试图“对儿童与环境互动的方式，儿童与其他成人和儿童建立关系的方式，以及儿童建构知识的方式建立一种共同的理解”[8]。因此，观察记录包括关于记录内容和记录手段的深思熟虑的选择。笔和纸、照相机、摄像机、录音机和儿童的艺术作品都可以用来进行档案记录。然而，教师很难用一张照片完整地呈现一个事件。这些收录在案的观察信息组成了一个事件的一系列瞬间，以及随着时间的推移而发生的相关事件。

注意“档案记录的目的是解释，而不只是展示”[9]。观察结果由观察者进行审视和组织，并与同事、家长和儿童共享。审视观察结果并就其组织方式做出选择本身就为教师提供了一个机会，以反映儿童的学习经验以及他自己与儿童相处的方式。之后，观察者与他人分享观察结果，以便更深入地了解儿童的行为和想法，并计划哪些材料、环境和关系可以激发儿童的探索兴趣。

档案记录示例

在下页的两幅图片中，安东尼正坐着吃饭。左图中，他正在从碗里舀胡萝卜。右图中，他把胡萝卜放在盘子里。这个档案记录告诉教师安东尼的精细动作发展水平如何，他是如何计划和朝着目标努力的，以及他完成任务的能力怎样。通过阅读这个档案记录，你对安东尼有了哪些了解？

档案记录可以用于规划课程，以满足一组婴幼儿的兴趣和需要。比如，当教师为儿童提供玩水的机会，并且有几个儿童表现出浓厚的兴趣时，教师会希望提供更多与玩水游戏有关的机会，而进一步所做的档案记录可以回答诸如"孩子们在玩水的时候是如何相互交流的""孩子们在游戏中使用的目标、策略和理论是什么"之类的问题。

与包括家长在内的团队成员一起反思

观察的意义取决于对观察结果的反思。与包括家长在内的团队成员一起反思，是了解活动对儿童意味着什么以及儿童的兴趣和能力的重要方式。团队成员可以一起就如何使用这些信息来集思广益和促进儿童的幸福。

观察方法总结

教师采用逸事记录、连续记录、事件取样、时间取样以及档案记录等策略来积累他们对每个儿童的了解，包括每个儿童的发展水平、想法和兴趣。观察有助于教师发现儿童是如何与环境发生联系的。收集有关儿童发展信息的另一种方法是使用儿童发展档案和筛查工具。

观察是评估的一部分

团体照料和学习项目以及早期干预项目经常使用发展档案来观察和记录儿童的发展情况。这些档案还可用于为某个儿童和一组儿童制订计划。

儿童发展概况表有助于教师设计兼顾个体和回应群体的课程

儿童发展概况表

儿童发展概况表列出了儿童在交流、情感、社会性、思维和运动等多个领域的一系列行为，概述了儿童的发展情况。教师和其他观察者可以利用这些信息了解儿童的发展情况，并制订相应的计划。

儿童发展概况表通常无法捕捉到儿童的兴趣，例如玩水、把身体挤进小空间或者交朋友；也无法捕捉到儿童行为的细微差别，例如儿童表达愤怒的强度；还无法捕捉到儿童在试图将物体放入容器时可能使用的各种策略。然而，这些都是儿童本质的重要方面，也是成人需要观察并记录下来以更好地了解儿童的重要方面。

然而，儿童发展概况表确实提供了关于儿童如何发展的宝贵信息。它为教师和家长进行对话提供了一个很好的基础，可以共同讨论儿童的优势和下一步的发展计划，也有助于教师为儿童制订个别化计划。

让我们来研究一些最常用的儿童发展概况表，看看它们是如何使用的，以及它们可以为我们提供哪些信息。

盎司量表 *

盎司量表是一个评估 0—3.5 岁儿童的量表，其《使用者手册》[10] 强调，“它可用于测查处于风险中的儿童、生活贫困的儿童、有着已知缺陷的儿童以及如预期一样茁壮成长的儿童”。盎司量表由 3 个要素组成：观察记录、家庭相册和与学习标准相关的发展概况。每个要素分为 8 个年龄范围：0—4 个月、4—8 个月、8—12 个月、12—18 个月、18—24 个月、

* 盎司量表（The Ounce Scale），由塞缪尔·迈泽尔斯（Samuel Meisels）等人于 2003 年编制的 0—3 岁婴幼儿发展评价工具，强调在日常生活中的自然情境中观察婴幼儿的技能和行为，然后基于观察信息设计课程、建立关系和实施特定的干预。——译者注

24—30 个月、30—36 个月和 36—42 个月。

盎司量表由 6 个有意义的发展领域组成：

> 人际联结——儿童如何表现出信任
> 对自我的感觉——儿童如何表达他们是谁
> 与其他儿童的关系——儿童在其他儿童身边时怎样表现
> 理解和交流——儿童如何理解和交流
> 探索和解决问题——儿童如何探索和解决问题
> 运动和协调——儿童如何移动身体和使用双手[11]

观察记录为教师、早期干预专家、家庭服务提供者、儿科医生和家访人员提供了一个关注点，以观察和记录儿童在早期教育机构或家庭中的行为[12]。

家庭相册提供了一种了解儿童成长的方式。它为教师创造了一个机会，“和家长一起‘好奇’，这样教师就可以了解家长如何看待他们的孩子。这种好奇和共同观察是在专业人员和家长之间建立信任关系的基础”[13]。

儿童发展概况由社会性和情感、沟通和语言、认知和身体领域构成，它为评价者提供了一个总结儿童的成长和发展，并将其与该年龄阶段的期望值相比较的机会。

盎司量表的研发者强调，它是一个改善教师与儿童的关系、家长与儿童的关系以及教师与家长的关系的工具。家长报告了盎司量表如何帮助他们了解儿童发育的一般情况以及如何支持儿童在家里学习。

来自不同文化背景的教师或家长可以从这张照片里观察到什么

高瞻课程中的婴幼儿观察记录表

高瞻课程中的婴幼儿观察记录表为教师提供了一种观察婴幼儿发展的方法，并确定“婴幼儿是否按其应有的方式发展”。他们利用这些结果来继续进行有效的工作，改进无效的工作。例如，为教师提供更多的培训，重新设计婴幼儿游戏区，等等[14]。

婴幼儿观察记录表涵盖以下发展领域：

> 自我意识
> 社会关系
> 创造性表征
> 运动

> 音乐
> 沟通和语言
> 探索物体
> 早期数量及数字
> 空间
> 时间

你会用什么观察方法来捕捉这个女孩移动时的喜悦

教师使用婴幼儿观察记录表来描述儿童的行为，然后将这些信息输入数据库中并进行汇总，以便为某个儿童和一组儿童制订课程计划。

针对婴幼儿的黄金教学量表

这个评估工具为教师提供了儿童在 4 个领域的行为信息，即社会性和情感、身体、认知及语言。它帮助教师有意识地观察儿童，并利用所学的知识来回应儿童的兴趣、优势和需求；与家长分享信息；根据 4 个领域的 14 个目标确定儿童的发展水平。它还帮助教师将有特殊需要的儿童纳入班级。

这些儿童发展概况量表是对本章前面讨论的观察方法和档案记录策略的一种补充。

筛查工具

儿童早期教育机构可以使用筛查工具来确定是否与家长讨论将儿童转诊到一个专家小组以接受更全面的评估。本书第 15 章描述了这个转诊过程。使用频率较高的筛查工具是“年龄与阶段调查问卷”，它是由布里克和斯夸尔斯研发的一种应用广泛的系统[15]。家长根据自己孩子的年龄选择一个年龄段回答问题。因为测试是标准化的，所以教师会对答案进行评分并与常模进行比较，以确定是否将儿童转诊以进行更为深入的评估。

观察者对观察的影响

观察者把自己——过去的经历、信仰、价值观、文化、关于儿童的知识、观察的技巧以及与正在观察的儿童的关系——带入对儿童的观察中。同时，他们也将自己对使用何种观察和评价工具以及怎样从儿童、家长和教师的角度去解释信息等方面的知识带入观察中。

过去的经历、信仰和价值观

在育儿方面的个人经历、信仰和价值观可能会影响观察者的视角。那些认为儿童应该被倾听而不仅仅是被看到的教师，可能会把重点放在儿童与成人谈判时使用的策略上。他们可能会把儿童说“不”理解为儿童在发展过程中迈出的积极一步，而其他人可能会把这看作不服从命令。为了避免这种偏见，观察者可以在对儿童的行为下结论之前，与团队成员和家长讨论自己的观察结果。他们可以向他人提供观察到的一个客观片段，询问他人的解释，然后检查解释是否具有可靠性。

文化

文化可以为观察者解释儿童的行为提供一个框架。一种提倡儿童独立的文化与一种重视儿童的依赖性的文化，对儿童的害羞行为的看法是截然不同的。观察者要能够意识到影响自己选择观察什么、如何观察、何时观察以及如何解释观察结果的因素是什么，这一点对减少偏见至关重要。

文化近观

在一种文化中形成的评估不一定适应另一种文化。例如，美国的一项评估使用“gets into everything”这个短语，将其直接翻译成普通话是“把所有东西分类”，改变了意思。因此，译者选择采用“wants to participate in everything”这个短语，意思是“想要参与一切”[16]。

在场

观察者尽量不要因为自己的在场而改变环境。如果观察者熟悉儿童，那么观察是有挑战性的，因为儿童会对教师有所期望，他们希望教师像往常那样对他们做出回应。如果观察一组儿童，那么你要确保教师（除你之外）与儿童之间的比例是恰当的才可以进行观察。如果你要观察一个或多个不认识的儿童，那么你首先要介绍自己，并鼓励家长或教师对你微笑，向儿童表明你是安全的，并在观察之前在儿童中间坐上一段时间。然而，一旦观察开始，你就要尽量保持低调。

观察时保持低调并不容易。当一名观察者认为自己正在成为一组儿童中的低调观察者时，其中一个儿童迅速跑到他所坐的矮凳前，用长木块狠狠地打了他的腿。显然，这个儿童很清楚有一个陌生人在场，他要么想让观察者知道他对他的出现感到不舒服，要么想看看他是否还活着。然而，坐在矮凳上保持安静仍然是观察者不给既定环境带来太大变化的最好方法。如果一个学步儿走近观察者，那么观察者可以用热情的声音说："我今天会看你玩耍。"在同一组学步儿中观察了几次之后，学步儿就会开始忽视观察者。

使用什么方法

观察者需要决定使用哪种观察和评估方法来获取所需要的信息。正如我们已经讨论过的，有许多方法可以用来对儿童进行观察和记录，如逸事记录、连续记录、事件取样、时间取样、档案记录等。婴幼儿教师也可以使用儿童发展概况表和筛查工具。在评估一个儿童是否有缺陷的过程中，专业团队可能会使用更正式的评估手段；但是，目前比较推崇的做法是使用本章描述的许多方法在熟悉的环境中观察儿童，并让家长和教师参与评估过程。

观察者如何知道何时使用一种特定的观察方法？表 4.9 的左栏列出了教师可以问自己并与团队成员和家长讨论的问题，右栏指出了可以采用什么观察方法来获得答案。

表 4.9　问题与观察方法

问题	观察方法
教室里每个儿童的兴趣是什么？	逸事记录，连续记录，档案记录
儿童在探索什么概念？（空间、时间、客体永久性、光线、与同伴的关系）	逸事记录，连续记录，档案记录
一个特定的行为（如咬人）发生的时间、地点和频率是什么？	事件取样
每个儿童在玩耍的时候是如何消磨时间的？	时间取样，档案记录
某个儿童或者整个小组对水了解多少？可以提供什么机会来帮助儿童了解水的特性？	有关儿童的对话、所使用的策略和所探索的概念的逸事记录；有关儿童玩水游戏的档案记录

续表

问题	观察方法
儿童是如何成长的？	儿童发展概况量表或一系列档案记录
如何知道是否应将儿童转诊到评估小组进行全面评估，以确定他是否需要接受特定的支持？	发育筛查

如何汇编信息：档案袋

教师和其他对儿童的学习与发展感兴趣的人，可以把对儿童的观察所得和儿童创作的作品放到儿童的个人档案袋中。档案袋通常包括儿童的信息、儿童的照片、家庭的照片、档案记录、有关儿童的兴趣和能力的照片、儿童的手工作品如（涂鸦）和评估结果等。教师可以根据儿童的年龄、主题（绘画、积木）或领域（情感、社会性、认知、语言、运动）来组织档案袋，或者把某个特定时间段内的作品按照顺序放入其中。档案袋支持团队成员（包括家长）进行反思，帮助观察者了解儿童的整体发展。

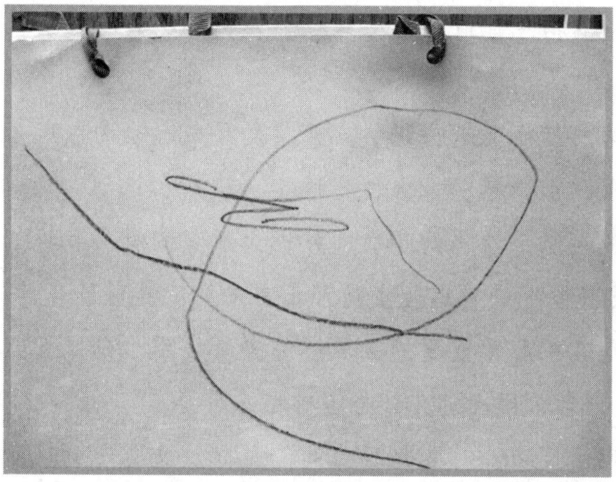

迪安娜的早期绘画作品和后期绘画作品被放在一个档案袋中，用以展示发展带来的变化

本章小结

- 家长、教师和儿童早期干预人员可以熟练地使用观察法来更多地了解婴幼儿的发展水平、兴趣和需求，以及如何制订相应的计划。通过观察，教师可以了解婴幼儿的能力以及特殊需要。最重要的是，观察和记录婴幼儿的活动可以帮助教师与其他专业人员、儿童及其家长建立关系。观察者必须遵守美国幼儿教育协会的《道德行为准则》。
- 通过运用各种方法进行观察，我们可以了解婴幼儿是如何思考和学习的，以及学习经验之于婴幼儿的意义。有很多观察方法，如逸事记录、连续记录、事件取样、时间取样和档案记录。对于通过观察获得的信息，最好由一组专业人员和家长一起进行分析和反思。
- 教师可以运用良好的观察技能对儿童的发展概况进行评估。儿童发展概况表为教师提供了儿童在不同发展领域的发展情况，如情感、社会性、语言、认知和运动。教师可以利用这些信息规划相应的互动，组织个性化的活动，并提供适宜的材料和设备以支持儿童。教师还可以使用儿童发展概况表确定儿童是否正常发展。盎司量表、高瞻课程中的婴幼儿观察记录表等都是其中非常重要的工具。筛查量表用于确定儿童是否需要转诊到专业小组接受进一步评估，以确定儿童是否有特殊需要。
- 观察者把他们有关儿童发展的知识、观察技巧、对某些行为的偏见以及文化带到观察中。过去的经历、信仰和价值观不仅会影响你观察什么，还会影响你如何观察和反思这些信息。教师需要决定使用哪种方法获得所寻求的信息，还决定如何编辑这些信息，以有益于他们自己、儿童及其家长。

反思与应用

反思的问题

1. 为了与儿童建立一种积极的关系，你认为首先要观察儿童的哪个方面？
2. 观察涉及你、儿童和家长之间的合作，你将如何以合作的方式提高你的观察技能？你将如何在三者之间建立信任关系？

观察与应用

1. 使用第 6 章至第 10 章末尾的表格来观察两个年龄相仿的儿童。这两个儿童之间有怎样的相似之处，又有怎样的差别？
2. 用连续记录法观察两个不同年龄的儿童，确定他们的兴趣以及他们如何追求这些兴趣。

第 5 章

遗传学与产前发育

学习成果

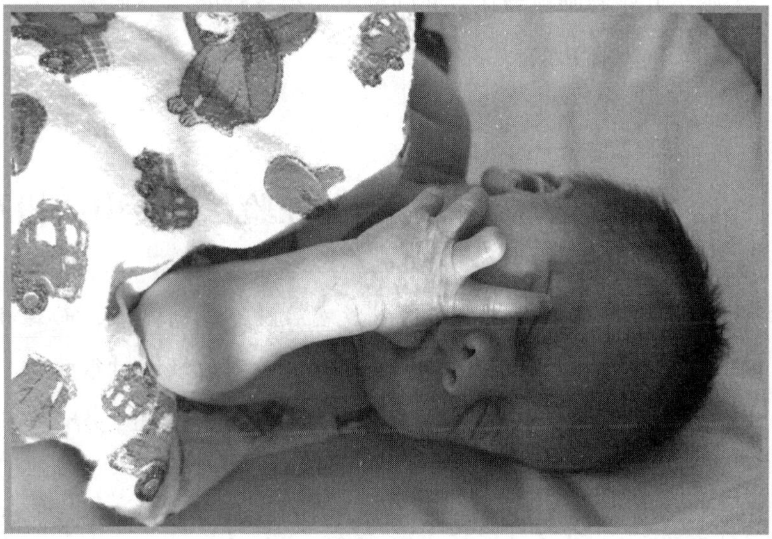

阅读本章之后，你将能够：

- 描述遗传和经验的相互作用，包括营养、产前保健、毒素和致畸物、结构性和代谢性出生缺陷、母体感染、母亲焦虑和产前发育中的其他因素；
- 讲述胎儿在孕期三个阶段的发育过程；
- 解释产前和产后大脑的发育；
- 理解新生儿的能力和早产的影响。

拉莎娜每当想起今天早晨发生的事情就不禁暗自发笑。作为学步儿班的一名教师，她经常被卷入孩子家庭生活中的特殊时刻。今天早上，艾伯托的妈妈带他过来时非常兴奋，她把拉莎娜拽到一边，小声地说：“我怀孕了！”

这可真的是从头开始谈起。

你可能很好奇为什么一本关于婴幼儿发展和团体照料的书会有一章专门论述产前发育。从卵子和精子相遇的那一刻起，发育就开始了。胎儿在子宫中的经历为以后的学习奠定了物质基础。如果我们了解大脑发育、受孕、妊娠以及出生后的第一周，那么我们就会了解婴儿。第二个原因是，婴幼儿教师往往能够为家长提供孕期指导。家长认为教师拥有知识和经验，并将教师视为在育儿问题上获得支持的一个来源。每个母亲都能受益于教师丰富的妊娠和产前发育知识。

基因和经验在子宫中的相互作用

特瑞娜在把女儿送入教室后没有立刻离开，而是在门口逗留了一会儿吸烟。当学步儿班的教师彼得路过她身边看到她吸烟时很吃惊，因为就在几周前，她还高兴地宣布她又怀孕了。彼得跟她打了一个招呼，停了一下，说：“特瑞娜，看到你抽烟，我有点吃惊。你知道怀孕期间吸烟的有害影响吗？”这次轮到特瑞娜感到惊讶了。“不知道，这是个问题吗？”她问，“我知道怀孕期间不能喝酒……吸烟怎么了？”

我们曾经认为子宫对发育中的胎儿来说是一个安全的地方，因为它有胎盘作为屏障，把危险的事物阻挡在子宫之外。尽管胎盘在某种程度上可以作为一个过滤器，但是我们现在知道了，如果母亲营养不足，胎儿会变得缺乏免疫力。胎儿可能受到许多有害物质的影响。遗传和其他先天因素可能会为胎儿的发育带来负面影响，母亲的压力和焦虑也可能直接影响胎儿的健康。当婴幼儿教师可以与准父母进行持续的接触时，他们可以提供信息和资源，以促使每次妊娠都能获得最佳结果。

基因为发育中的胎儿以及贯穿我们一生的细胞提供了发展的方向。我们今天比历史上任何时候都更了解我们身体的构成，我们每天都在学习更多相关的知识。例如，我们的身体由大约 100 万亿个细胞组成，我们的小脚趾由 20 亿 ~30 亿个细胞组成。每个细胞的直径都小于一根头发的直径，然而每个细胞内的物质在使我们与其他人相似的同时，也使我们成为独一无二的自己。

遗传学

我们的皮肤是由皮肤细胞组成的，我们的肝脏是由肝细胞组成的。我们的身体大约需要 200 种细胞。每个细胞都包含遗传信息，从而引导它成为一种特定类型的细胞，完成它需要做的工作（见图 5.1）。

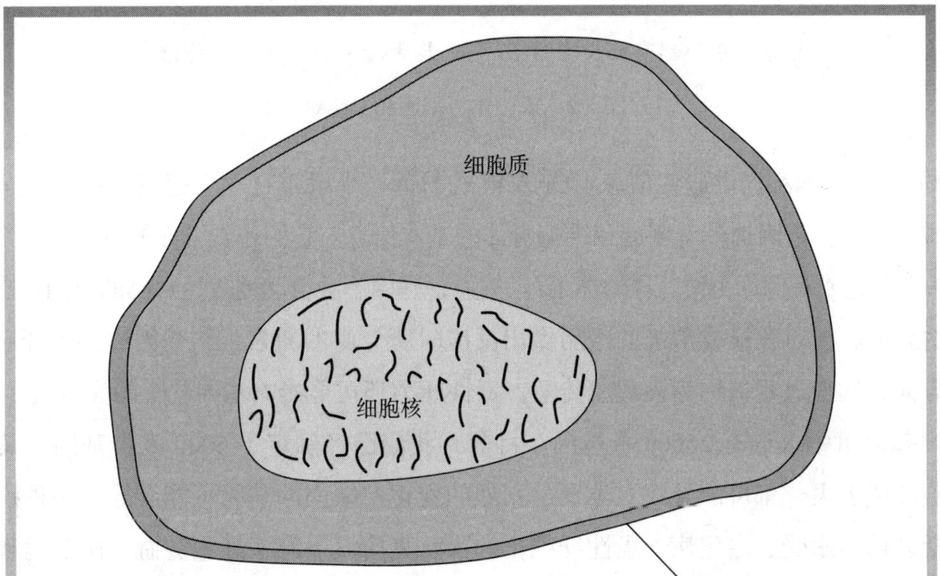

图 5.1　一个细胞

每个细胞都被有孔的膜包裹着。细胞膜内有一种被称为细胞质的水状液体，它是水、酶、氨基酸、葡萄糖和其他分子的混合物。位于细胞的中心是细胞核。细胞核由一层核膜保护，含有被紧密地包裹在 46 条染色体中的、约 30 厘米长的脱氧核糖核酸（DNA）。人类从父亲那里遗传 23 个染色体，又从母亲那里遗传 23 个染色体。因此，人类有 22 对常染色体和一对性染色体，性染色体又被称为 X 染色体和 Y 染色体，它们决定了性别。女性有两条 X 染色体，男性有一条 X 染色体和一条 Y 染色体（见图 5.2）。

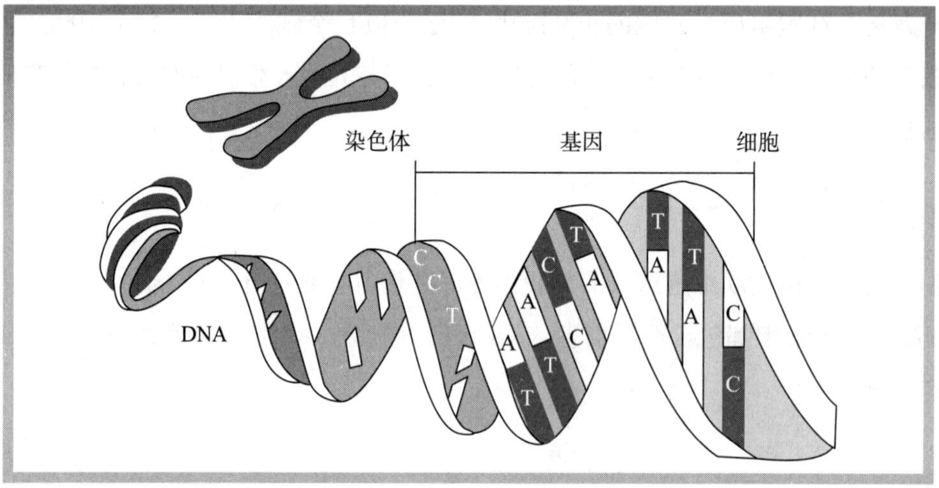

每条染色体都有长长的 DNA 链，携带着身体所有的遗传信息

图 5.2　染色体、基因和 DNA

大约 2% 的 DNA 提供遗传信息。DNA 模式的每一小段都有一个起点和终点。这些点之间的物质是基因。基因携带着创造和维持身体的基本信息。它们还告诉你的身体要有像你母亲一样的头发颜色或者像你祖父一样的鼻子[1]。然而，基因不会自动地表达自己的意图，它受到早期经历的影响。在对积极或消极的经历做出反应时所分泌的激素，给基因提供了开启或表达自己的方向，这个过程被称为表观遗传学。毒性压力还可能影响基因蓝图的完成[2]。

人类基因组中大约有 25000 个基因。目前，我们已经确定了 5000 多个基因，其中任何一个被破坏或丢失，都可能导致人类发生剧烈的变化。缺失的基因可能会导致多种疾病和残疾，包括乳糖不耐受、白化病、囊性纤维化、泰萨克斯病、镰状细胞贫血、血友病和肌营养不良等。第 15 章描述了由遗传问题引起的残疾。

然而，基因与疾病之间并不必然存在直接的一一对应关系。一个基因的损坏可能会引发各种各样的问题，而许多疾病都是由一组基因的损坏引起的。遗传咨询可以帮助那些担心遗传疾病的家庭。

营养

怀孕前营养状况良好的女性，不需要为了给自己和宝宝提供所需的蛋白质、维生素和矿物质而做出太大的改变。孕妇应从 4 种基本食物入手逐渐增加多种食物的日常供应：

> 4 种或 4 种以上的水果和蔬菜来补充维生素和矿物质

> 4 种或 4 种以上的全麦或强化面包和谷类食品来补充能量

> 4 种或 4 种以上的牛奶或含钙奶制品

> 3 种或 3 种以上的肉、鱼、蛋、坚果和豌豆来补充蛋白质

怀孕期间饮食均衡有助于保证母子健康。大多数医生认为，除了铁之外，每日应该摄入的营养素都可以通过适当的饮食获得[3]。

不过，有一些特定的营养素，比如铁，孕妇必须通过饮食或者服用补充剂来补充。尤其是在怀孕后期，铁的需求量更大，孕妇很难通过食物摄取足够量的铁。这种矿物质对健康红细胞的形成至关重要，可以帮助母亲避免贫血和被感染。

女性在怀孕期间对叶酸的需求会翻倍。叶酸已被证明在预防神经管缺陷（如脊柱裂和无脑儿）方面具有重要作用，并且对红细胞的形成至关重要。叶酸存在于许多食物中，如四季豆、绿叶蔬菜、豌豆和肝脏等。医生也可能给孕妇开一份叶酸补充剂。

孕妇需要增加钙和液体的摄入量。怀孕和哺乳期的成年女性每天需要额外增加 40% 的钙（额外三份牛奶或乳制品）。几乎所有多余的钙都进入胎儿发育中的骨骼。额外的液体，尤其是水，可以增加孕妇的血容量。孕妇应该每天至少喝 8 杯水，以防止脱水和便秘[4]。表 5.1 显示了营养物质如何支持胎儿生长。

表 5.1　营养物质如何支持胎儿生长

除了低脂蛋白质、奶制品、蔬菜、水果、全麦碳水化合物和健康脂肪外，胎儿还需要三种关键的营养物质。
叶酸：可以降低患先天性脊髓病的风险，许多谷物食品都添加了叶酸。
铁：可以减少贫血。含有维生素 C 的食物有助于身体吸收红肉、深色食物、绿叶蔬菜和其他食物中的铁。
钙：可以支持胎儿的牙齿、骨骼、心脏、神经和肌肉的健康形成。钙来自乳制品、深色食物、绿叶蔬菜和额外添加了钙的橙汁。

文化与营养

世界各地的许多文化都对女性怀孕期间的营养摄入有自己的观点。在埃及，女性知道怀

孕期间吃某些食物不好，但她们对为什么不好有一定的误解。

> 怀孕期间，垃圾食品、含咖啡因的饮料以及咸的、腌制的和辛辣的食物在某些文化中被认为是禁忌或“不好的”。它们的危害通常被人们误解。
>
> 孕妇说，她们认识到垃圾食品（如午餐肉、苏打水、薯片、饼干）、咸的食物、酸性食物（如用洋葱和西红柿烹制的食物）和含咖啡因的饮料（如茶、咖啡）可能会对母亲或孩子产生负面影响，例如导致“高血压”和胎儿畸形。很多孕妇对这些禁忌食物的有害影响存在误解，例如“薯片会让胎儿长寄生虫”“含盐量高的食物会让孕妇在分娩时产生灼烧感”“垃圾食品会导致血液方面的癌症”[5]。

许多亚洲文化普遍从身体温度平衡的角度去考虑食物的摄入。怀孕被认为会增加身体的热量，所以像西瓜这样的凉性食物可以为身体提供平衡[6]。拉丁美洲的年轻妈妈们在怀孕期间不吃辣的食物，但会在产后食用，以恢复分娩时失去的热量[7]。一些文化认为某些食物对怀孕有特定的影响。例如，非洲某一部落的人避免在孕期吃香蕉，因为他们担心会生出一个肥胖的婴儿。他们也不吃条纹羚羊的肉，因为担心胎儿会有条纹或斑驳的皮肤[8]。中东穆斯林的习俗包括让新婚女性吃富含铁的食物，以确保婴儿得到良好的营养[9]。澳大利亚沙漠中的一个土著群体认为，不食用凶猛动物的肉对于孕妇避免流产很重要[10]。

文化信仰、习惯和是否食用健康食品都能影响女性在怀孕期间的营养状况。婴幼儿项目经常以小册子的形式提供有关孕期营养和注意事项的知识，这对孕妇和准爸爸们非常有帮助。像本节开篇中特瑞娜这样的女性，可能并不总是知道在怀孕期间应该避免什么。

文化近观

风河印第安人保护区的妇女非常担心年轻妈妈的不良妊娠结果。美国印第安人和阿拉斯加州原住民女性得到的产前护理机会最少，她们的婴儿死亡率和早产率位居全美第二。通过早期开端计划项目，这些妇女希望以一种更为传统的方式来支持年轻的妈妈。与此同时，切罗基人正在为“美国出生缺陷基金会”搜集有关产前的文献，寻找与文化相关的材料。他们从 500 篇材料中发现 49 篇在文化上是适宜的。

“美国出生缺陷基金会”成立了一个由肖肖尼人、切罗基人、内兹佩尔塞人、乔克托人、玛雅人、纳瓦霍人、达科他人、契卡索人、黑脚人和阿萨巴斯卡人的妇女组成的委员会，以共同确定如何解决医疗保健方面存在的差距。该委员会最终制作了一本名为《祝福的到来》产前信息手册，用母亲告诉女儿的方式讲述健康怀孕的故事，还创建了一个药轮，将怀孕后的前 3 个月称为祝福已经种植，中间 3 个月称为感受祝福的舞蹈，最后 3 个月称为祝福已经到来。除了这些医疗保健信息外，“美国出生缺陷基金会”还就传统习俗、年轻爸爸应该了解什么以及年轻妈妈的支持圈提供了信息。

这本小册子极其成功，现在已经成为“美国出生缺陷基金会”为印第安人医疗保健工作者持续提供的一种资料[11]。

产前保健

女性进行产前保健的原因有很多。事实上，如果一个女性打算怀孕，她需要从看医生就开始做准备。没有进行产前保健的母亲所生的婴儿出生时体重较轻的可能性是得到产前保健的母亲所生婴儿的 3 倍，而死亡的可能性是得到产前保健的母亲所生婴儿的 5 倍[12]。

产前保健对母亲和儿童的健康都有积极的推动作用。产前保健可以提供一些膳食营养方面的信息。健康专家将跟踪胎儿的成长和发育，当发现有问题时，会安排孕妇做必要的检查。此外，孕妇应避免泡热水澡、吸烟、酗酒等，还要避免与猫砂、啮齿动物以及杀虫剂、铅、汞和油漆等化学品接触。健康专家也建议女性多运动，保证充足的睡眠，减少生活中的压力。

毒素和致畸物

环境中的许多物质威胁着胎儿的健康发育。本书第 15 章对其中的一些情况进行了更为全面的描述。本节主要阐述婴幼儿教师可能想要与准父母分享的信息。与准父母谈论有关酒精或药物的使用问题，也许会让你感到不自在。然而，有关环境中存在的可能对胎儿或妊娠有害的物质等基本信息对准父母来说很重要。将这类信息作为家长教育工作的一部分尤其重要，因为伤害可能在母亲知道自己怀孕之前就已经发生了。

由于细胞在妊娠早期的快速分裂和复制，因此在妊娠早期接触有毒物质很可能造成更大的损害。怀孕期间饮酒会对孩子产生严重的影响，包括智力发育迟缓、生长缺陷和面部畸形[13]。在美国，每年有 4 万多个婴儿一出生就受到了酒精带来的伤害[14]。

可卡因的使用似乎与婴儿的早产和体型较小有关[15]。由于孕妇可能同时使用多种药物和饮酒，所以确定可卡因的影响是复杂的。不过，有研究指出，产前使用可卡因的母亲对婴儿表现出更少的敏感性和更多的负面情绪，等婴儿大一点时，更容易对他们发火和打他们[16]。

为了了解孕妇吸烟对儿童的影响，研究人员研究了 1200 万个儿童，其中包括 17.3 万个有先天缺陷的儿童。研究表明，吸烟的孕妇会导致儿童有如下情况。

- 胳膊和腿缩短或缺失以及“兔唇”“腭裂”、畸形头和畸形脸的概率会增加 20%~30%。
- 胃肠道异常风险增加 27%，包括喉咙、食道、结肠、肠、胆管、胆囊和肝脏等方面的问题。
- 出生时肠道在体外的风险增加 50%。
- 出生肛门阻塞或关闭的风险增加 20%。
- 心脏缺陷的风险增加 9%。
- 男婴出生时患有隐睾症的风险增加 13%。

尽管研究人员还不能确定吸烟对胎儿的损害程度，但人们普遍认为吸烟会限制胎儿体内的氧气含量。尼古丁会导致血管的收缩以及一氧化碳与血红蛋白的结合，而血红蛋白负责将氧气运至全身。据估计，美国 25 岁以下的孕妇中有 20% 吸烟[17]。

女性怀孕期间接触环境中的毒素，如铅、汞、砒霜、清洁产品和化学溶剂等，可能会导致胎儿流产、早产或出生时体重过低和发育迟缓。铅可能通过旧的铅管道或旧油漆存在于饮用水中。大多数鱼类的脂肪组织中都存在汞。砒霜则存在于工业工作场所和家中经常使用的清洁产品中[18]。

杀虫剂对胎儿也有类似的危害，尽管除了务农的女性，其他人接触到的机会非常小。一些卫生保健人员对含有避蚊胺的驱虫剂表示担忧。然而，在有西尼罗病毒或莱姆病的地区，医疗卫生人员建议孕妇在衣服、袜子和鞋子上使用少量驱虫剂，并在使用时戴上手套[19]。

婴幼儿教师可以在手边放一些宣传册，以帮助准父母了解可能对胎儿有害的物质。

结构性 / 代谢性出生缺陷和母体感染

当然，许多产前问题是无法预料到的。染色体缺失、父母一方或双方携带异常基因以及细胞迁移的不准确性都可能导致胎儿的各种畸形。腭裂可能是由这些因素综合导致的。代谢紊乱（每 3500 个婴儿中就有 1 个），如塔伊 - 萨克斯病或苯丙酮尿症，可能有害于婴儿甚至给他们带来致命风险。

传染性病原体也会导致出生缺陷。TORCH 综合征是弓形虫（Toxoplasmosis）、其他病原体（Other agents）、风疹（Rubella）、巨细胞病毒（Cytomegalovirus）和单纯疱疹病毒（Herpes simplex）的首字母缩略词。母亲感染风疹（由于接种疫苗而很少发生）和巨细胞病毒（每年有 3000~4000 个婴儿感染）可能会导致婴儿智力迟钝、失明或耳聋。性传播疾病（每 2000 个孩子中就有 1 个）可能导致胎儿死亡、新生儿死亡或新生儿骨缺损[20]。

2015 年年末和 2016 年，一种新的蚊媒病毒引起了全世界的关注。仅在巴西，寨卡病毒就可能导致近 4000 个婴儿出生时头部较小。该病毒已在 20 多个中美洲、南美洲和其他热带国家被发现[21]。一些国家建议妇女等两年再怀孕，而这些国家的避孕措施并不容易实施。最广泛推广的公共卫生方法是控制蚊子，孕妇在户外时应使用避蚊胺，穿长袖和裤子。

母亲焦虑和其他因素

情感体验会引发体内激素的释放。如果孕妇正与压力、焦虑或抑郁做斗争，那么她体内流动的激素可能会对未出生的胎儿造成伤害。

焦虑

如果孕妇的家庭和经济比较稳定，有良好的支持体系，并且夫妻双方都对孩子的到来充满期盼，那么妊娠将会是一段快乐的时光。这些因素中任何一个缺失，都会让孕妇感到压力和焦虑。当母亲感到焦虑时，胎儿的心率可能会加快，流向子宫的血液会减少，从而导致婴儿出生时体重下降。当母亲的血液中含有高水平的应激激素（如皮质醇）时，婴儿出生时可能体重较轻，头部较小，大脑发育不良，出生后几分钟内的阿普加评分较低。因此，家访人员需要意识到母亲的压力对胎儿发育的影响。婴幼儿照护服务的提供者最好关注孕妇关于压力和焦虑的报告，并尽可能提供信息和情感支持。

压力

人类在面对压力时会释放皮质醇和肾上腺素。这些激素能提高我们的注意力，帮助我们在紧急情况下迅速做出反应。但是，压力持续时间久了，它所释放的这些激素就会对身体造成伤害。在啮齿类动物的研究中，当怀孕的啮齿类动物经历高水平的压力时，它们生出的后代会比较胆怯并且对压力的反应更敏感，且记忆力和学习能力较差。随着年龄的增长，它们会有记忆和认知问题[22]。

抑郁

怀孕期间的一些情况并都不为人所知，但可能给母亲和胎儿带来危险[23]。虽然产后抑郁是常见的，但这里描述的是不太为人所知的产前抑郁状况。早期的抑郁症可能很难被诊断出来，即使对专业人员来说也是如此。女性怀孕时的身体症状和抑郁症的症状非常相似，比如食欲不振、疲劳、入睡困难，等等。情绪波动在抑郁症患者和孕妇中都很常见。家访人员、婴幼儿照护服务的提供者以及卫生保健人员应该特别注意那些提到过感觉乏味和无望的孕妇。怀孕期间的抑郁是产后抑郁的一个强有力的预测因素。怀孕期间抑郁的女性应转诊进行心理健康评估和咨询。

不仅女性在怀孕后可能会变得抑郁，男性也有可能。新手爸爸妈妈在婴儿出生后的头几周可能还会承受育儿方面的压力[24]。他们可能睡眠不足，新生儿可能有肠绞痛。每个人和每段关系中都有大量的调整工作要做。

亲密伴侣的暴力

在女性怀孕期间，一个更严重的问题是亲密伴侣的暴力及其对胎儿的影响。除了直接的身体危险外，怀孕期间遭受家庭暴力可能导致：

> 母亲压力大，进而给胎儿的健康带来不良影响

> 母亲在寻求产前保健方面的延误，进而给胎儿的健康带来不良影响

> 母亲怀孕期间不快乐，进而影响母子关系[25]

家访人员比婴幼儿教师更能直接地处理这些问题。婴幼儿项目可以提供有关家庭暴力的员工培训，了解社区资源，提供家长信息手册，并在必要时制订计划，帮助孕妇和儿童安全转移。

仅仅阅读其中的某些问题就已经令人感到沉重无比了。这似乎远远超出了婴幼儿项目照护婴儿的职责范围。大多数教师可能永远也不会和怀孕的母亲讨论这些问题，尽管如此，这些信息仍然非常有用。只要你意识到这些问题，了解你的社区资源，并将信息提供给家长，你就有可能对儿童及其家庭的生活产生重大影响。

怀孕是生活中很自然的一部分，很容易被认为是理所当然的。了解所有潜在的危险可能有点令人苦恼，尤其是如果你也到了生育年龄。不过，大多数女性的怀孕过程都是非常愉快的，并且会诞下非常棒的、健康的、能力惊人的新生儿。

产前发育

从母亲受孕到婴儿出生大约需要 40 周。我们通常把孕期分为三个阶段，即孕早期、孕

中期和孕晚期，且每个阶段历时 3 个月。

孕早期

当来自父亲的精子进入母亲的成熟卵子时，胎儿就开始发育了。这两个细胞不同于人体的其他细胞。几乎所有的细胞都有 46 条染色体（23 对），精子和卵子则各只有 23 条染色体。这让来自母亲和父亲的遗传物质配对，并开始创造一个全新的人。

当精子和卵子结合形成一个新的细胞时，这个细胞会迅速繁殖。在怀孕后的第 6 天，它沿着输卵管向下移动进入子宫壁。胎盘的发育是为了保证胎儿的营养和供氧。在怀孕后的头几周，羊膜囊和胎盘正在发育。羊膜囊将发育中的胎儿和胎盘置于羊水中。胚胎发育出三层细胞：外胚层，它将发展成为大脑、感觉器官和神经系统；中胚层，它将发展成为循环系统、骨骼系统和肌肉系统；内胚层，它将发展成为消化系统和腺系统（见图 5.3）。

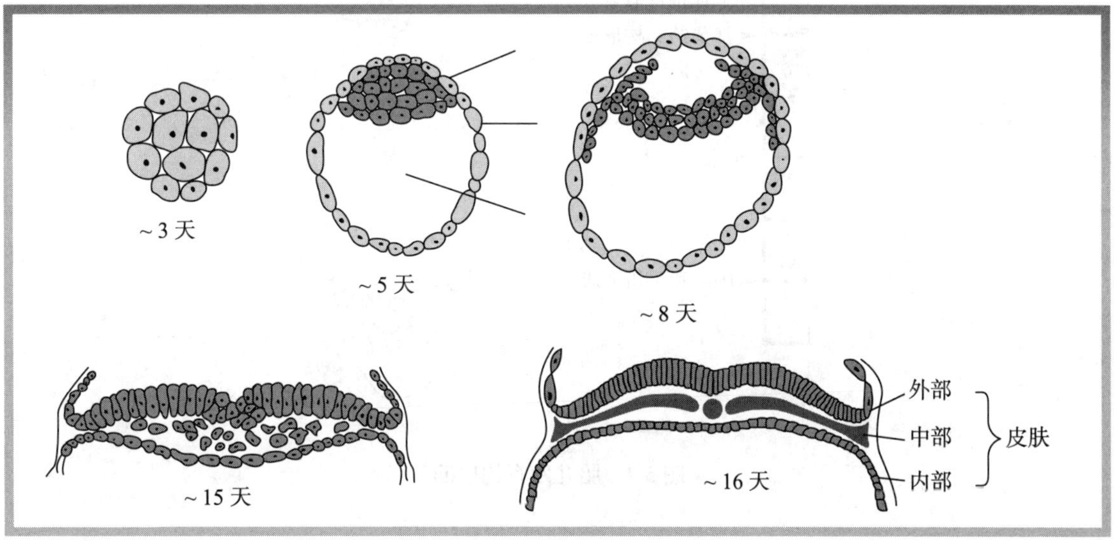

细胞增殖和分化

图 5.3 人类胚胎的早期发育

在胎儿发育的前 3 个月，也就是妊娠的前 3 个月，细胞迅速繁殖但它们也开始分化成血细胞、肝细胞、神经细胞，等等。如图 5.4 所示，眼、耳、臂、腿等外部特征已经开始形成。虽然不足 8 厘米长，但是胎儿可以握拳，自发地移动手臂和腿，开始形成一个基本的睡眠和苏醒周期，可以抓握、吮吸、吞咽[26]。胎儿在怀孕的头几周特别脆弱，其大脑和内部器官正在形成。如果第一批细胞中的一个受到损伤，那么随着细胞的分裂和繁殖，这种损伤会不断地复制。

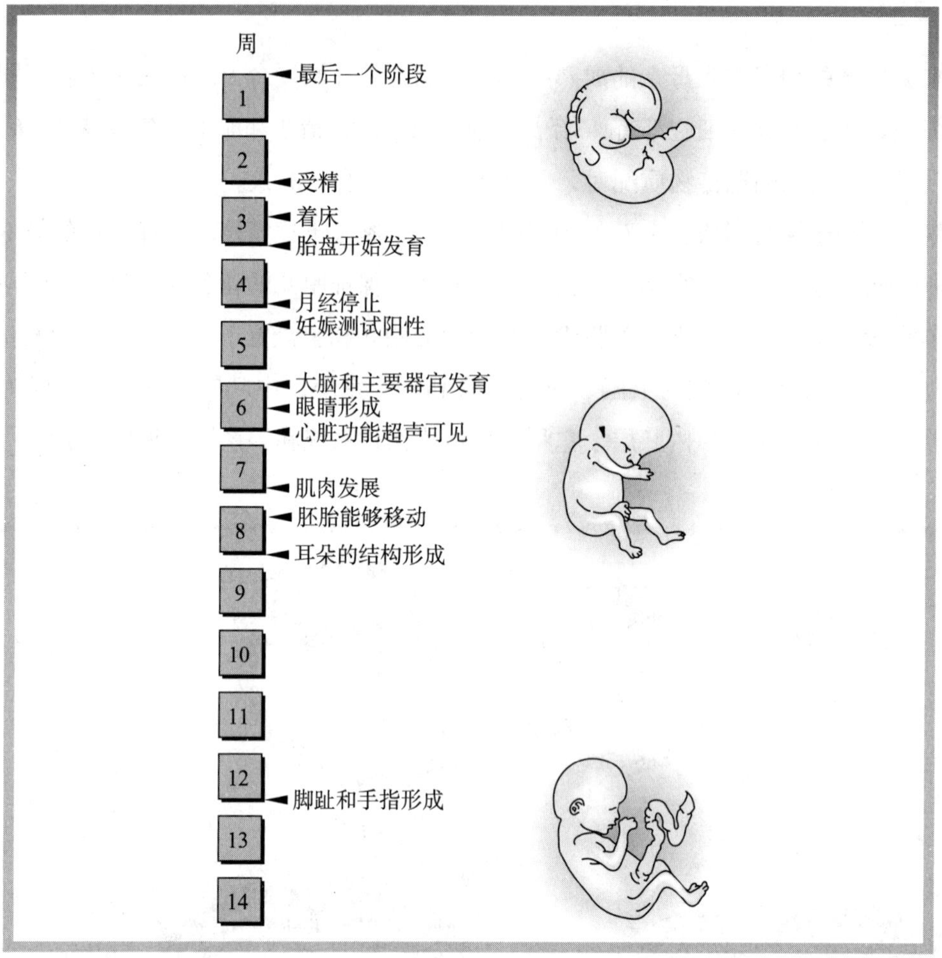

图5.4　胎儿发育的早期

孕中期

妊娠的第4个月到第6个月是胎儿生长发育的时期。胎儿长到38厘米，重约1219克（见图5.5）。胎儿大约有一半的时间是活跃的，母亲有时也能感受到胎儿的运动。用听诊器可以听到胎儿的心跳，有时甚至能听到他们哭泣。

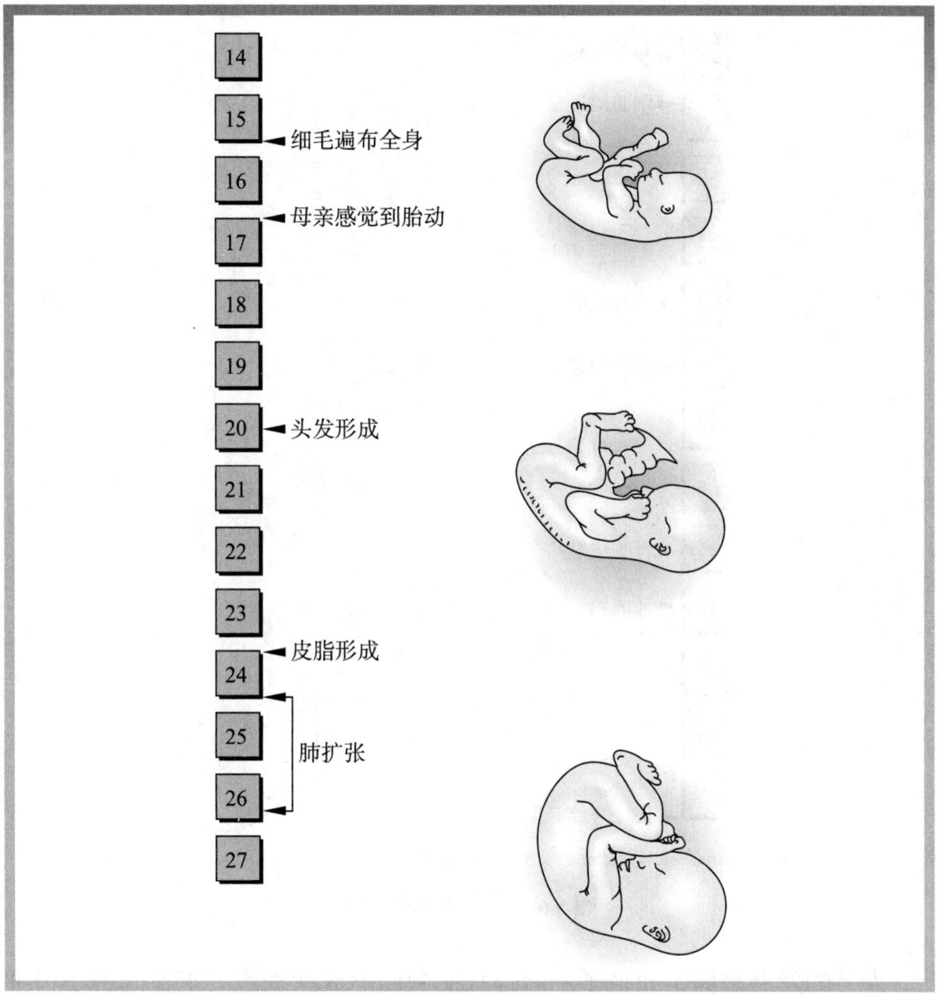

图 5.5　胎儿发育的中期

孕晚期

到妊娠晚期，即使早产，胎儿往往也能存活，但产生并发症的可能性很高。胎儿的大脑正在迅速发育，会受到运动、光线、温度变化和声音的刺激。胎儿可以透过子宫里的杂音去听家人的声音，可能正在学习家庭语言的声音。出生后，婴儿将能够识别在妊娠期间反复听到的故事。在孕晚期，胎儿的身体脂肪会迅速增长，充满整个子宫（见图 5.6）。

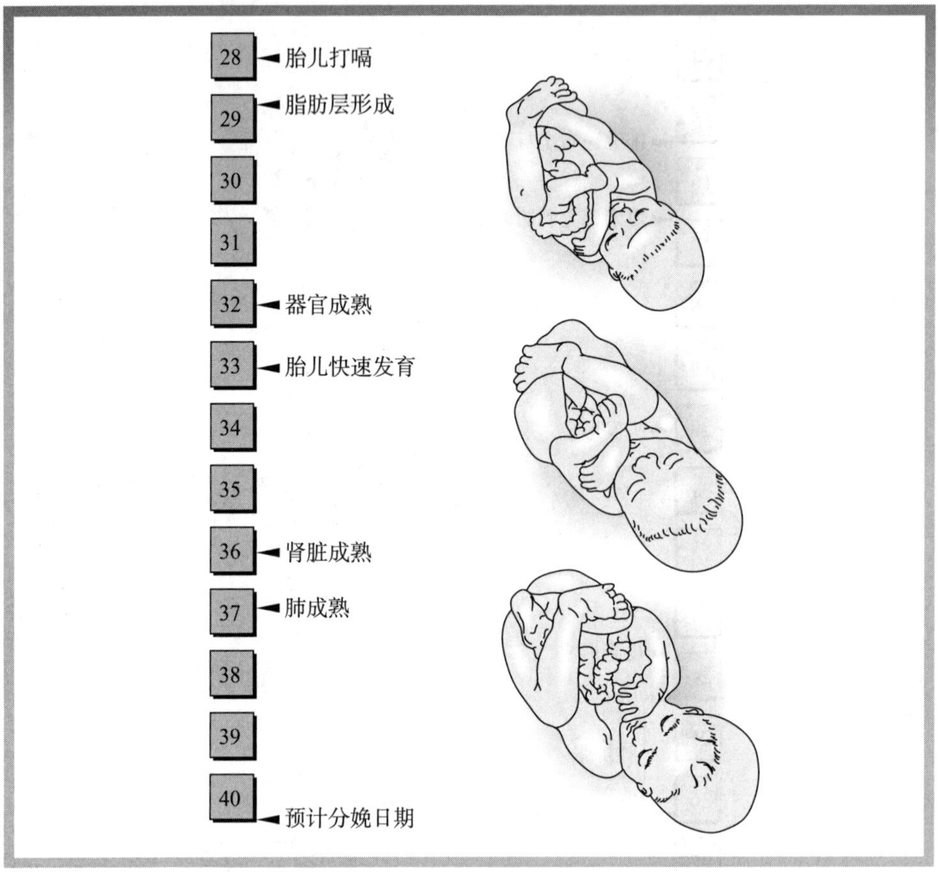

图 5.6 胎儿发育的晚期

因此，人类的发展是卵子和精子不断自我复制而形成新细胞的工作。DNA 中的遗传信息告诉每个细胞应该去正在发育中的胚胎的什么地方，以及应该成为哪种细胞。在 40 周的孕期中，人类从一个细胞成长为一个复杂的、有能力的人，即使还在母亲的子宫里，也能倾听、做出反应和学习。

产前检查

婴幼儿项目越来越有可能服务于有残障问题的婴幼儿。了解妊娠和分娩的正常进程以及在此过程中可能出现的困难，将为你成为准父母和新手父母提供资源和支持。

妊娠期间的许多问题都可以通过产前检查来诊断。医生能够运用各种方法检测胎儿的具体情况和总体健康状况，比如从简单地检测母亲的血液到将针插入羊膜囊并取出液体。通过超声波获得的胎儿三维动态图像如此迷人，以至于父母有时会将这些照片或视频保留下来，作为他们给孩子的第一张照片。

表 5.2 简要介绍了最常见的产前检查。几乎每个孕妇在定期产检时都能通过多普勒设备听到胎儿的心跳。医疗机构有时使用超声波来创建胎儿发育的视觉图像。

表 5.2 产前检查类型

产前检查	目的	检查时间
多普勒设备	用超声波听到胎儿的心跳	6 周至出生
超声波	高频声波提供胎儿的动态照片，跟踪胎儿的生长和发展	5 周至出生
绒毛膜绒毛取样	针头取样检测遗传疾病	10 周半至 13 周
磁共振成像	创建软组织的图像，如大脑	12 周至出生
胎儿超声心动图	对可能患有心脏问题的高危胎儿进行详细的超声检查	14 周至出生
甲胎蛋白血液检测	三联筛查的一部分；筛查母亲血液中的甲胎蛋白，评估唐氏综合征和神经管缺陷的风险	15 周至 20 周
三联筛查	检测孕妇血液中的甲胎蛋白、人绒毛膜促性腺激素和雌三醇，由此评估潜在的遗传和生理疾病	15 周至 20 周
羊水穿刺	检测羊水中的染色体疾病	16 周至 20 周

发育中的大脑

当母亲的乳头触摸到新生儿的脸颊时，他会做出反射性反应，在乳头到达他的嘴之前就开始吮吸。5 个月后，婴儿知道，照料者从橱柜移到水槽，就是在准备给他冲泡奶粉。在这几个月里，他们学到了很多东西，也记住了很多东西！

大脑的发育始于受孕后的第一天，且终生发展。怀孕期间，胎儿大脑发育的过程通常是可以预测的。它受到母亲的营养状况、情绪状况和接触到的毒素的影响。母亲的经历和胎儿所能获得的营养会影响胎儿大脑的结构。

大脑的结构

怀孕 4 周后，胚胎大约有 0.6 厘米长。它蜷缩成新月形，边上有一些小突起。心脏的血管形成并开始跳动，内部器官开始发育。未来的大脑和神经系统成明显的勺子状，只有一个细胞的厚度，称为神经板。神经沟沿着神经板延伸，将其分为左右两半，这是未来大脑半球的前身。

在接下来的几周里，胎儿的脑细胞或神经元以每分钟 20 万个的速度生成，大脑因此发育出三个区域：前脑、中脑和后脑（见图 5.7）。这些细胞在子宫内变得更大，分化程度更高，形成了成人神经系统的各个部分。前脑变成大脑，控制着思维和语言；中脑变成丘脑和下丘脑，控制着感觉信息的传递；后脑变成小脑和脑干，控制着心跳、呼吸和运动[27]。

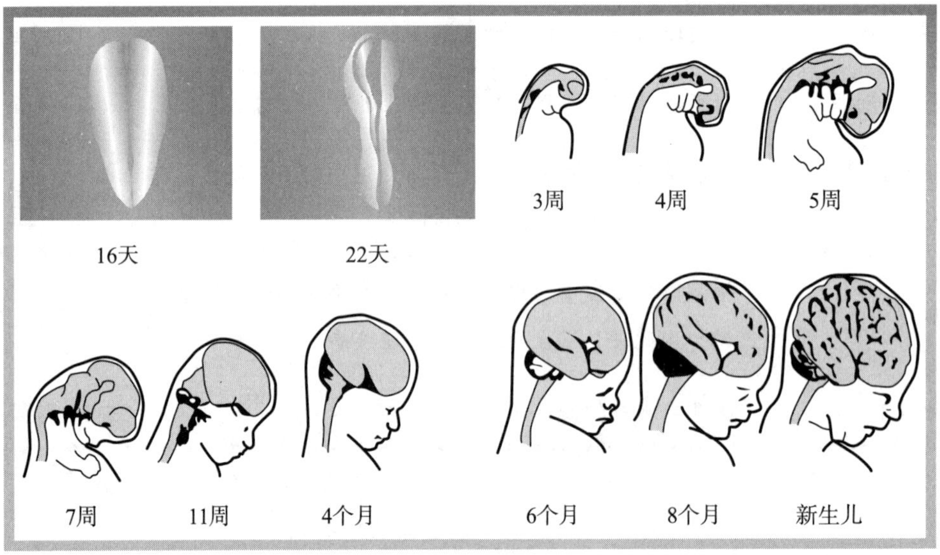

大脑的细胞迅速繁殖，球状细胞开始变成圆盘，胚胎发育出三层细胞

图 5.7　胎儿的大脑发育

怀孕 5 个月左右，大脑发育迅速，但相对平稳。在妊娠的最后 3 个月，大脑继续快速增长，但受限于头骨的空间容量。随着大脑表面不断生长，大脑半球折叠起来，把自己塞进有限的可用空间。婴儿出生时，他的大脑看起来就像大一点的孩子或成人的大脑一样布满褶皱和节状物，中间有一条明显的折痕将两个半球分开。

正是人类大脑的巨大体积和复杂性使我们有别于其他任何物种。婴儿出生时大约有 1000 亿个脑细胞，是成人的 2 倍。这些丰富的细胞可以确保胎儿出生时拥有健康的大脑，并能够学习在独特的环境中生存所需要的知识[28]。

在神经元之间建立联系

神经元的工作是与其他神经元建立联系，不断地交换信息。胎儿的经历提供了建立联系所需要的信息。经历每时每刻都在创造大脑的物理结构。每个神经元都有一个轴突（传递器）以电信号的形式传递信息。信息由其他神经元的树突（接收器）接收。每个神经元都有许多树突（毛发状的纤维）从其他神经元接收电信息（见图 5.8）。

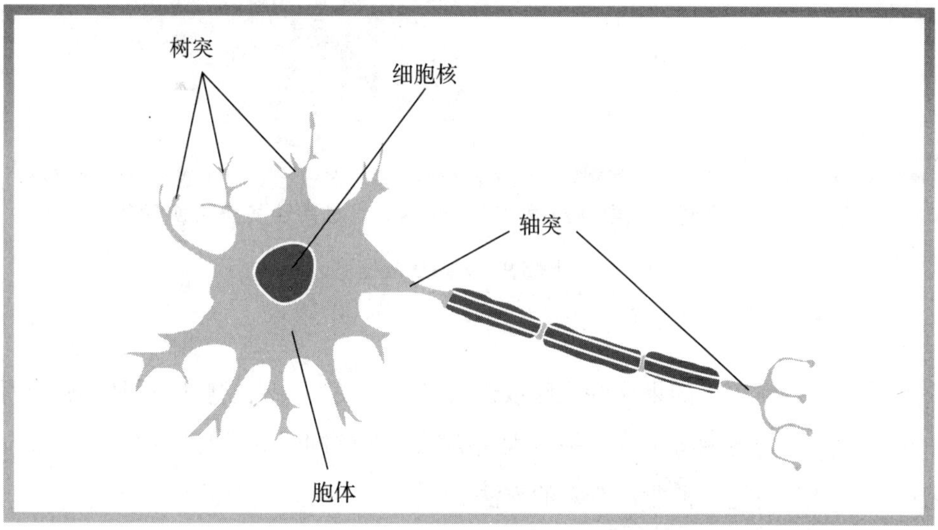

单个神经元有一个轴突传递信息，有许多树突接收信息

图 5.8　神经元

当一个神经元通过轴突发出信息时，来自一个或多个神经元的树突通过轴突和树突之间的突触接收信息。一个神经元可以连接多达 15000 个其他神经元[29]，从而创造一种被称为大脑连接的现象。为了使电信号在突触间传递，必须存在一种神经递质化学物质，如血清素、多巴胺或内啡肽[30]（见图 5.9）。

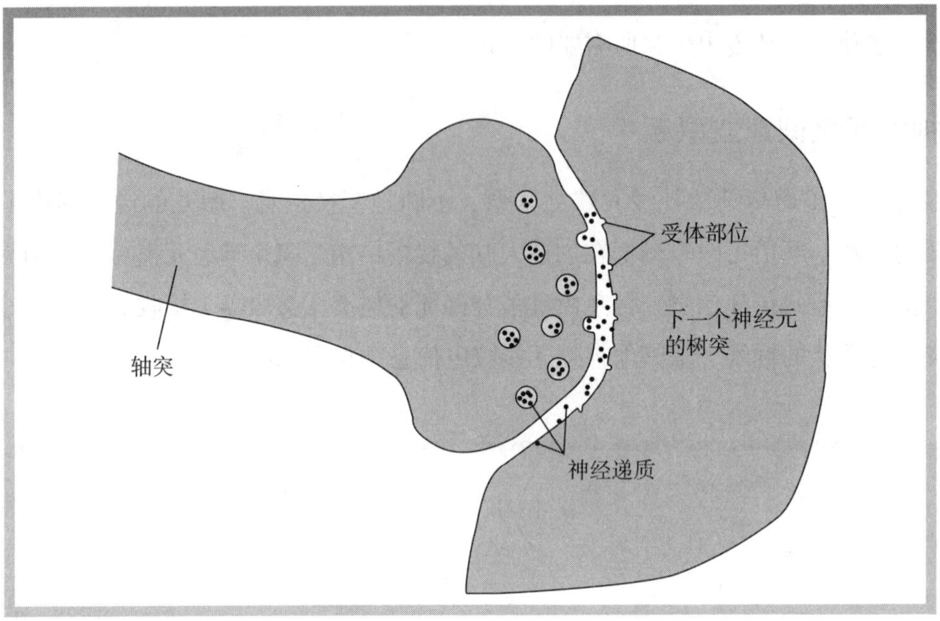

轴突和树突利用化学神经递质在一个叫作突触的连接点交换信息

图 5.9 突触连接

在婴儿的日常生活中，如果这些突触或连接被反复使用，它们就会得到加强。那些形成了但从未被重新激活的突触将被修剪掉。大量突触存在的同时修剪掉未使用的树突对于确保孩子学习所需要的东西是一种非常有效的方法。

例如，一个小婴儿饿了，开始号啕大哭。然后，他看到一个熟悉的身影以熟悉的方式向他走来。这个身影身穿柔软的浅蓝色衣服，散发着一种熟悉的气味，并发出熟悉的声音："没关系，亲爱的，我在这里。你饿了吗？"此时，突触开始在婴儿的大脑里活跃起来："我对这个身影了解多少？她有时候是谢莉阿姨，有时候是陌生人，但通常是妈妈。她的衣服

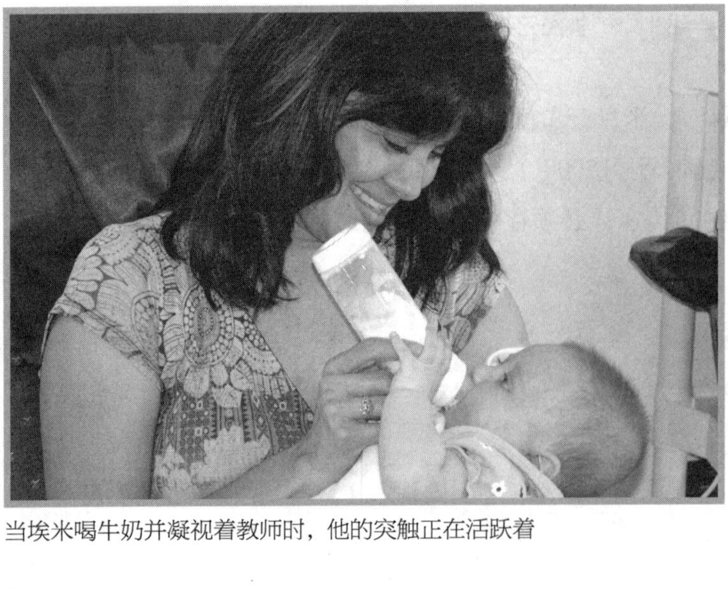

当埃米喝牛奶并凝视着教师时，他的突触正在活跃着

像妈妈经常穿的衣服，闻起来像妈妈，听起来也像妈妈的声音。”婴儿的大脑突触中储存着关于“妈妈”所有这些方面的信息。当他靠近妈妈的时候，甚至只要一想到她，这些携带着熟悉信息的突触就会被激活并加强。另一方面，当婴儿身处商店而陌生人经过他身边时，婴儿会登记信息，但从不会激活神经突触。因为一次简短的经历而形成的但从未被重复使用的突触往往会枯萎并被修剪掉。如果突触经常被激活，它们就会变得稳定，不会被淘汰。因此，早年在大脑中形成并得到加强的连接创造了大脑的物理结构。

在人的一生中，所有的学习都遵循这种突触连接的模式。我们持续地让经历检测突触，或提取相关信息，或创建新的突触连接。在这个过程中，我们不断地改变大脑的物理结构。

早期经验对大脑发育的重要性

有些突触是胎儿时期形成的。在母亲怀孕的最后几个月，胎儿能够听到外界的声音，看到光线和品尝味道。声音、光线、味道以及他自己运动时的本体感觉和母亲抚摩她膨胀的肚子时带给他的触觉，都提供了大脑的突触连接所需要的信息[31]，甚至连突触修剪的过程都是从子宫开始的。因此，毫不夸张地说，早期经历对大脑有着巨大而持久的影响。

在儿童出生的第一年，他的大脑是成人的 70% 左右；3 岁时，他的大脑是成人的 90% 并形成大部分的结构，这些结构将指导未来所有的情感、行为、社会和心理功能。

新生儿的生存依赖成人，他们需要成人帮助他们获得与世界相适宜的经验。

然而，婴儿并不是被动的参与者。他们表达对营养和舒适的需求，他们对感官体验（声音、气味、视觉、触觉）和关系体验（拥抱、咿咿呀呀、微笑、交流）感兴趣。这些感官体验和关系体验同时发生，它们以积极的方式影响大脑的持续形成。婴儿的大脑最有可能通过重复发生的有意义的情感经历来维持突触的形成。

在知道大脑是如何发育的具体细节之前，我们就已经明白一个充满慈爱之心的成人对婴儿的重要性。20 世纪 30 年代，研究人员对医院、孤儿院和其他机构的婴幼儿进行的一项研究表明，食物、衣服和一张床对婴幼儿来说是不够的。其中，25%~30% 的婴幼儿在没有与人类互动的情况下接受托管护理，但最终死亡。幸存者中许多人有严重的认知障碍[30, 32]。布鲁斯·佩里（Bruce Perry）[33]是研究儿童早期大脑发育的主要学者，其观点如下。

> 婴幼儿未充分发育的大脑被以一种“使用依赖”的方式进行训练，反映了体验和互动的模式、时间、性质、频率与质量。如果一个婴幼儿得不到一致的、可预测

的爱和交流，那么大脑的这些区域就会关闭，它们在以后的生活中发挥作用的能力就会被削弱。

压力和暴力对大脑发育的影响

当然，积极的经历并不是影响大脑发育的唯一因素。压力也会影响大脑的发育。美国儿童发展科学委员会[34]认为，儿童的身体压力反应有三个层次，即积极的压力、可容忍的压力和毒性压力。对于积极的压力，儿童的反应是温和的，持续的时间短。重要的是，与儿童建立了积极关系且积极回应的成人可以缓冲儿童的压力，帮助他平静下来。积极的压力可能发生于儿童进行疫苗接种或狗大声朝儿童吠叫时。积极的压力有助于儿童发展应对困难的能力。当发生剧烈的、改变生活的事件时，如父母去世、父母离婚、父母生病或自然灾害时，儿童就会出现可容忍的压力反应。这种压力反应会持续比较长的时间，但如果成人帮助儿童度过这段时间，就不会对儿童的大脑造成长期损害。

对压力的部分生物学反应体现为皮质醇和肾上腺素分泌的增加。当面临直接的威胁时，这些激素可以帮助人生存。然而，当这些激素长期处于高水平时，它们就会对大脑产生毒害。作为大脑的一种进化功能，当生存受到威胁时，人们不会使用大脑中更深思熟虑、更具反思性的部分；相反，皮质醇、肾上腺素和其他激素会激活大脑中专注于选择生存策略的部分：战斗还是逃跑。当这些神经连接通过使用得到加强时，它们就成为大脑用以评估情况的主要途径。每一件事都被认为生死攸关，即使是中性的情况也会被认为具有威胁性。母亲受到虐待、暴力或者患有精神疾病、滥用药物的胎儿，抑或在这类家庭长大的儿童，大部分时间都在维持着这种压力反应。这种慢性压力反应对大脑是有害的，且会影响儿童的注意力[35]。

在充满毒性压力的环境中发育的大脑实际上会形成一种不同的物理结构，“导致儿童在面对充满善意、关爱和刺激的世界时很难正常表现，因为这样的世界对其大脑来说很陌生，它还没有发育出适应这个新世界的路径和记忆”[36]。在一篇关于压力的文章中[37]，作者指出：“过度的压力会破坏正在发育的大脑结构。”

在婴儿期经历过毒性压力的儿童，他们的大脑在之后的生活中会有所不同[38]，可能处于过度兴奋的状态，总是检查周围的环境，寻找危险的迹象。他们甚至会引发其他人对他们做出让他们感到害怕的虐待行为。例如，当一个男孩非常害怕他的母亲时，他可能与其他孩子发生争吵；一个受到性虐待的女孩可能会对教师表现出挑逗性的行为。对早期可怕经历的另一种反应是感到无能为力，以至于游离。游离似乎是对情境的屈服，但儿童有时候会想象自己不在当下。游离期间，儿童甚至可能听不到别人对他说了什么，所以他不会做出回应[39]。大脑可能会将遭受的恐惧或忽视经历铭记一生。

新 生 儿

新生儿是主动的学习者，这一结论已经得到多项研究的证实。新生儿天生就能找到乳头并吮吸。他们喜欢看人的脸，听人的声音。他们使用成人很容易理解的面部表情，即使他们从未见过自己的脸。新生儿已经准备好学习，也准备好参与人际互动。

出生后的最初几天和几周对新生儿和家庭来说都是一个巨大的调整时期，尤其是母亲。新生儿正在适应子宫外的生活，如呼吸、饮食和温度，经历一系列新的感官体验，如触摸、声音、光线、气味和味道。新生儿能看到 20~30 厘米远，对人脸和人的声音最感兴趣。

成人通过解读新生儿的面部表情、哭声和手势来帮助他们控制这些感觉，并确定他们需要什么。成人帮助新生儿学会协调吞咽和吮吸，保持尿布干净，保持舒适的温度，以及入睡。在这段时间里，母亲正在经历激素的变化，因为她们的身体正在适应怀孕后的状况。母亲和新生儿都可能发现母乳喂养的好处。新生儿睡眠次数多但时间短，可能每隔几小时就要吃一次奶，因此母亲很可能在产后这个阶段感到极度疲劳。

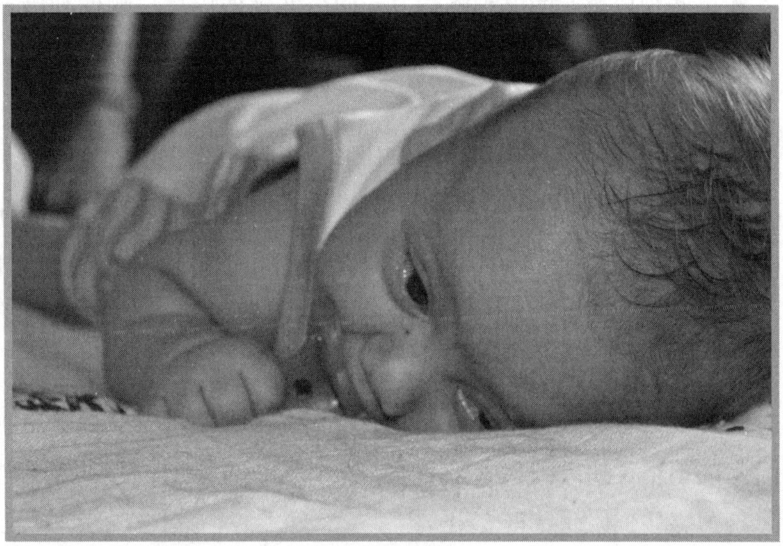

在成人照看的趴玩时间，婴儿被奶嘴抚慰着

婴儿 6 周大时，和母亲一起开始适应环境，但许多母亲却不得不回归工作岗位。然而，此时婴儿可能还没有形成一定的睡眠模式。母乳喂养的婴儿可能没有使用奶瓶的经验，他们的母亲可能难以将足够的母乳送去托儿所。婴儿通常在 6 周大时经历生长高峰，需要经常吃奶，并刺激母亲产生更多的母乳。因此，教师需要知道这些小婴儿在进入托儿所接受团体照护时是多么的脆弱。

产后的大脑发育

对心脏有益的食物也可能对大脑有益。

——希波克拉特斯（Hippocrates）

出生后的前 3 个月有时被称为妊娠的第 4 个阶段。在母亲的子宫里待了 9 个多月后，婴儿出生了，但他们仍然面临着重要的发育任务。虽然大脑一直在生长且越来越复杂，但出生时的脑重只有成人脑重的 25%。大脑的低级部位（脊髓和皮层）发育良好，但大脑的高级部位相当不成熟。大脑的低级部位通过反射控制新生儿的大部分活动。

新生儿的大脑拥有所有神经元，但在大脑的高级部位的皮层中，神经元之间几乎没有连接。婴儿出生后的第一年，这些神经元将以惊人的速度进行连接，每秒高达 200 万个[40]。成人应该保护婴儿的大脑，主要是提供安静祥和的环境，并对婴儿的需求做出回应。此外，成人也必须以婴儿能够理解的方式向婴儿传递信息。触摸和语言是成人与新生儿交流的两种重要方式。

触摸

触摸是婴儿最重要的感官体验之一。事实上，布鲁斯·佩里曾在会议发言中指出，“触摸对婴儿的成长和发育至关重要。从生物学角度讲，触摸和抱着婴儿与喂养婴儿一样重要”。当小婴儿醒着的时候，抱着他们和把他们带在身边对他们非常有益。教师和其他婴幼儿照料者可能会使用类似背带的东西把婴儿背在身上，同时可以腾出双手与其他孩子一起互动。

婴儿通过触摸来了解世界，比如吮吸物体、用手触摸物体、用脚踢它们。他们会对身体上的不适（如饥饿或尿布湿了）做出强烈的反应，希望被照料者紧紧地抱着或者被毯子紧紧地包裹住，以此获得安慰。

语言

早在婴儿能够说话之前，他们就通过听周围人说话来学习语言。为了获得一种特定的语言，婴儿的大脑必须发展出一种结构，以便识别这种语言中的独特声音而忽略其他声音。一项对婴幼儿的长期观察研究[41]表明，婴幼儿会习得自己家庭的语言文化。例如，当一些家庭对孩子的语言表达 80% 是负面的评论时，等孩子 3 岁时，他们所使用的语言中 80% 是对父母和同龄人的负面评论。婴幼儿也会像他们的家人一样进行交谈。语言能力和智力得分高的孩子在与父母交谈时是积极的对话伙伴，同时他们的父母回应迅速、词汇多样、语气积极，会谈论事物和事件之间的关系，并经常邀请孩子做事而不是告诉他们应该做什么。然而，语言学习是一个弹性的过程，这意味着即使在不利的环境下，婴幼儿也会习得一些沟通策略[42]。

新生儿的能力

在出生后的最初几周中，新生儿的胳膊和腿会做小幅度或大幅度的摆动，但这些动作似乎都不是有意的。大多数新生儿会把他的手靠近他的脸。他在子宫里吮吸拇指的技能在这个阶段也得到恢复。新生儿会双手握拳，同时背部保持不对称姿势，一只手臂垂向一侧，另一只手臂则靠近头部。

他的听觉很敏锐，能够识别出母亲的声音。如果被一个成人抱在怀里，他的头会向后倒，因为他无法控制他的头、脖子和躯干。

他的大多数动作，比如抓住母亲的乳头、左右晃动头部、抓住爸爸的手指等，实际上都是反射动作。反射动作对婴儿的生存至关重要，帮助他在吃奶时抓住母亲的乳头，让他的头自由呼吸。

在最初的几周，婴儿完全依赖反应灵敏的成人来帮助他调节或管理他对饥饿、疲劳和其他不适的反应。在学习如何吮吸、吞咽和打嗝方面，他需要帮助，也需要成人帮助他从苏醒到入睡，以及止住哭声平静下来。教师和其他婴幼儿照料者将全天帮助他们完成这些基本的日常任务。

4 个月大时，婴儿在趴着的时候会用手臂支撑抬起头和胸部。他可以把双手合在一起并放在嘴边，用手握住和摇晃小玩具。他会认出熟悉的人，给他们一个微笑。他的视力正在提高，可能会认出一段距离之外的家人，也会专注地观察人脸，喜欢和人玩。

4 个月大时，婴儿可能更容易管理，更容易接受群体照料服务。他可以用奶瓶吃奶，对他人感兴趣，并清楚地表达自己的需求。他能够与成人进行短暂的亲密玩耍，并且需要更长时间的睡眠。此时，母亲无论在身体上还是情感上都能更好地重返工作岗位。

早产

并不是所有的婴儿都能在子宫里待满 40 周。妊娠 37 周以前出生的婴儿被认为是早产儿。婴儿早产可能有许多原因，也面临夭折的风险。然而，早期医疗干预已经取得了重大进步，超过 90% 体重在 800 克以上的早产儿存活了下来。体重超过 500 克的早产儿中有 40%~50% 的存活率，尽管他们出现并发症的概率更大[43]。接近足月或体重更重的婴儿通常有更好的结果。

婴儿早产的原因并不总是为人所知，但常见的原因来自对母亲和胎儿健康的外部威胁，比如，母亲滥用药物、饮酒、吸烟、营养不良、体重增长缓慢、身体肥胖、承受着身体压力以及缺乏产前保健。此外，母体激素失衡、子宫有问题以及患有高血压和糖尿病等疾病，也可能导致婴儿早产。孕育双胞胎或三胞胎的女性早产的风险也很高[44]。

早产儿约占美国所有新生儿的 12.5%。在 50 多万早产儿中，约 25% 是通过引产或剖宫生产的[45]。

早产儿有可能存在各种各样的问题。那些在妊娠 28 周内出生的孩子，需要在新生儿重症监护病房接受强化医疗干预。他们可能会在医院待上几个月，甚至超过原定的预产期，因为他们要学会自己吮吸、吞咽和呼吸。这些孩子极有可能严重致残，比如脑瘫以及严重的学习和沟通障碍。

总的来说，早产儿患有以下疾病的风险很高。

- 呼吸窘迫综合征：妊娠不满 34 周出生的婴儿不能产生有助于肺部气囊保持开放的蛋白质表面活性剂，因此他们呼吸困难。现在，可以给早产儿的妈妈服用一些药物，以便促进婴儿体内蛋白质表面活性剂的产生。然后，直接给婴儿提供人工的表面活性剂。患有呼吸窘迫综合征的婴儿通常也需要额外的氧气，有时还需要呼吸机。
- 呼吸暂停：呼吸暂停是一种大脑因发育不成熟而无法控制呼吸的情况。大多数不到 30 周出生的婴儿都会经历呼吸暂停。婴儿可以在医院或家里佩戴呼吸暂停监测器。他们可以接受药物治疗，也可以使用一种设备，将稳定的气流吹入鼻孔以保持呼吸道畅通。
- 脑室内出血：脑室内出血最常见于妊娠 32 周前出生的婴儿身上。这种脑出血可能不会造成损伤，也可能造成严重的损伤，导致脑瘫或其他问题。脑室内出血可以通过药物治疗或插入导管来缓解液体的积聚。
- 早产儿视网膜病变：早产儿视网膜病变是指眼睛血管的异常生长，可导致视力障碍或失明。严重的患者可以接受激光治疗。
- 黄疸（高胆红素血）：当肝脏发育不成熟，无法过滤一种叫作胆红素的废物时，就会出现黄疸。患有黄疸的婴儿需要用一种特殊的灯来治疗。

- 慢性肺病（支气管肺发育不良）：慢性肺病是由于长期使用氧气而引起的一种疾病，它会导致液体积聚、瘢痕和肺损伤。这些儿童有可能继续遭受类似哮喘的慢性肺病的折磨。

接下来的章节将详细描述每个领域的发展状况。胎儿期和人生的前 3 个月是儿童快速增长和发展的时期。接下来的 3 年更加令人兴奋！

本章小结

- 描述遗传和经历的相互作用，包括营养、产前保健、毒素和致畸物、结构性和代谢性出生缺陷、母体感染、母亲焦虑和其他因素。
  - □ 基因为发育中的胎儿以及我们一生的细胞提供方向。
  - □ 基因以 DNA 为基础，而 DNA 存在于每个染色体中。
  - □ 染色体存在于身体的每个细胞中。
  - □ 母亲的饮食提供了胎儿所需的营养。
  - □ 产前保健通过不断的筛查来保护母亲和儿童。
  - □ 先天缺陷和畸形可能是由基因、饮食、母体感染或其他未知原因造成的。
  - □ 孕妇在怀孕期间的压力会影响胎儿的健康和大脑发育。
- 叙述胎儿在妊娠的三个阶段的发育过程。
  - □ 孕早期，细胞迅速分裂和分化为皮肤细胞、肌肉细胞、脑细胞等，内部器官和外部形态形成。
  - □ 孕中期是胎儿成长和发育的时期。母亲可以感觉到胎儿的运动，并通过多普勒设备听到胎儿的心跳。
  - □ 孕晚期是胎儿体验运动、光和声音，同时其大脑快速发育和突触形成的时期。
- 描述大脑的产前和产后发育。
  - □ 胎儿的大脑在女性怀孕后的几天内就开始发育。

  - □ 细胞的快速分裂从怀孕的那一刻就开始了。
  - □ 4 周时，胎儿的大脑出现神经沟，形成两个大脑半球。
  - □ 在接下来的几周里，成千上万的神经元生成，形成了前脑、中脑和后脑。
  - □ 神经元将感觉信息通过轴突传递到其他神经元的树突上。
  - □ 婴儿出生时拥有超过 1000 亿个神经元，是成人的 2 倍。
  - □ 突触连接在生命的前 3 个月发展迅速。
  - □ 与压力和暴力有关的激素改变了大脑的结构，创造了一个只关注危险而不关心感情的大脑。

- 描述出生后的大脑发育、新生儿的能力以及早产的影响。
  - □ 出生后的最初几天和几周对新生儿及其家庭来说都是一个巨大的调整期，尤其是母亲。
  - □ 婴儿正在适应子宫外的生活，如呼吸、饮食、消化、排泄、体温调节和一系列新的感官体验。
  - □ 婴儿出生后的第一年，突触连接将以惊人的速度形成，达到每秒 200 万的峰值。
  - □ 与他人的互动以及新生儿自己的动作，都会刺激突触连接。
  - □ 新生儿的感觉非常敏锐。
  - □ 婴儿完全依赖反应迅速的成人来帮助他调节或管理他对饥饿、疲劳和其他不适的反应。
  - □ 早产给正在发育的新生儿带来了许多挑战。

反思与应用

反思的问题

1. 强调早期经历对大脑发育的影响已经改变了我们对婴儿的一些看法。基于你对大脑发育的了解，你觉得婴儿所处的环境中有哪些有利元素和不利因素？
2. 子宫并不像我们曾经认为的那么安全。作为一名婴幼儿教师，你可以做些什么来支持怀孕的女性度过一个健康的妊娠期？

观察与应用

1. 参观一个婴幼儿项目，了解家长可以得到关于健康怀孕的哪些信息？
2. 你能在报纸或杂志上找到关于健康怀孕的信息吗？
3. 观察一个婴幼儿项目，看一看，环境和互动在哪些方面支持婴幼儿的大脑发育？你会改变什么？

第 6 章

情感学习与发展

学习成果

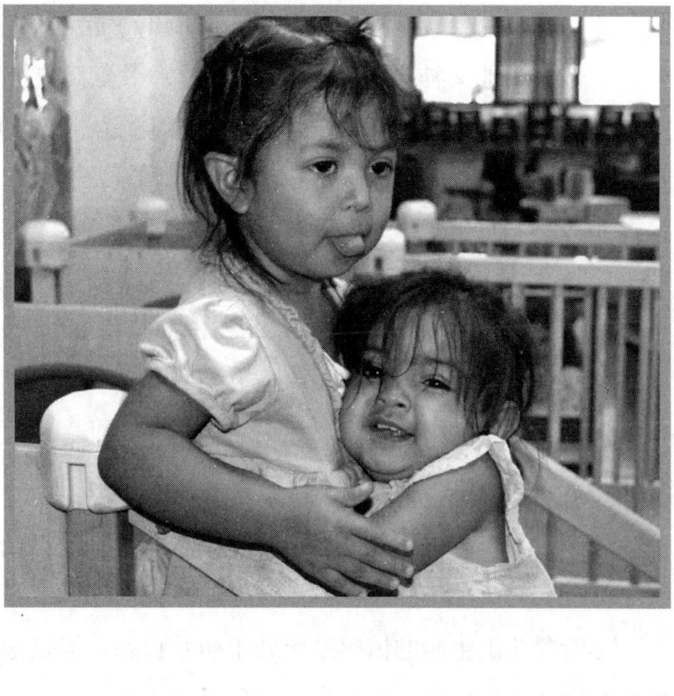

阅读本章之后，你将能够：

- 准确了解气质和性别对儿童早期情感表达的影响；
- 描述关系在调节和自我认同感形成中的作用；
- 解释婴幼儿依恋关系和情感学习的重要性以及母亲抑郁的影响；
- 阐述促进婴幼儿心理健康的方法，以及预防和干预婴幼儿心理健康问题的方法。

诺拉曾帮助数百个婴儿出生。她会对刚出生的婴儿做出回应，因为她认为婴儿一出生就有了自己的感受。比如，婴儿啼哭，是源于他们对室内温度和空间位置的不同感受。此时，诺拉会坚定地对婴儿说：“哦，你不喜欢这样，是吗？我知道，你喜欢温暖。”

我们之所以通过这种方式来回应婴儿，是因为在人生的最初几个月里，婴儿是通过情感表达来与我们交流的。婴儿天生就懂得通过嘴唇的颤动、面部表情的变化以及哭声进行交流。他们天生就是情感的交流者。我们会观察他们并且相信自己能理解他们所表达的感受。我们希望帮助他们安静下来，并让他们感到舒服。婴儿通过我们的反应来获得安全感。

在一次会议上，罗恩·拉利（Ron Lally）指出：“婴儿刚出生的时候比较脆弱，能力不强。”[1] 但是，他又补充道：“但几年之后，平衡就被打破了，他们变得越来越能干，不再那么脆弱。”为了使用与生俱来的非言语交流能力，婴儿在情感方面的发展异常迅猛。婴儿的情感学习与发展主要包括以下几个方面：

> 学会调节个人对环境的反应

> 学会表达自己的情感，并理解他人所表达的情感

> 与一位照料者建立依恋关系

> 发展稳定的自我意识或自我认同感

每个儿童都是有能力且独特的个体

尽管婴儿出生时的情感系统处于初始状态，但是他能感受到舒服与悲伤。随后，婴儿的感受变得精细且复杂，并且是真实和深刻的。

情感学习与发展，描述了儿童对身处世界中的自己的反应和理解，是指儿童的感受以及他们对这些感受进行管理的能力。它一方面受遗传和生物学的影响，一方面受家长养育方式的影响。气质和性别是在生物学意义上使情感的学习与发展存在个体差异性的两个重要

方面。

气质

下面的例子描述了三个学步儿在父母说“再见”时的不同反应。

> 当父亲离开时，凯文伤心地哭泣着。在适应了一段时间后，他又充满了活力，开心地骑着小木马，然后从小木马上跳下来去画画。法龙安静地进入班级并与自己的母亲吻别，随后他来到“娃娃家”游戏。特拉则抓住母亲的裙子阻止她离开，在母亲离开之后，特拉回到自己的座位上边吮吸大拇指边抱着泰迪熊看着别的孩子玩。

每个儿童在进入婴幼儿项目时都会与同伴、教师打招呼，并目送家长离开。成人的反应很重要，但是儿童应对这类场景的方式方法也很重要。

托马斯等人（Thomas et al.）进行了开创性的探索，他们研究儿童的气质[2]。气质是儿童与世界联系的纽带，具有一定的生物学特征。托马斯和同事指出了气质的 9 种特征（见表 6.1），即活动水平、规律性、趋避性、情绪状态、反应强度、敏感性、适应性、注意力分散性和坚持性。若这些特征在儿童身上分组呈现，儿童就具有某一气质类型。托马斯等人将气质划分为三种类型：容易型、困难型和迟缓型。容易型气质的儿童在饮食、睡眠、排泄方面比较规律，情绪稳定、良好，容易接受新的经验，有适度的情感反应，并且对感官信息不会过度敏感。迟缓型气质的儿童在面对新情况时往往会退缩，并且需要一段时间才能适应。困难型气质的儿童非常活跃，情感表达强烈，注意力容易分散，对灯光或声音的改变非常敏感，吃饭、睡眠不规律，情绪也非常不稳定[3]。

气质对大多数人都会产生影响。它可能会导致你与他人发生冲突，但也可以缓和你们之间的关系。比如，当一个人大声播放你不喜欢的音乐时，你会感到很生气。但是，当房间里开着你喜欢的灯时，你会感到很舒服。

某些气质特征在帮助儿童发展方面发挥着重要作用。反应强度会对儿童的生活产生重要影响[4]。反应强度是儿童与他人分享情感的生动表达方式[5]。反应强度高的学步儿，他们的表达能力也很强。他们是有趣的玩伴，也更有可能吸引成人进入他们感兴趣的领域。这些互动的时刻也是学步儿与成人建立关系的时刻，他们会认为：“我知道，你对我感兴趣。当我有需要的时候，你会帮助我。我知道如何获得你的帮助。”

表 6.1 气质特征

- ✦ 活动水平：身体的活动量
- ✦ 规律性：饮食、睡眠、排泄规律
- ✦ 趋避性：在一个新环境中感到舒服自在
- ✦ 情绪状态：大部分时间是开心愉悦的，而不是焦躁、哭泣、抵触的
- ✦ 反应强度：情绪表达的强度和水平
- ✦ 敏感性：对灯光、声音、气味、触摸、味道等感官信息的反应
- ✦ 适应性：能够应对日常的变化或从沮丧中恢复过来的能力
- ✦ 注意力分散性：注意力容易分散的程度
- ✦ 坚持性：面对困难时坚持多久才放弃

反应强度也可能给婴幼儿带来坏处。反应越强烈的婴幼儿，越有可能出现更多的负面反应。例如，在一项研究中，研究人员限制了 6 个月大婴儿的手部活动。该研究发现，一些婴儿在面对这种限制时，心率会出现短暂的减慢现象。与其他婴儿相比，他们哭的声音更大，哭的时间更长，试图逃避的次数更多，也更不愿看妈妈[6]。

某些气质可能会导致一些婴幼儿不适合进入婴幼儿项目。在高质量的婴幼儿项目中，所有的婴幼儿都能得到很好的发展。然而，反应强烈（容易沮丧或容易害羞）的孩子，可能在身体上无法承受其他孩子在集体照护中所承受的压力[7]。在质量较差的婴幼儿项目中，这些孩子可能比同龄人面临更大的风险。

在以关系为基础的模式中，我们会考虑婴幼儿的气质对成人及双方关系的影响。托马斯等人[8]提出了儿童与父母之间的“契合度”概念。气质没有好坏之分。能否成功地养育不同气质的孩子，取决于父母和孩子的气质是否匹配。例如，高度活跃和情感表达能力强的孩子与同样活跃和表达能力强的父母高度契合，然而这类气质的孩子与安静、害羞的父母很难契合。当然，父母与孩子之间的不契合也可能不是因为气质，而是源自父母因自身文化和经历而对孩子抱有的期待。

性别

男孩和女孩在情感的学习与发展方面是截然不同的。这些区别可能是生理和社会期待共同作用的结果。在子宫里时，不同性别的基因被打开，激素被释放，这些创造了男孩和女孩在身体与大脑方面的差异。在婴儿期，男孩和女孩没有太大的区别。在学步儿期，男孩通常

比女孩更活跃，但是他们的语言表达能力和控制自己反应的能力比较弱，例如男孩比女孩更容易生气。我们不知道这些随着年龄的增长而开始显现的差异，是由生理原因造成的，还是由他们的经历不同造成的，或者两者都有[9]。

成人对待男孩和女孩的方式不同。父母和其他成人往往不希望男孩表达自己的感受，这或者是受所处文化期待的影响，或者是因为男孩比女孩更情绪化、更活跃。成人会更多地和女孩谈论她们的感受，女孩也会用更多的词汇表达自己的感受。成人也可能赋予女孩一个关爱他人的性别角色，从而鼓励女孩更多地表达快乐的感觉，而把羞耻、内疚、悲伤、恐惧和焦虑留给自己。反过来，成人可能会鼓励男孩表达愤怒和蔑视，让这些感受成为克服困难的力量源泉。这些感受也与社会对男性的期待相一致，即男性应该保护自己的家庭，直面危险[10]。

婴幼儿也会主动选择自己的性别角色。18 个月大时，儿童开始注意到文化中的性别角色影响。通过观察男孩和男人以及女孩和女人的行为，他们创造了一个独属于自己性别的形象。随着年龄的增长，他们更坚定地像自己所认同的性别那样做事。随着儿童文化经验的丰富，不同性别在情感表达上的差异越来越明显。

依恋关系是人生头 3 年情感发展的主要方面之一。本章稍后将对此进行详细的讨论。这里，我们来看看性别对依恋关系的影响。依恋关系是指成人带给儿童的安全感。敏感的、能安慰儿童和帮助儿童探索的成人，可以与儿童建立安全的依恋关系。没与成人建立安全依恋关系的儿童，可能会恐惧或逃避人际交往。儿童的依恋类型与成人对儿童的看法有关。在面对新生儿时，成人对待男孩和女孩的态度就已经有所不同了。如果成人认为男孩需要坚强，那么面对男婴的哭泣，他们可能很少做出反应，从而导致这些男孩在成长过程中对人际关系持冷漠态度。成人的这种做法可能是文化适宜性的，但却给儿童带来一种不安全的依恋。如果成人认为女孩很脆弱，那么他们可能不会给女孩充足的机会去独自应对挑战，从而导致女孩对成人过度依恋[11]。

当母亲有心理健康问题时，不同性别的儿童也会有不同的反应。有些母亲在自己孩子面前沉默寡言，有些母亲则让孩子感到恐惧。当母亲沉默寡言时，18 个月大的孩子（无论是男孩还是女孩）会倾向于靠近她。当母亲变得有些可怕时，18 个月大的女孩仍然会以一种温柔、友好的方式靠近母亲，但男孩不会。当母亲变得非常可怕时，女孩们会害怕靠近母亲，男孩们则会避免或主动与母亲发生冲突，我们将男孩的这种行为称为“逃跑或战斗反应”[12]。

了 解 儿 童

在人生最初几年，婴幼儿所有的情感学习与发展都发生在他们与成人的互动中。然而，调节和自我认同感的形成却是婴幼儿自我心智的一部分。

调节

婴幼儿发展的各个领域都涉及调节能力。多年来，情感调节一直是我们思考的主要领域。调节，是指婴幼儿对自己的感受做出成熟反应的能力，包括：平静地入睡，停止哭泣，保持冷静，并在大部分时间保持警觉。调节也是婴幼儿关注世界的能力的一部分。在人生的头 3 年里，婴幼儿开始学着控制自己的反应，并关注最重要的信息。

新生儿必须适应子宫外的生活，他们必须学会呼吸、控制体温、吃奶和消化，学习排泄、入睡和醒来。后来，婴儿学着调节对身体和情感的反应。情感调节，是指婴幼儿“忍受挫折情绪、抑制攻击性冲动、延迟满足和以社会可接受的方式表达情感”[13]。婴儿可能会转移视线或吮吸手指。成人可以通过抚慰、轻轻地晃动或用襁褓包住婴儿来减轻他们的痛苦。调节能力帮助婴儿保持冷静和警觉。调节能力是情感学习与发展的一部分，也是社交能力、抗逆性和安全依恋发展的一部分。如果儿童在婴儿期得不到妥善的照料，那么他们在日后很可能出现行为和心理健康问题[14]。调节能力受先天因素和后天经历的影响。调节的目的是帮助一个人管理他对身体、情感、社会和内在经历的反应。当婴幼儿具有调节能力时，他就能够集中精力、能量满满地进行学习。

> 培养坚强的儿童比修补破碎的男人容易。
>
> ——弗雷德里克·道格拉斯（Frederick Douglass）

调节能力和注意力在大脑的同一部位同时发展。婴幼儿集中注意的能力是他们进一步学习的基础。婴幼儿的调节能力和注意力在很大程度上取决于他们身边是否有积极回应和调节他们行为的成人。此外，它还受到婴幼儿自身气质和生理因素的影响[15]。总之，调节能力的发展是相当复杂的！

人类行为系统的层级结构

理解调节能力的一个好方法是观察身体如何维持对不同系统的控制。多年前，研究人员发现了婴儿控制身体的规律。人类行为系统的层级结构很好地说明了身体各调控系统之间的关系[16]（见图 6.1）。虽然该结构已经存在很长时间，但它仍然可以为新生儿的护理和照料提供指导。此外，它还能帮助我们理解学步儿何时会崩溃[17]。

图 6.1 行为组织层次

阿尔斯（Als）等人观察到，稳定的身体始于自主神经系统，它会统管体温、消化和呼吸功能[18]。如果这个系统的运行出现问题，那么其他系统都不能顺利运行。如果神经系统是稳定的，那么涉及肌肉张力、抵抗地心引力的运动系统就能很好地发挥作用。下一个系统是警觉系统，在这个系统中，婴儿可以获得深度睡眠、快速眼动睡眠以及警觉的状态。注意系统可以促使婴儿注意信息，变得兴奋或冷静。位于层级结构顶端的是自我调节系统。

如果婴儿的各个系统变得紊乱，那么他们首先会失去自我安慰能力。他们忘记吮吸手指或揉头发。然后，他们会哭闹或者看起来心不在焉。他们的动作变得断断续续、杂乱无章。

最后，他们会打嗝、流口水或喘不过气来，自主神经系统变得紊乱。一个敏感的成人会在婴儿挣扎着自我安慰时做出反应，而不是等到婴儿完全崩溃。敏感的教师可以迅速地帮助轻度紊乱的婴儿恢复平静并关注世界。

这种层级系统对学步儿同样有帮助。敏感的观察者可能早在学步儿发脾气之前就能捕捉到他有应对困难的迹象。例如，这个学步儿是不是很难集中注意力玩耍？他变得笨手笨脚吗？语言正在被牢骚取代吗？这些可能是儿童的调节系统正在崩溃，从而发出需要支持的信号。

调节与关系

婴幼儿感到痛苦的时刻，也是父母体验和理解孩子情感的大好时机。过早学会自我安慰的婴儿可能不会给成人提供太多帮助他们的机会，让成人成为他们了解世界的伙伴。

调节能力受先天因素和成人行为的影响。有些婴儿可能天生就比其他人更善于调节情感。然而，一个敏感的、能够满足婴儿情感需求的教师可以帮助婴儿发展调节能力。一个不关心或排斥婴儿的教师则可能导致婴儿努力寻找自我安慰的方法[19]。4 个月大时，对性格随和的婴儿来说，如果他们的母亲比较迟钝，那么他们可能会抑制自己的情感和反应。然而，其他性格的婴儿会对迟钝的母亲表达强烈的情感反应，这也许可以说明这类婴儿更敏感、更无法忍受压力。他们的应对方式旨在吸引反应迟钝的母亲[20]。

成人会通过一些措施来帮助婴儿调节身体，比如，保证婴儿是温暖、干燥的，给予他们充足的营养和休息时间，让他们处于舒服的姿势。如果婴儿哭泣，那么成人会让他趴在自己的肩膀上，用襁褓包着他轻轻地摇晃，或者把他抱到另一个房间或户外，以此来安抚他。当婴儿清醒且心情平静时，成人可以为婴儿提供支持，帮助他把注意力集中在有趣的事情上。安静、警觉的婴儿能够成为人际互动中的积极伙伴。冷静的学步儿是一个很好的玩伴和积极的学习者。

尊重、反思与联系

尊重：新生儿还无法控制自己的反应，他们需要成人的帮助来发展这种能力。

例如，一个小婴儿看起来很烦躁，试图把拳头放进嘴里。

反思：婴儿想要弄明白或完成什么。例如，这个小婴儿似乎想通过把拳头放进嘴里来表明自己饿了。

联系：通过以下措施支持婴儿的学习。

◎ 将他抱起来。

◎ 对他说："你看起来很饿，你想把整个拳头放进嘴里，让我们把你的奶瓶准备好。"

◎ 在冲泡奶粉的时候抱着他。

自我认同感发展

自我认同感或自我意识，是指一个人知道自己"之前在这里，此刻在这里，以后还会在这里"。有研究者[21]将自我意识定义为三个部分：

1. 知道自己是独立的，与其他人是不同的；
2. 知道自己可以控制一些事情，但不能控制另外一些事情；
3. 随着时间的推移拥有一种存在感。

研究人员还指出，婴儿天生具有这一能力。作为证据，他指出：

1. 婴儿在听到别人哭时会哭得更厉害；
2. 婴儿喜欢成人回应他们，喜欢抓握玩具；
3. 基于之前的经验，婴儿会在奶瓶到来时张大嘴巴。

身体方面的鲜活经验告诉婴儿，他是一个独立的个体。触摸自己和让别人触摸自己的感觉是不同的，闭上眼睛和关上灯是不同的，听自己的声音和听别人说话的声音是不同的。婴儿从出生起就有这种经历。

婴儿把自己的每一次身体和情感体验都当作信息的来源。当婴儿储存了有关这些体验的记忆时，他开始形成一种自我意识、一种内在的自我形象以及一种自我认同感——"这就是我。当我快乐地和我的老师玩耍时，我的身体很活跃，我的脸在微笑，我感到很舒服、很安全""这是我扔的""我在走路""这是我和我的朋友""我真的很累"。自我认同感的发展是一个复杂的过程，涉及婴幼儿自身的气质、身体、感官和信息处理能力，以及周围的物理、社会和情感环境。

有关婴儿期的研究指出，婴幼儿的自我意识发展，是指婴幼儿在与他人互动的过程中通过每时每刻的情感交流体验，在了解他人感受的同时，也了解自己。

儿童从来就不善于听长辈的话，但他们一直都能模仿长辈的话。

——*詹姆斯·鲍德温*（James Baldwin）

一些理论家过去认为，小婴儿是在自我混沌的状态下存在的，他们不知道自己与母亲分别是独立的个体[22]。今天，我们认为，从出生的那一刻起，婴儿就把自己看作独立的个体，知道自己的身体界限。他知道，被一个人抱着与被裹在襁褓里的感觉是不同的；看自己的手与看别人的手，感觉是不同的。正如第 3 章所述[23]，婴儿在情感发展中的最重要任务不是学习与他人分离，而是学习与他人建立关系。

有关自我认知或自我意识的经典研究被称为镜像记号测试。在一个学步儿不注意的情况下，一个成人在这个学步儿的鼻子或前额上做了一个记号，然后把他抱到镜子前。18 个月以下的学步儿大多只是照镜子，18 个月以上的学步儿则大都能认出镜子里的自己，并且会触摸自己身上的记号。根据这一测试结果，人们普遍认为，儿童在 18 个月大时就开始形成了自我意识，因为他们可以从镜子中认出自己[24]。

自我意识在人生的第一年开始出现，然后随着时间的推移逐渐发展。每一次经历都促进了儿童的自我意识形成。比如，当儿童走进一家杂货店时，他想："我知道我很友好，很讨人喜欢。"当儿童到达某个地方时，他可能会想："我不喜欢这里，这里有太多的噪声、颜色、灯光和人。"第三年，自我意识对儿童来说变得更加重要。儿童了解自己的方式有很多。在这个阶段，儿童可以用语言清晰地表达自己的感受和需要，而周围的人有可能重视他的表达和想法，也有可能忽视他。他拥有更多的时间和朋友玩耍，然而可能有的人喜欢他，有的人讨厌他。他对世界有了更多的了解，也尝试做许多事情，有可能成功，也有可能失败。每一次经历都促使他更加清楚地认识到他是谁、他和别人在一起时是谁，以及他在这个世界上是谁。

有特殊需要的儿童

情感系统是人体的基础。大脑中控制快乐和痛苦的区域，与控制呼吸和心率的区域相同[25]。这也许可以解释为什么具有严重残障问题的婴幼儿通常也能告诉我们，他们何时高兴或悲伤。他们经常对我们说他们了解并喜欢家庭成员。

情感信息经大脑的加工而传递，因此影响大脑发展的因素也可能影响情感发展。自闭症谱系障碍是影响 0—3 岁婴幼儿大脑和情感发展的重要因素。患有自闭症谱系障碍的婴幼儿难以理解别人的想法与感受，不会用语言进行沟通，可能会不厌其烦地重复一个动作（如拨弄手指)，还可能对某一样事物极其感兴趣(如钥匙)。

每 68 个儿童中就可能有 1 个儿童患有自闭症谱系障碍。男孩患自闭症谱系障碍的概率是女孩的 5 倍。尽管许多患有自闭症谱系障碍的儿童可以在 18 个月或更小的时候就能被诊断出来[26]，但是大多数儿童的确诊年龄是 3—4 岁。自闭症谱系障碍的早期症状之一是儿童在 1 岁前对自己的名字没有反应。其他早期症状如下：

> 不同寻常地注视物体，会长时间地审视它
> 一直重复某一个动作，比如看他们的手或滚动一个物体
> 缺乏与年龄相匹配的发展水平，元音发音发育迟缓
> 延迟性交流，面无表情，很少使用手势，不愿吸引父母的注意力
> 对物体的兴趣大于对人的兴趣，难以维持与他人的面对面互动[27]

针对患有自闭症谱系障碍的婴幼儿，以玩耍的方式帮助他们学习很困难。他们可能听不懂语言，也不会使用语言。他们不会表现出很多情感，不会与他人分享喜悦或兴奋。事实上，无论是患有自闭症谱系障碍的儿童还是成人，其大脑中负责感受情感的区域都并不活跃[28]。对自闭症谱系障碍患者来说，应对愤怒是非常困难的，因为愤怒更多的是一种内在的感觉。

一旦儿童患有自闭症谱系障碍，最好在他们出生的第二年或第三年就诊断出来。早发现，早治疗。在出生后第一年对自闭症谱系障碍的识别和治疗，现在还没有强有力的证据基础。6—9 个月时，如果婴儿表现出自闭症谱系障碍的早期症状或者他的兄弟姐妹患有自闭症谱系障碍，那么他就会被认为是患有自闭症谱系障碍的高风险人群。研究人员指导家长在每天的游戏、阅读和活动中对 7 个自闭症谱系障碍高风险婴儿进行干预，干预时间长达 12 周，每周 1 小时[29]。研究结束时，7 个婴儿中有 6 个的发育水平已经赶上同龄儿童。因此，早期诊断和识别可能是治疗自闭症谱系障碍的一个非常重要的工具。

我们要始终牢记，情感发展是在关系中进行的。婴儿期待成人为他们提供充足的安全感，也希望成人敏锐地接收到他们发出的交流信号，并做出准确的回应。只要亲子之间的关系积极稳定，那么即使婴幼儿面临严峻的挑战，他们也能获得最佳的发展。本章最后的“发展趋势与回应式互动表”可以帮助我们更好地了解婴幼儿的情感发展特点，以及成人如何与婴幼儿建立积极的关系。

在成人－儿童关系中学习

0—3 岁婴幼儿大部分情感的学习是在与他人的互动中进行的，包括依恋关系、自我认同感以及文化语境中的情感。

> 莱莎正在毯子上玩，廷娜卡老师走了过来。莱莎看到廷娜卡很开心，对着她微笑，廷娜卡也回以微笑。对莱莎来说，廷娜卡的准确回应让她对她们之间的关系更加确定。廷娜卡用语言描述了这种感觉："莱莎，你见到我很高兴，是吗？我今天见到你也很高兴！"这一刻，莱莎感受到了微笑所代表的爱和理解，从而更热衷于与他人交往。

依恋关系

婴儿和父母之间的依恋关系是他们理解人际关系的基础，会影响他们如何看待自己以及如何对他人抱有期望。

鲍尔比的理论

依恋的概念是由英国精神病学家约翰·鲍尔比提出来的[30]。他认为婴儿有各种各样的心理系统来理解世界，其中探索系统为婴儿提出了解世界的目标，依恋系统则促使婴儿与给他们提供安全感的成人保持亲密的关系。探索系统和依恋系统相互平衡。婴儿将依恋关系当作一个安全的基地，在玩耍和探索时会和生命中的重要成人保持足够近的距离，以便可以看到他们。依恋是婴儿获得信任感和安全感的基础。

鲍尔比及其他研究者认为，婴儿会在脑海中创造出一种关系模式。随着年龄的增长，他们会把这种模式带入其他关系中。他们会按照第一次建立关系时学到的方式行事。例如，如果父母冷淡，那么婴儿在以后的人际关系也不会给他人带去温暖的感觉。

玛丽·安斯沃思的依恋类型

玛丽·安斯沃思是鲍尔比的学生，她继续发展了依恋理论。她观察了 1 岁的婴儿及其母亲并发现，婴儿 1 岁时的目标是获得安全感。在身体上接近母亲，似乎是婴儿实现这一目标的最有效方法。不过，安斯沃思也观察到，婴儿在实现这一目标时使用了三种不同的策略，每一种策略都反映了母亲与婴儿的相处模式。

安斯沃思将这三种策略描述为三种依恋类型：安全型依恋、焦虑－矛盾型依恋、回避型依恋[31]。表 6.2 描述了这三种依恋类型的具体表现。

表 6.2　依恋类型

依恋类型	母亲的行为	婴儿的行为
安全型依恋	敏感地读取出婴儿想寻求安慰的信号，并做出有效的回应	能表达痛苦、舒服以及想玩游戏和进行探索的信号
焦虑－矛盾型依恋	可能满足婴儿的信号，也可能忽略婴儿的信号	很难感到舒服，通常在玩耍时感到焦虑
回避型依恋	大多数时候忽视婴儿或对婴儿感到愤怒	在游戏中非常独立，与母亲保持亲密的关系，但不与她一起玩耍

陌生情境

在对家庭环境中的婴儿进行研究后，安斯沃思在实验室里开展了一项名为“陌生情境”的研究。大一点的婴儿与他们的母亲待在一个陌生的房间（实验室）里，在此期间，母亲会时不时地离开房间再返回去，直到最后婴儿独自一人待在房间里。之后，当母亲来接婴儿时，婴儿的行为清楚地表明了他的依恋类型。拥有安全型依恋关系的婴儿会跑向母亲，从母亲那里寻求安慰。拥有焦虑－矛盾型依恋关系的婴儿会跑到母亲身边，但拒绝接受安慰。拥有回避型依恋关系的婴儿则对母亲的返回毫不在意，但会走到靠近母亲的地方[32]。

有些婴儿不符合这三种类型中的任何一类。虽然这三类依恋关系在促进婴儿的情感健康发展方面作用不太一样，但是每一类依恋关系都需要婴儿与成人互动，从而为婴儿提供充足的照料和关注，让婴儿感到安全。梅因和卡西迪（Main & Cassidy）[33]将这三类依恋关系称为有序的依恋。然而，并不是所有的依恋类型都能引发成人对婴儿的照料。因此，他们引入了第四类依恋关系，即紊乱型依恋。在这类依恋关系中，婴儿无法想出或确定一种策略来帮助自己获得安全感，更有可能产生不良的社会和行为后果。

拥有紊乱型依恋关系的婴儿，其父母的行为是暴力、恐怖和令人害怕的。他们的童年充满暴力和恐惧，或者存在无法弥补的缺失。他们对当前的痛苦处境无能为力，也想不到一个有效的策略来获得安全感。

多个依恋对象

婴儿的依恋类型在很大程度上受成人回应和安慰行为的影响。在婴儿期，儿童周围可能有许多亲近的成人，如母亲、父亲、阿姨、叔叔、祖父母、教师等。每个成人与婴儿相处的模式可能都不相同，比如，可能让婴儿感到温暖、安全，也可能让婴儿感到焦虑、矛盾。在这个阶段，教师发挥着关键作用，可以成为婴儿的安全依恋对象，特别是在他能够和婴儿共处很长一段时间时。婴儿与其教师之间的这种安全依恋，对他今后的生活影响深远。

> 我们最早经历的依恋关系是影响人类情感发展的重要因素之一。
>
> ——艾伦·斯鲁夫和丹·西格尔（Alan Sroufe & Dan Siegel）

当前的依恋理论研究

艾伦·肖尔（Allan Schore）[34] 描述了依恋关系如何影响婴儿大脑右半球的发育。有两个主要机制在起作用。当成人与婴儿分享快乐时，婴儿大脑中的激素会被释放到边缘系统（大脑的情感中心），由镜像神经元或脑细胞组成的网络能够理解和反映情感，从而使成人与婴儿之间的互动充满了温情。同样的激素也会在成人的边缘系统中释放。然而，如果成人与婴儿共处的时刻令人恐惧，那么婴儿的大脑就会释放皮质醇等应激激素，它们阻碍大脑正试图建立的新连接。

当婴儿看到成人表现出兴奋和喜悦时，他既接收信息，又通过大脑中的镜像神经元系统体验到兴奋和喜悦。每一种情感体验都能引发婴儿大脑的行动，都会在婴儿的大脑中建立神经连接网络，进而帮助婴儿建立对人际关系的基本理解。这就是以关系为基础的心理模型。

科学家们观察了婴儿与母亲进行愉快互动时的大脑活动。他们发现，婴儿与母亲大脑的同一区域同时处于兴奋状态，就好像两个大脑的右半球在进行交流一样。早期互动的情感基调实际上创造了大脑的神经连接和结构。

肖尔指出了依恋经历是如何成为婴儿对人际关系的心理意象的。依恋经历是婴儿大脑结构的一部分，也是帮助婴儿知道如何与他人相处的唯一方式。婴儿的行为方式会激励他人也按照依恋关系的期望行事。事实上，婴儿能够了解依恋关系中的两个角色，并且随着年龄的增长扮演其中的一个角色。

例如，谢里是一名婴幼儿教师，她小时候拥有安全型依恋关系。她很关心班里的小男孩本，因为他拥有焦虑 - 矛盾型依恋关系史。她抱起本安慰他。然而，本不相信这种安慰真的会在他有需要的时候出现，于是，他弓着身子要离开她，而且哭得更厉害了。谢里读懂了本的身体信号，把他放了下来。她相信，这就是本此刻的需求。在这段关系中，谢里扮演了一个敏感的照料者角色。然而，本的想法——人们不会时刻伸出援手帮助他——却因此被强化了，因为当他感到痛苦的时候，成人把他放下了。他人的行为反馈“告诉”本，他对自己与他人关系的矛盾态度是正确的。

儿童的依恋类型可能会随着时间而改变，依恋关系在很大程度上决定了儿童与他人的关系。一项研究表明，拥有安全型依恋关系的儿童具有良好的自我调节能力，从而帮助他们应对学校中的社交和学习挑战。在五年级的时候，他们能全身心地投入学习之中[35]。幼儿教师和同伴都喜欢拥有安全型依恋关系的儿童，他们既不会是受害者，也不会是霸凌者。拥有回避型依恋关系的儿童有时是霸凌者，让教师非常头疼。拥有焦虑－矛盾型依恋关系的儿童往往会得到幼儿教师的精心照料，且他们经常是被霸凌者[36]。

成人依恋

玛丽·梅因（Mary Main）[37]研究了母亲的人际关系模式对指导她与孩子行为的影响。她创建了一个量表来测量母亲对依恋关系的心理意象。她发现了三种成人分类法，它们与婴儿依恋的三个类型非常相似。安全/自主的成人重视照料关系和依恋体验，她们会与孩子建立安全型依恋关系。忽视依恋关系重要性的成人，会导致孩子建立回避型依恋关系。焦虑不安的成人会导致孩子总是寻求母亲的注意，从而不能把精力集中在游戏上[38]。然而，如果成人生活中的事件能够帮助她们在内心建立新的、更健康的人际关系意象，她们就有能力与伴侣、孩子建立安全型关系。

文化差异与情感表达

本章所讨论的情感发展的五个要素——调节、依恋、气质、自我认同感和情感表达——都必须在文化语境中予以考虑。许多研究表明，虽然世界各地的许多婴儿会在相同的情况下使用相同的面部表情，但是他们在表达情感的速度和程度上有所不同。

研究人员研究了两个截然不同的社会群体里婴儿的情感调节、表达和依恋情况，其中一个群体是德国城市里的中产阶级，他们受过良好的教育，奉行个人主义，生活在一个金钱至上却自治的社会。通过使用陌生情境测验进行评估，研究人员发现这个群体中的婴儿与安斯沃思所做实验中的婴儿在依恋关系模式和情感表达方面相似；另一个群体是喀麦隆的Nso部落，他们自食其力，生活在一个高度相互依赖的社会中，由亲缘关系组织起来，并且他们的孩子从未与母亲分离过。Nso部落的一位陌生女性来到家中，向家人打招呼，然后抱起孩子。

这个部落中的孩子表现出三种反应模式，类似于安全型、焦虑－矛盾型和回避型模式。其中，一组1岁大的儿童很安静，在整个互动过程中都保持着冷静的表情；第二组儿童对陌生人的进入没有做出任何反应，但是身体上的碰触让他们感到很痛苦；第三组儿童对陌生人的进入持续感到痛苦。通过在实验前后对儿童唾液中的皮质醇进行测试，发现第一组儿童的皮质醇水平没有变化；第二组儿童的皮质醇水平升高，表明压力增加；第三组儿童在实验前后的皮质醇水平都很高，甚至在那位女性到来之前，这些孩子们就很苦恼了。第一组中表现冷静、无过激反应的儿童已经很好地融入了一个重视隐藏个人情感以促进群体和谐的社会。在我们的分类中，另外两组儿童的反应则被定义为焦虑 – 回避型和焦虑 – 矛盾型模式[39]。

文化近观

一个日本家庭举家搬到美国的明尼阿波利斯，因为这家的父亲要在这所城市的大学担任一个学期的客座教授。母亲和女儿们（一个 2 岁，一个 4 岁）整天待在一起，在公寓里住了几周后，母亲给孩子们报名了社区里的一个婴幼儿项目。虽然女孩们会说英语，但她们喜欢和妈妈一起玩。在陪同了几次之后，母亲决定离开她们。女孩们从未离开过母亲。她们一起跑到教室的大玻璃门前，边哭边望着母亲逐渐消失的身影。其中，4 岁的女孩不停地用日语重复一些单词。婴幼儿项目负责人上网查了一下，发现女孩说的是："我妈妈死了！我妈妈死了！"

对于这两个第一次和母亲分开，并与不懂她们语言的人在一起的小女孩，你感觉如何呢？

情感表达与理解

婴幼儿通过表达情感来表达他们的思想和感受。在观察他人表达情感时，他们通过激素和镜像神经元的交互来了解他人的感受。世界各地的婴儿使用相似的面部表情来表达恐惧、快乐、悲伤、惊讶、愤怒、厌恶和痛苦。即使他们开始使用语言，他们的交流也充满了情感。

情感表达能力的发展

在出生后的头几个月，世界各地的婴儿表情类似。他们通过与他人互动来学习。婴儿开始用大大的、真诚的社交微笑来回应他人，并期待他们最喜欢的成人做出回应。他们学会期待特定的互动模式；当事情发生变化时，他们会感到惊讶不已。当他们碰触玩具发出不同的声响时，他们会对着玩具微笑或者咿咿呀呀。他们的情感变得更加具体，快乐不同于满足，愤怒和悲伤也从一般的痛苦感受中分离出来。4 个月大时，婴儿会发出咯咯的笑声，尤其是当一些小小的变化带来悬念和惊喜时。这些社会互动也帮助婴儿调节和保持情感表达的兴趣，而不会让他们不知所措。

4—7 个月大时，婴儿的情感发展发生了转变，他们开始“坠入爱河”[40]。当他们看到喜爱的成人时，他们会感到很高兴，微笑并伸出手去拥抱他。父母或一直照顾婴儿的教师此时会有这样一种感觉：孩子认出了他们，喜欢他们，当他们在身边时，孩子会感到平静和安全。

9—12 个月大时，婴儿经历了情感发展的第二次转变。他们发现他人可以了解自己的想法和感受，自己也可以了解他人的想法和感受[41]。他们关注他人的眼睛、面部表情、语调、手势和动作，开始用他人的情感基调来解释环境中所发生事件的意义。这个过程被称为“社会参照”，它使得婴儿可以借助一个值得信赖的成人来判断陌生人或新体验是否安全。婴儿实际上是在观察成人如何做出反应。

在日常生活中，我们很容易观察到婴儿通过与成人进行视觉交流来判断事件。研究人员发明了一种新方法来观察婴儿使用“社会参照”的过程。研究人员通过一张特殊的桌子让婴儿明白，成人的情感表达与一个物体或事件有联系。他们在桌子上创造了一个光滑的表面让婴儿爬过去，母亲则在桌子另一边等待他们。然而，桌子的中间好似突然出现了下沉，从而制造了一个视觉上的“悬崖”。当婴儿爬到这个明显的“悬崖”边缘时，他会向他的母亲寻求信息。如果母亲微笑着向他点点头，那么婴儿就会继续爬过这片看似空旷的桌面。如果母亲看起来很害怕，那么婴儿就会待在“悬崖”边一动不动[42]（见图 6.2）。

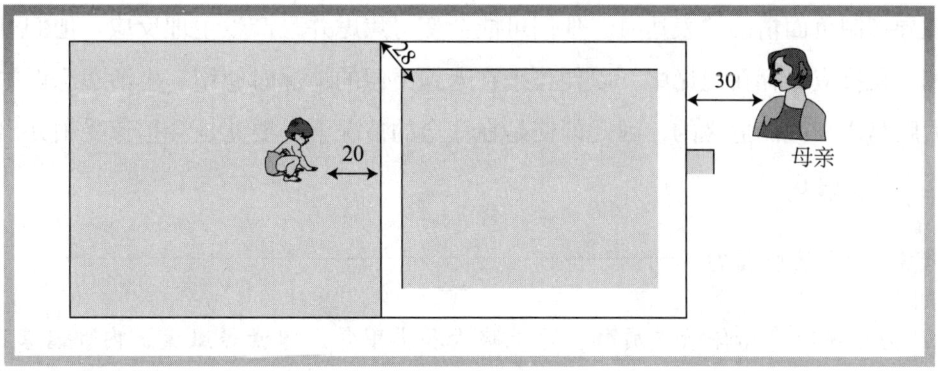

图 6.2 视觉悬崖

在视觉悬崖实验中，一个婴儿坐在一个大玻璃平台上，中间放着一块略高于平台的板子。板子的一侧铺有格子图案的布，因为它与板子的高度差不多，看起来像一个“浅滩”。在板子的另一侧离玻璃几尺深的地面上也铺上同种格子图案的布，给婴儿造成一种错觉——这里像“悬崖”。母亲或者用一种邀请的表情鼓励婴儿爬过来，或者用惊恐的表情阻止婴儿爬过来[43]。

其他研究人员已经证明，14—18 个月大的儿童会观察成人对玩具或盒子里物品的反应。对于引发成人积极反应的物品，他们乐于探索；但是，对于成人表现出厌恶感的物品，他们会避免探索[44]。他们明白成人的面部表情与盒子里的物品有关。在另一项研究中，研究人员向 16 个月大的学步儿展示了如何按玩具上的按钮使其发出声音。一个成人走进了房间，坐下来看杂志。研究人员对成人说：“看这个。”然后，他按下了按钮。成人生气地说：“真烦人！”研究人员说：“我觉得很有趣。”成人还是生气地说：“我并不觉得有趣，我觉得非常吵！”之后，研究人员把玩具递给了学步儿。如果那个成人此时在房间里，那么大多数学步儿不会按下玩具上的按钮。如果那个成人闭上眼睛或把椅子转向墙壁，他们就会按下按钮。学步儿明白，如果他们按下按钮，成人会很生气。但是，他们不明白，就算成人闭上眼睛，他仍然能听到玩具的声音[45]。

此外，婴儿还利用成人提供的信息来了解哪些情感可以表达，以及如何和何时表达。这些情感表达规则可能因文化、家庭或家庭成员而异。例如，父母中的一方可能鼓励孩子去体验各种各样的情感，另一方可能对爱和亲密的关系感到不舒服，克制自己安慰或表扬婴儿。还有的家庭可能对悲伤或愤怒之类消极的情感表达感到不舒服，并教导孩子尽量减少或避免表达这些情感[46]。

婴儿不断地观察成人如何表达情感，以及哪些事件会引发成人的情感表达。事实上，当婴儿被教导抑制负面情感的表达时，他们可能会变得焦虑并且产生生理反应。他们可能把消极情感和不良反应储存在记忆中，以便将来在遇到类似的情况时使用。生活在恐惧中的婴幼儿，其大脑是用来检测危险的，因此即使是在安全的情况下，婴儿也会担惊受怕并出现攻击性行为[47]（见专栏 6.1）。

专栏 6.1　毒性压力

压力会导致身体释放皮质醇、肾上腺素和去甲肾上腺素等激素，内部器官也会因此做出反应，这可以帮助身体适应压力。然而，当婴儿长期生活在压力环境中时，这种反应就会让他们的身体疲惫不堪。他们的脑回路会被破坏，同时也会播下生理和心理健康问题的种子。长期生活在压力环境中，对孩子的成长是极为不利的。

美国儿童科学研究委员会提出，婴幼儿会经历以下三种压力反应。

- 积极的压力反应是短暂而温和的，同时富有爱心且积极回应的成人会帮助儿童应对压力。这些压力来自生活中的常见事件，如挫折或免疫接种。在成人的关爱和帮助下，这些经历可以教会儿童如何应对逆境。
- 可容忍的压力反应是由较大的事件引起的，如父母离婚或自然灾害。但这种压力是可以忍受的，因为成人会帮助儿童逐渐适应这种压力。
- 毒性压力的反应是指在没有成人的帮助下，频繁、强烈和长期的压力反应。毒性压力来源于虐待、忽视、父母酗酒和母亲抑郁等。毒性压力会导致大脑对危险保持高度警惕，从而限制儿童的学习能力。

18—20 个月大时，儿童的情感发展经历了第三次转变。随着象征能力的发展，儿童能够使用语言来组织思维。他们会记住过去发生的事情，并对重复发生的事情形成自己的看法，这有助于他们预测未来可能发生的事情。

象征能力的提高意味着儿童的自我意识发展了。他们开始认出镜子里的自己，用人称代词指代自己，并能分辨自己是男孩还是女孩。他们表达自己内在的情感，如内疚、羞愧、尴尬和同情。他们也开始通过控制自己的行为来维护关系。

母亲抑郁的影响

布鲁克刚刚生了她的第三个孩子。她向公司请了产假，但是现在她的状态似乎让她没办法再回归工作岗位。之前，她对自己的生活、婚姻、孩子和工作都很满意。然而，自从这次分娩后，她似乎对任何事情都不感兴趣。她又累又无聊。她能看到她的孩子试图与她建立联结，但就是无法积极做出回应。

在过去的几年里，产后抑郁症被认为是影响母亲照料新生儿的一个主要问题，也对新生儿今后的发展产生长远的影响。

产后抑郁症分为轻度、中度和重度。大多数（50%~80%）初为人母的女性都患有产后抑郁症，表现为：轻微的悲伤、疲劳、流泪和不知所措。不过，大部分女性的情绪状态不久就会好转。大约 19% 的新手妈妈患有中度至重度的产后抑郁症，从而影响她们的生活以及她们与孩子的关系。这些母亲往往情绪低落、睡眠不足、食欲不振、日常生活缺乏乐趣、注意力不集中、疲劳、易怒、觉得自己毫无价值、感到绝望，并有伤害自己或孩子的想法。极少数女性妄想、躁动、偏执以及有自杀或杀死孩子的想法。我们经常能在新闻中看到有关产后抑郁症的报道。早期开端计划研究报告显示，在参加早期开端计划的母亲中，多达 52% 的人患有产后抑郁症。对 12% 的女性来说，这种抑郁是长期的，一直持续到孩子 3 岁 [48]。

产后抑郁症对母亲和婴儿的发展都是一种伤害。无论哪个阶层的女性，都有可能患有产后抑郁症。尽管如此，其他风险性因素会增加它发生的概率，如低收入、婚姻问题、之前患有的抑郁症以及母亲对自己社区的不满。婴儿肠绞痛也与母亲的产后抑郁症相关。婴儿肠绞痛可能引起母亲产后抑郁，而母亲的产后抑郁也可能导致婴儿肠绞痛。

与体内激素失衡的母亲待在一起，会对新生儿产生负面影响。患有产后抑郁症的母亲通常不善于照料孩子。对于孩子的需求，她们要么沉默退缩，要么回应过多。这两种回应方式对婴儿的调节能力、互动能力和反应能力的发展都有不良影响。母亲的产后抑郁症是可以通过药物和其他手段得到治疗的。接受抗抑郁药物和认知疗法治疗，能够使许多母亲的抑郁症得到缓解。母亲的抑郁症缓解得越早，婴儿的后期发展越好 [49]。家访项目对产后抑郁症母亲的治疗特别有效。

促进情感学习与发展的项目实践

保证婴幼儿情感健康发展的方法有促进、预防和干预。促进是指教师要为所有婴幼儿提供支持和回应，这种方法也能“告诉”父母在与儿童玩耍和交谈时应该怎么做。预防是指通过为困境中的家庭提供相关的信息和支持，帮助儿童发展情感。干预是指帮助在情感和人际关系方面存在困难的儿童。

“婴幼儿心理健康”是指 0—3 岁儿童的社会性和情感健康发展。越来越多的研究人员和实践者致力于：

促进婴幼儿的社会性和情感健康发展；

预防婴幼儿的心理健康问题；

在家庭中治疗婴幼儿的心理健康问题。

——0—3 岁婴幼儿心理健康专责小组

促进

给予婴幼儿关爱和及时的反应，有助于他们情感的健康发展。婴儿从出生的第一天起，就已经准备好凝视你的眼睛，就像你凝视他的眼睛一样。如果婴儿待在一个让他感到舒服的成人身边，他将喜欢这个成人胜过一切。

父母或教师可以通过以下 6 种方式促进婴幼儿的心理健康发展[50]。

1. 积极参与。对于婴儿，要用语言来回应他们发出的声音，就好像你们在交谈一样。要经常给婴儿唱歌，为他们读书。要向婴儿表达你的兴趣和快乐。当婴儿向某物移动或向你展示某物时，要及时做出回应。当学步儿做成某件事时，他会向关心他的成人高兴地说："快看我！"

2. 敏感性。对婴幼儿的需求快速且准确地做出反应。耐心地安慰他们，尊重他们天生的气质，并帮助他们应对挫折。

3. 一致性。建立灵活且一致的饮食、午睡和换尿布规则。在日常生活中营造愉快的氛围，帮助学步儿学习简单的规则。

4. 及时回应。当婴幼儿沮丧时，安慰他们；当他们发出声音时，及时探明他们的需求并做出回应；当他们微笑时，以微笑回应；让他们感到安全，并回应他们的情感。

5. 愉悦地相处。很喜欢与婴幼儿相处，与婴幼儿一起大笑，并为他们感到自豪。

6. 为婴幼儿发声。用词语来描述婴幼儿的感受，帮助学步儿找到能很好地表达他内心感受的词语。

支持婴幼儿情感学习与发展的策略

1. 安抚被襁褓紧裹且感到压力大或不开心的婴儿，将他抱起来轻摇，并与他说话、唱歌。

2. 帮助婴儿学会自我调节，允许他们吮吸手指，按需喂养，帮助他们平静地入睡和醒来。

3. 在婴儿醒着的时候，与他们互动，注视他们的眼睛，与他们安静地交谈；当他们需要休息的时候，允许他们把脸转过去。

4. 模仿婴儿的面部表情，用合适的语调和词语描述这些表情所代表的感受。

5. 诚实而清晰地表达自己的感受。

6. 鼓励婴幼儿表达各种情感，没有好坏之分。婴儿需要学习用一种社会能接受的方式来表达感受。

7. 通过使用你的面部表情和语言，让婴幼儿知道他们所面对的情境是否安全。

8. 当婴幼儿害怕探索时，安慰他们，让他们知道你会在一旁保护他们。

9. 鼓励婴幼儿探索和玩耍，同时他们可以随时回到你的身边。

预防

当一个家庭生活贫困时，父母每天为了生计而无法支持婴幼儿的健康发展。父母患有心理疾病、滥用药物、酗酒以及同伴欺凌等也会使婴幼儿处于危险之中。

在帮助这些家庭支持他们孩子的情感健康发展和学习方面，家访项目尤其有效。“母婴及早期儿童家访计划”会为合格的家访项目和家访模式提供资金支持。

家访人员与家长建立伙伴关系，可以：

- 促进儿童的健康发展；
- 预防儿童受伤、被虐待、被忽视或被粗暴对待，减少儿童被送急诊的次数；
- 帮助儿童做好入学准备，提高他们的学业成就；
- 减少犯罪，包括家庭暴力；
- 提高家庭经济自给能力；
- 提高社区之间的交流与合作。[51]

得到“母婴及早期儿童家访计划”资助的项目已被证明是有效的。家庭可以选择参与项目，也可以随时退出项目。家访人员定期访问家庭，并与家长建立一种持续的伙伴关系。家访人员既需要接受一定的课程培训，也需要接受相关的监督。

干预

当婴幼儿被诊断为情感健康方面出现问题时，心理健康专家需要为他们及其家庭提供干预措施。婴幼儿的情感健康问题表现为：被虐待或被忽视，发育不良，出现抑郁或焦虑的迹象。

正如本章所述，对婴幼儿来说，他们需要一个伙伴来帮助他们调节自己的反应，适宜地表达自己的情感和理解他人的情感，以及与之建立依恋关系，拥有一个安全的基地。只有这样，他们的情感才能健康发展。然而，不幸的是，对一些婴幼儿来说，这样的伙伴关系是不存在的。有些父母无法识别婴儿的表情和动作所传达的信息，他们只会根据自己的生活经历来解读婴儿的行为意义或者动机[52]。例如，一名女性年幼时受到父亲的身体虐待，婚后又受到丈夫的暴力对待，她就会认为她的儿子也会给她的身体带来威胁。当成人无法"读懂"婴儿想要表达的意思时，成人的某些行为就会让婴儿很困惑，并导致婴儿的发展偏离轨道。

亲子关系影响婴幼儿的心理健康。治疗师会支持父母为孩子提供准确且及时的照料。他们深深同情并理解父母幼年时的遭遇，并为他们提供一种新的亲子关系模式。治疗师的治疗过程如下：治疗师让父母和孩子待在一起，观察他们的相处情况，并偶尔评论亲子之间的关系。如果一位母亲讲述了她童年时的悲惨经历，那么治疗师会对这位母亲说："我很难过，这不是一个小女孩应该经历的。"但是，他随后补充说："当你谈论这件事时，你的孩子看着你的样子让我很感动。她虽然听不懂你说的话，但他似乎很担心你。"过了一会儿，治疗师可能会指出："你的孩子似乎很关注你，他对你做的每件事都很感兴趣，他对你的情感流露做出了反应。"治疗师既为儿童"代言"又真诚地与家长交流，这一做法会为父母提供一种全新的关系体验。

治疗师应始终如一地关注并尊重每一位家长的长处和需求，让家长感到被关爱和拥有安全感[53]。治疗师应仔细倾听家长的需求，跟随家长的脚步，并感同身受地回应家长。这样一来，家长就有可能在亲子关系方面做出改变和成长[54]。

当治疗师发现亲子之间有矛盾时，就可以介入治疗了。治疗师可以问问孩子的母亲，孩子哭的时候，她的感觉如何。她还记得在她小的时候，别人是怎样安慰她的吗？通过提问帮助父母回忆和反思自己的童年经历或此时此刻的感受，有助于他们意识到自己的反应与婴儿的真实需求之间的差异。

你也要意识到，在照料婴幼儿的过程中，你的人际互动经历会影响师幼关系。婴幼儿的行为也可能让你感到困惑不解，你需要治疗师来帮助你理解和回应婴幼儿。

表 6.3　发展趋势与回应式互动表

<table>
<tr><td colspan="4">情感学习与发展
婴幼儿通过提升自我调节能力、学习有效的情感表达和发展依恋关系，发展自我意识。</td></tr>
<tr><th>发展</th><th>示例</th><th>师幼互动或亲子互动</th><th>环境</th></tr>
<tr><td colspan="4">0—4 个月（婴儿）</td></tr>
<tr><td>✦ 正在吸收很多关于世界的信息
✦ 信息刺激太多时，会打哈欠、转移视线或哭闹
✦ 开始通过吮吸自己的手或听成人轻声说话来让自己平静下来
✦ 在教师给他们喂奶时，能注视教师的眼睛
✦ 习惯把头转向熟悉的声音
✦ 能让自己放松下来，让自己得到熟悉的人的安慰
✦ 饿了、累了或不舒服时会哭</td><td>每当凯伦走进教室，卡洛斯的目光就会追随着她。凯伦走近他，卡洛斯看着她，仿佛想让她加入他的行列。她接受了他的邀请，和他一起坐在地板上。当卡洛斯开始感到疲倦和不安时，凯伦用毯子把他包起来，紧紧地抱着他，轻轻地对他说话。</td><td>✦ 靠近婴儿，让他在你的怀里依偎着，或者把他放在附近的毯子上
✦ 识别出婴儿想要和你在一起的信号，比如专注地凝视、伸手、快乐的表情，然后用言语和非言语的方式轮流回应
✦ 识别出婴儿需要休息的信号，比如，打哈欠、流口水、看向别处，然后安静地坐下来，等着婴儿恢复精力
✦ 当婴儿哭泣时，安慰他</td><td>✦ 有婴儿喜欢的教师是最好的
✦ 一个安静、光线柔和的空间可以避免给婴儿太多的信息刺激
✦ 避免整天播放背景音乐
✦ 限制婴儿周围的物体、声音或动作的数量
✦ 教师是婴幼儿最感兴趣的观察对象，但在婴幼儿视线范围内的其他儿童、镜子和玩具也很有趣</td></tr>
</table>

续表

发展	示例	师幼互动或亲子互动	环境
4—8 个月（婴儿）			
✦ 喜欢看他们的手和脚 ✦ 看到熟悉的人时会挥动手臂和兴奋地踢腿 ✦ 会对同伴和教师微笑，期望他们也以微笑回应 ✦ 用表情和身体表达许多情感，比如皱眉、哭泣、大笑 ✦ 对熟悉的人表达感情时更外露，对陌生人更含蓄	黛博拉喜欢被老师抱在怀里，她们在教室里走来走去，“谈论”她们看到的东西。她的眼睛又大又明亮，她微笑着发出咿呀声，好像在跟老师说话。当其他人进入房间时，黛博拉变得非常安静和严肃，她看着进来的人，并紧紧地抓住老师的肩膀。	✦ 让婴儿在玩耍的时候有机会照镜子 ✦ 模仿婴儿的情绪表达，并描述说：“今天见到你，我很兴奋！” ✦ 以一种帮助婴儿保持冷静和活跃的方式回应他；如果婴儿哭泣，就安抚他	✦ 在墙壁上安装结实的镜子 ✦ 提供“地板时间”，让婴儿可以躺着玩自己的小脚丫 ✦ 书和海报上带有不同表情的照片，对婴儿来说非常有趣
8—12 个月（婴儿）			
✦ 可能害怕陌生人 ✦ 感到沮丧时，会求助于熟悉的成人 ✦ 会通过一个熟悉的成人来判断处境是否安全 ✦ 在陌生的地方会紧紧抱住熟悉的成人 ✦ 被简单的小游戏逗乐，如成人做出夸张的表情	杰米很喜欢他的新能力，他可以快速地爬到任何他想去的地方。他喜欢爬到窗户那儿，往窗户外看。但当另一个孩子加入他的行列时，他喜欢回头看看他的老师弗雷德——只是为了确保他仍然安全在场。	✦ 鼓励婴儿离开并探索，让他相信你在观察他并保护他的安全 ✦ 理解婴儿可能会害怕几个月前并不害怕的事物，并且安慰他	✦ 玩“躲猫猫”游戏 ✦ 阅读一些关于家长离开后又回来接他们的故事 ✦ 保持房间布局和日常活动的可预测性

续表

发展	示例	师幼互动或亲子互动	环境
12—18 个月（小学步儿）			
✦ 会模仿熟悉的成人的动作，比如打电话或照看玩偶 ✦ 会拽着成人的腿或牵着成人的手来寻求成人的注意 ✦ 会用最喜欢的毯子或毛绒玩具帮助自己平静下来 ✦ 当父母离开时，会大声抗议 ✦ 能放松下来，同时拥抱一个熟悉的成人会让他们感到安慰 ✦ 能让别人清楚地知道他们的好恶	阿米莉亚整个早上都抱着她的泰迪熊玩偶。有时，她会模仿索菲亚老师的动作，拍拍玩偶的背，或者“喂它一瓶水”。当她累的时候，她用泰迪熊玩偶摩擦她的耳朵并吮吸她的拇指。	✦ 对学步儿的活动表现出兴趣 ✦ 为学步儿取得的成就感到骄傲 ✦ 让学步儿把你当作探索世界的安全基地 ✦ 让学步儿知道你理解他的感受，并尊重他 ✦ 学步儿需要大量的拥抱	✦ 提供成人用的，但尺寸适合儿童拿握的工具，如电话、盘子、钥匙等 ✦ 把学步儿和家人的照片贴在墙上 ✦ 把学步儿家人的照片塑封起来，以便随身携带 ✦ 把孩子们的照片制作成相册，并与孩子们一起讨论照片 ✦ 有成人座椅和安静、舒适的空间来抱孩子
18—24 个月（学步儿）			
✦ 开始能控制冲动行为，扔积木时会说“不，不，不” ✦ 在教师叫停时能停止他们的动作 ✦ 当父母来接他们时，不想停止玩耍 ✦ 当无法完成他们想做的事情时，可能会哭 ✦ 知道自己的名字，会用“我”和“我的”等代词	弗兰基爬上桌子，看着老师的眼睛，说：“不，不，不。”	✦ 保持你的幽默感，并理解学步儿有时候能阻止自己做某事，有时候不能 ✦ 尊重学步儿的强烈情感；轮流和分享是他们以后才能习得的能力，现在“我”“我的”是他们正在发展的强烈的自我意识的一部分	✦ 在视线所及的范围内，为学步儿提供自我探索的空间 ✦ 准备多份同样的玩具，以便一组中的几个孩子每人一个而不用分享和轮流 ✦ 允许学步儿带着自己喜欢的小毯子或者毛绒玩具等安慰物到幼儿园，同时提供一个可以抚慰他们心灵的安静空间

续表

发展	示例	师幼互动或亲子互动	环境
24—36 个月（学步儿）			
✦ 能独立玩耍，知道教师就在附近 ✦ 喜欢研究自己、朋友和家人 ✦ 会倾听教师的话语和语调，当教师谈论他们时，他们希望教师对他们感兴趣，并为他们的成就感到自豪 ✦ 需要明确且一致的规则；他们会忘记规则或挑战规则，但当你提醒他们并帮助他们遵守规则时，他们会感到安全 ✦ 会用语言来表达自己的感受，也可能打人或咬人 ✦ 会关心别人的感受，安慰伤心的人，或者给受伤的人贴上创可贴	琪琪抱着她的布娃娃去看墙上她家人的照片。她看着妈妈的脸，对着布娃娃低声吟唱。	✦ 建立清晰一致的常规，且不时提醒学步儿遵守常规，比如“不要咬人，否则会把他人咬伤” ✦ 给予学步儿充分的关注，让他们感到自己是被理解的 ✦ 积极回应学步儿玩耍的兴趣 ✦ 注意到学步儿在看什么和思考什么，并积极评论	✦ 把学步儿及其与家人在一起的照片贴在墙上，或者制作绘本，或者塑封好，方便学步儿拿着它们四处走动 ✦ 为学步儿提供安静游戏的空间 ✦ 班级常规和房间的布置是可预测的 ✦ 为学步儿提供一些有关讲述幼儿园、家人或友谊的故事书 ✦ 唱有关情感的歌曲

本章小结

自我调节能力、情感表达和依恋关系是自我意识与他人意识健康发展的核心。早期的情感学习与发展为后来的人际关系、学习与运动发展奠定了基础。

- 婴幼儿教师必须在回应婴幼儿的同时帮助他们习得自我调节能力，从而帮助他们放松下来，同时保持警觉和专注。教师可以通过拥抱、轻轻摇晃和允许婴幼儿吮吸手指来帮助他们学会自我调节，然后控制自己的反应。
  - □ 积极回应的成人通过调节婴幼儿的反应来与婴幼儿建立关系。
  - □ 气质影响婴幼儿应对世界的方式，气质具有9种特征，如活动水平、规律性、趋避性、情绪状态、反应强度、敏感性、适应性、注意力分散性和坚持性。按照气质特征可以把婴幼儿划分为容易型、迟缓型和困难型三类。
- 随着时间的推移，通过反复的互动，婴幼儿与他们生命中重要的成人建立了依恋关系。当他们冒险去探索周围的世界时，他们把成人作为安全和保障的来源。
  - □ 在人生的头3年，儿童开始对自己是谁以及别人如何看待自己形成一种内在的认识。
  - □ 婴幼儿在依恋关系中感受到的安全感水平（安全型、焦虑－矛盾型、回避型）为他们日后的人际互动提供了心理模型。
  - □ 在出生后的第一年，儿童就会学习他们所处社会的文化规范，了解人们如何强烈地表达情感，以及亲子关系中依恋的性质。
  - □ 婴幼儿具有强烈的情感。世界各地的婴幼儿以相似的方式表达情感和理解情感表达，尽管他们的情感表达能力受到早期经历的影响。
  - □ 婴幼儿借助他们所信任的人的面部表情，即社会参照，来判断某一事物的安全性。
  - □ 如果成人能帮助婴儿和学步儿缓解压力，他们就能够忍受压力甚至能从压力中成长。毒性压力来自可怕且长期的事物，会给大脑的发展带来危害。
  - □ 许多女性都经历过产后抑郁症，在某种程度上，她们在情感上无法与婴儿相处。

产后抑郁症往往不被发现，它会对婴儿和母子关系产生严重影响。

□ 有些父母无法与他们的孩子建立关系，因为他们从未有过亲密的关系，或者因为他们自己有创伤的经历。婴幼儿心理健康专家在儿童早期阶段的治疗是有效的。

- 婴幼儿的情感健康发展需要婴幼儿心理健康专家或者治疗师的促进、预防或干预服务。

反思与应用

反思的问题

1. 你如何看待自我调节能力是婴幼儿情感健康发展的基础？
2. 你如何能同时满足三四个婴幼儿的情感需求？

观察与应用

1. 观察一个婴儿和一个成人，婴儿的面部表情会成为他语言的一部分吗？
2. 去图书馆或书店看看适合婴幼儿阅读的图画书。你能找到教婴幼儿情感表达和成人如何在依恋关系中保护他们的图书吗？请在课堂上分享这些图书。

第 7 章

社会性学习与发展

学习成果

阅读本章之后，你将能够：

- 描述独特的气质和性别如何影响儿童的同伴关系；
- 准确了解儿童社会性发展的各个方面，如交流、游戏、亲社会行为、与同伴的冲突和特殊需要；
- 描述婴幼儿与同伴如何在具有回应性的师幼关系中获得社会和文化方面的发展；
- 阐述支持和增强婴幼儿同伴关系的项目质量。

在婴幼儿项目中，9 个月大的莱布龙紧紧抓住固定在墙上的扶手，努力地想要站起来。他看到旁边的另一个孩子，就伸手去拍他的头。他们相视一笑，但是由于他们的运动能力还处在发展之中，于是他们倒在彼此的身上，两个人都哭了起来。

一个 18 个月大的学步儿跑向教师，把各种各样的小玩具都倒在教师的腿上。另一个学步儿注意到了，立刻开始模仿同伴的行为。很快，另外 4 个学步儿也加入进来，他们在教室里一个接一个地跑来跑去，高兴地尖叫着，表达着快乐。

对成人来说，人际关系是快乐的源泉，是人类发展的核心。人际关系对婴幼儿也同样重要。婴幼儿是成人和同龄人的社交伙伴。他们喜欢运用声音、手势、表情和动作与他人进行互动。在充满爱的社交关系中，婴幼儿得以茁壮成长。他们渴望与他人在一起，并体验关爱和温暖彼此的感觉。在本章中，我们关注的是婴幼儿之间的互动和关系[1]，以及回应式师幼关系对婴幼儿同伴关系发展的重要性。

了解婴幼儿的同伴关系非常重要，原因如下。

- 与同伴在一起的经历有助于婴幼儿的社会性学习与发展，让他们了解自己和他人的文化。他们也可以从同伴身上学到那些无法从成人身上学到的东西。
- 与同伴在一起，有助于婴幼儿了解如何游戏、合作以及处理冲突。
- 超过 65% 的婴幼儿在家庭以外接受照护。和其他婴幼儿在一起是他们日常生活的一部分，他们可以享受与同龄人相处的快乐。
- 成人可以为婴幼儿社会性的良好发展铺设道路，也可能阻碍他们的社会性发展。健康的师幼关系或亲子关系有助于儿童亲社会行为的习得。不健康的师幼关系或亲子关系会影响婴幼儿。例如，当照料者管教严格时，易怒、难以安抚的婴幼儿更可能表现出攻击性行为，他们也更可能患有抑郁症或者具有较低的敏感性。以关系为基础的理论有助于我们理解，婴幼儿与成人最初建立的关系如何影响他们的同伴交往。
- 同伴关系是日后社交技能发展的基础。积极的早期社交经历有助于儿童日后拥有更好的社交技能。

婴幼儿有能力与成人、同伴建立牢固、积极的关系。本章所讨论的社会性学习和同伴发展主要涉及以下方面：

> 与同伴交流
> 以越来越复杂的方式与同伴游戏
> 发展亲社会行为
> 管理负面情绪，解决与同伴间的冲突

每个儿童都是有能力且独特的个体

每个儿童都是有能力且独特的个体。这些能力和独特性会影响婴幼儿的同伴关系，其中气质和性别具有重大的影响。

婴幼儿之间的同伴互动是人生最初几年的基本经验。

——马拉古兹（Malaguzzi）

气质

每个儿童的气质都会影响他与他人的游戏。气质的三个维度对儿童的社会性发展影响最大（见表 7.1）。其中，自我调节能力包括集中注意力，控制自己的行为，以及以社会可接受的方式表达强烈的情感。从消极到积极的情感是指儿童的情感基调。从害羞到外向的不同表现描述了儿童与他人相处的兴趣和技巧。

表 7.1　影响社会性发展的三个气质维度

维度 1：自我调节能力
维度 2：从消极到积极的情感
维度 3：从害羞到外向

真正的问题可能不是儿童的害羞、焦虑或极度外向，而是如何让他们学会控制和表达自己。

——菲利普斯（Phillips）

自我调节能力会影响儿童的社交互动质量。例如，如果一个儿童很难控制自己的情感，缺乏自我调节能力，他就会表现出更多的攻击性行为。然而，对学步儿来说，他们很难一直控制自己的情感，成人也不能指望他们能够做到这一点。然而，成人可以通过帮助学步儿学会等待（短时间）、用语言表达情感，以及在他们感到痛苦时安慰他们等，支持他们的自我调节能力发展。

大多数学步儿都能表达各种情感，但有些学步儿通常只能表达或积极或消极的极端情感。如果一个学步儿总是带着负面的情感，尤其是不希望别人靠近自己，那么他与同伴互动的机会就会大大减少。如果一个学步儿总是带着积极的情感，那么同伴就会乐于靠近他。

从害羞到外向这一维度描述了儿童是否想和别人在一起。精力充沛的儿童往往性格外向，善于表达，你应该能想象得出他们在教室里蹦蹦跳跳的场景。他们的兴奋是会传染的。他们很善于交际，但也会令其他儿童难以招架。这些儿童实际上可能比其他儿童更具有攻击性[2]。快乐的学步儿往往会吸引一群同伴，他们也往往处于领导地位，因此，也更有可能从同伴手中抢夺玩具或者与同伴发生冲突。所以，我们再次强调，自我调节能力很重要。如果这些精力充沛的儿童能控制自己的负面情感，他们就更有可能吸引同龄人的积极关注。然而，我们必须认识到，我们不能指望学步儿在任何时候都能控制自己的情感，他们还在学习如何控制情感。他们需要成人理解他们并帮助他们用语言表达情感。此外，当他们变得过于活跃或沮丧时，成人能帮助他们冷静下来。

与活泼外向性格形成鲜明对比的是拘谨内向。学步儿忙于且喜欢独自探索和游戏，但是我们并不能将他们的行为视为拘谨内向。拘谨内向的儿童看起来很害羞，不愿与同龄人交往，表现出焦虑情绪，有时候甚至害怕同龄人。他们可能远离其他儿童，或被其他儿童排斥[3]。成人过度严厉或者过度保护都会导致儿童的社交退缩行为，而温柔的鼓励可以帮助儿童变得不那么拘束[4, 5]。

如果在社交方面得不到支持和鼓励，这些学步儿在进入幼儿园后依然是拘谨内向的。我们不能因为拘谨内向的儿童平时很安静就忽视他们，也不要期望他们能迅速做出改变。他们可能因为害怕被拒绝而不和其他儿童交流。

婴幼儿的社交技能是在成人的帮助下发展起来的，但这种帮助不是侵入性的。当成人严厉地对待这些儿童时，他们会变得更加孤僻[6]。如果成人过度保护儿童，不鼓励他们与同伴进行友好互动，那么这些儿童就会认为世界是一个可怕的地方。你可以带着拘谨内向的儿童去社区，鼓励他与另一个儿童互动，或者鼓励他和你一起与其他几个儿童讲故事。随着婴幼儿的互动经验越来越丰富，他们将有机会模仿更复杂的游戏图式，并在安全的环境中再现它们。

性别

性别也会影响婴幼儿的社会性学习与发展。儿童的一些性别行为可能源于生物学上的遗传，也可能受环境的影响，或者是这两方面共同作用的结果。通常，男孩喜欢和男孩一起玩，女孩喜欢和女孩一起玩。你可能会问："这有什么问题吗？"为什么许多学步儿更喜欢进行"性别隔离"呢？表 7.2 列出的三种理论解释了儿童为什么想和同性别的孩子一起玩。

表 7.2　儿童渴望与同性别同伴游戏的三种理论

1. 认知和谐理论

当儿童清楚认识到自己的性别时，他们会高度重视与自己性别相关的事物。

2. 性别玩具偏好理论

儿童根据他们对玩具和活动的偏好而分组，他们和同伴因为选择相同的活动而互动。

3. 行为相容理论

具有同样游戏风格的儿童对彼此更有吸引力。

行为相容理论似乎是最合理的。具有相似游戏风格的同性别儿童更喜欢和彼此游戏。随着年龄的成长，他们对与同性别儿童游戏的兴趣更加浓厚，这一偏好在进入幼儿园和小学后更加明显。它对儿童了解自己所处文化中的性别角色有很大的影响[7]。

通过观察学龄前儿童，研究人员发现，男孩的游戏往往比女孩更粗野，有更多的身体接触。他们更倾向于在远离教师的地方玩低结构游戏，并听从同伴的指挥。他们更多地参与数学、科学游戏。女孩则更强调合作和使用促进合作的交流方式，更愿意在教师面前游戏，并愿意从教师那里得到更多的关注和指导。她们有更多的机会来调节和控制自己的行为与情绪情感。男孩和女孩的不同游戏风格使得他们在课堂上获得截然不同的学习体验[8, 9]。

你可以观察学步儿的游戏，看看这种性别隔离现象是否正在发生。你应该关注同一性别儿童的游戏或者不同性别儿童的游戏是否出现以下情况。

- 儿童的行为限制了他们学习各种技能的机会。
- 特定群体的儿童在一起时变得更具有攻击性。
- 儿童不喜欢成人在场。
- 儿童几乎不愿意和异性同伴游戏。

“尽管对儿童来说，培养自我意识并理解自己成为女孩或男孩的意义很重要，但成人必须帮助儿童认识到，女孩和男孩都不应该受到性别角色的限制。”[10]

另外，教师还要关注儿童是否正在形成这样的认识，即某些玩具只适合男孩玩，或某些玩具只适合女孩玩。例如，卡林妮可能拒绝男孩玩她的布娃娃，她认为，只有女孩才能玩布娃娃。如果发生这种情况，你就要告诉卡林妮，男孩和女孩都喜欢玩布娃娃，然后给他们提供这样的机会。鼓励儿童玩各种玩具的另一个策略是，展示男孩和女孩玩各种材料与玩具的图片。此外，你还可以选择并为儿童阅读那些挑战性别刻板印象的书籍，它们展现了男孩和女孩安静地玩玩具，或者在操场上奔跑嬉戏。然而，我们在市面上很难找到以女孩为主角的儿童读物。研究人员对 21 世纪的儿童读物进行了调查，发现“书名中，男孩出现的频率是女孩的 2 倍；作为主角，男孩出现的频率是女孩的 1.6 倍”[11]。

了 解 儿 童

> 莱塔伸手去摸她 9 个月大同伴卡拉的鼻子。卡拉静静地坐着，让莱塔轻轻地摸她的鼻子，然后伸出手来拥抱她。莱塔和卡拉轻轻地碰了碰彼此的鼻子，笑了笑，然后爬到一边去玩玩具。

当你仔细地观察婴幼儿时，你会发现他们有很多互动方式。随着年龄的增长，他们更加渴望与同伴游戏，游戏技能也相应提高了。他们的社交能力变得更强，能够进行令双方都满意的社交活动。他们学习如何与他人交流，会与朋友分享快乐的时刻，并逐渐学会使用许多社交技巧，举例如下：

- 提供东西
- 在一旁游戏
- 接近同伴
- 发起游戏
- 变得友善
- 安慰他人
- 帮助他人
- 展示玩具

> 拥抱

> 表现出同理心

> 为喜爱的成人和同龄人辩护

儿童之间的互动和游戏有助于他们的语言、自我概念和感知运动思维的发展。

——波多娃和李昂（Bodrova & Leong）

首先，我们着眼于婴幼儿与同伴的社会互动，然后思考在社会性发展方面有特殊需要的儿童。

同伴间的社会互动

婴幼儿社交能力的发展经历许多阶段。有时候，他们对学习如何与同龄人交往兴致勃勃。有时候，协调“自己”和“他人”对他们而言很困难和具有挑战性，所以同伴之间经常爆发冲突。

一个婴幼儿伸手去安慰另一个孩子，但 5 分钟后，他可能咬这个孩子一口，也许是因为一时的快乐情绪，也可能是因为这个孩子拿走了他的玩具。然而，在生命的头 3 年，儿童学会了许多社交技巧。

本章末尾的“发展趋势与回应式互动表”展示了儿童的同伴交往能力发展的顺序。通过观察婴幼儿的 4 种能力发展，我们可以更仔细地思考表格中重点呈现的许多里程碑。在生命的头 3 年里，婴幼儿逐渐能够：

- 与同伴交流；
- 以越来越复杂的方式与同伴游戏；
- 发展亲社会行为；
- 管理负面情绪，解决与同伴间的冲突。

当生命的头 3 年结束时，儿童在社会领域仍然有很多需要学习和探索的东西。成人需要知道，婴幼儿渴望并能够成为良好的社交伙伴；在他们的帮助下，婴幼儿可以获得坚实的社交技能基础。

与同伴交流

学步儿拥有各种各样的沟通技巧，他们运用这些技巧开启和维持与其他儿童的互动。他们或直接邀请，或通过声音、动作、笑声吸引其他儿童参与游戏。

身体语言。在学会说话之前，学步儿会使用身体语言进行交流。法国研究人员蒙塔格纳（Montagner）[12] 发现，“每个儿童都会使用并读懂身体语言”。

派因斯（Pines）[13] 指出，蒙塔格纳发现儿童主要有以下 5 种非言语交流方式。9—12 个月大的儿童就开始使用它们了。

1. 抚慰他人或依恋他人的行为：为其他儿童提供玩具，轻轻地触摸或爱抚其他儿童，原地跳跃，拍手，微笑，伸出手讨要东西，用手托着其他儿童的下巴，头靠在其他儿童的肩上，身体侧向一边，左右摇摆，或者以一种不具有威胁性的方式发声。

2. 威胁性行为：通常会使目标儿童产生恐惧感、想要逃跑或哭泣，如大声喊叫、皱眉、咬牙切齿、张大嘴巴、用手指向另一个儿童、握拳、举起手臂、头向前倾、身体前倾等。

3. 攻击性行为：手脚并用地打、抓、捏、咬、扯其他儿童的头发或衣服，摇晃、撞倒其他儿童，抓住其他儿童的东西或向他们扔东西。

4. 恐惧和退缩的姿态：睁大眼睛，眨眼，用胳膊保护自己的脸、头，身体后倾，逃跑，在遇到其他儿童后哭泣。

5. 表明被孤立的行为：吮吸拇指，揪头发或耳朵，吮吸玩具或毯子，在离其他儿童很远的地方站着或者坐着，蜷缩成胎儿的姿势躺着或独自哭泣。

在组合使用不同的身体语言方面，婴幼儿存在很大的差异。当婴幼儿能够更多地使用抚慰他人的身体语言时，他们在同伴交往中就能获得成功，成为同伴中的领导者。只有在必要的时候，这些儿童才会使用威胁性行为来捍卫自己的权益。学步儿能够快速“读懂”其他儿童的行为，回避或者躲开那些经常具有攻击性的儿童。婴幼儿的这些行为表现，让我们对他们的非言语沟通能力有了新的认识。

同伴之间的对话。对学步儿来说，他们通常很难知道什么时候该轮到自己说话，什么时候该用轻柔或响亮的声音说话，以及如何用语言提出请求、要求或问题。他们似乎不介意对同伴说些什么。一位科学家在挪威的一个婴幼儿项目中观察了婴幼儿在进餐时的对话，发现“2 岁的儿童正试图解决生活中的问题”[14]。他们谈论问题，表达愤怒、恐惧、失落和渴望等。例如，一个儿童给同伴讲述了一个关于圣诞老人的故事，他说：“沮丧的圣诞老人在那里。”这些年幼的儿童也会为谁来讲述故事而争斗。将近 3 岁的阿尼举起拳头，对另一个儿童喊道：“我来说。”不久，这个儿童怒气冲冲地对阿尼说：“我来说。”两个儿童吃饭时发生的这一冲突一直延续到他们的游戏中。无论是否有成人参与其中，同伴之间的交流都对婴幼儿的学习有很大的帮助。

随着对话的继续，婴幼儿会逐渐适应并发展语言的含义。他们通常会在小组讨论中与教师、同伴一起对话或讲故事。通过深思熟虑地提问和评论，教师通常能够帮助儿童从“此时此地”（发生的事件）转移到“彼时彼地”（不存在的事件）。通过反思儿童的语言以及他们与同伴的对话，教师可以了解儿童的文化以及他们与成人、同伴的关系。当你和大一点的婴儿或学步儿在一起时，你会发现，“偷听”他们的对话是一件很有趣的事情，可以更多地了解他们的社交兴趣和技能。

与同伴游戏

学会与他人游戏是另一项重要的技能。随着年龄的成长，儿童会参与更复杂的游戏互动。研究人员试图通过制定一个量表来捕捉婴幼儿游戏互动经验的发展。

1932 年，米尔德雷·帕腾（Mildred Parten）[15] 确定了婴幼儿游戏的各个阶段，包括独自游戏、平行游戏、联合游戏和合作游戏。

卡罗尔·豪斯（Carolee Howes）在 1980 年研发了同伴游戏量表（见表 7.3），进一步扩展了帕腾的研究，并在更早的年龄段发现了更复杂的游戏。与帕腾一样，豪斯也确定了平行游戏阶段。不过，她增加了“相互注意的平行游戏”阶段（即一个儿童在游戏时对另一个儿童有所意识的阶段），即第二个阶段。第三个阶段为简单的社交游戏阶段，描述了儿童如何轮流游戏（如追逐打闹游戏）。当儿童一起为一个共同的计划而努力时，他们就参与了达成共识的互补互惠游戏中。

在“互补互惠的社交游戏”阶段，儿童既是领导者又是追随者 [16]。使用修订后的同伴游戏量表，豪斯和同事观察了 48 个从婴儿期到学前班的儿童。他们发现，超过一半的儿童在 13—15 个月时参与了互补互惠的社交游戏，几乎所有儿童在 19—23 个月时都能成功地进行这类游戏。超过一半的儿童在 30—35 个月时参与了合作性假装游戏 [17]。在这类游戏中，孩子们扮演互补的角色（比如，一个孩子假装是狗，另一个孩子假装是猫）。这些发现告诉我们，即使在婴幼儿阶段，教师也可以提供和期待不同类型的游戏。

表 7.3 豪斯的同伴游戏量表

12—15 个月：平行游戏

平行游戏（在旁边游戏）包括进行眼神交流或社交互动（如 A 大声说，B 微笑）。

15—20 个月：相互注意的平行游戏

儿童在参与相似游戏的同时，轮流进行社交活动（如在沙箱里挖洞的时候，A 对 B 微笑，B 发声回应）。

20—24 个月：简单的社交游戏

双方轮流使用对方的动作（如追逐游戏、来回地滚动球）。

24—30 个月：达成共识的互补互惠游戏

孩子们有一个共同的计划，双方的行动是一体的（如在共同建构积木的过程中，双方都打算让卡车在下面驶过）。

30—36 个月：互补互惠的社交游戏

游戏中分化出了领导者和追随者角色（如在共同建构积木时，A 负责指挥建构，B 负责传递积木）。

婴幼儿的亲社会性发展

18 个月大的明妮正在哭泣，2 岁的玛丽萨跑向她，轻轻地拍了拍她的脸颊，就像妈妈以往对她做的那样。听到萨姆或马克喊“救命”，另一个小伙伴立马跑过去帮忙。15 个月大的伦尼邀请教师吃他的苹果酱。当乔的手指卡在几块积木中间疼得他发出一声大叫时，艾利森显得很担心，他跑过去拽着教师的腿，然后回头看着乔，好像在说：“快去帮帮乔。”

我们知道，婴幼儿正在学习如何进行社会交往。因此，当他们在一起的时候，他们可能会咬人、打人、抓人、推人。然而，婴幼儿也会表现出亲社会行为，给予帮助，通过面部表情或手势表达同情。婴幼儿会拥抱、轻拍同伴，表现出关心的样子，也经常会把自己的食物分享给别人。如果你知道婴幼儿存在亲社会行为并不断地鼓励他们，你就可以观察到他们的很多亲社会行为。有两项研究可以帮助成人从全新的视角看待学步儿，并观察他们的亲社会行为。

1936 年，一名研究人员对 2 岁儿童的同情心进行了研究，并观察了他们的同情行为，包括轻拍、拥抱、亲吻、扶起跌倒的儿童，或者在另一个儿童无法让秋千摆动起来时帮忙推秋千[18]。另一项重要的研究是在 20 世纪 70 年代进行的，研究人员主要关注年幼儿童的同情心和其他亲社会行为[19]。通过对 10 个月至 2.5 岁儿童的观察，以及在阅读了父母忠实地保存了 9 个月的记录后，研究人员记录了儿童对他人表现出同情心的许多例子。令他们吃惊的是，早在 1 岁的时候，一些儿童就试图安慰哭泣或疼痛的人。他们通过温柔地触摸、依偎和拥抱来试着让不快乐的人心情好转。少数情况下，他们会把自己的奶瓶或食物送给筋疲力尽的父亲或悲伤的母亲。有一次，一个婴儿甚至试图保护母亲免受比他强大得多的力量的伤害。在医生的办公室里，当医生用棉签擦拭这位母亲的喉咙取样时，这位母亲发出了一个窒息般的声音，她还不到 1 岁的孩子伸出了手，试图从医生手中夺走棉签。

18 个月大时，一些学步儿在安慰另一个儿童时表现得极具创造力。他们首先把玩具和食物分享给哭闹的儿童，然后赶忙把一个成人拽过来帮助哭闹的儿童。然而，婴幼儿的亲社会行为并不总是能起到安慰他人的效果，因为他们的这种行为往往反映了他们自己的需求，而不是他人的需求。比如，黏糊糊的奶嘴、咀嚼过的食物可能并不是成人或其他儿童想要的安抚物。然而，这些礼物代表着婴幼儿做出的最大“牺牲”，应该得到被馈赠方的感恩。扎恩－瓦克斯勒、拉德－亚罗和金（Zahn-Waxler，Radke-Yarrow，& King）[20]通过研究指出，家长在促进儿童的亲社会行为方面所采用的策略，同样有助于教师。

父母培养学步儿亲社会行为的策略

要想培养儿童的亲社会行为，父母应该采用以下策略。

- 帮助儿童看到自己的行为以及这些行为如何影响他与其他儿童的关系。例如，“你戳了戳他，这让他很疼。”
- 向儿童解释为什么应该或不应该以某种方式行事。仅仅说“不”或“停止”而不提供任何额外的信息并不能帮助儿童变得友善。相反，它只能教会儿童在面对他人的痛苦时不作为。
- 教导儿童做出正确的行为，而不是咬人、打人等。父母教导儿童时可以说：“你可以说‘停’。”“轻轻地拍——这样彼此的感觉都会很好。”
- 对儿童和蔼可亲，并拥抱、亲吻和安慰他。同时，为他准备创可贴和擦拭鼻涕的纸巾。儿童会模仿父母，并对同龄人表现出相同的亲社会行为。
- 当看到别人处在困境中时帮助别人。如果父母无法提供帮助，例如，一个儿童在杂货店里哭了，而那个儿童的妈妈已经在安慰她了，那么父母就要和自己的儿童谈论这件事：“是的，她在哭，她很伤心，因为她在车上受伤了。她妈妈的安慰让她的心情好多了。”

我们经常听到“可怕的 2 岁”这个词，它被用来形容学步儿。然而，当前的研究指出，学步儿能够亲社会，他们也有能力选择具有亲社会性的人。

婴幼儿选择具有亲社会性的人。婴幼儿有能力区分对他们好的人和对他们不好的人。在一项研究中，研究人员[21, 22]让 3 个月、6 个月和 10 个月大的婴儿观看木偶戏。木偶戏中有三个木偶，木偶 2 帮助木偶 1 打开盒子，而木偶 3 跳到盒子上，阻碍了木偶 1 打开盒子。看完节目后，婴儿可以自由选择拥抱乐于助人的木偶还是捣乱的木偶。令大家吃惊的是，婴儿能够做出亲社会性的判断。大多数 6 个月和 10 个月的婴儿伸手去拥抱具有亲社会行为的木偶，甚至 3 个月大的婴儿在观察了一段时间后也表现出对具有亲社会行为木偶的偏好。结论是，婴儿更喜欢亲社会的人而不是反社会的人。你可能注意到，婴儿会避开不那么友善的成人。

然而，8 个月大时，婴儿表现出更为复杂的社会判断能力。他们会拥抱那些不帮助反社会性木偶的木偶。到学步儿阶段，他们会成为更熟练的“法官”。在观看了类似的木偶戏后，14 个月大的学步儿对与自己有相同食物喜好的木偶很友好，对喜欢不同食物的木偶不友善。这种能力很有价值，因为婴幼儿需要认识那些和他们具有相似特征的人。它还提醒我们，很小的孩子就能做出社会判断。随着年龄的增长，他们开始理解和欣赏别人可能有不同的偏好。我们希望他们善待与自己喜好不同的人。

学步儿帮助他人，表现出同情心，并安慰他人。儿童似乎天生就乐于助人，外在的奖励可能会破坏儿童的这种内在冲动[23]。2 岁时，儿童的亲社会行为增加，因为他们能够理解其他儿童和成人的情感与观点。

在生命的第二年，学步儿开始形成心理理论，他们对他人的痛苦表现出同情。此时，学步儿开始知道别人有与自己不同的感受、想法和欲望。例如，婴幼儿项目中的学步儿可以安慰彼此。一名学步儿教师讲述了这样一个故事：26 个月大的朗尼很伤心，她坐在地板上紧紧地抱着自己最喜欢的毛绒兔子。卢卡斯和另外两个孩子看到朗尼很伤心，就坐在她旁边的地板上，伸出手轻轻地抚摸她。一个孩子说：“她很伤心。”另一个孩子走近朗尼，歪着头问她：“你怎么了？你没事吧？”第三个孩子跳了起来，说：“她喜欢贴纸。”于是，她给朗尼拿来贴纸，让她的心情变好一点。这些孩子通过思考他人的需要获得了成长，“他们努力想弄明白怎样做才能让朗尼的心情变好”。拿到贴纸后，朗尼大声说：“我现在好了。”这些学步儿找到了方法来安慰处于困境中的朋友。

学步儿学习合作。随着年龄的增长，学步儿在某项任务上相互合作的能力也会提高。这对学步儿来说是一个非凡的成就。例如，研究人员展示了一个玩具，两个学步儿只有从玩具

的两边拉动把手才能让玩具动起来。大多数 27 个月大的学步儿可以合作操作玩具。然而，对 19—23 个月大的学步儿来说，即使成人向他们示范了如何合作并提醒他们注意任务目标，他们也不能合作完成[24]。尽管婴幼儿项目中的儿童彼此非常了解并有动力去完成任务，比如合作提一桶水来填满水桌，但是我们仍然想知道并观察他们如何合作。

学步儿体验喜悦。看到学步儿在一起大笑，是一件非常有趣的事情。他们正在体验快乐[25]。这种快乐、幸福和笑声可能发生在游戏的时候，也可能发生在不那么适宜的时候，比如进餐时。不过，我们应该为孩子们的笑声而感到高兴。他们正在交朋友，也正在欣赏彼此。

学步儿与同伴建立友谊。学步儿会与同伴建立友谊。当两个人在彼此身上展现出在其他关系中既没有表现出来也没有被激发出来的品质时[26]，友谊就建立了。学步儿会以多种方式展示他们的友谊（见表 7.4）。例如，一个 15 个月大的学步儿每次看到好朋友来到婴幼儿项目时都会非常高兴，一个 18 个月大的学步儿跑到客厅的另一头去迎接一位来访的朋友。

表 7.4　一段关系就是一段友谊

当满足以下条件时，学步儿之间的关系就被认为是友谊：

- 经常在一起游戏；
- 经常玩“躲猫猫”和“追逐打闹”游戏；
- 彼此充满深情，并期待着见到对方；
- 在看不见对方的时候会想念对方。

我们甚至在 1 岁儿童的身上观察到了友谊。

研究人员在观察了两个学步儿（一个 13 个月，一个 14 个月）后得出结论：“总的来说，学步儿表现出对朋友的强烈偏好，以及相互的爱和高度的欣赏。他们会用身体表达对彼此的感情。”[27] 研究人员分享了下面的案例，说明朋友之间是如何打招呼和回应对方的。

> 埃米莉用拥抱和亲吻迎接凯蒂。埃米莉走到凯蒂面前，坐在她正前方的地板上，对凯蒂说：“嗨。”凯蒂也和埃米莉打招呼，然后两人都笑了。埃米莉给了凯蒂一个大大的拥抱，紧紧地抱着她，整个下午她不停地叫着凯蒂的名字。

当好朋友离开婴幼儿项目或者换到另一间教室时，学步儿会为此感到悲伤。

玛丽亚和莉莎在同一家托儿所接受照护服务。她们每天都互相打招呼，经常在一起玩，显然都非常喜欢对方。然而，因为莉莎的妈妈工作时间改变了，莉莎上托儿所的日子和玛丽亚的正好相反。玛丽亚因为不能每天看到她的朋友而感到悲伤。她走到书架边选择莉莎常看的书——《关于我的一切》(*All About Me*)，躺在地板上看莉莎的照片。

教师可以通过亲社会策略为婴幼儿提供榜样。耐心且温柔地对待婴幼儿的教师会发现，婴幼儿也会耐心温柔地对待同伴。婴幼儿的这一亲社会行为表明，他们每天都能从他们喜爱的成人那里得到回应。

同伴间的冲突

卡丽莎蹒跚着走向她最喜欢的朋友本，用手臂抱着他的头。本抗议，试图从卡丽莎的手臂中挣脱出来。随后，卡丽莎紧紧地抓住两个玩具电话，本用尽全力想从她手里夺走一个。当天晚些时候，卡丽莎把她的布娃娃递给本抱着，然后又迅速地把布娃娃从本的手里夺回来。

我们知道，只要年幼的孩子们在一起，冲突就会发生。他们正在学习管理情绪，用语言表达需求，理解“我的”和“你的”以及“分享”和“轮流”的含义。在成人的支持下，婴幼儿在处理负面情绪、同伴冲突方面可以取得很大进步。

只要家里或者班里有两个或两个以上的儿童，那么每天都会发生很多冲突。他们有时给予，有时索取。有时，他们会分享彼此的玩具、食物和时间。有时，他们不打算与他人分享任何东西。例如，他们会说“我的”“不”，会紧紧地抓住教师并把其他儿童推开，会死死地抓住刚才被他们扔在角落里的玩具不放。他们正在学习与他人进行社会交往，同时遵循着“学步儿物权法则”。

学步儿物权法则

如果我喜欢它，它就是我的。

如果它在我手里，它就是我的。

如果我能从你手中夺走它，它就是我的。

如果我刚刚拥有过它，它就是我的。

如果它是我的，它无论如何也不能变成你的。

如果我在做或建造什么东西，所有的部件都是我的。

如果它看起来像我的，它就是我的。

冲突可能与社交能力有关。婴幼儿在进行社会交往时，冲突随时可能发生。当他们想要一起游戏时，冲突和攻击性行为就会增加。冲突和攻击性行为在儿童 2—3 岁时达到顶峰，然后下降。冲突可能与儿童的同伴交往能力高低有关。事实上，研究表明，社交能力强的儿童可能被卷入更多的冲突。

冲突不同于攻击性行为。首先，社交能力强的儿童不孤僻，也不好斗，在游戏时非常自信，经常是游戏的核心人物。这反而让他们有更多的机会与同龄人发生冲突。其次，年幼的儿童在与同龄人的冲突中学习有价值的技能。他们学习谈判和自我调节的技巧，以防止冲突升级或干扰游戏。因此，冲突可以在儿童的社会性发展中发挥积极的作用。本书第 14 章分享了年幼儿童冲突的本质和教师支持他们解决问题的策略。

你可能观察过一些学步儿，并注意到一些儿童似乎比其他儿童更有统治力。他们可以拿走玩具，但其他儿童不会抗议。处于主导和支配地位的儿童往往是游戏中的领导者，他们很容易与环境互动；处于从属地位的儿童则不然，至少是当处于支配地位的儿童在场时是这样的。研究人员发现，身体更强壮、更成熟、认知能力更强、目标更明确的学步儿似乎比其他学步儿更具控制力。这也适用于那些在特定群体中有更多社交经验的儿童。通常，女孩比男孩更占优势。在被观察的儿童中，1.4—3.2 岁儿童的发育成熟度是预测他们是否具有统治力的强有力因子[28]。

有趣的是，一个学步儿与某一个同伴在一起时可能处于支配地位，但在与另一个同伴在一起时则不然。可见，学步儿的行为会根据同伴的行为而发生改变。学步儿对待同伴时会因人而异，他们会根据同伴的行为来调整自己的行为。

研究人员在 19 个月大儿童的身上就发现了这种支配性行为，这可能会阻止攻击性行为的发生。作为一名教师，你可以使用本章前面关于亲社会性发展一节中列出的策略，帮助总是处于支配地位的学步儿成为自信而和善的领导者。你也可以支持总是处于从属地位的学步儿在同伴关系中变得更加自信，发现这些儿童的优势，并帮助他们在与强势的同伴游戏时使用这些优势。

理解同伴间学习与发展的丰富性

教师可以通过观察、记录和反思来理解和欣赏同伴间学习与发展的丰富性。教师应仔细观察每个儿童，以了解每个儿童想要实现什么（如目标、策略），以及他们如何思考自己的经验和理论。

研究人员在 6 个月的时间里每月一次观察了 6 个 18—36 个月大的儿童，从而了解他们活动的意义[29]。这些学步儿的社交目标是和彼此待在一起，采取的策略是一起行动。他们通过移动身体或一起在房间里移动来建立联系，其实是在用身体而非言语进行对话。他们的理论可能是“如果我追随你，我就能继续和你在一起”。在这个研究中，研究人员了解了领导和跟随对学步儿社交关系的发展意味着什么。

记录儿童每时每刻的社会行为，有助于教师理解儿童的社交能力和他们的需求。在一起玩玩具之前，学步儿可能需要一起在教室里走动、“交谈”。当他们轮流成为领导者和追随者时，他们会表现出互补互惠的行为，意识到彼此的存在，并享受彼此互动的快乐。

我们从这类观察中了解了学步儿。明智的成人应为学步儿提供充足的机会，让他们通过移动身体进行对话，而不是阻止他们移动。

研究人员在对婴幼儿项目中的 2.5—3 岁学步儿进行仔细观察后，揭示了学步儿的另一能力。他们发现，学步儿能够对同伴的行为做出预测。下面的案例显示，一些学步儿认为迈克尔会在游戏中伤害他们。

> 迈克尔 2 岁了，他所在的教室里有大约 12 个学步儿。这天，他拿起木琴旁的一个小锤子，开始来回地摆动锤子，并在房间里快速地移动着。其他儿童注意到他都分散开来，想要离开正在挥舞锤子的迈克尔。迈克尔朝着那个装着他们外套的木制储物柜走去，有两个儿童正坐在储物柜下面的地板上玩耍。迈克尔一坐下，那两个儿童就跑开了，显然是为了躲避迈克尔。

迈克尔平时的粗暴无礼导致班里的其他学步儿认为，“只要见到迈克尔，要么迅速离开，要么受伤”。迈克尔学会了一种与同伴相处的方法，也许这就是他的人际关系理论。然而，不幸的是，这个理论并不能帮助迈克尔交朋友，也不能帮助他建立有益的同伴关系。他需要成人帮助他学习更好地与同龄人相处的技巧。否则，他将继续使同伴感到害怕，不愿与他游戏。

研究人员所做的另一次观察强调了记录和反思学步儿的同伴互动，有助于了解学步儿的行为目标。

贾森将 3 个装满了彩色水的塑料瓶送给了他的同伴，几分钟后，他又坚持要把它们收回来。当然，已经拥有了这些彩色水瓶的同伴们并不想把它们退回去。贾森伸手去拿瓶子，他哭了起来，向教师求助。教师对贾森说："你能和朋友们分享瓶子真是太好了，分享使你的朋友们感到快乐"[30]。

在记录这个例子后，教师认为贾森并没有分享，至少和成人分享的方式不同。他把东西分发给其他人，让他们拿一会儿，但他希望他们在他需要的时候再把瓶子还给他。

教师和家长可以反思：贾森的目标是什么？他采用了什么策略来实现目标？他如何看待人际关系的作用？他的目标似乎是让同伴拿一会儿瓶子，然后再把它们还给他。他的策略是把瓶子分发给同伴，然后让他们知道是时候把瓶子还给他了。他关于人际关系的理论可能是，当你给别人某样东西时，如果你还想要回它，他们就应该还给你。这种情况可能经常发生在他与父母之间。当他想要玩具时，父母比同龄人更愿意把玩具还给他。

这些例子说明了如何记录学步儿之间丰富的同伴互动，然后反思这些观察结果，从而用全新的眼光看待儿童的行为。婴幼儿的成长是令人惊叹的。之前我们认为消极的婴幼儿行为，现在则被视为婴幼儿社交能力发展过程中的必经步骤。有特殊需要的儿童和正常发育的同龄人之间也会进行丰富的同伴互动。

有特殊需要的婴幼儿

有特殊需要的婴幼儿在社会交往和人际关系方面经常发展迟缓。成人应支持和鼓励这些儿童与同龄人进行社会交往。

特雷弗是其所在婴幼儿项目的第一个有残障问题的儿童。他患有脑瘫，18 个月大时，他学会了爬行，并用声音而不是语言来交流。

教师们认为，他很脆弱，需要保护，不能受环境中的任何人和东西的伤害。因此，他们让他远离其他学步儿，吃饭时把他固定在婴儿座椅上，游戏时把他抱在腿上。

特雷弗在班里感到非常孤独。其他学步儿不停地做着有趣的事情，从房间的一边跑到另一边，看谁跑得最快。他们互相模仿对方的声音，一次比一次响亮。

看着其他小伙伴游戏、奔跑和唱歌，特雷弗对教师没能让他加入其中而感到越来越沮丧。有时，他会从远处加入小伙伴的模仿游戏。当肢体不受限制时，他开始抓住机会爬到或走到其他儿童身边。他的动作越来越快，目标也越来越明确。特雷弗无时无刻不想接近其他儿童，做他们正在做的事情[31]。

成人可以鼓励有残障问题的儿童和正常发育的儿童进行社会交往。教师可以尝试以下做法。

- 记录这些儿童喜欢与同龄人进行哪些互动，并鼓励这类互动的进行。
- 将婴儿并排放在地板上，便于他们互相观察。
- 提供一样的玩具，并鼓励孩子们一起玩。
- 提供能促进社交互动而不是独自游戏的玩具和活动，比如一个装满球、水和沙子的大箱子（确保这些球足够大，不会让儿童把它们放进嘴里）。他们也喜欢在一张大纸上画画。
- 提供一些具有吸引力的玩具，如新玩具，然后，帮助这些儿童向同龄人展示如何使用这些玩具。
- 将这些儿童的注意力集中在其他儿童的行为上，从而激发他们模仿他人的兴趣。如果其他学步儿正在拍桌子，那么你可以一边说“拍，拍，拍”，一边向儿童演示如何用手拍桌子。
- 为这些儿童寻找一种方法，让他们可以用语言、手语或设备进行交流，并向其他儿童解释该儿童发出的“信号”。例如，对没有残障问题的儿童说：“他说‘嗨’，你能回应他吗？”“她真的在看那个布娃娃，你能把布娃娃递给她吗？”
- 向儿童描述他和小伙伴们的相似之处而非不同之处，比如，“看，萨拉喜欢各种形状的盒子，就像你一样。”
- 鼓励学步儿帮助这些儿童，比如，帮他打开水龙头，或者把玩具递给他。然后，指出被帮助的儿童是多么的快乐。

使用这些策略有助于创设温馨和谐的环境，让婴幼儿学会看别人的长处而不是缺陷。

在成人 – 儿童关系中学习

第 6 章讨论了亲子关系对婴幼儿情感发展的重要性。成人与儿童的关系也会影响婴幼儿与同龄人相处的方式。婴幼儿在与成人的相处中了解了如何与他人互动，也了解了他人如何对待他们。婴幼儿也会将习得的这些信息应用到同伴关系中。

文化影响着父母和孩子如何看待社会交往的价值以及如何与同伴相处。

文化：在人际关系中学习

> 正是通过与他人互动，儿童了解了文化是什么，以及它是如何塑造他们的世界观的。
>
> ——布鲁纳（Bruner）

儿童的社会交往经历因文化而异。在莱塔和卡拉所处的文化中，成人重视儿童之间的互动。这种信念影响了她们的父母，最后双方父母一起找到一家家庭托儿所，以便莱塔和卡拉白天可以在一起。家长和家庭托儿所的教师都坚信，儿童需要进行同伴互动，需要学会一起游戏。在他们的文化背景中，父母鼓励儿童不要害羞，并且当儿童出现社交抑制情况时，他们会感到担忧。

意大利的许多家长也坚信儿童早期与同伴建立友谊的重要性。婴幼儿项目“被视为具有促进所有儿童成长和发展潜力的日常生活环境”[32]。父母希望儿童具有社会互动经验，也希望教师支持儿童的社交能力发展。

然而，在有些家庭中，害羞和社交抑制被认为是有益的。这些家庭可能希望儿童和家人在一起而不是和同龄人在一起，尤其是在学步儿时期。因此，教师要与家长交谈，以发现对他们来说什么是重要的。

尊重、反思与联系

尊重：尊重家长对儿童成长所设立的愿景与目标。尊重儿童根据自己的文化和性格与世界互动。

反思：反思如何有效地与家长沟通，如何满足儿童的需求和兴趣，以及如何发挥儿童的优势。

联系：以有利于儿童、家长和你自己的方式做出回应。

- ◎ 与家长分享信息。
- ◎ 询问家长的文化背景、喜好以及家长和儿童的日常需求。

- ◎ 与儿童和家长建立积极的联系，包括：经常交谈、积极地谈论儿童、与家长分享儿童的一日生活。
- ◎ 创设支持儿童的文化和个性的人际环境与物理环境。

文化近观

格蕾西勒是早期开端计划项目的一名教师，她所在的混龄班里有 8 个儿童，其中两个是学步儿，一个叫基兰，一个叫艾塞。基兰几乎不与其他儿童靠近，他更喜欢一个人玩。当其他儿童走近他时，他显得很尴尬或害羞。然而，他专注于自己的游戏，可以长时间地玩玩具，甚至可以拼出有 10 个拼图片的拼图。艾塞的身体很强壮，当他被另一个儿童撞到或者当他想要其他小朋友的玩具时，他就会举起拳头威胁对方，有时还会推其他儿童。如果另一个儿童拿走了他的玩具，艾塞会马上把玩具抢回来。这天，艾塞一把夺过基兰的玩具，把基兰推开，然后带着玩具跑了。基兰看起来很伤心，不过，后来他又拿了另一个玩具玩儿。格蕾西勒决定将这件事情告诉基兰的父母。

基兰的父母说，他们希望孩子平和、善良。他们不担心基兰独自游戏，或不主动和其他儿童玩儿。他们想让基兰表现出自制力，不要伤害任何人，即使是另一个儿童伤害了他。艾塞的父母，其中一人年幼时曾受到同伴的霸凌，他们不希望他们的孩子也成为被霸凌者。他们希望他有主见，能够捍卫自己的权益。艾塞的父母担心他拿走其他儿童的玩具；然而，当另一个儿童拿走他的玩具时，他们很高兴艾塞为自己挺身而出。格蕾西勒意识到，家长的育儿观反映了家庭有关个人主义和集体主义的文化信仰。面对这样的情况，你会怎么做？

与成人的关系

婴幼儿与家长、教师、其他成人和同伴的关系，为婴幼儿的游戏、亲社会行为、冲突解决以及同伴互动提供了支持。成人为他们提供安慰，与他们分享快乐，教他们“温柔地触摸”或“说‘我想和你一起玩’”，同时为他们提供游戏、活动和互相了解的机会。

当儿童与父母建立了安全、温暖和令人鼓舞的关系时，他们更有能力成为其他儿童的同伴。他们希望同伴在情感和身体上能与他们亲近。他们知道人际互动的基本要素，并且自我感觉良好。他们觉得探索环境以及与同伴互动是安全的。他们的同伴互动技巧越来越熟练。他们知道与其他成人、同龄人的关系是有益的，值得追求。

当婴幼儿对家长持消极或排斥的态度时，他们就会将这些态度带到同伴关系中。例如，当父母经常打孩子时，孩子对同伴就会表现出攻击性行为[33]。

记住，影响亲子互动的因素有很多，比如孩子的先天气质、来自外部的其他挑战，等等。家庭支持系统可以帮助家长，让他们对孩子的需求更加敏感，从而促进孩子的发展。例如，非安全型依恋儿童如果在 15 个月大时开始接受高度敏感的母亲的照顾，就会在 3 岁时有更好的社交、行为和语言表现[34]。

在照护关系中学习

家长和教师可以运用很多策略来帮助儿童提高与同伴交往的技能。这些策略有助于成人与儿童以及儿童与同伴之间建立良好的关系。在这里，我们阐述了其中几种策略。

1. 提供持续性照护。把 0—3 岁婴幼儿聚集到一起可以促进他们之间的友谊。相比不熟悉的人，彼此熟悉的同伴更有可能积极地发起游戏，进行更复杂的互动[35]。持续性照护（儿童从出生到 3 岁一直由一个或多个照料者照护）对婴幼儿学习社交技能很重要，它有助于教师和儿童之间建立起更多的信任关系。在持续性照护中，婴幼儿将更积极地与同伴互动，减少攻击性行为和消极情绪，提高认知和语言技能[36]。

2. 让婴幼儿在丰富的环境中有机会共处。如果婴幼儿可以自由选择活动，那么他们往往会选择靠近彼此，学习如何一起解决问题、帮助他人。如果教师把儿童从一个活动转移到另一个活动，或者只提供由教师主导的活动，那么儿童就很难与他人互动。

3. 支持积极的社交行为，进行评论，并鼓励婴幼儿继续关爱同伴。当一个婴儿或学步儿拿出一个玩具或轻拍另一个儿童来安慰他时，要使用明确的语言表扬他。教师可以与学步儿谈论分享、关心、给予、帮助、安慰、爱和慷慨等词语。学步儿在学习这些词语的同时，也会思考其他儿童的感受。当他们开始明白积极的行为对成人很重要时，这些行为就会急剧增加。

4. 婴幼儿需要与成人共处，并感受成人的社交行为和亲社会行为。成人应慷慨地给予婴幼儿食物和玩具，在他们痛苦的时候安慰他们。只有感到自己的情感和身体需求得到满足，婴幼儿才会对同伴表现出同理心。当成人对婴幼儿表现出亲切和友善时，这些品质就会成为婴幼儿与他人相处的一部分。教师可以在一天中的很多时候示范亲社会行为，从而让婴幼儿感受到班级里的亲社会氛围。

5. 强调亲社会行为带给他人的感觉。你可以这样说："噢，伊恩喜欢你轻轻地拍他。看，他在笑。"这种评论有助于婴幼儿开始为他人着想。

支持婴幼儿社会性学习与发展的策略

1. 向婴幼儿示范友好的行为。婴幼儿需要向成人学习冷静、热情、友好、善良等。

2. 观察每个儿童的性格，帮助每个儿童调节自己的情绪，并根据每个儿童的性格进行个性化照护。

（1）精力充沛的儿童可能比其他儿童更有攻击性，因为他们经常处于支配地位。

（2）通过理解、支持而不是过度控制、责骂或批评儿童来帮助他们和其他儿童在一起，否则会削弱他们的社交能力。支持他们的语言和认知发展，以及他们与同龄人的互动。

3. 婴幼儿在成人的陪伴下学习社交能力，成人不仅要乐于助人，而且支持婴幼儿的游戏。

4. 帮助婴幼儿开启与同伴的互动，尤其是帮助那些有攻击性的儿童去感受爱和学习新的行为。

5. 认可和支持婴幼儿的亲社会行为。

6. 将冲突视为婴幼儿社会性发展的重要组成部分，支持婴幼儿学习用语言和谈判技巧解决冲突。

7. 有残障问题的儿童可能需要成人的鼓励和支持才能与正常发育的儿童游戏。

8. 创设鼓励同伴互动的环境。

9. 帮助婴幼儿与同伴交谈，评论其他儿童正在做什么或说什么。

10. 提供高质量的照护。

11. 提供主要照护。

12. 提供持续性照护。

13. 确保适宜的班级规模和师幼比。

14. 建立牢固且积极的成人－儿童关系，提供敏感的回应式照护。

促进社会性学习与发展的项目实践

对婴幼儿来说，参加婴幼儿项目可能是一种美好的经历，也可能需要他们付出很多努力来应对。高质量的婴幼儿项目可以促进儿童之间的积极互动。事实上，项目质量越高，同伴之间的互动就越积极。

同伴群体的连续性

豪斯指出，在婴幼儿照护机构或家庭托儿所中，如果儿童在婴幼儿阶段一直和同一群小伙伴在一起，他们就更能维持友谊和提高社交技能。然而，这种情况在婴幼儿照护机构中并不常见，而在家庭托儿所中自然而然地就会发生。《埃丽，一定是星期二：婴幼儿照护机构的中断及其对婴幼儿同伴关系发展的影响》（*There's Elly, It must be Tuesday: Discontinuity in Child Care Programs and Its Impact on the Development of Peer Relationships in Young Children*）一文指出，埃丽曾进入一家婴幼儿照护机构，她花了 6 个月的时间与同伴建立了一种有意义的关系。然而，婴幼儿照护机构每隔一段时间就会根据儿童的发展水平让儿童加入一个新的班级，一次一个儿童。因此，埃丽不久就得重新开始结交新朋友。

作者指出，“重要的是，婴幼儿照护机构让儿童加入新的班级的做法和相关规定，似乎与目前关于依恋和同伴关系发展的研究结论不一致”[37]。

与教师的关系

师幼关系与同伴关系密切相关。这种关系可以分为安全型依恋关系和非安全型依恋关系。在安全型依恋关系中，教师对婴幼儿在食物、注意力和游戏方面的信号十分敏感，并能迅速地做出回应。婴幼儿由此感到安全和自信，期待积极的人际关系。与教师建立了安全型依恋关系的儿童更有可能参与复杂的同伴游戏，在 4 岁时更善于社交和表达，攻击性行为更少，也更加外向[38]。与教师的亲密关系能帮助婴幼儿建立积极的自我概念，有助于婴幼儿信任他人以及提高同伴交往能力。

在一项对 500 多个儿童所做的研究中，研究人员总结了积极回应的教师对儿童社交能力发展的重要性。他们指出：“在照护 24—36 个月大的儿童时，照料者越敏感、反应越快，儿童与同伴游戏时产生的消极情绪就越少，互动就越积极。”[39]

教师支持儿童进行社会交往的策略

教师能够支持婴幼儿的同伴交往技能和人际关系的发展。你可以牵着一个害羞的儿童的手，帮助他加入一群玩积木的儿童；可以教儿童如何轻柔地触摸他人。当你看到一个婴儿拽其他儿童的头发时，你可以提供一个替代品，如一个有头发的布娃娃。支持有残障问题的儿童亲社会性发展的策略适用于所有儿童。这些策略有助于婴幼儿开展复杂的同伴游戏，减少他们的行为问题。

消极策略不利于儿童的社交能力发展，比如责骂、惩罚或把儿童分开。当教师使用消极策略时，儿童的同伴游戏就会比较简单，教师也会认为儿童难以管理。

表 7.5 发展趋势与回应式互动表

同伴间社会性学习与发展

能力：与同伴沟通、表现亲社会行为、与同伴游戏、应对自己的消极情绪以及同伴冲突。

发展	示例	师幼互动或亲子互动	环境
0—4 个月（婴儿）			
✦ 喜欢注视彼此（视觉方面） ✦ 喜欢看脸，尤其是脸的轮廓和眼睛 ✦ 听到其他婴儿哭时可能会哭	教师把塔米卡放在萨姆身边的毯子上，塔米卡目不转睛地盯着萨姆。	✦ 同时抱着两个婴儿，以便他们看到对方 ✦ 把几个婴儿放在地板的毯子上，这样他们就可以看到和触摸彼此	✦ 教师的臂膀提供了最好的环境 ✦ 将毯子放在地板上，把两个婴儿放在一起，让他们的脚趾互相接触
4—8 个月（婴儿）			
✦ 触摸同伴，互相发声，兴奋不已，并接近其他婴儿，一起大笑 ✦ 把其他婴儿当作物品，爬到他们身上，舔他们，吮吸他们，或坐在他们身上，了解人和物体之间的区别；可能会戳、推或拍另一个婴儿，看看另一个婴儿会怎么做，并对对方的回应感到非常惊讶	阿莫娜爬到躺在地板上的纳迪娅身边，摸了摸纳迪娅的头发，大笑起来。	✦ 每只手臂上都抱着一个婴儿随着音乐舞动 ✦ 当你抱着一个婴儿时，指着并谈论另一个婴儿在做什么 ✦ 让两个婴儿面朝镜子趴着 ✦ 不要对婴儿说“不要”或“停止”，可以说“轻轻地抚摩”；告诉婴儿，你想让他们做什么，并为他们做出示范	✦ 将一面结实的镜子挂在墙上，使底部与地面齐平 ✦ 在轮胎里面铺上一层软布，让两个婴儿坐在里面，用脚相互接触

续表

发展	示例	师幼互动或亲子互动	环境
8—12 个月（婴儿）			
✦ 向同伴展示一个物体，彼此坐在一起，在对方后面或周围爬行，玩追逐游戏 ✦ 相互微笑、大笑 ✦ 相互发出声音，可能会对同伴说第一句话 ✦ “躲猫猫”是婴儿最喜欢玩的游戏：来了又走，看得见又看不见 ✦ 学会温柔地触摸彼此 ✦ 更有目的性，会把另一个婴儿的手从玩具上推开，或者爬过另一个婴儿去拿玩具	沙曼朝低矮的玩具架子四周瞥了一眼，看到卡拉正朝她爬过来。沙曼迅速转身爬走了，卡拉紧随其后。 卡伊爬过布里杰的腿去拿玩具。	✦ 当两个婴儿坐得很近时，说出婴儿的身体部位： • 这是宝宝的眼睛 • 这是宝宝的鼻子 • 触摸看到的部分 • 触摸吹气的部分 ✦ 把婴儿两两放在一起，同伴间的互动会因此而变得更加频繁、复杂和强烈 ✦ 当婴儿把另一个婴儿的手推开时，可以说：“珍妮拿着那个玩具，让我们给你找一个不同的玩具。”	✦ 喂食时，将婴儿放在高脚椅上，让他们能看到彼此 ✦ 在教室里创设舒适的角落，让婴儿可以在那里“躲藏”（但成人仍然可以看到他们） ✦ 在天花板上悬挂一块又长又宽的布（这样婴儿就不会被缠住），婴儿喜欢在它的周围爬来爬去 ✦ 在两个婴儿之间放置装有不同大小积木的容器，当他们开始探索材料时，坐在他们旁边，和他们谈论每个人都在做什么

续表

发展	示例	师幼互动或亲子互动	环境
12—18 个月（小学步儿）			
✦ 开始模仿（动作）和轮流；如果一个学步儿把一个玩具递给另一个学步儿，另一个学步儿就可能模仿这一动作 ✦ 开始交谈 ✦ 在其他儿童被冷落时表现出担忧 ✦ 从另一个儿童手里拿走玩具，并把他推开，然后说：“这是我的。” ✦ 通过试验了解事物是如何运作的，这影响了他们与同伴的相处方式；他们经常对其他儿童做一些事情，看看他们会如何回应 ✦ 咬别人，看看会发生什么；得到自己想要的玩具，或者表达沮丧；正处于良好沟通的边缘，会用嘴咬来交流	拉什达把勺子“砰”的一声摔在桌子上，很快又有两个人试了试。他们似乎在学对方（就像在谈话一样）。 卡门把托比从木马上推了下来，当这招不管用时，她弯下腰，在他的手臂上咬了一口。	✦ 教学步儿如何一起从一座小山上往下滚 ✦ 当有儿童从你身边走过或坐在你腿上时，指着或触摸他们，唱带有他们名字的歌曲来帮助他们了解对方的名字，比如，“塔尼娅来了，你好吗？”“亨利来了，你好吗？” ✦ 评论儿童的亲社会行为，比如，“你把布娃娃给了他，他可喜欢了！”学步儿可能听不懂你说的话，但他们能从你的语气中看出你对这些行为很满意 ✦ 学步儿喜欢一起坐在教师的腿上、膝盖上，或者被教师的胳膊搂着看书	✦ 提供一个两端有开口的大纸箱，鼓励学步儿在纸箱内爬进爬出，并鼓励他们透过窗户互相看 ✦ 用玩偶、卡车、汽车和其他游戏材料鼓励同伴之间互动 ✦ 儿童喜欢沙子和水，喜欢玩大小不一的瓶子和球，因此为他们每个人都提供这样的材料，游戏就会进行得更顺利 ✦ 在户外，大沙箱或推拉式玩具能鼓励学步儿进行互动游戏

续表

发展	示例	师幼互动或亲子互动	环境
18—24 个月（学步儿）			
✦ 友谊可以在儿童早期建立并发展。比起不是朋友的儿童，学步儿更容易与朋友互相触摸、依靠、微笑 ✦ 模仿彼此的声音和语言，相互交谈，并开始与更多的小伙伴交流 ✦ 把玩具或食物分享给另一个儿童 ✦ 拉着一个成人去帮助另一个儿童，或者找到一张纸巾来帮助另一个儿童 ✦ 对面露悲伤的小伙伴表现出善意，同时学步儿可能认为，令自己心情好转的东西也可以安慰其他苦恼的儿童 ✦ 当儿童跟着一个“领导者”在房间里走来走去时，他们可能会进行身体上的对话，比如，在小组里进进出出，轮流扮演领导者和追随者的角色 ✦ 当儿童因“只要我想要就是我的”“即使不是我的东西，但我想要就是我的”而挣扎时，可能会发生推搡和攻击性行为，也可能为了一些小玩具而打架，而不是那些大的、不能移动的物体	保利一大早就在教室门口等待杰米。看到杰米和妈妈进门，保利摇摇摆摆地走过去牵着杰米的手，脸上挂着灿烂的笑容。 塔尼娅从离地面几厘米高的木板上跳了下来。不久，三个学步儿也站在木板上，跳上跳下，非常享受这个活动。	✦ 无论是在室内还是室外，在孩子们进进出出的时候，为他们加油打气，鼓励他们一起坐在你身边或你的腿上轻轻地互相触摸 ✦ 当你给几个学步儿看书中的动物图片时，鼓励他们一起发出动物的声音，并互相模仿 ✦ 鼓励一个儿童帮另一个儿童拿纸巾，打开水龙头，打开门，等等 ✦ 鼓励友善的行为，比如，一个学步儿哭了，告诉另一个学步儿可以做些什么来帮助哭泣的儿童 ✦ 鼓励两个同伴一起摆放碗筷，或者饭后一起擦桌子，看着他们互相模仿 ✦ 唱歌时，鼓励学步儿轮流做动作	✦ 在室外为几个学步儿提供足够大的玩沙区，让他们坐在正中间 ✦ 地板、地面上的毯子为同伴提供了游戏的地方 ✦ 提供手推车，用手推车推朋友会引起他们高兴地尖叫 ✦ 提供鼓励互动游戏的球和玩具 ✦ 提供安全的地方供学步儿跳跃，从而促进他们的社会交流 ✦ 提供各种音乐玩具，让学步儿一起演奏美妙的音乐；有时，一个人会引领另一个人

续表

发展	示例	师幼互动或亲子互动	环境
24—36 个月（学步儿）			
✦ 学步儿期的友谊是“寻求亲近之友”，即希望亲密无间并表达爱意，如微笑、大笑和拥抱；朋友之间更喜欢把彼此作为互动伙伴，友谊也因此不断地发展和加深 ✦ 交流信息，并模仿他人的行为 ✦ 聚集在一起。当教师开始和一个儿童玩一个有趣的活动时，其他儿童经常从房间的角落里跑出来 ✦ 有些学步儿能发明各种各样的方法来帮助那些受伤或悲伤的人，包括表现出一系列令人印象深刻的利他行为；如果一种方式不起作用，他们会尝试另一种方式 ✦ 同伴们为了一个共同的目标而努力，一个是领导者，一个是追随者 ✦ 学步儿会因为争夺物体和空间而发生冲突，也会进行有趣的交流，如打滚、奔跑、追逐和语言游戏 ✦ 有些儿童可能会因为好斗或善良的行为而在同龄人中占主导地位 ✦ 24—36 个月大的学步儿在社交游戏中变得更积极，而不是更消极 ✦ 一个儿童可能会支配另一个儿童	玛丽亚和萨莉在玩具架子的两边玩了30分钟，每隔几分钟就互相看一眼，互相说“船”“我的船”“嗨”“要果汁”“看着我”，还一遍又一遍地叫着对方的名字。 当一辆消防车从外面经过时，几个学步儿冲到窗前去看。 乔希和迈克一边嘟囔着，一边使劲地把一个巨大的南瓜从教室里面滚到操场上，他们要和教师一起把南瓜切开，挖出里面所有的种子。	✦ 创设需要两个学步儿一起学习的情境，例如，把一个南瓜从一个地方滚到另一个地方，或者从室内搬一桶重的积木到室外 ✦ 鼓励学步儿照顾布娃娃，在布娃娃的手臂或腿上贴创可贴 ✦ 问问学步儿，怎样才能帮助伤心的乔伊 ✦ 试着帮助一个因经常攻击他人而出名的儿童扭转他在其他小朋友心中的形象，比如，引导他靠近别的儿童，教他轻柔地触摸，并对他乐于助人的行为进行评论；给他一个有趣的玩具，从而引起其他儿童的兴趣；鼓励他接近对他感兴趣的儿童，并教他怎么玩	✦ 把帽子和容易穿戴的衣服放在一个有大镜子的舒适角落里 ✦ 当学步儿戴着松软的帽子或穿着大鞋子时，他们会互相欣赏 ✦ 利用阁楼上或下的空间鼓励同伴互动 ✦ 提供多种类型的玩偶以及安全的喂养用具、毯子和小床，坐在旁边，看着学步儿假装照顾他们的孩子 ✦ 提供积木等开放性材料和需要合作的活动，比如，用大刷子和水在外墙上画画，或者把小容器装到一个大水桶里 ✦ 提供攀爬架或摇摇船等大肌肉运动设备，鼓励学步儿一起朝着一个共同的目标努力，如一起爬到攀爬架的顶端，或者一起摇船

本章小结

婴幼儿有能力与同伴游戏和交流、表现出亲社会行为、成为相互陪伴的朋友、与同伴协商解决冲突。在人生的头 3 年里，随着家长和教师运用敏感的回应式策略来促进儿童能力的发展，他们将更加善于社会交往。

- 婴幼儿独特的气质和性别特征影响着他们的同伴关系。气质中有三个维度对婴幼儿的社会性发展影响最大（见表 7.1）。其中，自我调节能力包括集中注意力、控制自己的行为，以及以社会可接受的方式表达强烈的情感。情感变动的范围是婴幼儿情感的通常基调。从害羞到外向的范围描述了婴幼儿与他人相处的兴趣和技巧。性格内向的儿童需要父母和教师的支持来培养自信心，以及与同伴游戏的技巧。精力充沛的儿童可能会与同伴发生更多的冲突。学步儿更喜欢和同性别的儿童一起玩，这可以用行为相容理论来解释。
- 婴幼儿社会性的发展是复杂而有趣的。在人生的头 3 年，儿童有能力学习与同伴交流，提高游戏技能，形成亲社会的行为和态度，处理与同伴间的冲突和自己的负面情绪。有特殊需要的儿童可以与正常发育的儿童一起获得社交技能。学步儿有各种各样的沟通技巧，他们运用这些技巧开启和维持与其他儿童的关系。他们直接邀请其他儿童参与游戏，或用声音、动作和笑声让其他儿童参与游戏，并经常使用身体语言进行交流。豪斯在 1980 年研发了一个同伴游戏量表，进一步扩展了帕腾的研究，并在更早的年龄阶段中发现了更复杂的游戏。大一点的婴幼儿能够帮助、同情、安慰其他儿童或与其他儿童分享，并喜欢和那些乐于助人的人在一起。
- 婴幼儿通过与成人建立积极的关系来学习。成人可以使用许多策略来支持婴幼儿的发展。早期的同伴互动是否受到成人的重视，在很大程度上与文化有关。
- 项目实践可以促进婴幼儿同伴关系的发展。婴幼儿同伴关系的发展与项目中高质量的照护、较小的班级规模、较高的师幼比、儿童与教师关系的性质以及使用的具体策略有关。

反思与应用

反思的问题

1. 杰希和迈克尔经常在一起游戏，他们变得越来越有攻击性，并试图远离教师。如果你是他们的老师，你会怎么做？
2. 作为婴幼儿照护机构或家庭托儿所的教师，你会如何实施一个项目，并强调促进婴幼儿亲社会行为的发展？
3. 如何促进有特殊需要的儿童和没有特殊需要的儿童之间的积极社会互动？为什么这对儿童、家长、教师和婴幼儿项目如此重要？
4. 你的文化背景如何影响你与同龄人的互动？

观察与应用

1. 使用本章末尾的“发展趋势与回应式互动表”观察婴幼儿项目中的儿童，你在哪个年龄阶段的儿童身上看到了哪些社交行为？
2. 观察婴幼儿照护机构或家庭托儿所中有特殊需要的儿童。教师采用了什么策略来鼓励同伴之间的互动？还能做些什么来促进积极的同伴互动呢？

第 8 章

认知学习与发展

学习成果

阅读本章之后，你将能够：

- 准确了解婴幼儿在学习方面的独特能力，包括当前的一些理论；
- 描述婴幼儿是如何发展和学习的、自我调节和依恋的作用、学习品质、感官探索的作用以及婴幼儿的特殊学习需要；
- 解释婴幼儿如何在关系中发展认知能力，以及支持他们学习的策略；
- 阐述对婴幼儿的认知发展有影响的婴幼儿项目质量。

出生后几小时，新生儿安静地仔细观察着妈妈的脸庞。

1 岁儿童不断重复地将一个塑料容器中的积木拿出来，然后再放回去。有时，他全神贯注地观察积木的形状或颜色；有时，他看着教师等待教师的许可。

2 岁的布莱恩、谢罗德和米奇把盛放乐器的容器从架子上拿下来，然后，每个人从里面拿了一件自己最喜欢的乐器。布莱恩开始摇晃铃铛，米奇唱道："一闪，一闪，亮晶晶，天上都是小星星。"这是他们有时和教师一起唱的歌。三个人在房间里一边走来走去，一边弹奏着乐器唱歌。

婴幼儿的大脑活跃，他们运用感官进行探索，是独特的、有能力的学习者。正如以关系为基础的理论所指出的那样，成人可以帮助儿童发展广泛的兴趣，并使他们的兴趣不断深入。成人可以帮助儿童关注、发现和探索世界。本章将阐述学习的以下方面。

> 大脑和感官是如何工作的
> 学习的过程
> 早期学习的概念
> 吸引婴幼儿的环境和回应式互动

婴幼儿具有令人惊叹的学习能力。他们能瞬间浏览这个世界，不仅理解面前的海量信息，还能主动寻求信息并建构自己的知识。现代学习理论证明，婴幼儿拥有多种学习驱动力。首先，他们天生就是学习者。早期的感官和社交经验会刺激我们的基因，让我们注意并组织信息。我们的大脑是由神经元细胞相互联结而形成的，从而构建了一个神经网络来保存和联系信息。其次，核心知识理论[1]认为，儿童已经准备好关注环境中对生存最重要的东西。再次，婴幼儿的学习包括了解周围事件的顺序和计算它们发生的频率，进行社会互动，以及利用镜像神经元系统来学习最重要的信息[2]。最后，情感学习与发展是学习的基础。我们应该欣赏儿童的这些早期学习能力，不能将这些学习方式与成人的学习方式相混淆。

每个儿童都是有能力且独特的个体

对于婴儿，我们曾经认为他们除了吃饭和睡觉外，什么都不做。现在，我们经常听到人们用“惊奇”一词描述新生儿。正是有了有关儿童早期学习的研究，我们才了解到婴儿出生时并不是一无所知的，他们在妈妈的子宫里时就获得了知识；清醒状态时，他们时时刻刻都在积极地建构对周围世界的理解。即使睡觉时，他们也非常忙碌。现代脑科学技术让我们能够观察婴幼儿活跃的大脑，对于大脑如何接收、处理和储存信息有了更多的了解。在当今的研究中，理论和科学结合到了一起。

之前章节中，在这一部分，我们通常讨论婴幼儿的性别和气质。然而，在婴幼儿阶段，性别和气质对学习没有显著的影响。因此，我们关注婴幼儿的各种感官。感官是信息到达婴幼儿大脑的重要入口。

大脑通过各种感官来感知和接收信息，包括视觉、触觉、听觉、味觉、嗅觉、本体觉和前庭觉。关于本体觉和前庭觉，我们将在第 10 章详细讨论。这里，我们主要阐述前五种感官。在几毫秒的时间内，大脑将感官信息传输到脑干附近的海马区；之后，信息迅速被传送到大脑边缘系统进行扫描，以识别是否存在危险；再之后，信息被传送至大脑中负责处理这类信息的区域，与大脑中已经储存的类似信息建立联系。

在很大程度上，婴幼儿的学习能力取决于他们感知信息的能力。他们需要对信息进行处理，获取意义并记住它们。事实上，皮亚杰[3]将婴幼儿阶段命名为感知运动阶段，描述了婴幼儿仔细观察人脸、识别各种味道以及触摸和品尝东西等各种积极的感知活动。

即使在妈妈的子宫里，儿童也能接收声音和光线等感官信息，包括：父母低沉的声音、羊水的特殊味道以及妈妈移动身体时不断变化的压力。胎儿大脑中的突触会捕捉并传递这些信息。因此，儿童生来就具有良好的感知觉系统。

视觉

小婴儿会认真、严肃、专注地凝视事物。当我们观察他们的眼睛时，我们可以看到，他们正全神贯注于周围世界所提供的信息，并将这些信息整合在一起使其有意义。

新生儿能用视觉追踪 22~25 厘米距离内的运动，尽管焦点有一些模糊。这给新生儿提供了一种奇妙的能力，让他们可以在母亲哺乳或者其他家庭成员用奶瓶给他们喂奶时，观察母亲或其他家庭成员的眼睛。

在最初的几个月里，婴儿可以用眼角的余光清楚地视物。他们最感兴趣的是那些明暗对比强烈的物体，以及类似人脸的图像[4, 5]。3 个月大时，婴儿能够直视前方，对自己的手表现出浓厚的兴趣。他们喜欢物体在他们的眼睛上方慢慢地转动，在这个过程中，他们练习用双眼聚焦于一个物体。如果眼睛没有聚焦、对准，那么婴儿就会出现“复视”的情况。如果婴儿的一只或两只眼睛都不能正常工作，那么眼睛和大脑之间的联系就无法建立。6 个月大时，婴儿的视力范围有所扩大；9 个月大时，他们可以像成人一样进行近距离和远距离观察[6]。婴幼儿的视觉能力发展顺序如下（见表 8.1）。

表 8.1　婴幼儿视力发展里程碑

月龄	视觉能力	月龄	视觉能力
0—2 个月	✦ 清楚地看到 22~25 厘米内的物体 ✦ 用眼角的余光视物 ✦ 喜欢看人的脸 ✦ 喜欢明暗对比强烈的物体 ✦ 眼睛有时不协调	8—12 个月	✦ 看较小的物体 ✦ 正在发展深度知觉 ✦ 用视觉追踪快速运动
2—6 个月	✦ 开始将物体识别为一个图像 ✦ 喜欢看自己的双手 ✦ 用视觉寻找物体 ✦ 盯着有趣的东西看 ✦ 照镜子 ✦ 识别瓶子	12—18 个月	✦ 拼简单的拼图 ✦ 对图片和图画书产生兴趣 ✦ 认出镜子中自己的脸
6—8 个月	✦ 看到所有颜色 ✦ 像十几岁的孩子那样看 ✦ 触摸镜子中的自己 ✦ 回头看物体 ✦ 喜欢特定的颜色	18—36 个月	✦ 远近聚焦 ✦ 指着特定的物体或朝特定的物体做手势 ✦ 涂鸦，有时会模仿

边缘和线条

虽然婴儿对周围的人很感兴趣，但是他们也会花相当多的时间来接收和处理环境中的其他信息[7]。婴儿被无数的颜色、形状、噪声包围着。他们必须弄清楚哪些值得关注，哪些可以忽略。他们的首要任务之一，就是把看到的图像和听到的声音按照一个可识别、可理解的顺序进行组织。通过视觉，婴儿对明暗区域对比强烈的图像进行研究，眼睛沿着物体的边缘移动，从而了解一个物体的终点和起点[8,9]。

运动对象

婴儿把他们对边缘和线条的兴趣与对运动的兴趣结合起来，以推测某个目标物的组成部分。他们很快就了解到，当一个物体看似是独立的实体时（因为它有边缘），它就应该在空间中整体运动。物体的运动可能是婴儿研究某个物体的重要组成部分。例如，一本书的封面上有腰封（有边缘），腰封上是一张泰迪熊的照片（也有边缘）。当这本书被拿起来的时候，整本书的边缘一起运动。这时，运动就会帮助婴儿定义物体[10]。

听觉

儿童在出生前就能听到声音。新生儿能识别出他们所熟悉的声音。在母亲怀孕的最后几个月，胎儿能通过子宫壁听到母亲的声音。新生儿通过吮吸安抚奶嘴表现出他们更喜欢听自己在产前听到的声音。他们更喜欢听母亲在怀孕期间反复朗读的故事[11,12]。

婴幼儿听力发展里程碑（见表 8.2），与婴幼儿对语言的注意有关。从出生的那一刻开始，婴儿就会寻找声音。他们能够注意到环境中的声音，例如照料者与他们轻轻交谈的声音。4—8 个月大的婴儿能听懂一些词语，如“再见”“不”等，还会咿咿呀呀地模仿听到的声音。8—12 个月大时，他们有意识地模仿听到的一些简单词语，如“妈妈”“爸爸”。

表 8.2 婴幼儿听力发展里程碑

月龄	听觉能力	月龄	听觉能力
0—2 个月	✦ 能听到多种声音 ✦ 喜欢人类的声音 ✦ 听到巨大的声音时会吓一跳 ✦ 能被柔和的声音抚慰 ✦ 头会转向熟悉的声音	8—12 个月	✦ 在成人描述图片时能观察图片 ✦ 能用手指向命名过的图片 ✦ 有时能遵循一个步骤的指令
2—6 个月	✦ 寻找新的声音 ✦ 对不同的音调做出反应 ✦ 喜欢能发声的玩具 ✦ 可能会发出重复的声音，如 bababa ✦ 会被噪声吓到	12—18 个月	✦ 喜欢玩声音游戏 ✦ 可能在一句话中使用几个词语 ✦ 能按要求指向身体部位 ✦ 能自觉遵循指令
6—8 个月	✦ 对人类的声音非常感兴趣 ✦ 寻找声音的来源 ✦ 咿呀学语 ✦ 对自己的名字有反应 ✦ 能识别简单的、常见的词语	18—24 个月	✦ 能理解“是 / 否”类问题 ✦ 能理解简单的短语 ✦ 喜欢听故事 ✦ 能理解成人使用的关于颜色的词语
8—12 个月	✦ 对电话表现出兴趣 ✦ 能听懂很多词语	24—36 个月	✦ 理解有关大小的词语 ✦ 理解描述行动的词语

触觉

皮肤是人体最大的器官，婴儿对触摸非常敏感。他们通过触摸来获得安慰、刺激和了解世界。他们吮吸物体，用手触摸物体或者用脚踢物体。有关婴儿的早期研究表明，即使婴儿能够得到充足的营养物质，但是如果没有成人的拥抱或触摸，婴儿就可能会死亡[13]。缺乏被触摸的经验是导致儿童大脑发育不良的重要因素之一[14]。

触摸可以带来很多益处。适度的身体按摩可以降低心率，增强注意力，帮助早产儿增加体重，也会影响激素的分泌。身体按摩可以降低皮质醇和肾上腺素，增加催产素[15]。一些重症监护室会对早产儿进行身体抚触。在一项叫作袋鼠式护理的研究中，父母每天把早产儿抱在怀里数小时。研究表明，这些早产儿的心率和呼吸变得更规律，睡得更久，长得更快。他们的大脑活动表明，他们非常满足并产生了神经突触[16]。6 岁时，他们在发育测试中得分更高。另有研究表明，在新生儿重症监护室中对早产儿进行 1 天的轻柔按摩后，他们的体重比没有接受按摩的婴儿增加了近 50% [17]。向婴儿的父母教授按摩方法同样有效。他们对孩子发出的信号更加敏感，并能在婴儿 3 个月大时给他们提供更好的家庭环境氛围。

嗅觉和味觉

新生儿的嗅觉发展得很快，有助于他们认出自己的妈妈。研究人员将用妈妈的乳汁浸泡过的垫子与干净的垫子或者用其他妈妈的乳汁浸泡过的垫子放在新生儿面前，结果表明：出生 2 天的新生儿不能将它们区分开；到了第 5 天，新生儿对用妈妈的乳汁浸泡过的垫子表现出更明显的兴趣；到了第 6 天，新生儿会将头转过来，把脸靠近用妈妈的乳汁浸泡过的垫子 [18]。在婴儿和成人的关系中，嗅觉对依恋的发展有一定的作用。婴儿很快就能识别出爸爸妈妈的洗发水或香水的气味。此外，他们也很容易被毯子或者带有熟悉气味的填充物安慰。嗅觉和其他感官的结合，有助于婴幼儿对周围世界获得更加精确的理解。这意味着，我们能够吸收关于同一种经验的不同感官信息，并且不同的感官信息结合到一起有助于输出更加准确的心理图像。

出生时，婴儿就能品尝甜、酸和苦。他们比较喜欢甜味，在最初的几周，当把一些甜的食物放到他们的手里时，他们会把手放到嘴里。某些国家，如埃及、墨西哥、牙买加、印度等，会给新生儿提供甜味液体，帮助他们保持安静和睡眠。当然，母乳也很甜。尽管大多数婴儿直到 4 个月大时才会接触到咸的味道，但是研究表明，有高血压家族史的婴儿在出生后 2 天就能品尝出咸味，他们更喜欢吃有咸味的东西。这些研究表明，对盐的敏感性可能与高血压的倾向有关。

婴儿在味觉方面的偏好差异巨大。有的婴儿在 6 个月大时更喜欢吃没尝试过的食物，其他婴儿则对熟悉的食物表现出明显的偏爱。目前，人们尚不清楚这些差异是与婴儿的味觉差异有关，还是与婴儿的气质或者冒险欲有关。

多通道学习

婴儿会一起使用所有的感官。他们出生时就能进行这种多通道的学习。婴儿能够通过一种感官获取信息，并将其转化为另一种感官可以用的信息。即使第二种感官从未接触过物体，这种情况也会发生。婴儿还能将来自两个或者多个感官的信息进行整合。

梅尔佐夫和摩尔（Meltzoff & Moore）[19] 发现，婴儿可以将信息从一种感官模式翻译或转移到另一种感官模式。他们给婴儿提供了一个橡胶奶嘴让他们吮吸，但是不让婴儿看到奶嘴。一些婴儿的奶嘴奶头是光滑的，其他的则有一些突起。吮吸了几分钟后，研究人员同时给婴儿两种奶嘴，一种是光滑的，一种是有突起的。婴儿会选择他们吮吸过的奶嘴盯着看，他们好像意识到了不同，虽然他们从未看见过奶头。

婴儿也期望他们的感官能提供一致的信息。他们希望通过眼睛获得的信息与通过耳朵听到的信息相匹配。3 个月大时，婴儿在听到妈妈的声音时，会对妈妈讲话的视频感兴趣。然而，当他们看到妈妈的脸却听到其他人的声音时，或者当他们听到妈妈的声音却看到其他人的脸时，他们会感到很难过[20]。这种感官上的一致性还没有得到充分的研究，但它可能是婴儿探索和掌握环境时所使用的一种非常强大的工具。

了 解 儿 童

感官为婴幼儿学习提供了通道。婴幼儿的大脑已经准备好快速有效地利用各种感官。本节将介绍大脑是如何进行认知学习的。核心知识理论表明，我们的基因已经进化到将我们的注意力引向环境中最重要的部分。婴幼儿的大脑会计算事件发生的频率。它们拥有特殊的镜像神经细胞或神经元，并建立了神经元网络，以帮助人类了解他们自己的语言和身体。这些心理机制促使婴幼儿的执行功能和学习品质得以发展。

核心知识

核心知识[21]理论认为，婴幼儿最可能学习的是那些对他们的生存和作为物种进化最为重要的一切。我们的基因似乎能存储一些关于世界的基本知识，这些知识是非常重要的，而且是我们必须知道的。对婴幼儿而言，任何一种环境都是通过光、声音和形状来呈现的。那么，婴幼儿是如何聚焦重要的信息，而过滤掉其他信息的呢？了解有关世界的基本信息，将有助于婴幼儿的生存。儿童早期教育专业人员通过使用语言和提供经验来帮助婴幼儿建构这些知识。对婴幼儿来说，环境中最重要的元素是物体、意图、空间信息、数字和社会群体。我们接下来将一一讨论它们。

物体

婴幼儿已经对物体的运动有所认识。他们在几个月大的时候就知道物体是一个整体，可以一起移动。如果他们看到一个物体碎成几片，且碎片朝着不同的方向运动，他们会感到非常惊讶。当他们看到一个物体离开桌面而悬浮于空中时，也会感到惊讶不已。他们知道物体在空中是以抛物线的形式运动的。物体不能穿越其他物体的边界或与其他物体占据相同的空间。婴幼儿利用一切机会来探索物体和材料。

意图

学步儿明白人是有行为意图的，希望达成某个目标。一系列的研究发现，学步儿会有意或者无意地对成人进行观察。例如，一个双手抱着书的年轻人试图打开柜子却没有成功，导致一本书掉了下来。不远处的某个学步儿看到了，于是把书捡起来，交给了那个年轻人。他懂得那个年轻人的意图。另一个学步儿看到一位男士将一本书扔到了地板上，他并没有帮忙把那本书捡起来，但他似乎也知道这位男士的行为意图是什么。婴幼儿对周围人所做的事情比其他事物更感兴趣。

空间信息

学步儿会使用空间信息来辨别他们在一个房间里的位置。例如，在能够使用更加明显的线索（如墙壁的颜色）之前，他们会记得某个玩具是被藏在长方形的墙面而不是正方形的墙面后面。

数字

婴幼儿似乎天生就能够理解数字。当着 5 个月大婴儿的面，把两个玩偶放在屏幕后面，并把其中一个玩偶拿走。然后，移开屏幕。当他看到仍然有两个玩偶时，他会非常惊讶。9 个月大时，如果给婴儿两个物体，它们的大小比例是 2：1，婴儿就能够区分它们的差别。成人可以通过数 1、2、3，或者使用数学语言，如多少、大小、长短等，培养婴儿对数字的兴趣。

社会群体

即使是小婴儿，也喜欢观察那些在肤色或者语言上“和他很像”的人。在美国，几周大的时候，婴儿就更喜欢听带有地方口音的英语。生存的需要，让脆弱的婴儿将注意力转向那些对他们的生存更有意义的事物上。如果婴儿生活在一个多种族的社会，那么他们会对日常生活中的每个种族都感兴趣。

学习是计算性的、社会性的，并且使用镜像神经元网络

婴幼儿能够注意到周围环境中的事件发生的频率和模式。这一点在他们解码语言的过程中最为明显。他们也能运用这一技能来预测事件发生的顺序（例如：爸爸一直说“我会抓到你的”，然后他就开始挠我的肚子；妈妈把我放到高脚椅上并给我戴上围嘴，我要去吃饭了）。婴儿通过与成人的社会互动来引导自己的注意力。想象一下，成人给一个 2 岁的儿童

看一个朋友家的新生儿。“看呀，米娅，乔治多小呀。摸摸他的手有多柔软。要温柔地抚摩他。我们要轻声说话，这样就不会吓到他。”成人用声音和身体动作向米娅展示如何与新生儿相处。他的语言和声音将米娅的注意力吸引到他的行为上。

最后，学习是通过一个镜像神经元网络来实现的。镜像神经元由工作着的脑细胞组成。当一些细胞感知到一个动作时，大脑中执行这个动作的区域就会活跃起来。这些细胞让身体感觉自己是一面活跃的镜子。当婴儿看到母亲微笑时，他的神经元会感知到母亲的微笑。这个网络的另一部分就是婴幼儿体验到自己微笑时的感觉。大脑是在不断地意识到自我和他人的情况下进行工作的。这就是大脑通过观察和模仿来学习的原因[22]。

调节、注意和执行功能

在第 6 章，我们将调节能力描述为情感和认知学习的一部分。调节是一个人对内部和外部事件的生理与情感反应的能力。婴幼儿的调节能力依赖成人的帮助。儿童的自我调节能力在 3 岁前开始发展，一直持续到成年。他们通过调节自己的注意力来进行学习。通过控制自己的反应，儿童可以变得警觉和专注。大脑中有 3 个注意系统共同作用于儿童的学习：一个系统帮助儿童保持警惕，另一个系统聚焦于感官信息，第三个系统通过排除干扰来集中注意力[23]。

总之，自我调节和注意力的发展是大脑进行学习和发挥执行功能最重要的活动。执行功能是指大脑运用记忆、计划、注意力来处理信息和排除干扰的能力。出生后的头 3 年建构了执行功能的基本流程，然后在学龄前阶段不断地成长和成熟。在学步儿身上，你看不到很多高阶思维，但是你会看到执行功能的一部分，即工作记忆、自我控制和思维灵活性[24]。

工作记忆：储存和使用信息的能力。例如，一个 2 岁的儿童正试图把一长串珠子塞进一个罐子里。他非常专注。他的朋友过来给他看了一张她新买的狗的照片。他看着它说：“漂亮的高吉。”然后，他又转向珠子和金属罐，因为他把它记在了记忆里。

自我控制：使我们能够设定优先次序，抵制冲动的行为或反应。例如，一个学步儿跑过去时不小心撞到了一个朋友，他们都倒下了。倒下的女孩举起手打奔跑的孩子，停下来说：“你撞了我！”

思维灵活性：帮助我们保持或转移注意力，以应对不同的需求，或在不同的环境中应用不同的规则。例如，当一群 2 岁的儿童从操场进入教室时，他们开始使用适合室内的声音。

学习品质

婴幼儿在发展执行功能的同时发展其他认知能力。这些能力通常被称为学习品质。学习品质描述了儿童是如何学习的。学习品质包含很多方面，如注意力、记忆力、好奇心、信息收集、问题解决和坚持性。关于注意力和记忆力，我们在前文已经讨论过，但是它们也是学习品质的一部分。

注意力

注意力是指专注于互动或经验，而不容易分心的能力。自我调节能力可以帮助婴幼儿使用执行功能并努力控制自己的行为[25]。注意是学习的第一步。

记忆力

工作记忆是指在记住已知信息的同时吸收新信息的能力。很小的婴儿似乎就能使用几个线索，如位置、情境和其他一些信息。例如，给 20 个月大的婴儿看一本小说，然后在 15 分钟内进行回忆测试。然后，在第一天、第二天和第三天或者第一个月、第二个月、第三个月后分别进行测试。研究发现，婴儿对测试任务了解得越深入，他们能回忆出的信息越多[26]。即使是小婴儿，也能记住一周前的动作。教师可以观察到，小婴儿能记住之前自己是如何玩玩具的，较大的婴儿和学步儿能记得他们最喜欢的玩具放在哪里。

好奇心

好奇心是指婴幼儿对探索和了解自己、身边的人及周围世界的一种渴望。鲍比[27]将其描述为依恋关系的平衡系统。婴幼儿拥有与生俱来的探索欲望。随着身体运动能力的发展，这种探索欲望可能给他们带来危险。很难想象，一个婴儿爬到丛林里或者拥挤的交通中会发生什么。依恋关系平衡了婴幼儿的探索欲望。婴幼儿同样渴望接近他所依恋的对象，这就阻止了他离开依恋对象的视线以保证自己的安全。婴幼儿教师可以通过提供一个安全、有趣的回应式环境来促进他们好奇心的发展，还可以努力追随他们的兴趣并使用丰富的语言。

信息收集

婴幼儿通过感官和磁性神经网络来收集信息。磁性神经网络是大脑中根据某一兴趣来查找、存储和组织相关信息的区域。例如，有的磁性神经网络专门用于学习交流，有的磁性神经网络专门用于运动。婴幼儿在核心知识、经验和社会互动的指引下收集有关自己、他人和周围世界的信息。他们也收集有关他们的身体、动作和声音的信息，学习所处文化中的规则、价值观和语言，以及如何表达情感。他们致力于了解周围世界中的事物是如何运行的，也学习天气和时间。每一条信息都存储在一个专门的脑细胞中，并与其他成千上万个神经元和联系。

问题解决

婴幼儿一直在不断地解决问题，比如，如果手臂不能动，该怎么翻身？怎么用勺子吃饭？怎样才能得到想要的玩具？这个世界为婴幼儿提供了很多尝试和思考的机会，也为他们提供了寻求帮助和解决问题的机会。成人应该鼓励婴幼儿解决问题，而不是帮助他们解决问题。有时，成人只需要待在他们附近观察即可。

最频繁和自然的问题解决机会出现在社会互动中。学步儿天生就乐于与他人交往，但是他们并不具备成熟的社交技能。学步儿在与同伴互动时发生的冲突，可以成为他们学习问题解决技能的机会[28]。比如，“你可以告诉巴恩你受伤了”“巴恩，你告诉她，等你结束了就可以把小汽车给她玩”。婴幼儿教师以及其他照料者可以为学步儿解决社交问题提供有力的支持。

坚持性

当婴幼儿知道操作一个玩具会有怎样的结果时，这个玩具就失去了吸引力。如果婴儿每次发出声音，父母都会立马赶来，那么他们不需要怎么努力就可以吸引父母。最能引起学习者兴趣的是遇到的挑战可以应对，但是需要花费一番心思。为了应对这样的挑战，婴幼儿必须忍受一些挫折。成人可以为婴幼儿提供一些支持，比如，帮助他们保持专注和兴奋，或者暂停下来收集更多信息。研究人员想了解，婴幼儿的能力是否对母亲支持孩子时的投入度和满意度有一定的影响。他们分别观察了 6 个月和 18 个月大的孩子，通过设置一些挫折来测量他们完成身体和社会性任务的能力。他们还测量了母亲的满意度和作为父母的胜任力。结果表明，能力强的孩子其母亲更自信；能力差的孩子，他们的母亲满意度也比较低。其原因可能是母亲对孩子的期望太高，但缺乏支持孩子的能力[29]。

有特殊需要的儿童

婴幼儿具有很强的学习能力，但是也会面临诸多挑战，比如发展障碍和环境风险。出生前或出生后大脑所受到的伤害，可能会妨碍婴幼儿的学习、社交关系、交流或动作能力的发展。在子宫内接触了药物、酒精或者应激激素的婴儿，也存在一定的发展风险。感官障碍可能会影响儿童从世界获得感知信息的能力。唐氏综合征、脑瘫、自闭症、早产或者出生时的低体重可能会影响婴幼儿的环境信息处理和使用能力。

越小的儿童，越容易受到不良环境的影响，如暴力、父母一方的精神疾病、营养不良、父母的受教育水平较低。在美国，大量的婴幼儿受到虐待和忽视，或者他们的母亲未婚先孕，或者他们的父母离异，或者他们要在寄养家庭中生活。玩具和食品中的铅元素也可能对婴幼儿产生不良影响。近几十年来，美国油漆和汽油中的铅元素一直受到限制。早期干预对这些儿童而言是非常有益的。婴幼儿项目可以提供精心设计的、目标明确的干预措施，从而改善父母的教养行为，促进婴幼儿的发展。当婴幼儿项目不仅以儿童为中心、关注亲子互动，还遵从以关系为基础的模式时，它将给婴幼儿及其家庭带来最大的益处[30]。

> 人类对自我能力的认知对他们能力的发展有着深远的影响：能力并不是固定不变的，它有很大的可塑性。自我效能感强的人能够从失败中站起来，他们会思考如何处理事情本身，而不是担心会出现什么问题。
>
> ——阿尔伯特·班杜拉

婴幼儿教师能够为每个儿童提供丰富的学习环境和个性化的体验。较强的观察能力，有助于教师理解儿童是如何感知和处理信息的。教师与儿童之间的互动和关系很重要。在为每个婴幼儿设计个性化的学习活动时，教师需要考虑以下因素：

- 哪些材料最能满足每个儿童的需要和兴趣？
- 如何摆放材料和设备来鼓励每个儿童参与？
- 如何让每个儿童都能参与到活动中？
- 怎样才能让儿童按照自己的节奏开展活动？[31]

有关婴幼儿的认知学习内容以及成人可以做些什么来支持他们的认知学习，可以参阅本章最后的“发展趋势与回应式互动表”。

在成人－儿童关系中学习

婴幼儿是在与成人的关系中进行学习的。他们清楚地知道，当他们探索的时候，成人会保证他们的安全。本节将描述有关婴幼儿与成人一起学习的两种理论。第一种理论认为，婴幼儿通过模仿来学习，这种理论被称为动作表征理论[32]。第二种理论从文化视角来看待儿童的学习，认为婴幼儿是与成人和较大的儿童一起学习的[33]，这种理论被称为社会文化理论。之后，我们将描述婴幼儿会习得的一些概念。

动作表征

模仿是婴幼儿的主要学习方式。正如前文所述，儿童的大脑中有一个神经工作网络，它能觉察到另一个人的动作，同时激活大脑中的相应区域。如果婴幼儿的肌肉控制能力已经成熟，那么婴幼儿就会具有模仿能力，做出相同的动作。在一项关于儿童早期模仿学习的经典实验中，研究人员发现，仅仅出生几小时的婴儿就能模仿科学家伸出舌头[34]。

小婴儿的模仿是通过神经镜像系统进行的。模仿是与他人产生联系并向他人学习的最有效过程。大脑吸收有关动作的感知觉信息，然后储存这些信息，并形成动作表征。这些信息随着儿童的动作发展而变得越来越精确。

对婴幼儿来说，成人一直是他们的模仿对象。他们几乎会模仿我们做的所有事情。在婴幼儿的行为模仿方面，我们应该采取两种策略。第一，当婴幼儿模仿时，我们要观察他们，并在所有与美好生活相关的方面树立榜样，如善良、阅读、健康的习惯等。第二，不要过度示范。当学步儿思考如何拼拼图、搭积木或者穿衣服时，成人应该给他们提供充足的时间去独立完成。他们在独立尝试的过程中会学到很多东西。

社会文化理论

维果茨基[35]是 20 世纪初期俄国的一位心理学家。在美国，直到 20 世纪 70 年代，也就是他去世后的 40 年以后，他的成就才为大家所熟知。然而，即使到今天，他的学习理论也仍然深刻地影响着我们对儿童学习的理解。他的学习理论主要涉及：心理工具、最近发展区，以及成人和有能力的同伴在支架儿童学习中的重要作用。

心理工具

维果茨基的心理工具理论，将注意、记忆和知觉看作基本的学习工具，并且认为这些工具（即我们看到和学习的任何事物）都是社会性的，而且受到我们所处文化的影响。一个例子是我们对小婴儿的提问方式，比如，“你的鼻子在哪里？你的眼睛在哪里？”我们生活在一个充满提问的文化中，我们将直接提问当作一种教学方式。一项在北非开展的研究发现，儿童不希望回答直接的问题，这类问题被看作挑战或者小把戏。在一些文化中，即使 1 岁儿童也知道自己的鼻子在哪里，因此成人不会对他们进行这样的提问，因为儿童的作用是听从成人，而不是与成人对话[36]。

最近发展区和支架

最近发展区是指儿童在更有能力、更有知识的教师或者同伴的帮助下所能达到的知识和能力范围。例如，一个 2 岁儿童想自己穿衣服，但是他把两条腿伸进了一条裤筒里，他感到非常地受挫。此时，教师可以用游戏的方式将他的一条腿拿出来，然后将两条腿分别放入两个裤筒中。因为有了教师的这一点帮助，儿童学会了穿裤子。不过，某一些文化并不看重儿童自理能力的价值，成人会教儿童配合成人给他们穿脱衣服。

支架是成人在儿童独立解决问题或者独立进行下一步活动时所精心提供的帮助。例如，一个学步儿在拼拼图时遇到了困难，此时，成人可以拿起拼图片，然后向他示范如何放比较合适，但是这样做并不能提升他的问题解决能力。相反，成人可以一边说“你可以试着将这个拼图片转一个方向”，一边扶着他的手进行转动。这样做有助于儿童尝试一种新的策略，他可能在下次拼拼图遇到挑战时尝试这一策略。

学习概念

> 阿尔曼一边用力地将一个大拼图片放进空位，一边大叫“进去”。他所尝试的策略在之前的几次活动中也使用过：他先品尝一个拼图片，然后将它放在空位附近，用拳头将它使劲儿地往里面塞。之后，他将这个拼图片转了一个方向，然后又转了一个方向，直到把它完全放到空位里。他满足地舒了一口气，看着自己的伟大成果非常自豪。然后，他将这个拼图片拿出来，重新开始。

这个短暂的片刻充满了学习。阿尔曼正在学习和使用语言；通过把一个拼图片放进空位来了解因果关系和空间关系；提出假设并尝试使用不同的策略来使空位适合拼图片；展现了好奇心和坚持性，即使在非常困难的任务中也依然不放弃。这里，我们将讨论儿童在婴幼儿阶段的主要发现，包括客体永久性、因果关系、工具的使用、空间的使用、语言和读写能力，以及开始学习数字、分类。其他的重要发现包括自然世界、象征性思维与游戏、心理理论以及了解自己的文化。

客体永久性

客体永久性，是指儿童发现即使人和事物不在他们眼前，也是存在的。婴幼儿正在获得有关物体和人的永久性概念。家长和教师在他们面前来来往往、消失又出现，这种经验能帮助婴幼儿理解人存在的永久性。关于客体永久性的一个经典实验是将婴儿正在观察的一个玩具用衣服盖起来，面对这种情况，很小的婴儿没有试图找回这个玩具，就好像玩具消失了一样。然而，到了8个月大时，婴儿会将衣服拿起来，期待看到玩具[37]。现在，我们知道婴儿在3个月时就有了对客体永久性的理解。

因果关系

婴儿知道人们可以让事情发生，以及他们可以让别人去做一些事情。婴儿拥有大量的有关因果关系的人际交往经验。例如，肚子饿了，他们会哭。听到他们的哭声，照料者就会给他们喂奶并给予爱的拥抱。吮吸奶瓶里的奶，让婴儿感到非常舒服，并且重新快乐起来。事情以这种方式一件接着一件地发生，婴儿由此认识到一个事件能引起另一个事件。

材料和活动为婴幼儿提供了很多发现和练习因果关系的机会。婴儿操作玩具和材料，材料或者玩具给予他们反馈。他们需要让一些事情发生。纸张可以被弄皱或者撕碎，按动琴键可以使玩具钢琴发出声音。当按动按钮或者翻转控制杆时，玩具匣子里的玩偶就会突然出现。推球的时候，球会跑。敲打积木时，积木会发出声音。所有这些都帮助婴儿了解因果关系，让他们知道自己有能力让事情发生。很多电子玩具娱乐性很强，但是从这类玩具中，婴幼儿无法获得有关他们自己的努力将会对世界产生什么样影响的认识。

工具的使用

婴幼儿通过与他人互动来学习如何使用工具。他们观察人们使用工具的过程，并了解到可以把人作为工具来使用。哭了，有人会过来安慰你，给你吃的；伸出手指，有人会帮你拿到套环。在任务中遇到困难时，学步儿会通过伸出手指，或将视线从人转移到物体上并重复这一动作，或使用声音和语言等向成人求助。

当他们用叉子和勺子吃东西，当他们爬上椅子拿书，当他们使用画笔或者记号笔来画画，当他们用一个木制的勺子敲出“砰”的声音，当他们使用一辆手推车来帮助自己迈出第一步时，他们都在使用工具。

空间的使用

婴幼儿了解到，人与人之间以及人与事物之间存在一种空间关系。人们在空间中以一种可预测的方式移动，他们的身体作为一个独立存在的实体进行运动。人们走近他时，就会变得很大；当他们距离他很远时，就会变得很小。婴儿有很多机会观察成人如何使用空间，比如把钱放进钱包、把杯子放进橱柜、把牛奶盒放进冰箱。婴儿将他们观察到的成人经验运用到自己对世界的探索中。对婴儿而言，将一个物体放到另一个物体里有着无穷无尽的乐趣。收集物体，对他们来说是非常有趣的事情。他们会将物体从桶里倒进倒出。形状分类盒让婴幼儿可以将玩具放入与其形状类似的洞里，他们会不断地进行尝试。对婴幼儿来说，爬行、走路和攀登都是了解空间关系的方式。

语言和读写能力

语言和读写能力是婴幼儿认知发展的重要方面，本书专门有一章对此进行阐述。然而，在关于婴幼儿向他人学习什么或者与他人学习什么的清单中，将语言和读写能力囊括其中是非常有必要的。正如前文所述，婴儿在出生前就能听到语言。出生后，他们会在与成人的轮流对话中学习使用语言。他们通过听周围各种声音识别并听懂词语。但是，最佳的方式是与父母和教师进行一对一、面对面的个别化交流。

数字

核心知识理论认为，学习数字是婴幼儿的基本兴趣之一。美国数学教师协会[38]指出，基于丰富的日常经验，例如父母数饼干或者将三明治切成正方形或者三角形，儿童数学学习的基础在早期就可以建立。日常生活为婴幼儿提供了很多自然的机会来理解基本的数学知识。

除了前文提到的关于将两个玩具藏起来的研究外，另一个研究揭示了婴儿对数字的理解能力。研究者先给婴儿拿了一个球，然后将球放到不透明的盒子里。之后，他们又往盒子里放了一个球，并告诉婴儿："去拿球。"婴儿会两次将手伸到盒子里取回两个球，不会只取一次，取的次数也不会多于两次[39]。

这是因为记忆在起作用吗？一些研究者认为婴儿还不会数数，但是他们会使用感知信息（如大小和表面积）来理解物体的不同。然而，婴儿确实表现出很多有关早期数学学习的技能。如果两套物品的数量比例是 2∶1，那么 6 个月大的婴儿能将数量多的那套取出来。11 个月大的婴儿能够区分他们看到的物品在数量方面是增加了还是减少了。你可以阅读第 13 章来了解如何促进儿童对数字的学习。

分类

分类是将一群有相似特征的物体、人或者经验分到一起。分类是大脑识别或管理信息的方式。如果大脑中的每一条信息都各自占领一块地方，那么世界对儿童来说将是混乱的。婴幼儿开始使用语言进行分类。例如，一个 10 个月大的婴儿有一条宠物狗，她会回应狗的叫声，然后把狗称为"汪汪"。不久以后，对于所有 4 条腿的动物，她都会将其称为"汪汪"。

成人可以通过使用语言来帮助婴幼儿学习分类，比如，"这个苹果酱不错，你喜欢这个食物""让我们来搭积木""这是蓝色""看看这些颜色""狗是一种动物，猫也是一种动物"。

自然世界

婴幼儿对自然世界非常感兴趣。他们观察昆虫，喜欢玩棍子、石头和泥土。小溪、池塘、海洋甚至地下水都能教给他们有关液体性质的知识。他们不断地观察植物的生长，学习有关气候和季节的知识。在第 10 章以及其他有关课程的章节中，我们会提供更多有关户外重要性和好处的相关信息。

象征性游戏

在人生的头 3 年，婴幼儿在日常生活中拥有丰富的语言使用经验、图画书阅读经验以及使用汽车模型的经验。他们会感受到成人和同伴对象征性符号的使用。3 岁时，大多数儿童能够使用象征性符号。他们能够流利地和创造性地使用语言，能够根据图片理解故事，将日常物品应用到假装游戏中。正是因为有了象征性符号，我们人类才能够进行交流、学习和创造。

斯坦利 · 格林斯潘（Stanley Greenspan）[40] 认为，婴儿最初只需要接受成人的行为模式，比如被妈妈抱着或者喂奶。当婴儿成长为学步儿，他们就进入了象征模式，知道被妈妈拥抱象征着“妈妈爱我”，并因此获得满足感。然而，无论在哪个发展阶段，关键在于婴儿与照料者之间的关系。

研究者对婴儿如何将兴趣点从观看图片本身到理解图片所代表的真实事物进行了追踪。他们给一个 5 个月大的婴儿一定的时间来研究一个玩具娃娃，然后给他呈现这个玩具娃娃和一个新的玩具娃娃的图片。研究表明，他们会花更长的时间关注新的玩具娃娃图片 [41]。9 个月大时，研究人员向他呈现有关真实物体的图画书，他们会努力地触摸并试图拿起图片中的物体，他们并没有意识到图片只是物体的一个象征。然而，到了 15 个月大时，有着丰富的图画书阅读经验的儿童能够指着图片并给图片上的物体命名，表现出象征性思维 [42]。

在一项有关学步儿的独自假装游戏和群体假装游戏的研究中，豪斯等人 [43] 描述了学步儿的象征能力发展过程。12—15 个月大时，学步儿开始展现出以满足自身需求为目的的象征性行为，例如假装喝杯子里的水。学步儿喜欢假装睡觉。当教师对他们说“晚安，嘘……每个人都保持安静，雅各布正在睡觉”时，他们会笑着看教师。然后，雅各布会笑着跳起来，这时教师说：“雅各布，你起来啦！早上好！”这样一来，雅各布就会立刻并且不断地重复这个过程。不难发现，积极回应的成人能够支持婴幼儿的游戏，以及他们渴望学习的需求。

> 最重要的是，不要教给儿童太多东西，因为每个儿童都应该被激发学习的意愿。
>
> ——约翰 · 拉伯克（John Lubbock）

15—20 个月大时，在去自我中心的象征性游戏中，学步儿直接将假装行为作用于某个玩具。然而，在游戏中，玩具是没有自己的意愿和想法的（可以喂玩具吃东西，但是不能说这个玩具饿了）。20—25 个月大时，学步儿开始出现一系列假装行为，例如和玩具一起散步、喂它吃东西、给它洗澡。他们会和玩具一起做熟悉的事情，例如准备饭、吃饭以及清洗餐具[44]。24—30 个月大时，学步儿开始赋予玩具以能动性或意图（比如玩具娃娃饿了），他们会通过一系列的假装动作与玩具娃娃互动。在接下来的几个月中，学步儿开始简化假装行为。例如，他们会把一个物体（如一块积木或者一根棍子）当作咖啡杯或者钥匙。不熟悉的、很少发生的事件也可能出现在他们的假装游戏里。30—30 个月大时，在角色扮演游戏中，学步儿会给玩具和玩具娃娃分配角色，例如，让它们当爸爸或者狗。

随着学步儿使用大量的语言，他们的游戏出现了更多的细节，他们分享自己兴趣的能力也得到了发展。掌握语言和其他象征性符号能够让儿童自由地思考，而不局限于当下具体的经验。

尊重、反思与联系

尊重： 儿童积极地尝试了解自己、他人和周围的环境。

反思： 儿童在努力地想什么或者完成什么。

联系： 通过以下方式支持儿童的学习。

◎ 通过丰富的语言来提供有意义的回应式互动

◎ 为儿童提供有趣的材料和活动

◎ 拓展儿童的兴趣和技能

心理理论

18 个月大时，学步儿开始懂得其他人有不同于自己的想法、情感和愿望。很多人都认为，这与自我意识的发展是同步进行的。大量研究表明，学步儿表现出对他人意图的了解。在一项研究中，研究者尝试打开橱柜的门，然而他的手里抱着很多书。一本书掉了下来，在旁边玩耍的学步儿将书捡起来放到研究者的手中。然而，如果研究者进入房间，将一本书扔在地上，学步儿就不会帮他把书捡起来。在另一项研究中，一个表现笨拙的研究者无法将一串钥匙挂到钩子上，钥匙总是滑下来掉在地上。观察到这些的学步儿会走过来，帮助研究者将钥匙挂上去。此外，一项针对学步儿的心理理论所做的研究表明，学步儿能确定研究者喜欢西蓝花而不是饼干。

支持婴幼儿认知学习与发展的策略

婴幼儿需要了解自己以及自己与他人的关系，他们需要理解有关世界的很多基本概念。你可以通过以下策略给他们提供帮助。

1. 通过与婴幼儿轻声地交谈、看着他们或者与他们一起操作材料，帮助婴幼儿处于一种安静且警觉的注意状态。

2. 通过减少干扰物，帮助学步儿保持注意力集中。对他们的活动表现出兴趣，并努力对学步儿的行为进行观察和反思。

3. 运用新颖的方式提供材料，从而激发婴幼儿的好奇心。例如，将玩具娃娃放在读书角让娃娃“读书”。

4. 通过关注婴幼儿的事情并提供建议，激发他们的好奇心。例如，“让我们一起看看那是什么？”

5. 鼓励婴幼儿克服挫折，坚持完成任务。比如，提供有挑战性的、有趣的材料，并提供一些选择，表达你的兴趣和鼓励，或者分享他们获得成就后的喜悦。

6. 通过提供各种感官材料来支持婴幼儿的感知运动学习，如沙子、水、玉米淀粉、不同气味的瓶子等。

7. 通过一致的常规活动和可预测的材料布置方式帮助婴幼儿发展记忆能力，比如将玩具放在他们知道的地方、与他们讨论今天或者前天发生的事情，等等。

8. 为婴幼儿提供大量的玩具和材料，让他们有机会进行分类、匹配、比较和对比。

9. 当问题发生时，不急于插手，而是鼓励婴幼儿自己解决问题。例如，如果一个儿童不能够到滑梯后面的球，教师可以问：“我们可以怎么做？”然后，让儿童努力想出办法。

10. 和婴幼儿一起玩“躲猫猫”游戏，或者阅读一些关于妈妈和爸爸走了又回来接他们的故事。读故事的时候将图片挡住，鼓励他们发展客体永久性。

11. 提供一些可以持续地对婴幼儿的动作做出反应的玩具，如皮球，鼓励他们了解因果关系。

12. 提供玩具和材料来鼓励婴幼儿理解空间的运用，如套杯、小房子或者可以爬行的通道。

13. 提供记号笔、颜料、水、家用工具的替代物、玩具电话、钥匙等促进婴幼儿了解工具的用途。

14. 运用语言、观点和材料使婴幼儿的游戏变得更加精细、复杂。支架儿童的游戏，让游戏变得更加丰富或者具有象征性。

15. 运用玩具和语言来介绍形状、大小、数量、数字的概念，与儿童谈论有关今天、现在、不久、之前和之后等时间概念。

文化

胎儿在子宫里时就开始了解家庭文化。他能听到父母的声音和语言节奏。他吞咽子宫内的羊水，尝到了食物的味道。他能感受到母亲白天的活动和晚上的安静。

从出生的那一刻开始，他就开始注意到一些社会线索。他会通过家庭成员和陌生人来理解人们是如何做事的。他会学习如何轮流活动或交谈，了解人们吃什么、什么时候吃以及怎样吃。他会学习如何表达自己的情绪情感。最重要的是，没有人教他这些事情，他的家庭成员甚至都不能对他清楚地描述它们。文化中的很多信仰、价值观和规则对我们来说都是看不见的。然而，婴儿和学步儿能够发现它们并学习它们。

文化近观

卡提卡夫人经营了一家家庭式托儿所，为婴幼儿提供丰富的活动。她的助理帕提非常喜欢在这里工作，但有一件事情除外。例如，2 岁的罗斯选择了一桶钉子和一块板子，要把钉子钉在板子上。卡提卡夫人观察并给予她鼓励，她温柔但坚定地让罗斯一直操作，直到将 10 个钉子都钉在板子上。她的信念是既然要工作就要坚持完成。帕提则认为，婴儿和学步儿应该自由探索。你认可哪种观点，为什么？

促进认知学习与发展的项目实践

人们从来没有像现在这样对儿童早期学习有如此强烈的兴趣。政府机构、婴幼儿项目和大学正在制定相关政策，进行相关的实践探索，因为政策和经费对于为所有儿童创造美好生活而言至关重要。婴幼儿教师需要接受培训。婴幼儿项目需要经费来保障高质量的师资和高师幼比，并且为婴幼儿提供主要照护和持续性照护。

婴幼儿学习指南

2002 年，乔治 · 布什总统发起了一个儿童早期项目——“好的开端，聪明成长”。这个项目要求美国所有的州都要编写婴幼儿学习指南，详细地描述婴幼儿应该知道什么，在语言、读写和数学方面能够习得什么。大多数州都列出了婴幼儿在各个领域的学习与发展情况。

婴幼儿学习指南能够帮助父母和教师了解在这个特殊的年龄段，婴幼儿应该知道什么以及能够做什么。成人需要了解和明白婴幼儿所学习的内容。只有这样，他们才能更好地支持儿童自然的好奇心、探索和发现。婴幼儿学习指南成为教师专业发展体系的基本构成部分。

2015 年，早期开端项目办公室出版了《早期开端学习成果框架：从出生到 5 岁》[45]。这个历时几年、经过许多专家严格写作和审查而形成的框架，描述了 0—5 岁儿童的学习品质、社会性和情感发展、语言和读写能力、认知以及身体运动能力的发展过程与目标。对婴幼儿而言，他们的发展分为三个阶段，即 0—9 个月、8—18 个月以及 16—36 个月。

作为一名婴幼儿教师，这些指南对于你的专业学习与发展是非常重要的。但需要记住的一点是，这仅仅是指南而已，它们不能作为课程或者评价工具。

课程

课程是书面的计划，是对婴幼儿的经验是什么以及从经验中获得什么的一种规定[46]。

成人的作用不是去教，而是要观察和反思婴幼儿正在经历什么，以及他们是如何学习的。在婴幼儿项目中，教师应通过与儿童的互动以及提供活动和材料，为他们提供支持。在高质量的婴幼儿项目中，婴幼儿的兴趣以及相信“每个儿童都有自己的课程”这一观点，是实践发展的动力来源。成人的作用在于发现婴幼儿的课程，并且给课程的实施提供支持[47]。

要想实施高质量的婴幼儿项目，要想将高质量纳入婴幼儿保育与学习的相关政策，我们需要重新聚焦于课程。有些课程经过实践检验，被证明是有效的，政府会为采用这些课程的婴幼儿项目提供经费支持。然而，有些课程没有得到实践的检验。有关婴儿和学步儿的最佳实践是什么，研究者已经做了大量的研究，形成了非常丰富的文献资料。我们也了解了婴儿和学步儿应该学习什么以及他们能够做些什么。婴幼儿项目应该评估手头的课程，并确保它能满足自己所在项目的需求。如果课程本身携带评估工具，那么你可以借助它的评估工具进行评估。然而，评估工具只能评估课程应该教些什么。你可能想将学习目标与婴幼儿学习指南进行比较。

> 你认为儿童是有能力的、主动的和具有批判性思维的学习者，还是将儿童视为挑战或者麻烦……对我们而言，儿童是文化、价值观和权利的生产者，他们具备学习的能力和交流的能力……我们应该努力为这样的儿童建设一所学校，一家婴幼儿学习中心。
>
> ——卡里娜·里纳尔迪（Carlina Rinaldi）

引发积极参与的环境与回应式关系

高质量的婴幼儿项目能够积极地促进儿童的学习。美国儿童健康和人类发展研究所有关儿童照料的研究表明，儿童照料的质量非常重要[48]。

意大利瑞吉欧·艾米莉亚教育模式的提倡者卡里娜·里纳尔迪指出，高质量的婴幼儿项目要能满足婴幼儿的需求，有能吸引婴幼儿积极参与的环境，师幼之间是积极回应的关系。婴幼儿需要利用材料来探索和发现世界。因此，我们需要思考，材料为婴幼儿提供了哪些信息？他们可以操作材料吗？他们可以摆弄、观察和品尝材料吗？材料可以滚动、堆叠、移动，或者有助于婴幼儿学习本章所描述的一些基本概念吗？

因此，我们还要考虑一下成人与婴幼儿之间的回应式互动。成人能够帮助婴幼儿变得更加警觉或者注意力更集中吗？成人所使用的语言是否丰富了婴幼儿的词汇量，拓展了他们对材料的使用？成人是否分享了儿童获得发现时的喜悦？成人是否支架了婴幼儿的学习？

表8.3 发展趋势与回应式互动表

认知学习与发展 婴幼儿通过使用认知工具和自己独特的能力来了解自己、他人和他们生活的世界。			
发展	示例	师幼互动或亲子互动	环境
0—4个月（婴儿）			
✦ 在视觉上追踪某个移动的物体 ✦ 通过哭泣来寻求成人的安慰或者喂奶 ✦ 好奇地环视房间 ✦ 开始触摸某个玩具 ✦ 注意到可以使用胳膊或者腿做一些事情，然后重复这些动作 ✦ 识别出熟悉的人和物体 ✦ 开始将物体放入嘴里	梅根躺在地毯上，抬起头，用胳膊支撑着身体。她的脸上充满了好奇，观察着附近的教师和其他儿童。 威利用脚踢到了挂在他上方的玩具，玩具开始摆动。他停了下来，看着玩具，然后又用脚踢了几下，接着观察玩具是否会摆动。	✦ 当婴儿关注玩具时，可以将玩具慢慢地从一边移到另一边 ✦ 对婴儿的哭声迅速做出反应 ✦ 给婴儿提供安静的时间，让他们看看周围发生了什么，并和他们谈论他们看到的一切 ✦ 用清晰的甚至夸张的面部表情和语言对儿童做出反应	✦ 空间的安排要让婴儿能够看到一些活动，并处于受保护的状态 ✦ 喂奶时间，可以给婴儿提供一些有趣的可以看的东西，比如在婴儿面前悬挂一些玩具 ✦ 提供结实、不易破碎的镜子
4—8个月（婴儿）			
✦ 喜欢检查玩具 ✦ 喜欢让玩具发出声音，或者把一个玩具放到另一个玩具里面 ✦ 模仿成人的表情和手势 ✦ 转向声音的来源 ✦ 寻找他们掉了的玩具	安吉拉对什么事情都感兴趣。她观察她的朋友，然后看着教师，笑了起来。 荣格伸手够到了一个悬挂着的玩具。当玩具晃动起来发出声音后，他再次去够它。	✦ 将婴儿抱在怀里，一边走一边和他交谈看到的事物 ✦ 坐在婴儿旁边，和他谈谈他正在看的玩具 ✦ 近距离叫婴儿的名字，让他能确认你就在附近	✦ 提供各种小玩具来玩和检查 ✦ 提供经过触摸或靠近可以发出声音的玩具，或者可以移动的玩具 ✦ 提供纸板书

续表

发展	示例	师幼互动或亲子互动	环境
8—12 个月（婴儿）			
✦ 喜欢把某个玩具分解，然后再把它重新组合起来 ✦ 当你触摸玩具、拉玩具或者敲打玩具时，婴儿也喜欢这样做 ✦ 开始出现比较简单的假装游戏，例如举起一个杯子放入嘴里 ✦ 喜欢找藏在衣服或者杯子下面的小玩具 ✦ 喜欢捡起并仔细地审视一个很小的东西，如一片麦片 ✦ 喜欢指向物体，他们知道你也能看见这些物体	查理喜欢将每个玩具动物从桶里拿出来，然后看着桶。当桶空了以后，他将桶滚到一边。 艾丽娅喜欢按盒子上面的按钮和旋转门，但是她不了解所有装置和构造。当艾丽娅向教师展示按动按钮，门就会弹开时，她的老师表现出非常惊讶的样子。	✦ 通过你的在场、兴趣、热情来支持他们关注他们感兴趣的事物并进行探索 ✦ 通过你的面部表情和语言向婴儿展示你对他的发现感到非常兴奋 ✦ 运用语言对婴儿的活动进行描述："看，你发现了一片麦片，还用手把它捡起来了。"	✦ 提供诸如套杯、创意串珠、小桶以及他们感兴趣的其他玩具 ✦ 提供适合他们大小的盘子或其他家庭用品的复制品 ✦ 提供可以对儿童的动作做出反应的玩具，如发声的玩具 ✦ 提供感知材料和各种工具，如水、沙子、铲子等 ✦ 提供带有图片的纸板书
12—18 个月（小学步儿）			
✦ 喜欢通过移动身体来进行探索，例如爬行、走路、攀爬和跑 ✦ 喜欢用不同的工具玩沙子、水和面团 ✦ 对拼图和小钉板材料中的空间关系非常感兴趣 ✦ 可以在假装游戏中使用钥匙或者电话之类的工具 ✦ 喜欢看书，也喜欢给物体、动物或者身体部位命名	艾利克斯和丹非常高兴能用双脚站起来。他们相互追赶，一个站在倾斜的表面上保持平衡，另一个紧跟着这样做。有时，他们会一起挤进滑梯下面的区域。 迪斯喜欢一边抱着教师的大腿，一边指着书上动物的图片，教师则叫出图片上动物的名字或者让她去寻找某个动物。	✦ 允许学步儿在被保护的情况下有自由探索的时间和空间 ✦ 待在他们附近，对他们的活动表现出兴趣，并使用语言进行描述，使他们的活动更加具体和复杂 ✦ 帮助学步儿温柔地表达自己对同伴的兴趣 ✦ 对学步儿感兴趣的事物表现出热情	✦ 提供简单的智力游戏、小钉板、形状分类盒、带粗线的木珠 ✦ 提供小型的攀爬物、隧道和有趣的小路 ✦ 提供能对风有反应的玩具和可以开关的玩具 ✦ 为假装游戏提供简单的道具

续表

发展	示例	师幼互动或亲子互动	环境
18—24 个月（学步儿）			
✦ 喜欢自由走动和拿着东西走来走去 ✦ 知道自己能够引发事情 ✦ 了解并能记住规则的细节 ✦ 在假装游戏中，能将一些物体作为其他物体的代替物使用 ✦ 喜欢日益复杂的材料，因此可以开展一些类似于建构、分类和形状配对的活动	琳妮和马特用积木建造了一座小城堡，然后用玩具卡车进入城堡，最后把城堡推倒了。 早餐前，克瑞斯伸出手开始唱感谢歌。有的儿童来晚了，坐下来吃早餐时，他走过去让每个人唱一遍。 凡将装着 2.5 厘米长积木的盒子打开，拿出一块红色的积木，然后再取出一块红色的积木。	✦ 保持可预测的常规，提醒学步儿注意常规的顺序，例如，你可以这样提问："进餐的时间到了，我们该怎么办呢？" ✦ 把材料有序存放在可预见的地方 ✦ 支架学步儿对活动的思考，例如，你可以这样问："你接下来要做什么？""你打算在商店里买些什么？"	✦ 把玩具和材料摆放好，以便学步儿可以自主选择、自由取用，并在玩完后把它们整理好（如在标签的提示下） ✦ 时不时回顾一下你为学步儿提供的材料，以确保熟悉的材料和富有一点点挑战性的材料达到一种平衡
24—36 个月（学步儿）			
✦ 开始理解一些概念，如颜色、大小、形状、时间、尺寸和重量 ✦ 开始对故事和故事书中的图片感兴趣 ✦ 在假装游戏中，创编新故事或者搭建积木建筑，而且更具有想象力和创造力 ✦ 在假装游戏中，给玩具和其他儿童分配角色；在假装游戏中，使用椅子、地毯和书架作为替代物	艾瑞克感到有点难过，他将妈妈的一张照片放在身边，说："午睡以后。" 萨拉负责角色扮演区，分发娃娃和动物毛绒玩具。她戴上帽子说："妈妈要去买东西了。"	✦ 询问学步儿如何解决遇到的问题，并鼓励他们弄明白问题的答案 ✦ 支持学步儿一起使用材料，并分享彼此的想法 ✦ 使用语言来描述时间（如现在、以后、午睡前、午饭后）、重量（如轻、重）和大小（如更大、更小） ✦ 数一数一日生活中事物的数量	✦ 提供在游戏中比较大小、重量、颜色、形状和数量的机会 ✦ 在班级的各个区域都摆放图书，除了多准备几本学步儿喜欢的旧书外，还需要提供一些新图书 ✦ 允许学步儿把不同区域的材料组合起来创造性地使用 ✦ 投放新的材料或材料组合

本章小结

- 人生头 3 年的学习为以后的学习与发展奠定了坚实的基础。核心知识理论告诉我们，婴儿天生就会接触环境中对生存来说非常重要的一切。婴儿和学步儿能计算事件的频率和安排事件的顺序，从而使这些对他们有意义。神经镜像网络（脑细胞）能够让婴儿对某个事件进行感知（使用各种感官），同时激活大脑的某个区域。如果婴儿正在执行某个动作，那么大脑的某个区域将会一直处于被激活的状态。
- 所有信息都是通过各种感官到达大脑的。大脑会快速识别信息是否有危险，然后将信息分配至大脑中相应的区域。成千上万个信息会与简单的信息建立联系。大脑的各区域需要一起工作，从而帮助儿童在 3 岁时达到更高的思考水平，如自我调节能力、注意力和执行功能。较高水平的执行功能包括工作记忆、自我控制和思维灵活性。学习品质是指一系列帮助婴幼儿在各领域学习的品质，包括注意力、记忆力、好奇心、信息收集、问题解决和面对挫折时的坚持性。有特殊需要的婴儿和学步儿在学习方面可能面临着一些挑战。婴幼儿教师应该和家长一起进行早期干预，找到帮助儿童学习的最佳策略。
- 动作表征，尤其是必要的镜像神经网络，对模仿的工作机制进行了解释。模仿是婴儿最有效的一种学习工具。社会文化历史理论强调一个较成熟的伙伴对儿童学习的重要性。该理论中最重要的要素是最近发展区、支架和心理工具。婴儿和学步儿在人生的最初 3 年学习了丰富的知识。他们发展了一些概念，包括客体永久性、因果关系、工具的使用、空间的使用、语言和读写能力、数字、分类、自然世界、象征性游戏、心理理论、规则、信念和文化价值观。
- 婴幼儿早期学习指南描述了特定年龄段的儿童应该了解什么以及能够做什么。指南可以成为教师理解儿童的学习并为每个儿童制订计划的重要工具。课程是书面的计划，是对婴儿和学步儿的经验以及他们从经验中能够学得哪些内容的界定。根据对学习与发展科学的深刻理解来选择或制定课程是非常重要的。儿童学习中的一个重要因素是积极回应且负责任的成人伙伴。成人与儿童之间有着情感性的互动，成人能够拓展儿童的探索和发现。有吸引力的环境能够邀请婴幼儿运动、触摸、品尝、解决问题、搭建、假装，并支持儿童的探究和好奇。

反思与应用

反思的问题

1. 思考本章中卡里娜·里纳尔迪所说的那段话，反思你脑海中的儿童形象是怎样的。
2. 如果婴幼儿需要能够操作的玩具，那么你希望玩具具有什么样的特性？你会避免提供什么样的玩具？
3. 如果一个婴儿拥有全世界最有趣、最好玩的玩具，但没有一个感兴趣的、全身心投入的和乐于提供帮助的成人，你认为这个婴儿能获得学习与发展吗？

观察与应用

1. 参观一家婴幼儿保育与学习中心，思考教师是如何通过创设具有吸引力的回应式学习环境来促进婴幼儿的认知发展的？如果你是这家中心的教师，你会做出哪些调整？
2. 教师是如何通过自身来支持婴幼儿的学习的？他能理解并预期到婴幼儿在游戏中正获得的新发现吗？
3. 哪类活动可以鼓励学步儿了解客体永久性、因果关系、工具的使用和空间的使用呢？

第 9 章

语言学习与发展

学习成果

阅读本章之后，你将能够：

- 解释婴幼儿的语言能力，以及气质和性别的特征对婴儿期语言学习与发展的影响；
- 准确理解儿童语言发展的各个方面：接受性、表达性、运用，以及听力障碍和其他特殊需要带来的影响；
- 描述婴幼儿如何在各种关系中发展语言，包括文化在其中的影响、儿童习得两种或多种语言的重点研究、促进语言发展的策略；
- 阐述促进语言学习与发展的项目实践的特点。

卡里姆边跑边跳，并大声说：“哦，我跳，我跳舞。”爸爸知道卡里姆在通过声音和词语表达自己的喜悦，于是在一边附和道：“你跳起来了，你是跳高运动员。”卡里姆跳得越来越高，不停地转圈，说着：“我跳。”这个小男孩正和他聪明的爸爸一起进行语言交流，他们轮流吟唱并相互学习。

当这位爸爸示范说“跳”这个词语时，卡里姆会立即说：“我正在跳。”婴幼儿通过参与精彩的学习过程来倾听、交谈、向他人表达自己的需求。此外，他们还学会在纸上做标记和涂鸦，喜爱图书，这些涉及语言和读写发展的各个方面。

婴幼儿渴望人与人之间的联系，语言是他们建立联系的主要方式。对儿童来说，语言是一种力量，他们通过语言满足自己的需求、安慰他人、逗别人开心、参与人际关系。

正如以关系为基础的理论所预料的，卡里姆和其他儿童都需要成人作为他们的互动伙伴。在借助语言回应伙伴方面，婴幼儿取得了惊人的进步，从新生儿期发出轻轻的咕咕声（持续产生单声道元音，如像鸽子咕咕叫的“哦”和“啊”）到 1 岁时会使用单个词语，然后到 3 岁前开始使用相当复杂的句子。儿童与语言互动伙伴一起获得交流的乐趣。

了解常用术语的定义，对于研究语言发展和关系是非常重要的。交流是指通过谈话、标记、提示、手势或者书写来提供信息。婴儿会用凝视（我对你感兴趣）、拱起后背（让我离开这里）、声音或词语等方式交流。语言能力是指使用词语（或者标记，如果语言是一种聋人手语）并将它们组成句子的能力，从而使我们头脑里的想法传达给他人。相应地，我们也会思考：如何理解别人所说的话，并将这些话转化为我们自己的概念[1]。语言这个词还有一个特定的含义，即一群人通过声音形成词语并将信息传达给他人，如英语和西班牙语。

本章将探究儿童是如何获得特定语言学习能力的，以及性别和气质是如何影响语言发展的。我们将一起探索婴幼儿在语言发展主要领域的显著成长：

> 接受性语言（倾听与理解）

> 表达性语言（与他人交流）

> 语用学（语言如何被使用）

> 音韵（声音的节奏和重音及创意词）

阅读完本章内容，你将了解到许多成人用于支持儿童成长的策略以及促进语言发展的项目实践。

每个儿童都是有能力且独特的个体

“爸爸，来这儿”，一个儿童对她爸爸喊道，当爸爸离开这个 2 岁儿童坐着的超市推车，自己去逛的时候，“你迷路了”。随着儿童学会说话，他们基于自己对语言规则的理解，创造了奇妙、独特且具有创造性的词语和句子。在本节中，我们将探索儿童学习语言的能力，以及性别和气质对语言发展的影响。

语言能力

婴儿天生具有交流的能力。本章最后列出了关于婴幼儿发展趋势和回应式互动的表格。在阅读本章内容时，请经常参照此表。从出生开始，婴儿就能听出语音中的差别，比如“m”和“n”，这促使他们倾听语音，努力通过身体动作和发出声音来进行交流，在照料者的倾听中茁壮成长。在最初的 3 年里，婴幼儿学习用听到的语言来发出声音，将声音组合成词语，再将词语组合成句子。他们学习语言的句法、语言的使用、语言的韵律。他们发现了数量惊人的词语含义，并以各种方式进行交流，如皱眉、尖叫、呜呜叫、用手指着、说话和喊叫。虽然儿童的发展阶段是类似的，但他们各自语言发展的内容和语言的创造性是独一无二的。

大脑学习语言

婴儿的大脑本能地与有回应的成人学习语言。成人提到物体（那是你的杯子）、描述自己做的事情（我正在给你换尿布）、唱歌、重复婴儿的声音以回应他们、教婴儿说“再见”，或者谈论婴儿正在做的事（你正在玩），这些都会促进婴儿大脑的发育。研究者指出，年幼时大脑与语言体验之间的反应将影响一个人终身学习语言的能力。出生后的第一年，当婴儿听见成人与自己交谈，一群神经元便开始被点燃。当愉悦的语言体验被一再重复—— 一遍遍地唱一首歌，多次给一个愉快的 8 个月大的婴儿读一本书，用不同方式使用同一个词语（例如，“一个杯子，杯子在哪里，你有一个杯子”）——神经元之间的连接或者路径就会变得更强。婴儿需要听到成人与自己交谈，需要有机会回应正在发生的事，从而促进语言能力的发展。

性别

正如成人的回应会影响儿童的语言发展质量，性别也是影响因素。女孩会做手势、说话更早，将词语组合也更早，词汇量比男孩多。然而，这些领先只是微小的[2,3]。有研究者对10个不同国家的女孩和男孩的语言差异进行了研究，发现女婴比男婴发展快3个月。女婴比男婴更早使用双词组合[4]。其中，瑞典是个例外，这是一个强调妇女平等权利的国家。研究人员在瑞典收集了336位16—28个月大儿童的父母语言报告，并没有发现性别在词汇、语用技能、语法技能、话语最大长度方面带来的显著差异[5]。

女孩比男孩说话更早的原因有很多，可能存在生物学的差异。因为女孩说话更早，她们比男孩有更多机会参与语言活动。经验的差异也会造成女孩和男孩在语言发展速度上的差异。尽管3—11个月大的男孩对母亲语言反应的频率和同龄的女孩一样，但研究发现，父母跟男孩说话明显少于女孩[6]。

家长和教师都希望专注于为男孩和女孩提供平等的语言机会。然而，男婴或许比女婴需要更高水平的语言鼓励。对成人来说，特别关注男孩是否使用手势和言语、是否积累了很多词汇量似乎很重要[7]。

气质

“我不喜欢额样（那样）！”一个2岁儿童向同伴叫着，同伴正抓着他的秋千。

正如我们前面所提到的，婴幼儿在情感表达方面存在差异。有些儿童表现出更多的痛苦、沮丧甚至愤怒的情绪，而另一些儿童表现出更多快乐、兴奋和喜悦的情绪。说话早的儿童会表达出更多正向的情绪，说话晚的儿童则会表达出更多负面的情绪[8]。晚说话的儿童可能会因为可用的词语少而感到沮丧。或者，他们的难养育型气质可能会引发照料者不同的反应。我们知道，基于交互理论（见第3章），儿童的气质类型越具有挑战性，他们与成人愉悦交流的时间就越短[9,10]。和具有挑战性气质的儿童相处，家长和教师需要有意识地提供丰富的语言模式并与儿童进行充满爱的互动，且不得不利用婴幼儿的安静警戒状态，即使这只有几分钟。说安慰的话语或者唱摇篮曲，既能起到抚慰的作用，又能为经常烦躁的儿童提供进行语言互动的机会。

家访人员和导师可以为反抗性儿童的家长和教师提供额外帮助。如果家庭正承受压力，父母们都会需要额外的帮助来支持儿童的语言发展。如果曾经历高风险的环境，即使是在

1 岁时属于易养育型气质的婴儿，到 3 岁也会在语言方面得分较低[11]。

另一种气质可能导致儿童体验较少的语言互动。一个害怕、社交警惕、社交焦虑的儿童常常会避免与成人或同伴接触[12]。这种类型的儿童需要和他们信任的成人单独相处直至感到足够舒适才会进行交流。当儿童在游戏时，熟悉的成人可以在一旁读故事、轻声说话，以示范丰富的语言。

不难看出，儿童和成人在影响语言发展中的作用[13]。婴儿听到成人温暖、充满爱意的声音就会想和他在一起。一个迷人的并总是乐观的儿童会吸引成人与其交谈。当注意到一个易烦恼、情绪消极的儿童较少参与语言互动时，我们可以主动发起一些互动。

了 解 儿 童

和那些认真且能够倾听声音、词语和句子，并理解复杂语言规则的婴幼儿在一起，是多么美妙的经历啊。

——库尔（2007）

想一想你是怎么学习母语的。你大概不太记得了，因为那是你人生中很早的时候发生的事，现在看来那个过程毫不费力。事实上，婴幼儿正在使用一些策略来成为与他人交谈的伙伴，比如，识别在生活中特定的人的声音，学会预计一个词语何时结束、另一个词语何时开始，或者学习用正确的顺序使用词语以传达意义。就像成人依然会做的那样，婴幼儿也学习使用非言语的手势和面部表情来表达想法和感受。让我们和婴幼儿一起开启他们的语言学习之旅吧。

接受性语言——倾听与理解

当达米恩，一个活泼的 2 岁儿童，听见妈妈说，“我们现在要出去了”，他就跑去拿自己的外套。他听见并理解了语言而且知道其意图。他知道妈妈正在告诉他重要的事，并展现出了出色的接受性语言。儿童往往在学会表达语言之前就开始发展接受性语言。在最初的几年，语言发展的变化多是可预测的。

出生前

当婴儿还在妈妈的子宫里的时候就开始练习听声音了。30 多年前，一些研究者发现，新生儿一出生就可以分辨出自己的妈妈和另一个女性的声音。3 天大的婴儿被安排做他们已经能胜任的事：吮吸奶嘴般的乳头。乳头通过电线连接到一台录音机上。婴儿如果吮吸得快，就能听到妈妈的声音；如果吸得慢，就会听见陌生人的声音。婴儿很快就知道了，哪种吮吸频率会带来妈妈的声音，并且持续以这种频率吮吸以听到那种声音[14]。婴儿是如何做出这样令人难以置信的行为的？他们是在出生后立即记住了妈妈的声音，还是在出生前就在"偷听"呢？

为了解答这个问题，研究者尝试了与第一次研究不同的变动[15]。他们请孕妇在孕期的最后六周每天大声朗读特定的儿童故事（比如苏斯博士的《帽子里的猫》*）。当婴儿出生后，研究者播放母亲朗读同一个故事或者之前没有听过的故事的录音。新生儿再次通过吮吸模式展现出，他们更喜欢在子宫里听过的那个故事的声音。出生前，婴儿就在关注和辨别复杂的声音模式。他们希望再次听到熟悉的故事！

接受性语言：0—4 个月

"婴儿出生时是'世界公民'，在生命的早期他们能听出任何语言中所有辅音和元音之间的差别。"[16]他们可以听出单词中声音的差别，并做好开始学习世界上任何语言的准备。到 1 个月大或更早，婴儿更愿意听到针对自己的谈话（更高的音调、听起来更清晰、简单、重复的声音和单词），而不是成人间的谈话[17]。

2—4 个月大的婴儿可以和父母或生活中的重要他人一起进行"语言共舞"。例如，3 个月大的乔希看着语言同伴（他的父亲）的眼睛，发出温柔的咕咕声，爸爸耐心地等待，然后也发出咕咕声或唱歌或轻声地和他说话。成人和婴儿一起分享神奇的时刻，当语言交流时，他们的情感也联系在了一起。

接受性语言：4—8 个月

6 个月大的婴儿已经为说出经常听到的语言做好了准备，他们可以分辨并使用所有语言中的声音[18]。他们有着多么奇妙的技能！然而几个月后，他们就失去了这种能力，而且只能分辨他们听到的语言中的声音。

婴儿在 7—12 个月大时会开始逐渐失去听出世界上所有语言中声音差别的能力。这是因为他们正在倾听和练习那种每天听到的熟悉语言中的声音。例如，在英语中 R 和 L 的发音是区分开的，但是日语中并没有。所以，日本儿童就失去了听出 R 和 L 声音差别的能力。

然而，有些异乎寻常的事发生了，在婴儿 8—12 个月大的时候，那些之前接触过第二语

---

* 该书的简体中文版由上海译文出版社于 2002 年出版。——译者注

言的婴儿也失去了听出外语中声音的能力。在12个月大的时候，如果让婴儿和一个说外语的成人互动5小时，那么他们又可以辨别出那种语言中的声音。但是，当婴儿在视频播放器上看和听，或者在录影带上听到第二语言时，他们并没有保持分辨第二语言中声音的能力。这说明，儿童需要在社交环境中与成人互动以“保持大脑对声音的开放性”[19]。

7个月大的婴儿可以记住莫扎特音乐的段落，即使在两周内没有听到这些段落后仍然可以回忆起它们[20]。值得注意的是，他们更喜欢听以前听过的并且是按相同顺序播放的段落。婴儿展示他们的长期记忆以及接受能力的方式是多么奇妙啊。在这个年龄段，婴儿会在别人说到自己名字的时候转过头来，这表明他们能辨认出自己名字的声音。

接受性语言：8—12个月

这个阶段，婴儿的听力增强了，这有助于他们学习语言。8个月大的婴儿表现出一种能将他们听到的连续语音分成单个词语的能力[21]。例如，他们开始将“Hereisthemilk”分成“Here is the milk”(这是牛奶)。可移动的婴儿能够通过感知形成词语的共同声音序列来展示他们的接受性能力。1岁的时候，大部分美国婴儿根据他们在成人那里听到的语言模式，开始知道英语中的某些声音组合在一起形成词语，而且有些声音序列是不会组合在一起的[22]。婴儿开始知道有些声音是跟在另一些声音后面的，比如，在“baby”(宝贝)这个单词中，“by”比其他声音序列更可能跟随“ba”。他们利用音调和单词长度来确定何时开始和结束[23]。

许多10个月大的婴儿在成人说一个新词语5次后就能理解[24]。但是，这些婴儿可能会将新词语用到他们看到的有趣的事物上，而非无趣的，尽管成人正看着并说着那个无趣的事物。有趣的事物吸引了婴儿的注意，他们忽视成人的目光。到12、18、24个月大时，婴儿会听从成人的暗示去看事物并理解成人使用在事物上的标签[25]。对婴儿来说，如果成人指着或拿着他们说的事物，就会很有帮助。当婴儿说到某个事物时，成人可以观察婴儿在看什么。否则，婴儿很可能会认为“杯子”是那个在街上跑着的有趣汽车。

如果一个朋友闭上眼睛将头转向一个事物，我们是不会跟着他做的。当他睁着眼睛时，我们会跟随他的目光。即使是9、10、11个月大的婴儿，也更容易转向和跟随睁着眼睛的成人的目光，而非闭着眼睛的成人[26]。这些婴儿在人生的第一年就学到了相当多的语言。

另外的接受（倾听和理解）技能会在儿童1岁生日前后出现，包括开始理解游戏中简单的指示和语言。成人或兄弟姐妹可能会给出一个指示，比如“挥手再见”或者“给妈妈一个吻”。同样，婴儿也喜欢成人玩的“躲猫猫”、拍手、“你有多大”等游戏。

所有这些关于婴儿能力的信息表明，在人生第一年和婴儿交谈有多么重要，绝对不要等到他们开始说第一个词语时再和他们交谈。如果成人等到婴儿长成学步儿再与他们交谈，那他们的语言发展将会受到限制。婴儿需要在生命的最初几周或几个月里，与具有回应性的语言伙伴进行“语言共舞”。

接受性语言：12—18 个月

此时的小学步儿可以遵循简单的指示，比如“去拿你的外套”，当父母或教师开玩笑地问“你的鼻子在哪里”“你的肚子在哪里”时，他们可以正确地指出鼻子、眼睛、头发、脚、肚子等身体的各个部位。

你可能会思考可以用多少种方式与一个小学步儿说“球”，例如，“这是一个球”“滚球”或“这个球是黄色的”。你可能会觉得一直说“球”这个词很无聊，但小学步儿不会。他们会仔细倾听，说不定会很快试着说“球”这个词。显然，此时的小学步儿能够很快理解词语的含义。

接受性语言：18—36 个月

学步儿能快速地将物体及其名字匹配。当成人提供很多关于词语的例子时，学步儿能学得更快。当你在学步儿面前放一个黄色的杯子并且说“杯子”，过一会儿再放一个蓝色的杯子说“杯子”时，学步儿就能容易地学会“杯子”这个词语。当你说“那是一个黄色的球”时，你会使用“黄色”一词，当你又说“有一辆黄色的公共汽车”，学步儿就更有可能学会“黄色”一词。这些都是在为同一个词语提供多个实例[27]。

当新的词语伴随手势一起出现时，学步儿也会学得很好。再次指向物体或者说学步儿正在使用的物体也会有助于儿童学习新词语，这是一个多模态输入的例子[28]。

语言爆发的另一个原因在于，24—30 个月的儿童能更好地猜出新词语的意思[29]。当你说“有一只狗和一只猫”时，如果儿童知道“狗”这个词而不知道“猫”，那么儿童就会猜测和狗在一起的另一个动物是“猫”。当你说“托马尔正在吃橘子”，不知道“橘子”这个词的儿童会猜测“橘子”是指那个水果。儿童会利用上下文弄清楚词语是什么意思。但只有当儿童喜欢的成人使用很多描述性词语，并且所说的物体就在儿童身边时，才会有效。

当婴幼儿理解并能说出更多的词语时，他们更可能表现得好并且在学业上有所成就。儿童的词汇量必然会影响他们的行为。当 2 岁儿童明白“请轻轻地触摸”这些话语时，他们就能更好地控制自己的行为[30]。一个 2 岁儿童因为父母将她留给了保姆而感到不安，第二天她对父母说：“我（me）*很伤心，我（me）很生气。”她并没有发脾气，因为她能够

* 在英语中，“me”指“我”的宾语形式，这里应该用主语“I”，体现了这个孩子有限的语言能力。——译者注

说出自己的感受。24 个月大的儿童，词汇量越大越能在学校有好的表现，并且在幼儿园表现得更好[31]。因此，帮助婴幼儿学习很多新的词汇，就是在帮助他们获得一个良好的开端。

非常年幼的孩子需要语言伙伴，伙伴能使学习新词汇变得有趣和有益。成人如果希望婴幼儿学习新词语，必须少让他们看电视，多和儿童互动。一些研究者发现，29 个月大的儿童看电视的时间越多，预示他们在幼儿园接受的词汇量会减少[32]。

偶然互动是儿童学习新词汇的关键。当 24—30 个月大的儿童和成人视频时，成人偶尔会使用新奇的词语来回应儿童的行为和话语，儿童就会学习新的词汇[33]。

表达性语言：通过手势、声音和词语交流

当婴幼儿可以通过手势、声音和词语表达意思时，他们会感到愉悦。

表达性语言：0—4 个月

婴儿通过各种方式交流，其中一种方式是哭泣，以此表达他们感到疼痛、饥饿或痛苦。他们会打哈欠、做鬼脸、转过脸、看着很平静，以五花八门的方式交流。成人会注意婴儿发出的所有言语的或非言语的信号。婴儿生活中的主要照料者开始解读打嗝、安静的原因，并把这些看作交流的形式（见专栏 9.1）。2 个月大的婴儿开始因饥饿和疼痛发出不同的哭声，聪明的父母能够听出其中的差异并做出相应的回应，然后满足婴儿的需求并帮助他们以不同的方式成功沟通。语言伙伴模仿婴儿的声音，包括咕咕声和咿呀声，并等待婴儿再次发出咕咕或咿呀声，会促进婴儿语言的发展。

专栏 9.1 婴儿的非言语交流

妈妈对婴儿说："哦，你感到累了。我能从那些哈欠看出来。哎呀，你的肚子在叫。你是不是在告诉我你饿了？"

当成人把婴儿的非言语行为视为一种交流形式时，婴儿就会明白如何在交谈中成为一个互动伙伴。

表达性语言：4—8 个月

从表现上看，婴儿通过动作和面部表情表达，预测到自己的声音和非言语交流（比如伸出双臂要求被抱起）会得到成人的回应。他们发出声音以引起成人的重视。你肯定见过婴儿边发出声响边看向自己喜欢的成人，好像在说"看我"。婴儿在学习词语前就开始学习如何交流了。"儿童在学到第一个传统词语之前就和成人或同伴进行对话了"[34]。

除了使用非言语方式和咕咕的元音交流之外，他们也开始咿呀学语（重复辅音－元音，如“ma”或者“da”）。起初，他们发出“ba”“da”（一个音节），在这个年龄段快结束时，他们会一起发出多个音（“hababa”“dadada”）。在许多文化中，“妈妈”和“爸爸”是婴儿最早发出的声音，比如“pa-pa”“ma-ma”和“da-da”。这就是为什么你会听见父母说，“他在说‘da-da’，他知道我是谁”。过几个月，婴儿会对某个特定的人说“ma-ma”或“pa-pa”，但是现在他们或许只是喜欢发出声音。

然而，咿呀学语的质量和类型取决于婴儿听到的和他们试图表达的内容。当成人直接和婴儿说话时，婴儿会在咿呀学语的时候重复他们听到的声音。例如，学韩语的婴儿咿呀的声音会和学英语的婴儿不一样[35]。研究显示，咿呀学语的语调随婴儿当时的意图而有所不同。倾听婴儿，他们在不高兴的时候发出的声音比他们似乎在告诉你什么事的时候发出的声音范围更广[36]。因此，咿呀学语的差异在于婴儿听到的语言以及他们的意图。

令人惊奇的是，当成人模仿婴儿的咿呀学语，但又在其中加了一些婴儿没有使用过的不同声音时，婴儿会立即重组他们的咿呀学语，把新听到的声音加进去。这仅在成人咿呀的模式基于婴儿的咿呀学语时才会发生。轮到成人时，他们立即发出婴儿刚刚发出的声音，并加入一些新的声音（词语）。成人增加更多元音就会听到婴儿发出更多的元音。当成人在咿呀里加入一个新的词语时，他们会听到婴儿说出很多辅音－元音音节[37]。积极回应的成人有助于婴儿对音韵的学习。

表达性语言：8—12 个月

这个年龄段的婴儿希望和你交流。他们摇头说“不”，举起手要抱，挥手再见，发出各种不同的声音，使用首先学会的词语表达自己的需要和愿望。积极回应的交流伙伴让婴儿的手势、声音、词语得到回应，所以婴儿不需要通过哭闹来满足自己的需要。正如下面这个例子所描述的，当成人回应时，婴儿会享受与语言伙伴一起交流。

> 9 个月大的米卡坐在浴缸里，妈妈在浴缸旁边的地上。米卡用自己的声音玩游戏，说“da-da”。妈妈用不同的音调模仿她说“da-da”。米卡又用另一种不同的音调说“da-da”，把重音放在了第二个音节上。妈妈用更高的音调说“da-da”。就这样，经过多次轮流之后，他们在浴室里兴奋地发出许多不同音调的“da-da”声。

米卡知道了交流是件有趣的事，还知道了语言具有音韵（音调、节奏、停顿、重音）。她明白自己可以发起“对话”（关于“da-da”），也可以通过轮流的方式维持对话；还知道自己会是一个重要且有效的对话者。

咿呀学语继续发展成组合音节，如“dada”“mama”“nana”和“tutu”。然而，现在婴儿或许会用这些声音来叫自己的妈妈和爸爸。当婴儿对父母重复这些声音时，他们感到很特别，对他们的耳朵来说，这就像音乐一样。模仿婴儿的咿呀学语并在其中加入新的模式对于婴儿语言学习是非常重要的。对于 11 个月大的婴儿，当他们拿着或指着某个物体并发出声音时，得到父母回应的孩子的词汇量比（没有得到回应的）15 个月大的婴儿更多[38]。婴儿指着物体发声是他们准备好学习新词汇的重要信号。

表达性语言：12—18 个月

小学步儿在 12 个月大时开始喜欢用食指指向某个物体或者人，也有些小学步儿在更早就会这样。为了引起关注，小学步儿可能会故意愉悦地尖叫着指向某人或某物，从而让他人注意那个事物。

当小学步儿用手指向时，他们知道这能够让一个成人注意某个事物。如果成人真的去看了，小学步儿就会很兴奋。当小学步儿“看向他人并让他人也看向他们”时，正是他们在与他人分享经验[39]。用手指向是小学步儿认知、语言、运动、社会性和情感发展中可观察到的令人兴奋的进步。此外，小学步儿用手指向的方式来获得信息[40]，就好像他们在说“那是什么”。当照料者望向他们指向的事物并做出回应时，比如，“你看见了一个球，是不是”“哦，一个球，我看见了”，小学步儿就学到了新的词语。

你会看到很多这个年龄段儿童的手势，因为 85% 的 12—18 个月大小学步儿会继续同时使用手势和语言来表达要求、指明人或物[41]。

在这个年龄段，小学步儿的词汇量增长是惊人的。通过与成人专注地对话，可移动的小学步儿知道了每个动作和物体都有自己的名字，而且他们可以使用美妙的新词汇。成人对于小学步儿用手指向的回应助推了他们的语言爆发。

小学步儿在 18 个月左右时能快速学习词汇，这常被称为“语言爆发”。此时语言的惊人发展表明，小学步儿渴望在社会环境中学习说明人、地方、事物。就像烟花被点燃后有五彩缤纷的颜色和意想不到的形态一样，语言爆发让那些惊叹小学步儿语言突然增多和多样化的成人感到欣喜。成人可能想知道这些词语怎么会忽然出现，但大部分婴幼儿自从出生起就参与丰富的语言对话。研究发现，18 个月大的小学步儿每天使用的新词多达 9 个[42]。这个年龄段快结束的时候，你会听见两个或以上词语的短语，如“more mik”（多点牛奶）、“more juice”（多点橙汁），还有“Mama，bush（brush）teeth”（妈妈，刷牙）。表 9.1 列出了一个 16 个月大男孩使用的词语和短句，这些都体现了这个年龄段儿童语言的特征。请注意，拉玛尔说了很多词语，而且他开始将两个词语组合在一起（“buses teeth”）。

表 9.1　一个 16 个月大儿童的语言特征

16 个月大的拉玛尔正忙着学习语言。

“Sirt”（shirt）（衬衫）他惊呼，同时指着妈妈拿着的衬衫。

“小猫。”他说，一边看着小猫。

“Buses teeth”（刷牙），他指着正在刷牙的爸爸。

“妈妈，妈妈，门廊”，拉玛尔喊道。

当拉玛尔跑过厨房时，他愉快地练习着一个新词：“后面、后面、后面。”

第二天，当爸爸将果汁从冰箱中拿出时，他说“果汁”。

接下来几天，拉玛尔使用的其他词语包括“脚”“眼睛”，以及打破塑料杯之后说的“boke-boke”（打破）和“sut”（关闭）和“pease”（请）。

表达性语言：18—36 个月

学步儿开始大量使用词语而非手势。这些令人印象深刻的学步儿专注于学习词语而不是手势，仅仅因为他们观察到身边的人大多在使用词语。多数学步儿喜欢和他人在一起，所以专注于学习词语来命名人物、地方和事物有助于他们成功地社交。

从发出声音到说出词语再把多个词语组合起来，婴幼儿努力想与他人交流。学步儿会在语言上出错，但这些是发展中适宜的错误。这些错误表明，学步儿不仅模仿他们所听到的，还应用一些他们自己发现的规则。他们也许会认为“狗”这个词适用于所有四条腿的动物，所以之后看见的猫、马或者猪都会被他们热情地称为“狗”。他们还会窄化词语的含义或者不恰当地使用词，比如，对他们而言，一只猫就是一只黑色的猫，如果看到了一只白色的猫，他们就会觉得这是个别的什么东西。既然他们所有喝水的器皿都被奇怪地叫作杯子、玻璃杯、热水杯或瓶子，难道黑色、白色、斑点、灰色或无毛的猫不也应该有不同的名字吗？在这个年龄阶段，像之前一样，学步儿非常努力地想弄明白所有东西的名字，辨别它们的特点以及了解如何谈论它们。我们可以通过与他们谈论周围的东西来帮助他们，如他们的红色鞋子、大冰箱、奶酪，以及小狗和小猫有什么不同，还可以与他们谈论他们的感受，如愤怒、悲伤、担忧、恐惧和快乐。

18 个月大时，卡门可以说“上”“喵”“开”“下”“门”“尿布”“饼干”“脖子”这些词，还能说一些开放环绕式的句子，如“走小猫”“走汽车”“走妈妈”，它们都是不同的词环绕着同一个词，比如“走”。

学步儿从 18 个月开始说很多一个词语和两个词语的句子，到 36 个月的时候会使用多个词语的句子。如前文例子中所提到的，他们开始使用开放环绕式的句子，还会使用电报式的语言。他们说的句子，如“小猫吃食物”，就是电报式的，因为就像电报为了简洁会省略一些词语一样。他们也会遗漏词语，只用最基本的语言部分传达意思。不久之后，卡门正在说“Dada，dada，I hoke（broke) eggs”（爸爸，爸爸，我打破了鸡蛋），在鸡蛋后加 s 表明它们是复数。然后，她又在说“I jumping”（我正在跳）时加了 ing 而不是“I jump”。同样，由于思维活跃，学步儿也会犯错误。用加“s”表示复数，但在英语中也有些例外，如“deer”（鹿），学习中的学步儿会把它的复数说成“deers”[43]。到了 3 岁，卡门已经能说出非常具有创意的句子，例如，“People pee in the potty and puppies pee in the now（snow）”（人在便壶里小便，小狗在雪里小便），“Why you are crying？”（为什么你在哭？），“It’s too louder”（太大声了）。

语用学——语言的目的

你应该听过学步儿大声说“不”。根据具体情况，“不”可能意味着排斥、拒绝或通知成人和同伴。12—18 个月大的学步儿通过手势、声音和词语来表达排斥、要求、提问、评论、拒绝、需要和告知。他们会抗议（摇头表示“不”）、用张开或合拢手来要东西、通过手指要东西、抓住成人的手、给东西、通过手指来表达，还会使用拥抱和拍手等手势[44]。

小学步儿有时令人难以理解。你会听到他们说“宝宝语”——带有成人语调的一系列声音，比如“ba bad a da tu le”。他们听起来像是在提问，或者在不同声音上使用很多重音，似乎在告诉你一条非常重要的信息。父母和教师常常不得不练就读心的能力，以了解学步儿试图表达的重要事情，如果成人不理解他们，他们就会变得很沮丧。鼓励小学步儿牵着你的手向你展示，有助于你理解他们试图传达的信息。

倾听 18—36 个月大的学步儿说话是件快乐的事，因为他们极其努力地表达他们对所学新知识的兴奋。他们想告诉特定成人自己的困扰、看哪里、给他们吃什么、如何打扮他们。他们希望和你分享他们的发现，也希望你与他们分享那一刻——真正地在情感和言语上在场。随着自主性的发展，他们需要、要求、告知并描述自己的世界。语言是通向他们思考、需要、意愿的窗口。

音韵——语言的音乐

如果一位家长说“来这儿”的语气意味着“我为你准备了特别的东西”，那他可能使用的是一种愉快、温暖的语调，强调“这儿”一词。如果同一位家长断然地说“来这儿”，那么他可能会用坚定的语气，并强调“来”这个词。这些例子表明，韵律、语调、节奏或重音会产生不同的含义。婴幼儿需要学习的还有很多，音韵会创造意义，它就是其中之一。过不久，父母就会听见孩子用不同的语调说“不”。

有特殊需要的儿童

每个婴幼儿在语言发展和使用语言方面都存在差异。你会发现有些儿童说个不停，而有些儿童比较安静；有些儿童在游戏时和自己说话，而有些儿童主要和别人交谈。当你观察婴幼儿时，你会发现婴幼儿开始说话也具有年龄差异。大部分的发展图表显示，一般的婴儿会在 12 个月左右的时候开始说第一个词语，18 个月的时候开始说两个词语的句子，2 岁内会说很多单个词语和两个词语的句子。14 个月的时候学步儿的平均词汇量是 10 个。判断一个儿童是否语言迟缓，需要父母和教师共同讨论以确定其理解和说出词语的总量。如果儿童尚未进行听力测试，你就要带他去做测试。尽早确认语言发展延迟的情况是非常重要的，因为早期的语言迟缓会预示日后的语言和阅读问题。口语语言迟缓的学龄前儿童在小学阶段会有阅读困难[45]。所以，在早期确认语言迟缓问题，儿童和家长就可以获得发展语言技能的帮助。

差异是由多方面原因导致的，包括生物和环境两方面。一个主要的因素是儿童接触语言多少的差异。有些儿童从成人那里听到的词汇很多，而有些则没有。通常，婴幼儿听到的描述性和善意的词汇越多，他们使用的也会越多。当父母被指导如何与自己语言迟缓的孩子进行语言交流时，儿童的接受性语言会得到改善[46]。我们知道接受性语言早于表达性语言，所以接受性语言的增加是很重要的。

语言迟缓的另一个原因可能是听力受损。患有听力障碍的儿童，其接受性语言和表达性语言的发展与其他儿童是不同的。儿童的发音、词汇量和语法发展都会受到听力障碍的影响。

听力障碍

失聪是出生时最常见的异常之一。在健康的托育群体中，估计每 1000 个新生儿中就有

1~3 个新生儿明显失聪。美国有 38 个州的医院在宝宝出院前会做听力筛查（早期听力检测干预计划）[47]。美国儿科学会建议婴儿在 6 个月之前开始治疗，以避免说话、语言和认知能力的永久性损伤[48]。在 6 个月之前被诊断出的婴儿比在之后才诊断出的婴儿在语言技能上发展得更好[49]。

父母和教师有时很难看出儿童听力障碍上的微妙迹象，尤其当这种障碍很轻微时。下面列出了患有听力障碍的儿童可能出现的症状。

- 在被叫到自己的名字时（5 个月大）可能不会向声源的方向转过头或者环顾四周。
- 稍大一点后可能会咿呀学语，但是咿呀学语的质量与正常发展的孩子不同，而且咿呀学语会在 8—12 月的时候减少，而此时听力正常婴儿会开始用他们听到的语言练习发声。
- 可能会很仔细地观察成人的手势，如果没有手势提示而仅有语言，就很难遵循简单的指示。
- 说第一个词语和句子的时间会推迟。

有听力障碍的婴幼儿在早期（语言发展的关键期）需要语言帮助。他们学习一种交流方式，比如手语，这可以提高他们的沟通和认知能力（思考、解决问题、分类）。

语言的学习过程持续多年，但儿童在 0—3 岁时会取得惊人的进步。充满关爱的关系有助于语言发展日新月异。

在成人 - 儿童关系中学习

婴幼儿通过自己与成人或同伴的关键关系来学习语言。文化是关系的重要组成部分，它使得儿童学习和使用语言产生差异。

在关系中学习语言

> 教师把摔倒的卡特丽娜扶起来，说话声音充满温暖和关爱。9 个月大的卡特丽娜正哭得厉害，她停下来看着教师。教师继续用冷静的话语安慰她。教师停了下来，

等待着卡特丽娜参与对话中。卡特丽娜开始咿呀学语，好像是要告诉教师那个讨厌的摔倒。这次对话似乎让卡特丽娜和教师都得到了情感满足，卡特丽娜停止哭泣，她叹了口气，之后又开始兴奋地咿呀着。

这个例子中的教师使用了回应式语言。她能够共情并且等待卡特丽娜参与对话。与卡特丽娜的教师一样，家长和教师可以使用以下 12 种策略来帮助儿童学习表达自己、倾听和理解语言，成为能干的交流者。

建立关系——具有移情能力的语言伙伴

当一个人关心另一个人，他通常希望和那个人交流。当一个婴幼儿感到安全和被关爱，他就会希望和你交流。当交流起来很愉快，交流的效果和感受是温暖有爱的，而且婴幼儿知道自己会获得回应，就会进行更多的交流。

回应和轮流——成为互动的语言伙伴

通过与婴幼儿互动，你正在帮助他们学习使用语言进行交流。当一个儿童要求喝点东西，父母或教师回应了，他就会知道交流是满足自己需求的有效方法。回应“可以让婴儿逐渐明白，语言是一种使意图通过社交进行分享的工具”[50]。当婴儿发出声音或学步儿使用词语时，我们要回应他们并且等待他们再次使用声音、词语或句子。这种和每个伙伴轮流的对话式舞蹈有助于儿童学习对话的目的（语用学）。他们了解到人在社会环境中轮流交换想法。这种成人－儿童的对话有助于培养儿童成为对话伙伴和有能力的交流者。尽量不要比儿童说的次数多或使用轰炸式语言来控制与他们的对话。相反，应该关注与每个儿童平等对话时的回应式互动。

回应非言语交流

婴幼儿的身体动作、手势和面部表情都是有意义的。哈欠可能表示他们累了或者无聊；依偎在成人怀里表示他们感到安全和放松；跑向你表示他们想和你在一起；踢脚表示“我感到不舒服”。婴幼儿在互动中转过身去，可能在告诉你他需要休息一下。当婴幼儿使用一种比较强烈的交流提示，比如拱起后背，就意味着“那很伤人”或“停止你在做的事”。成人回应婴幼儿的非言语交流，会让他们明白你们就是交流伙伴。和积极回应的成人在一起，婴幼儿很快就会使用声音和词语，同时保留许多非言语交流的方式。

自言自语和平行对话

自言自语是指成人与婴儿或幼儿在一起时描述自己正在做的事情。比如，一名在帮婴儿换尿布的教师说：“我要给你换尿布；现在要抬起你的脚，然后给你穿上尿布，穿好啦。”平行对话是指成人谈论儿童在做什么。例如，当儿童在游戏或吃东西时，成人说“嗯，你在吃土司”并且指着土司。这些策略将语言和某一行为或物体联系起来，让词语对儿童来说生动且有意义。

经常使用丰富多样的词汇与儿童对话

和婴幼儿在一起的时候，你们如何谈话，你和他们谈话、唱歌、一起看图画书的时长是很重要的。研究表明，成人与婴儿或幼儿的对话数量与质量直接影响他们如何学习说话[51, 52]。研究人员哈特和瑞斯里发现，父母和孩子谈话的程度有着巨大差异。有的婴幼儿每小时平均听到 600 个词语，而有些会听到 2100 个词语。有些儿童每小时会听到 100 个不同词语，而有些会听到 500 个。这些儿童所听到词汇量的区别造成了他们语言发展的差异。到了 3 岁，那些父母健谈的孩子会说得更多，词汇量也更丰富。与那些安静型父母的孩子相比，这些孩子平均每小时的说话次数是他们的 3 倍，每小时使用的词汇量是他们的 2 倍：“父母每天与孩子说话的时间越长，孩子的词汇量增长得越快，并且 3 岁时在智商测试中的得分也越高。”[53] 父母每天与孩子一起使用词汇的总数、使用不同词汇的数量、对话的数量、对孩子的正面肯定都会影响婴幼儿的语言发展[54]。

利用语言丰富的常规活动和大量互动帮助婴幼儿构建词汇表。例如，换尿布就是父母和教师可以好好利用的绝妙时间，“首先”我们要拿一个干净的尿布，“然后”我们要脱下你的尿布，等等。谈论手、鼻子、耳朵、脚趾，可以让婴幼儿了解身体部位，也让换尿布对你来说变得更轻松。

采用共同关注策略

在西方文化中，成人与儿童交谈时，通常会看着或指向正在讨论的人或物，从而引导儿童的注意力。当成人和儿童都同时专注于同一件事时，共同关注就发生了。成人看着或指向谈论的事物，或者等待儿童看向谈到的物体，是在让儿童将语言标记与正确物体连接起来。这种共同关注可以促进语言发展[55]。

采取 4E 方法

成人能够鼓励（encourage）、扩充（expand）、阐述（elaborate）、延伸（extend）儿童的语言。通过倾听、回应、不纠正儿童的语言，鼓励他们交流。扩充儿童词语和对话的含义与语法。例如，如果当一个儿童看向窗外时惊呼“一只狗，一只狗”，那么成人可以说：“是的，那是一只棕色的狗，狗狗在奔跑。”阐述（复杂化）和延伸（加长）声音、词语和句子，比如添加不同的声音、新的词语或稍稍加长句子。模仿并以儿童语言发展的下一个模式来进行补充。儿童听到你的扩充，很可能会开始使用你新示范的语言形式。采用 4E 方法的另一个好处是，婴幼儿会感到有效和语言平等，从而进一步使用语言进行交流。

采用语义回应式谈话

当成人和婴幼儿在轮流交谈时，保持同一个主题比更换主题更能获得婴幼儿的回复[56]。尽管由咕咕声组成的谈话对成人来说似乎很无聊，但婴儿眼中的喜悦、情感的联系以及婴儿语言的不断发展，都是对照料者满满的回报。成人的语义阐述也可以帮助婴幼儿保持某个主题。如果婴幼儿在谈论“飞机”，倾听的成人在语义上回应关于飞机形状或颜色的信息，那么婴幼儿就会继续关注这个主题，更多地谈论飞机。

使用婴儿导向语言

13 个月大的詹娜在安静地玩着球，她把球滚出去再取回来，在地毯上把球滚来滚去。过一会儿，她有点厌倦了，看着祖父，祖父坐在她旁边的地上说：“球，让我们来滚球。”詹娜笑着把球滚向了祖父那边。“球。”她平静地说，模仿祖父的话。

我们都听说过不应该用宝宝语与婴儿说话，但父母和教师在与婴儿互动的时候还是会用一种特别的语言，因为当成人用这种语言时婴儿会更加专心。这种特别的语言常被叫作婴儿导向语言、父母语、儿童导向谈话，因为所有父母和多数成人都会用这种特别的语言与婴儿说话。许多文化环境中的成人都采用这种做法或这样做，他们是婴幼儿交流的伙伴及语言的模板。使用婴儿导向语言的父母正在建构婴儿能够理解和联系的小块语言模型。

父母和教师为了维持婴儿的注意力并教会他们使用语言，会尽量简化语言，因此他们与婴儿说的话和与成人说的话是迥异的，比如，父母会在短句“你正在跳跃”中强调关键词“跳跃”。成人也利用婴儿导向语言来引导婴儿的注意力到谈话的焦点上，比如，指着一个杯子说“杯子”。成人还会重复词语，比如，对婴儿或幼儿说：“看，一只小鸟，小鸟正在飞。”这些示例都含有以下策略。

- 采用回应式谈话。
- 使用较短的句子和较少的词汇量。
- 提高音调和语调。
- 与婴幼儿直接沟通
- 在词语和话语之间停顿更长的时间。
- 经常重复词语。
- 别害怕啰唆，比如，说“一只小鸟—— 一只蓝色的小鸟”，重复说“小鸟”这个词。
- 拉长词语中的语音。
- 使用“小”词（“小毯子”“小猪”“小狗”）。

- 经常解释或重改之前的话语（婴幼儿说“我们走”，家长改后说“是的，我们走”）。
- 谈论眼前的东西。
- 经常单独使用短语或者句子的部分（“在车里”）。
- 提问并尝试引发言语。
- 在上下文中说明名字和动词。

很多成人在直接与婴幼儿说话时较少运用语言的功能，例如，我们将语言用于各种社会目的：告知、质疑、承诺、请求、拒绝、嬉戏和指导他人（语言的功能）。在婴儿还很小时，父母较少运用语言功能，随着婴儿成长为学龄前儿童并能更好地理解语言的意图，父母就会逐渐增加使用语言功能的数量和类型。

到了 13 个月，小学步儿已经不满足于婴儿导向语言了。他们可能需要成人就过去的事、未来的事、感受、行为的缘由进行回应，并使用略高于他们语言水平的句子[57]。

婴儿导向策略有助于培养父母与孩子间的亲密关系。虽然多数成人在婴儿长成学龄前儿童时就不再使用这些策略，但有些词语就像情感黏合剂一样将成人和孩子跨越时空般地联系在一起。有些特殊的词，只要父母和孩子在一起时就会一直说。一位 30 岁的母亲会问她长大的孩子是否要一些意大利面，这让他们想起以前孩子还不会说“意大利面”的时光，还有他们之间紧密的联系。祖母的名字可能永远会是“Ta-ta”，因为那是当孩子平静地躺在祖母膝盖上发出的一个声音。

谨慎提问和控制

成人常常以提问的形式开启与儿童的对话，与儿童轮流发言、获取信息。有些问题是真问题，因为教师真的不知道答案；有些问题则是用来测试儿童的，比如指着地上的玩具问“那是什么”。这些问题常被称为封闭式问题，因为它们有唯一正确的答案。而开放式问题会有多个可接受的答案，比如“你接着要唱哪首歌”。对想要独立于成人的学步儿来说，选择式问题比较合适，比如“你想要果汁还是牛奶”。

婴幼儿喜欢并受益于自己与引发谈话型的教师间的互动。引发谈话型的成人会多轮次地与儿童对话。这与指令型的风格截然不同。使用指令型风格的成人采用消极的指示（“我告诉过你去清理盘子”）和言语[58]。

谨慎控制。行为控制是指教师引导集体参与共同活动或者有关安全管理问题而发出的声明。相比使用积极倾听策略去重复、解释、延伸婴幼儿的讲述，成人频繁地禁止（如“停止”“不要”）会带来不利于儿童的结果[59]。

用眼睛“倾听”

一位妈妈把 3 岁的孩子从托儿所接走立即带回了家，因为她要准备做晚饭。当妈妈把东西从冰箱里拿出来的时候，小姑娘试图告诉妈妈白天发生的事。妈妈边关注着自己的事边评论道：“嗯，哦，那很好。”小姑娘显然对于妈妈的敷衍很沮丧，说道：“妈妈，用你的眼睛‘听’我说话。”

婴幼儿，其实所有人类都喜欢被他人全神贯注地倾听。上面例子中的小姑娘希望妈妈看着她，并且用眼睛“倾听”。婴幼儿茁壮成长，学会倾听，懂得轮流说话，这是因为他们身边的成人做着同样的事情。他们懂得对话意味着轮流说和听，所以他们会专注地看着你，耐心地等你说完想说的话。如果一个儿童或家庭成员有着特殊的文化背景，认为“看着你的眼睛”说话是不恭敬的，那他可能会希望你用耳朵和声音来倾听，以确认你听到了。

阅读、唱歌、经常使用手指游戏和社交游戏，如“躲猫猫”

有趣的活动是享受语言学习的关键。第 13 章将具体探讨这一话题，包括读写发展和经验。

文化和语言

文化和语言是相互交织的。语言传达了文化中的价值观、信仰、风格以及说话的意图。“交际语言参照，如家里使用的语言、沟通模式和模式背后的价值观，影响我们如何了解自我和周围世界的各个方面。”[60] 语言是一种强大的媒介，它能让婴幼儿了解自己在文化中的价值以及什么是有价值的。

何时及如何运用语言的差异

从文化视角观察儿童的语言发展时，我们会发现文化在谈话内容及社会背景下运用语言的方式中得以体现。表 9.2 展示了基于家庭和文化价值观的语言差异。

表 9.2 基于家庭和文化价值观的语言差异

- 何时说话合适？
- 儿童可以和谁交谈，称呼不同身份或年龄的人的适当方式是什么？
- 可以被接受的音量和音调是多高？何时应简短、谨慎或冷静地说话？
- 何时能够随意地使用语言？这种情况如何变化？
- 可以在哪里说话？在哪里保持安静是很重要的？
- 说完话之后要等多久别人会开口说话？
- 与他人交谈时应有多少眼神交流？
- 你说话时，你和听者之间的距离有多远？
- 哪些东西构成了一个“好”的故事，谁能决定？

习惯和方法约束

以下场景描述了杰米、卡拉、玛丽、塔米卡和卡门如何以不同的方式告诉教师他们饿了。

> 杰米看着教师并说出自己的要求“吃”，她很清楚地告诉教师她饿了，期待被喂。卡拉渴望地看着教师以表达自己饿了。玛丽靠近教师，抚着教师的脸轻声地说“牛奶”，并等 30 秒让她最喜欢的教师来回应。塔米卡等教师到她身边问她是不是饿了。卡门感到肚子饿了，便开始号啕大哭。

由于习惯和方法的约束，这五个儿童用不同的方式满足自己的需求[61]。方法约束是指儿童如何开启、结束以及轮流对话。在上面的例子中，玛丽通过靠近教师，抚着教师的脸来开启“对话”，并在说话前等待教师的反应。而杰米开启关于自己肚子咕咕叫对话的方式，是接近教师并毫不含糊地告诉教师自己想要吃。习惯约束是指儿童如何控制自己与他人的交流，如何保护自己的感受。塔米卡通过等待教师走近自己来调整自己的交流和感受。卡门则是另一种风格，她富有情绪地大声向教师表达自己的饥饿。习惯和方法约束是不同文化和个人语言风格的窗口，而不是语言限制。

不同文化中作为对话伙伴的儿童

儿童如何与你对话可能取决于他们的文化。在儿童的文化中，他们是否被视作对话的伙伴和参与者，或者他们会通过偷听来倾听和学习语言吗？当你倾听儿童并谈论他们想说的内容时，你就会将儿童视为平等的对话者。这种做法在美国和西欧家庭中是常用的[62]。成人将他们与儿童的谈话调整到略高于儿童能力的水平上，将儿童视为能够进行对话的人，且能在成人说话时等待。

然而，在有些文化中，婴幼儿主要是通过听成人说话来学习语言。他们通过听故事和成人间的对话来学习如何交流。这些文化中的成人认为儿童长大一些后才能更多地参与对话，例如，研究者发现，在玛雅文化中虽然婴儿不太能听到儿童导向语言，但 13—35 个月大的儿童会听到很多面向他们的成人语言。这些成人可能认为，儿童是在社会环境中作为对话伙伴来学习语言的，但这些儿童开始学习的年龄要比西方社会的儿童大[63]。

当你和儿童及家长一起工作时，观察儿童和家长的特定交流方式是非常重要的。你将了解到儿童与同伴及成人交流的方式、原因、时间和地点。

语言的内容与文化

成人与儿童说话的内容会因家庭和文化而有所差异。例如，不同家长与孩子谈论过往事件的方式不同，有些父母与孩子进行冗长的对话，还会描述、阐述、回忆和延伸过往事件的信息；有些家长则不会详细说明，只是告知过往经验中更实际的方面，提示孩子记住，并提出许多问题。这两种风格都隐含了他们文化的价值观和目的，并为儿童在特定文化中取得成功做好准备[64]。

双语学习者

儿童可能正在学习两种或更多种语言。大多数婴幼儿确实能够听出不同语言中声音和顺序的差异。幼儿能够学习两种语言的词汇并同时说两种语言[65]。事实上，大脑的某些部分专门用于检测所听到的语言中的不同模式，这使得婴幼儿能够同时学习多种语言。

新生儿准备好了同时学习两种语言，他们更愿意倾听在子宫里时听到母亲说的那种语言（如英语），而非另一种语言（如他加禄语—— 一种在菲律宾说的语言）。然而，如果母亲在怀孕的时候既说英语又说他加禄语，新生儿就会对这两种听过的语言表现出同等的喜好[66]。这展现了人类学习语言的卓越能力。

父母和教师希望获得关于双语学习的信息。一个主要原因是，美国人口在文化和民族上正迅速变得更具多元化，许多家庭比以往更有可能培养双语儿童，但他们应该这么做吗？

首先，让我们先界定一下什么是双语学习者、双语、单语、三语和双方言。

- “双语学习者是正在同时学习两种（或更多）语言的儿童，还有那些正在继续发展第一语言（母语）但又学习第二语言的人。”[67]

- 双语儿童和成人不止使用一种语言。
- 单语儿童和成人仅使用一种语言。
- 三语儿童和成人正在学三种语言。
- 双方言儿童正在学习两种或更多的方言。（方言是一种语言的特定版本，虽然双方言的儿童正在学习同样的语言，如英语，但学习的是这种语言的两种形式。）

第二语言：有害还是有益

答案是，学习两种语言有益于婴幼儿的大脑发育和处理语言的能力。

学习双语的儿童在集中注意力、排除干扰信息和多任务（执行功能）方面的能力有所提高。6 个月大的双语学习婴儿在处理信息和记忆任务方面优于单语儿童[68]。24 个月大的双语学步儿更能专注地完成任务[69]。双语制被发现能够改善葡萄牙低收入少数族裔儿童的抽象推理、工作记忆、选择性注意的能力[70]。如果学习双语儿童的某种语言说得比另一种好，那可能是因为他们听到和使用这种语言与人互动的机会更多[71, 72]。

现在我们知道了，同时学习两种或更多种语言有益于儿童，那么当婴幼儿在学习双语时，成人可以使用哪些策略帮助他们呢？

文化近观

一位项目负责人惊讶地发现，那些正在学习两种语言的儿童比其他儿童更具有认知优势，而且双语学习并没有损害他们的语言发展。他过去一直告诉家长应该只对儿童说一种语言，即英语，避免造成他们的困惑。但这对不太会说英语的移民家庭来说很困难，他担心自己的建议给家庭造成危害。他想了解所有最新的研究，并纠结于如何让项目中的教师和家长理解他关于双语学习的看法的巨大转变。他现在希望家长们了解双语的所有益处，以及如何帮助儿童从出生开始就学习两种或更多种语言。然而，他不希望那些说一种语言的家庭开始强迫儿童学两种语言。你会如何向家长和教师介绍你刚刚读到的研究呢？

帮助婴幼儿学习第二语言的策略

从婴幼儿的角度看，如果一个成人，比如父亲，主要和孩子说一种语言，然后另一个成人，比如教师，说另一种语言，那么学习两种语言可能会更容易些。这就使得婴幼儿可以持续地听到两种语言中声音和词语的差异。虽然，婴幼儿一开始会混淆两种语言中的声音和词语，但很快他们就能区分不同语言中独特的声音、词语和句子结构，并且能使用适当的语言与对他们说这种语言的人说话。德豪尔（DeHouwer）[73] 建议学习双语或更多语种儿童的家长采用表 9.3 列出的策略来促进儿童的语言发展。

表 9.3　帮助双语学习儿童的策略

- ✦ 确保儿童在各种情况下能经常听到两种语言。
- ✦ 为儿童创造机会使用他们听到的语言。
- ✦ 使用对于儿童重要的每种语言为他们读书或和他们一起阅读。
- ✦ 如果你强烈希望儿童使用某一特定语言和你交流，那就鼓励他们在和你沟通的时候使用。
- ✦ 不要因为儿童使用或没使用某种语言而惩罚或批评他们。相反，应鼓励他们说你希望的语言，并为他们提供合适的词语。
- ✦ 如果一个儿童无法学好任何一种语言，那么请找医生安排听力测试，以排除医学问题。

尊重家庭语言

许多教育工作者认为，参加项目活动的婴幼儿需要至少一位说他们母语的教师，以便有人能与婴幼儿和家长顺畅沟通。然而，在美国有太多种语言被使用，项目管理者可能很难找到那么多会说项目中婴幼儿母语的教师。但是，教师即使不会说婴幼儿的母语，也可以学一些那种语言的词语和歌曲以便经常使用。学习和使用关爱的词语尤其重要，因为它们能使婴幼儿感到安全和被爱。教师尊重婴幼儿尝试母语，对婴幼儿和家长都是有益的。

父母应被鼓励继续使用母语与婴幼儿说话。婴幼儿应获得语言连续性[74]。试图对家庭实施“仅限英语”规则的项目可能会造成伤害。“事实上，如果父母忽然不使用母语会给他们和婴幼儿带来巨大的情感和心理困扰。毕竟，语言与情绪、情感和身份认同密切相关。”[75] 而且，如果父母掌握其他语言的能力不如母语，那对婴幼儿来说，语言模式和情感互动都会变得受限。另一种作为所有婴幼儿交流形式的重要语言是手语[76, 77]。

使用手语

就像第二种口语一样，婴幼儿能够学习符号系统进行交流。有很多书籍和网站能够帮助父母和教师学习如何在婴幼儿会说话之前教他们手势。婴儿在能够说话之前就可以做手势，因为他们小手的精细动作发展早于支持说话的身体部位发展，这使他们在能使用词语之前就可以交流。

> 1 岁的道森能够比画“更多”和“下来”，因为当他想要更多果汁时，父母示范“更多”这个手势；当他从高椅子上下来时，父母示范“下来”这个手势。现在道森 18 个月大了，他会边比画“更多”边说这个词。在儿童更小的时候学习手语能够帮助他和父母交流，不会干扰他的口语学习，而且将来也不会，但父母与他交流时要同时使用词语及手语。

当婴幼儿被教授手语时，他们不会更快地学习和说出词语。学习手语是不会干扰婴儿学习说话的[78]。但是，父母和教师发现，当 11 个月大的婴儿比画词语“更多”和“喝”的时候，成人可以利用这一有效工具帮助自己回应婴儿的需求。一个学会手语的婴幼儿可能不会那么沮丧，因为他可以表达自己的需求。20 位婴儿母亲被传授如何教她们 8—20 个月的孩子手语，由此她们对孩子的非言语暗示更敏感并会更多地鼓励孩子的独立行为。“通过手势，婴儿在自己所处的日常互动情境中表达想法、感受、兴趣及个性，向我们敞开心扉。”[79] 婴儿学习手语为我们在他们会说话之前了解他们的想法打开了一扇窗，有助于我们尊重他们交流的能力。

双语学习概要

以下内容很好地总结了本节关于儿童学习两种语言的阐述。

- 双语环境常常是必然的，而非选择的。
- 在童年时期听到两种或更多种语言不会导致语言障碍或语言迟缓。
- 儿童在同一个句子中使用两种语言并不意味着混淆。
- 儿童不只是偶然学习一门语言，他们还需要强有力的支持和丰富的环境[80]。

> **支持婴幼儿语言学习与发展的策略**
>
> 1. 认识到婴幼儿具有理解语言的能力，可以使用手势、面部表情、声音和文字进行交流。
> 2. 在生命早期确认语言迟缓，以便让婴幼儿和家庭得到语言发展技能的帮助。
> 3. 对于在婴幼儿期学习两种或更多语言的孩子，要遵循其家长的建议。
> 4. 尊重婴幼儿的母语，可以鼓励家长继续说母语，在项目中雇用会说婴幼儿母语的人员，

在日常生活和互动中说一些婴幼儿母语中的词语和短句。

5. 采用本章提到的 12 种策略帮助婴幼儿进行语言学习。

6. 要明白成人采用具有回应性和敏感性的语言策略与儿童的语言发展是相关的。

7. 采用干预策略有助于家长在日常活动（如吃饭）中运用语言。

促进语言学习与发展的项目实践

许多婴幼儿都参加了家庭以外的保育和学习项目、家庭托儿所、早期干预项目的各种活动，如早期开端计划，他们在那里建立的关系可能促进或阻碍语言发展。

婴幼儿保育和学习项目：关系与回应式互动

婴幼儿保育研究网络对美国 10 个地区的 500~800 个婴幼儿进行跟踪研究 [81]，包括各种类型婴幼儿项目中及多数时间在家和父母在一起的孩子，研究结果显示，在孩子 15、24、36 个月时，保育的整体质量及语言的特定刺激影响儿童的语言发展。此外，环境质量也会影响婴幼儿的语言学习成果，包括接受性语言和表达沟通技能。

早期预防和干预项目

当父母有压力时，孩子的语言可能会受到损害。然而，早期开端计划支持儿童的早期语言发展。即使父母承受低收入的压力，女孩的语言也会得到“提升”，男孩的语言发展受到“保护”。虽然男孩和女孩受到的影响不同，但他们的语言发展受到了早期开端计划的帮助 [82]。这或许是因为教师被教导与孩子进行描述性的语言讨论。早期开端计划的教师还与家庭成员密切合作。

早期干预项目包括，那些招收由于社会经济地位而面临学习困难的婴幼儿的项目，以及招收被评估团队确定为有残障问题的儿童的项目。家里有学习困难和有残障问题的儿童的父母可以接受家庭支持项目的家访或参加以家庭为中心的儿童保育中心或干预游戏小组。

表 9.4 中的增进交流策略，承认每个儿童的优势，确保儿童的成功，强调成人－儿童互动对儿童的语言发展至关重要，在儿童使用语言的环境中促进语言发展。

表 9.4　改善有残障问题的儿童语言发展的有效策略

1. 在日常活动中，如洗澡、喂食和进食、去杂货店，鼓励儿童与父母和教师进行语言互动
2. 通过表达感情、关注和口头反馈来接受儿童的沟通邀请
3. 采用促进（鼓励）或指导的方式（要求）
4. 偶尔通过扩充儿童的声音、词语和句子来回应他们
5. 让不能说话的儿童使用增强沟通的设备（图片符号或代儿童说话的类似计算机的设备）

表 9.5　发展趋势与回应式互动表

语言学习与发展

婴幼儿发展理解、表达和使用语言的能力。

发展	示例	师幼互动或亲子互动	环境
0—4 个月（婴儿）			
✦ 听到响亮的声音可能会惊慌失措 ✦ 听出所有说话声的差异 ✦ 听到熟悉成人的声音可能会停止哭泣 ✦ 喜欢听“父母语”，一种多次重复、面向婴儿的简单语言	当特雷尔听到一声巨响时，他伸出手臂好像要抓住父母。 马特看着自己的宝宝兴奋地笑着说：“看看你，你在笑呢，是呀，你正在笑呢。” 当爸爸把埃丽卡从婴儿床上抱起时，她对爸爸灿烂地笑着。	✦ 用婴儿导向语言 ✦ 抱着婴儿和他们说话，交谈时长时间地凝视对方 ✦ 婴儿转过头、闭上眼睛、拱起背表示想休息一下时，要尊重他们 ✦ 重复婴儿发出的声音，并等待他们再次发声（轮流）	✦ 最好的环境是成人关爱的怀抱，抱着婴儿轻声说话 ✦ 提供能发出悦耳声音的玩具，并轻轻地握着玩具与婴儿分享声音 ✦ 当讨论质地时，应提供有趣的可触摸材料 ✦ 在墙壁的低处安装镜子，婴儿会看并发出声音

续表

发展	示例	师幼互动或亲子互动	环境
✦ 会倾听成人边看着他边对他说的话或唱的歌 ✦ 在疼痛、饥饿或痛苦时会哭泣 ✦ 1 个月大时会用不同的哭声表达饥饿和疼痛 ✦ 6 周大时会笑，在这个年龄段结束的时候会大笑 ✦ 发出咕咕声（柔和的元音） ✦ 盯着书中有趣的图画	布伦达把乔登举了起来，好让他们相互对视。乔登轻轻地发出咕咕声，布伦达也回以咕咕声。然后，她等着乔登继续发出咕咕声。	✦ 成为具有移情能力的语言伙伴——诠释婴儿的感受 ✦ 运用词语和声音来安慰婴儿 ✦ 将婴儿打嗝、哭泣、打哈欠、伸展和发声解读为交流的各种形式，可以对他们说“哦，你在告诉我你困了” ✦ 唱摇篮曲等歌曲 ✦ 有节奏地读书给他们听，为 2—4 个月的婴儿选择每页都有图片的书	
4—8 个月（婴儿）			
✦ 把头转向吵闹声或提到他们名字的某个人 ✦ 喜欢成人与他一起说话、唱歌和欢笑 ✦ 发出声音以获得成人的回应 ✦ 发出尖锐的叫声 ✦ 在探究和与喜欢的成人在一起时会练习自己的发声	丹妮尔把多诺万抱在腿上，指着绘本里的图画，“看”，她指着图说“一个球，那是你的球”，她指着地板上的球。多诺万看看图，又看看地上的球，再看看图。 阿菲躺在教师的怀里抬头看着她，说“Tt”。	✦ 采用婴儿导向语言 ✦ 经常和婴儿说话，向他们展示新的物体和人物，并说出其名字 ✦ 重复婴儿发出的声音，并等待他们再次发声（轮流） ✦ 用手势表示几个熟悉的事物，如“牛奶”“狗”或“更多”	✦ 提供有趣的玩具和材料给婴儿摆弄和探索 ✦ 提供带有把手的纸板书，以便婴儿爬过去捡起它们 ✦ 带把手的书有利于婴儿拿着它们 ✦ 在书中的图片上贴布，做一本“躲猫猫”的图画书

续表

发展	示例	师幼互动或亲子互动	环境
✦ 咿呀学语，一开始是用一个辅音，然后组合两个辅音 ✦ 与成人轮流对话 ✦ 在同一本书里看不同的图片，并会因为喜欢某张图或成人读书时的热情语调而感到兴奋 ✦ 在这个年龄段的最后会听他们听到的语言中的声音，并逐渐失去听出其他语言声音中差异的能力	教师回应他说“Tada”，阿菲又说“Tt, ta”，像是在轮流对话。	✦ 唱歌、讲手指剧 ✦ 运用词语描述婴儿的感受，通过手势、身体姿势和声音表达 ✦ 给婴儿读简单的书，书中每页都有一两幅图片；说到图片名字的时候指着图片 ✦ 一遍又一遍地读同一本书 ✦ 采用共同关注策略——当说到玩具或书中的图片时，指着它们	✦ 创设一个舒适的图书角，教师能够舒服地为婴儿读书 ✦ 提供声音盒子（安全密封的），在里面放不同的物品，摇晃时会发出不同的声音 ✦ 在环境中放一些木偶，让它们和婴儿“说话”；把木偶放在婴儿的手上，观察他们会说什么或做什么
8—12 个月（婴儿）			
✦ 玩社会性游戏，比如“躲猫猫”或者“好大” ✦ 喜欢听声音（童谣）、歌曲和手指剧 ✦ 咿呀学语继续发展，出现组合音节，如“dada”“mama”“nana”“tutu”，现在可能会使用这些声音特指妈妈和爸爸	当妈妈说“好大”，迪安娜举起双手笑了。 特里莎娜会说的第一个词是“dada”，她看到爸爸时会反复兴奋地说。 托马斯用声音“ba ba”表示想要一瓶牛奶。	✦ 玩熟悉的游戏，比如“躲猫猫”、做蛋糕或“你有多大？” ✦ 用词语回复婴儿的非言语交流 ✦ 有时看着并等着婴儿发出声音或说出词语 ✦ 模仿婴儿的声音，并扩充、阐述、延伸婴儿的语言	✦ 创设一个舒适的图书角，婴儿可以轻松地够到和拿到书 ✦ 做一本小相册《关于我的一切》——每个婴儿一本，里面有他们自己、家庭成员、喜欢的玩具、同伴、教师、宠物的照片；让婴儿随时可以拿到；随着婴儿的成长更换里面的图片

续表

发展	示例	师幼互动或亲子互动	环境
✦ 始终如一地用特定的声音表示一个物体、人或动物 ✦ 如果在与成人对话时听到了另一种语言，就会“让大脑对第二语言保持开放” ✦ 可能开始使用单个词语 ✦ 在这个年龄段的最后可能会指着成人让其参与 ✦ 使用面部表情和手势与成人或同伴交流，比如摇头或伸出手臂要抱		✦ 示范语言发展的下一步 ✦ 经常以回应的方式交谈，并使用不同的词汇；不要对婴儿进行语言轰炸 ✦ 声情并茂地读书——利用不同角色变换声调 ✦ 阅读的时候讨论图片和故事，用声音和手势吸引婴儿进入故事中 ✦ 看图片的时候等一等，等婴儿发出声音、用手指着、出现面部表情	✦ 音乐按压玩具便于婴儿把玩、弄出声音
12—18个月（小学步儿）			
✦ 在没有手势的情况下遵照简单的指示，如“来这儿”“去拿你的鞋子” ✦ 在没有他人演示的情况下进行社会性游戏，比如，当你说“挥手再见”时，他们就会挥手，不需要你说明如何做	教师说“我们来玩做蛋糕吧”，珍妮卡开始拍手。	✦ 维持同一个主题与小学步儿进行对话；看看他会说几轮 ✦ 回应小学步儿叽里咕噜的语调，比如，如果小学步儿听上去是在问一个问题，那就回答你觉得他可能会问的问题 ✦ 用语言回应小学步儿用手指向的动作和其他非言语交流	✦ 采用艺术材料，如游戏面团、黏土和颜料 ✦ 投放纸巾卷轴给小学步儿弄出声音 ✦ 音乐拉拨玩具能吸引小学步儿行走、拉或推玩具后面的物件 ✦ 结实的音乐盒能吸引小学步儿按上面的按钮以“放出音乐”

续表

发展	示例	师幼互动或亲子互动	环境
✦ 手指着成人和同伴让他们参与 ✦ 可能会快速学习很多词语（语言爆发） ✦ 在这个年龄段的最后开始组合词语 ✦ 使用成人的语调来叽里咕噜（将许多声音串在一起） ✦ 使用手势和语言来排斥、要求、评论、拒绝或给物体和人物命名 ✦ 使用手势和语言维持与成人或同伴的互动或对话	罗斯抬头期待地看着教师，叽里咕噜地发出一堆声音，好像在向教师提问。	✦ 使用描述和比较大小、形状、声音的词语 ✦ 当小学步儿说“我跳”，根据语言发展的下一步模式，你可以说“你正在跳”，为词语加现在时态；对于词语的内容、词语和句子的结构都可以这样改	✦ 提供鼓或其他乐器 ✦ 添置一个结实的音乐播放器，里面有家长录的故事 ✦ 用录音机录下小学步儿的声音，再播放给他们听 ✦ 投放吹泡泡的材料 ✦ 打造两三个孩子在一起的空间，鼓励同伴交谈
18—24个月（学步儿）			
✦ 可以在成人的要求下去家里的另一个房间拿熟悉的玩具，而且可以遵从指示，比如“关门” ✦ 使用组合词语命名事物（“那只猫”）、否定（“不咬”）、拒绝（“不要更多”） ✦ 将两三个词语组合在一起表示某个意思	彻拉在20个月大的时候会说一些两个词的词组，如“嗨小猫”“开门”“戴上帽子”。 蒂拉迅速走到书架那儿，拿起一本封面亮丽的书，然后冲回教师那里，舒服地坐在教师的腿上后，他打开书并热切地指着那些教师说过的图片。	✦ 读更长一点的故事，在读的过程中稍做暂停，以鼓励学步儿谈论图片和故事；提出开放式问题，如“小熊感觉如何？” ✦ 经常和学步儿一起发问：“我想知道小熊后来会怎样？”	✦ 设置障碍赛道，在学步儿通过赛道时说“进去”“出来”“上面”“通过”“绕圈”“上”“下”等字词 ✦ 每周都提供新书，但保留学步儿喜欢的书 ✦ 提供丰富多样的艺术材料

续表

发展	示例	师幼互动或亲子互动	环境
✦ 使用语言达到各种目的，包括问“那是什么” ✦ 在成人提到图片时越来越频繁地指向书中的图片		✦ 让学步儿参与对话，尽量与他保持一致的主题 ✦ 开启关于有趣的事物和事件的新对话	✦ 提供感官材料
24—36 个月（学步儿）			
✦ 理解更复杂的指示，并记得短的歌曲和手指剧里的词语 ✦ 使用许多由 2~4 个词构成的句子 ✦ 指着并说出很多身体部位的名称 ✦ 在词语上加正在进行时时态 ✦ 使用介词，如“在……上”“在……里” ✦ 在词语后面加“s”以表示复数 ✦ 开始问“为什么” ✦ 告诉你他做过什么或他看到过什么 ✦ 在这个年龄阶段的最后会用图片告诉你故事里发生了什么	“我爱你，你爱我。”德莉拉唱道。 达里恩喊道：“我想要出去。” 明迪这几个月来开始在说话中加上时态。她说“我正在跑步”和“我正在吃饭”，而不是“我跑步”和“我吃饭”。 “为什么我踢到墙？”“为什么下雨？”希瓦达问道。 “看，他正在玩。”特里特指着他最喜欢的书里的图片大声说道。	✦ 耐心而热情地回答学步儿关于“为什么”的问题；这是儿童学习和参与社交的方式 ✦ 用眼睛“倾听”学步儿说的“故事” ✦ 示范说词语的复数，比如“dogs”（狗）、“elephants”（大象）等 ✦ 使用描述性词语，比如“莫扎里拉奶酪”而不是“奶酪”，或者“蓝色松鸦”而不是“鸟”；然后可以说“蓝色松鸦是鸟” ✦ 跟随学步儿的方向进行长时间的对话 ✦ 为非正式小组中的学步儿或个别学步儿读书	✦ 提供适合学步儿的书 ✦ 关于动物、人、车辆和事物的困惑很重要 ✦ 在环境中投入图片多、故事短的书 ✦ 戏剧材料有助于引发对话

本章小结

在人生最初的3年，婴幼儿具备成为熟练语言学习者的能力。

- 语言是用来与他人交流的，它受到关系、社会背景和环境质量的影响。在最初的3年里，婴幼儿学习发出他们听到的那种语言的声音；将声音组合成词语，将词语组合成句子；学习语言的语法、语用和音韵；学习数量惊人的词语的含义；并且以各种方式交流，如皱眉、尖叫、呜呜叫、用手指着、说话和喊叫。在前20个月里，女孩的确比男孩更早说话且说得也更多。但是男孩与女孩在语言发展上的差异并不长久，20个月后他们在词汇量上表现出的差异很小。
- 婴幼儿在接受性语言和表达性语言、语用学和音韵方面不断进步；听力受损和早产是影响他们语言发展的两个因素。
- 婴幼儿的确具有同时学习两种语言的能力，并且有一些能够帮助他们学习的策略。成人可以运用12种策略来促进语言的发展。教师如果更具有回应性和更敏感，就有助于促进婴幼儿的语言发展。将婴幼儿视为合作伙伴在不同文化中是有差异的。
- 促进婴幼儿语言发展的项目实践包含项目整体的质量、环境的质量还有语言刺激的质量。参加早期开端计划的婴幼儿在语言方面有所进步。对于有语言障碍的婴幼儿，一些特定的策略可用于促进他们的学习。

反思与应用

反思的问题

1. 面对学习双语的儿童，成人能采用的最关键策略是什么？
2. 明确儿童保育和学习环境中哪些重要特征能够支持婴幼儿的语言学习与发展。

观察与应用

1. 杰夫 2 个月了，他的父母希望他能同时学习英语和西班牙语。他爸爸的英语和西班牙语说得很好，她的妈妈说英语。你对他们有怎样的建议？
2. 选择某个能力（如接受性语言）并讨论婴幼儿从出生前到 3 岁这项能力是如何发展的。这些信息对家长和教师意味着什么？
3. 选择“在成人－儿童关系中学习”一节中的一种语言发展策略并举例说明。
4. 在婴幼儿项目中观察婴幼儿，确定两个不同年龄的婴幼儿在接受性语言和表达性语言方面的技能。

第 10 章

运动学习与发展

学习成果

阅读本章之后，你将能够：

- 解释婴幼儿的运动能力，以及婴幼儿的气质和性别等特点对运动学习与发展的影响；
- 明确婴幼儿运动发展的各个方面，即动态系统理论、动作发展原则、条件反射、移动、操作、感知觉、身体自我意识和脑瘫；
- 描述婴幼儿如何通过关系，包括文化的影响，来促进运动能力的发展；
- 阐述促进运动学习与发展的婴幼儿项目的特点。

乔拉拍打着双臂高兴地绕着院子跑。她身体的每一处都展现了活力和兴奋。

迈克尔呆住了，脸上露出严肃而不确定的神情。他的身体微微前倾，专注地听着远处传来的狗叫声。

拉杰蹲着聚精会神地研究一条在操场上移动的虫子。

教师海伦看着他们，想着："通过观察他们的小动作，我将会了解他们的感受和想法。"

运动系统是指婴幼儿如何活动身体，用手和胳膊做手势，以及做出各种表情。这不仅仅是他们的行动方式，也是他们的交流方式。我们可以通过很多方面来认为，婴幼儿的运动能力在发展，甚至可以以他们刚开始走路时保持平衡、蹒跚学步的状态来命名一个完整的运动发展阶段。就发展里程碑而言，除了微笑和整晚睡觉，我们往往还会想到运动里程碑，如翻身、爬行、站立和行走。不仅成人会思考运动发展问题，运动发展问题也占据了婴幼儿的大部分时间和精力，例如将身体移动到想去的地方、伸手拿东西来观察和品尝。

每个儿童都是有能力且独特的个体

每个儿童都在不断地调整自己的动作，以适应不断变化的身体、能力和环境。每个儿童都能处理当下的运动任务。气质和性别有助于儿童的运动学习。

气质

气质直接影响动作发展。活跃儿童的行动动机，或者是胆怯儿童的拘谨，势必会影响他们的运动发展。有些儿童是动作驱动型的，想要尝试一切，并且有很强的动力去学习和练习动作技能；另一些儿童在动作方面很谨慎，在尝试新活动之前需要时间观察别人[1]。

教师在为婴幼儿设计运动活动时应考虑到他们的气质。动作驱动型的儿童可能有惊人的能力，也可能非常鲁莽。在生命的最初几年里，教师运用观察技巧来确定每个儿童活动空间的大小以确保他们的安全。能力较强的儿童会跑、爬，然后从沙发上跳下来，能够准确地感知自己的安全。对于这类儿童，教师应该努力为他们提供活动的空间和机会。另一类动作驱动的儿童可能需要持续、密切的监督，因为他们不能感知到危险。

动作谨慎的学步儿可能需要支持和鼓励来练习动作技能。教师可以调皮地把一个玩具放在一边，引诱小婴儿翻身。地板上的沙发靠垫可以成为爬行练习者的障碍物。蹲在距离刚学会走路的学步儿不到 2 米远的地方，双臂张开表示欢迎，这是帮助学步儿学习走路的好办法。

令人惊讶的是，儿童 14 岁时的学习能力与其 5 个月大时的动作技能和探索活动有关[2]。所谓的发育级联（developmental cascade），是指人从 5 个月大时动作逐渐成熟和开始主动探索的过程，发育级联也是一个随着时间的推移而发生变化的过程，在这个过程中，人的技能从无到有，并且一个技能的形成是建立在另一个技能之上的。例如，一个婴儿在没有支撑的情况下可以坐起来用自己的手去拿某个物体，还能手眼协调地了解这个物体。他在移动手和头的同时可以保持平衡，这能帮助他积极地探索周围的环境。不久之后，身体的这种核心力量将能够支持他爬行。反过来，这些正在建构心理概念和培养好奇心的经验，也会激发他进行更多的探索。婴儿期的丰富经历会贯穿整个童年，并有助于儿童在 14 岁时成为专注的、有能力的学习者。

性别

男性和女性的身体确实大有不同。男性的体型往往更大、更壮，逐渐进化成猎人般的身姿。女性的体型更小，为了繁衍后代而进化。这些差异是否存在于婴幼儿中呢？婴幼儿时期的男孩和女孩在运动学习和发育方面非常相似，事实上，婴儿期的运动能力在性别上并没有什么真正的差异[3]。我们往往想知道产生差异的原因是身体、经历，或者仅仅是刻板印象。

和所有其他发展领域一样，我们越来越关注基因和激素的影响，基因和激素可能影响与性别有关的行为。与此同时，经验可以激活基因，也可以阻止基因表现。寻找生物学上的解释是理解性别相关行为的一种方法。早期的动物研究将雄性激素注入怀孕的豚鼠子宫，从而生产出具有雄性化行为的雌性幼崽。显然，人类不会这么做。但是，研究人员还是观察到人类女胎在子宫中显现出异常高水平睾丸激素的情况。有一种遗传病会导致女胎产生睾丸激素，从而造成女婴发展出更多男性化的体能和游戏行为。睾酮水平高的学步儿更喜欢玩可以移动的玩具，比如球。此外，他们更有身体攻击的倾向，在比赛中更倾向于占主导地位。同样的情况也发生在母亲怀孕期间服用了雄性激素的女婴身上[4]。

成人的态度和期望可能包含性别偏见（gender bias）。性别偏见是指根据性别对他人的表现有不同的期望。一个成人如果认为男孩比女孩更活跃，那么可能会为男孩和女孩安排不同的游戏场所。教师可能会给男孩提供更多在开放空间玩耍的机会，而引导女孩看书或玩娃娃。一项研究曾要求 11 个月大婴儿的母亲们预测他们的孩子在斜坡上爬上爬下时的表现，这些母亲往往低估了女儿的表现，高估了儿子的表现。事实上，婴儿的表现并没有性别差异[5]。一般来说，男孩和女孩的活动水平非常相似。不过，在一组儿童中，最活跃的可能是男孩，而最不活跃的可能是女孩[6]。

条件反射

条件反射决定了最早出现的动作。婴儿早在出生前就开始运动了，通过超声波，医生们发现胎儿在 5—6 周大时开始运动上脊柱，8—9 周大时开始运动胳膊和腿[7]。当胎儿处于运动状态时，身体和大脑就会发育并储存有关运动模式的信息。运动能够帮助胎儿发展肌肉，并通过产道移动。

新生儿的身体也很活跃，条件反射驱动着他们大部分活动的产生。传统上认为，在脑干中发生的条件反射可以自动维持婴儿的生命。现在我们明白了，成人可以帮助调节条件反射，条件反射甚至会受到文化的影响[8]。在新生儿出现的近 75 种反射中，最为人所知道的是支持进食、凝视和抓握的反射，如图 10.1 所示。

婴儿发生的第一个条件反射是原始条件反射。觅食反射和吮吸反射帮助新生儿找到乳头并开始进食。婴儿也会通过吮吸自己的双手来安慰自己。当婴儿的脸颊受到轻微的压力时，他会转动脑袋“寻找”乳头，当他的嘴唇接触到皮肤表面时便开始吮吸。新生儿已经会吮吸了，这是自发的，不需要学习。新生儿还有一种条件反射可以防止他们吞咽除液体以外的东西，即挺舌反射，它可以让他们把所有的东西从嘴里吐出来，最好等到这种反射消失后再开始用勺子喂食。

莫罗反射，或称惊跳反射，是指一种因响亮的声音或坠落感而产生的身体反应。婴儿会仰起头，伸直胳膊和腿，然后再把它们缩回来。这个姿势似乎在向家长和教师传达这样的信息：婴儿的压力很大，需要被拥抱安慰。当婴儿仰卧时，强直性颈部反射会促使他们挥舞手臂。当婴儿的头向右转时，他的右臂会伸出来，他的左臂会竖直向上；如果他把头转向左边，手臂也会做出相应的动作。这可以帮助婴儿将一只手放在眼前。当婴儿能将他的两只手一起放在中间位置并很容易看到它们时，这个条件反射就会开始消失。手掌抓握反射会使婴儿去抓放在掌心的东西并合拢手指，如抓大人的手指、头发或一个玩具，婴儿的脚被轻轻一触也会卷起来。当婴儿被直立抱起，双脚接触固体表面时，行走反射会使婴儿看起来像是在行走。

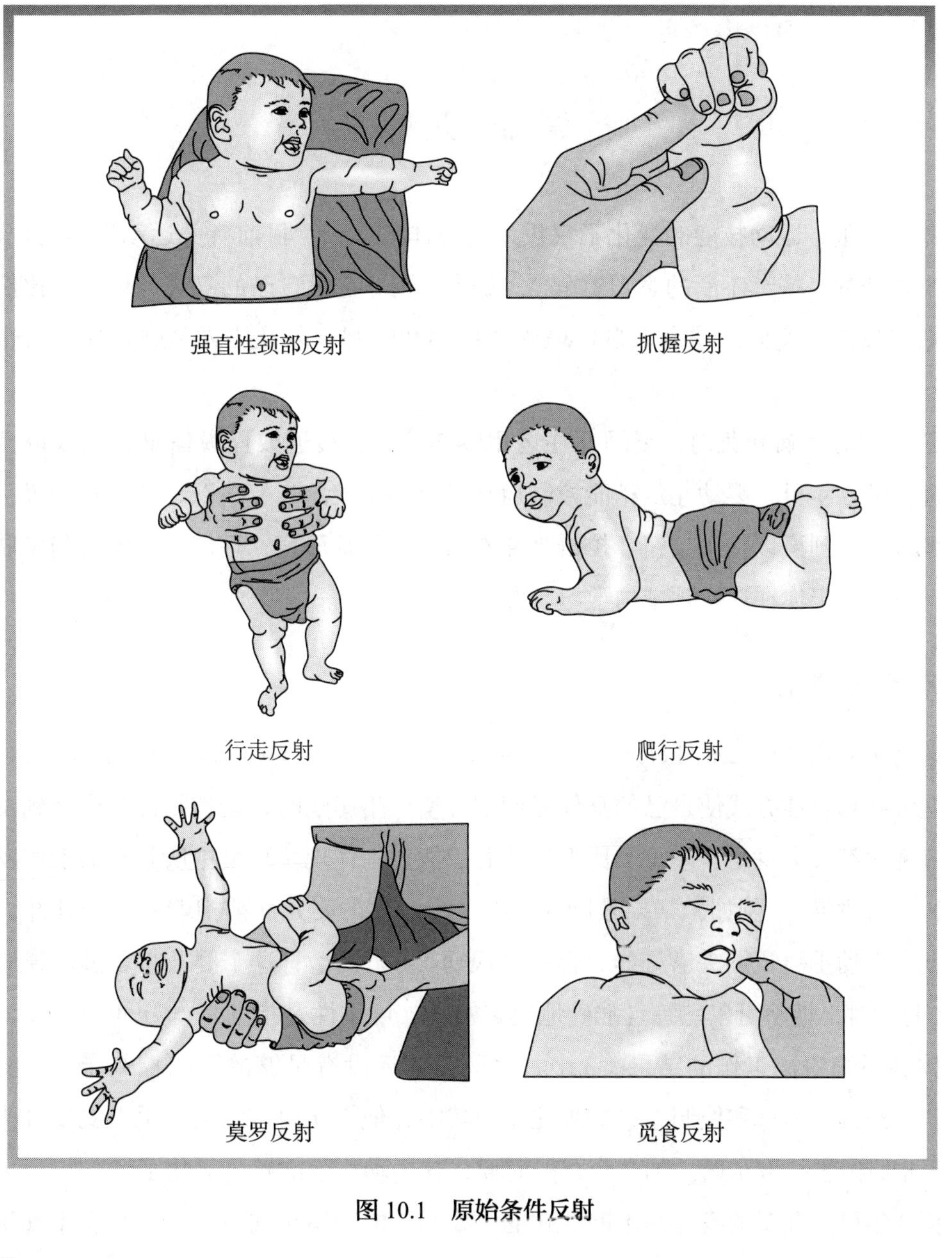

图 10.1　原始条件反射

这些原始条件反射在最初的几个月十分常见，然后开始消退。当原始条件反射消失时，另一组条件反射开始出现。姿势反射能够帮助婴儿抵抗重力，为发展平衡、姿势和自主运动提供基础。姿势反射是中枢神经系统的一部分，贯穿人的一生。这类条件反射可以帮助人通过转动头部或转移重心来恢复平衡，还有助于调节肌肉张力，例如，一个人可以仅扭动头部而不需要转动整个身体。

了 解 儿 童

在头 3 年里，运动技能的变化不仅仅来自身体的成长。目前有关运动发展的理论认为，这是一个复杂的、持续不断的学习过程[9]。婴幼儿能一直对自己的身高、体重、比例和姿势的变化做出反应，他们的动力来自环境中的机遇和限制，以及成人是鼓励还是阻止他们的运动。

有了健康的大脑和肌肉，婴幼儿在运用感知信息、接近或操纵信息方面取得显著的进步。在最初的 3 年里，婴幼儿从稍能控制运动发展到能够跑步、跳跃，从通过吮吸手来让自己平静下来发展到可以使用按钮、拉链来穿衣服。对教师而言，理解运动学习与发展是如何发生的，将有助于你在这一领域的学习与发展。

动态系统理论

埃斯特·西伦（Esther Thelen）[10] 提出的动态系统理论（Dynamic systems theory）认为，当儿童能够找到最佳方式使自己的身体对周围环境产生影响时，动作技能就会得到发展，身体的所有变化都会在身高、体重、比例、重心、能力中体现。环境中所具有的动作发生的机会被称为“可供性”。例如，如果教师在一个 3 个月大的婴儿面前抱着一个小娃娃，那么这个婴儿就会挥动手臂试图去够娃娃，但不会成功。1 个月后，这个婴儿将颤颤巍巍地够到娃娃；7 个月大时，他将可以熟练且准确地摸到娃娃。可供性是指这个娃娃伸手可及。这些进步是身体各系统协同工作的结果。3 个月大的婴儿还没有足够的肌肉控制能力，而 4 个月大的婴儿已经具备力量和控制力，如果注意力集中，他就能协调眼睛和手，支撑身体去够东西，用手指肌肉去抓取东西。到 7 个月的时候，这个动作就能够自动化了。

在头 3 年里，儿童的身体是不断变化的。婴幼儿的身体正在发育，身高、体重和比例正在发生变化，丰富的经验可以锻炼他们的肌肉力量和动作技能，这些改变需要以动态的方式发生。例如，如果一个儿童想要吮吸拇指，在 4 周大时，他会在肩部弯曲短短的胳膊；在 6 个月大时，他会在肘部弯曲长了一些的胳膊。每一个新的姿势都会让婴幼儿接触到世界全新的一面，以及新的感知信息。婴幼儿能够看到和触摸到书架底部时就会想清空书架上的书，能够看到和触摸到柜门时就会想打开和关闭柜门。在兴趣的引导下，每一个新的姿势都需要婴幼儿在重建平衡和控制中练习[11]。

环境在不断地变化，儿童可以接触到不同的材料和体验。随着季节的变化，孩子们或多或少都会有机会在户外玩耍。同一个玩具，对 1 岁婴儿来说可能太重了，但对 18 个月大的学步儿来说很容易拿取。成人、兄弟姐妹和同伴也是环境的一部分，当他人对婴幼儿所展现的新动作技能感到高兴时，婴幼儿很可能会重复地做出动作。教师提供的身体探索机会以及教师的欣喜与鼓励是每个儿童运动学习的重要组成部分。

可供性是指环境让某些动作的发生成为可能。为了使婴幼儿具备新的、或大或小的运动能力，环境必须提供机会或刺激。研究人员使用一种流行的评估工具，即《家庭环境对运动发展的可供性》[12]，思考外部空间、内部空间、日常活动、小肌肉运动玩具、大肌肉运动玩具，以及儿童和家庭特征。研究发现，婴儿期的这些可供性可以预测儿童未来在动作和认知方面的成就[13]。不足为奇，这些研究人员也发现，社会经济地位较高的家庭能够提供更多的可供性。教师和家长需要了解这些机会的影响，并在儿童 1 岁时就为他们提供这些机会，从可能性的角度思考是一种有效的干预。

尊重、反思与联系

尊重：乔伊在 11 个月大的时候就已经非常擅长爬行了，现在他开始走路。他两步一倒，一拿起玩具就会使他失去平衡，这样看来，他是不可能走上坡道了。然而，他还在继续。

反思：每一个新的姿势和运动都需要新的学习。乔伊的每次尝试都使他的动作更加完美。

联系：欣赏乔伊的活力和积极性，鼓励他继续前进，并密切地关注他。对于他的新技能，他自己并无判断力。

动作发展原则

在不同的文化或社会关系中，动作发展的某些原则似乎是完全一样的。

- 头尾原则：婴幼儿的肌肉控制能力发展遵循从头至脚（或从上到下）的顺序，婴幼儿在能控制腿和脚之前，就可以控制头了。

- 由近及远原则：动作发展从身体中部（或近处）开始，逐渐向外和向下（或远处）发展。婴幼儿在控制自己的手之前的几个月就能控制躯干了。
- 从大肌肉动作到小肌肉动作的发展原则。婴幼儿先会控制手臂，然后才会控制手指。

动作发展还有两个重要的原则，即平衡和抗重力。平衡是指通过转移重心移动或停留在一个位置而不跌倒的能力。在每一种姿势和运动形式中，儿童都在通过不断地微调整来保持平衡，当你观察一个 7 个月大的婴儿在没有支撑的情况下学会坐立，就会很容易理解这一点。他会用手触地或向外张开双臂来保持平衡，如果觉得自己滑到一边，他就会转动肩膀和脑袋，还会像走钢丝的人一样伸展双臂。婴儿早期的运动是一种抵抗重力的尝试。当婴儿俯卧时，婴儿大而重的头部需要强壮的躯干和脖子把它抬起来。当婴儿仰卧时，强壮的腿部肌肉能够抵抗重力使踢腿更容易。当学步儿学习走路时，他们会受到来自身体前面和中心的重力影响而摔跤。

在婴儿出生后的第二年，携带物体爬行或步行是一项重要的活动。经验丰富的爬行者可能会在嘴里或手里拿着一个玩具，以支撑他的身体并推动他前进。他们也有在地上爬着玩的时候，胳膊底下夹着一个玩具。有经验的学步儿在走路时会手拿一个或多个玩具，但新手们不太可能这样做[14]。

移动

对婴幼儿来说，运动技能是实现人际关系目标（与熟悉的成人保持密切关系）和学习目标（弄清楚圆环如何与木棍相匹配）的一种方式。最重要的是，获得新的运动技能本身就是一个目标。婴幼儿会不知疲倦地学习，不断尝试新技能并反复练习，直到熟练为止。但是，他们可能会以独特的方式进行运动。

运动（或动作）遵循由近及远和从头至尾发展的规律，躯干和颈部力量使头部控制成为可能。随着手臂的运动，这些身体部位协同作用使身体翻滚起来。踢腿和伸展运动可以增强并控制肌肉力量，从而有助于爬行。爬行有很多形式，战斗式匍匐、坐着用屁股爬行，以及传统上用手和膝盖爬行。有些儿童从不爬行，什么也不抓地站着，或者扶着沙发或咖啡桌边沿走，这些通常都发生在独立行走之前。

正如洛伊丝·巴克利·墨菲（Lois Barclay Murphy）[15]所描述的那样，对学步儿来说，迈出的第一步并不是运动探险的终点。

在动物园里，当我坐在路边的长椅上看着父母带孩子们的时候，我很少看到小男孩安静地走在父母身边，往往是一个在跳，另一个在蹦，或者有的在跳跃，有的在蹦蹦跳跳，有的在大步走着，每只脚都抬得比平时走路所需的高度还要高，还有的孩子挥舞着手臂，每个人似乎都在享受这一刻的感觉，想找到运动的机会。

移动技能的变化需要新的学习和新的途径去应对身体发育、平衡和重力等常见问题，新的运动形式似乎需要儿童了解斜坡和边沿。刚学会爬行的婴儿可能在下陡坡或台阶时尝试头朝下地爬，而经验丰富的爬行者会先判断斜坡或落差，如果太陡就会停下来。作为能够出色地判断出落差的新手，他们会尝试从陡峭的斜坡上或台阶上爬下来，但似乎还不能把来之不易的知识应用到新的姿态和运动中[16]。

事实上，有经验的爬行者为了能够直立行走也放弃了很多。他们步履蹒跚，经常摔倒。在研究了刚会走路的儿童之后，研究人员发现直立行走有很多好处，可以帮助学步儿不断地努力尝试。这些好处包括花更少的时间探索更大的空间，他们能够看到更多，可以体验更丰富的视觉输入、玩更多的东西，还可以用全新的、不同的方式与照料者互动[17]。成人因学步儿迈出的第一步而充满热情，十分激动，让学步儿觉得努力是值得的。

操作

能够将大肌肉运动技能和小肌肉运动技能分开是典型的里程碑式发展节点，但发展比这还要全面。例如，当一个 3 个月大的婴儿头部和颈部的控制能力增强时，他会喜欢趴着看四周。随着控制能力的增强，当他抬起头靠在一只手臂上时，他将能够用另一只手抓住某样东西。4 个月大的时候，如果他的身体被支撑在地板上或座位上，他就能够到悬挂的物体。当他不用手保持平衡就能坐稳时，他的两只手就可以自由地摆弄东西了。只有在他能够保持稳定的坐姿之后，他才能把东西拿起来，从一只手上换到另一只手上，也可以把它们放进容器里再扔出去。快满 1 岁的时候，婴儿可以用手把一个桶装满积木、把圆环套在棍子上、叠放杯子，还可以摆好形状简单的盒子。2 岁的时候，学步儿可以做简单的拼图，脱下又穿上鞋子，可以使用叉子、勺子等工具吃饭，行走时会协调双手搬运玩具或者推拉带轮子的玩具。3 岁的时候，儿童会脱衣服，也会自己穿上某些衣服，可以用记号笔和厚漆刷在纸上画各种符号，把大木栓放在小钉板上，再把木珠串起来。本章末尾的“发展趋势与回应式互动表”列举了动作发展的里程碑。

感官和运动技能

我们有不止五种常见的感觉：视觉、听觉、味觉、触觉和嗅觉，其中有两种感觉直接作用于运动系统。平衡感来自前庭系统，当你走路时，内耳的前庭系统一直在监测你的平衡和运动状态。

关于肌肉、肌腱和关节的信息则来自本体感觉系统，它可以察觉到身体或肢体的运动及其位置。你的本体感觉系统一直在告诉大脑你身体所处的位置，这种感觉信息是运动系统的一部分。

埃莉诺·吉布森（Eleanor Gibson）[18] 提出，所有的行动和学习都始于感知。感官从环境中感知有意义的信息，大脑立即处理信息，并引导身体采取相应行动。随着经验的积累，行动的质量会不断提高。这一理论补充了西伦的动态系统理论。他们都认为获得运动技能要通过不断的学习，而学习是通过感知觉活动进行的。

有几项研究试图探索婴儿究竟用什么感官信息来决定他们的动作。一项研究让 6 个月大的婴儿在三种不同光照条件下观看发出声音的物体：一种是在完全视觉下，一种是物体在黑暗中发光并发出声音，还有一种是物体在黑暗中仅发出声音。对于光线中的物体和黑暗中发光的物体，婴儿们做出了相同频率的相同伸展动作。与其他条件相比，找到黑暗中发出声音的物体的速度更快，持续时间更短，误差也更大。这些发现表明，在这种情况下，婴儿对手的视觉似乎不影响他们伸手触碰，但对目标物的视觉会受到影响 [19]。

第二项研究提出了一个更复杂的问题。婴儿必须预测出一个物体的轨迹，并要能预知如何以及在哪里捕捉到这个物体。婴儿分别在 5 个月和 7 个半月大时接受测试，研究人员向婴儿展示了在两种光照情况下移动的一个物体，以观测视觉在早期触碰中的作用。在一次试验中，光线照射在运动的物体上，在另一项试验中，同样的物体被涂上了夜光颜料，然后让婴儿在黑暗中观看。尽管 7 个月大的婴儿接触发光物体的次数更多，但在这两个年龄段中，婴儿成功触碰发光物体的次数都达到了一半左右。婴儿企图把手放在物体前面，这表明他们在思考目标物体的运动。这些结果表明，即使在视觉信息有限的情况下，他们手臂的本体感觉反馈和对目标物体的视觉也能使他们触碰成功。婴儿触碰成功也表明，他们有能力根据目标物体的速度和轨迹调整自己的动作和触碰策略 [20]。

不能很好地运用感觉信息的婴幼儿可能需要一些外界支持，如有些儿童对感觉信息过于敏感。例如，一个高度敏感的婴儿是无法忍受被触摸的，这可能会使他与父母或教师很难相处，比如他饿了，却忍受不了乳头放在嘴里。这样的婴儿也无法承受被一次次举起和放下等本体感觉性体验，而且所有旨在抚慰和安慰他的照护活动都可能让他感觉受到攻击。所以，照顾高度敏感婴儿的成人在触摸他们时必须要坚定而温柔。他们需要保持平静，因此成人抱着他们的时候尽量不要变换姿势和位置。

身体的自我意识

自我意识通常被认为是在情绪或情感领域，指的是看不见的、内在的自我。研究人员目前正在探究婴幼儿是如何认识自己的身体的。在一系列令人惊叹的研究中，研究人员正在寻找方法“询问”婴幼儿对自己身体的感知方式：首先，与开口的大小、物体的大小有关；其次，各个部分协同运作[21]。一组实验观察了 18—30 个月大的学步儿关于自己身体的自我意识，其任务如下。

贴纸任务：一个学步儿及其家长、一位考官（E）和一位考生助理（A）在一起，E 说：“看，我要把一个贴纸贴在 A 上。看，我在那里贴了一张贴纸（触摸或用手指）。”E 给学步儿一张贴纸，说：“现在你把这张贴纸贴在你身上（不要指着），就像 A 一样。”如果这个学步儿能做到，就说明他既能体会到内在的自己，也能体会到别人如何看自己。

体型任务：

- 衣服太小。E 给一个约 30 厘米长的娃娃穿上裙子、外套和帽子，然后再递给学步儿一模一样的东西，说：“这是你的外套，把它穿上。”这个学步儿如果试着穿上这些小衣服，就表明他意识不到自己的身材大小。
- 门的大小。当学步儿的家长在泡沫塑料板的另一边时，学步儿需要在两扇门之间做出选择然后通过门去找到家长。两扇门中，一个约 30 厘米 ×30 厘米，学步儿能很容易地爬过去；另一个约 7 厘米 ×91 厘米，这个学步儿是不可能通过的。对门的大小的选择反映了学步儿对自己身体大小的认识。
- 玩具模型。首先，学步儿在一个房间里，房间里有几件和学步儿身材一样大小的玩具（桌椅、滑梯和可以开的小汽车）。然后，学步儿去另一个房间，这个房间里的玩具是前面那些玩具的模型。如果学步儿试图坐在小椅子上，或者把脚放进小汽车里，那就表明他没有意识到自己身材的大小。

大脑中的身体映射

另一种方法是通过身体映射来了解婴儿对自己身体的认识。身体映射通过使用脑功能磁共振成像来观察大脑的哪个部分在某个特定时间是活跃的。当科学家轻轻地刷一刷婴儿手部或腿部的皮肤时，婴儿大脑的某些区域就会表现出活跃的现象，研究人员由此认为：可以用特定的神经网络来绘制身体各部位在大脑中的地图。在某种程度上，婴幼儿是能意识到自己的身体及其各部位的[22]。

大脑中的感知 – 动作

在第 8 章中，我们描述了当婴儿看到别人在做类似于挥手的动作时，其大脑的两个部分变得活跃起来的情形，其中，一个部分是婴儿看到或感知到了动作，另一个部分是婴儿的大脑让动作发生了，这两个部分都变得活跃起来，所以婴儿能理解这个动作，就像他自己做出这个动作一样[23]。这也帮助我们理解婴儿是如何认识他们的身体及其运动的，他们通过观察和模仿来学习，而这是通过镜像神经元网络和脑细胞共同作用的，且几乎同时感知并体验动作才会发生。

有特殊需要的儿童

婴幼儿花费大量时间练习已经掌握了的运动技能，也尝试新的技能。健康的动作发展需要大脑、中枢神经系统、肌肉、骨骼共同发挥作用，还需要给婴儿练习的机会，通常被认为理所当然的动作技能在发展过程中可能会遇到挫折。

脑瘫

损伤、产前物质接触、营养不良和疾病都会影响婴幼儿的动作发展，运动障碍可能表现出多种症状，如表 10.1 所示。

婴儿期最常见的运动障碍是脑瘫。脑瘫是指因大脑的动作（或肌肉）控制区域受到损伤而引起的失常："诊断结果取决于两个发现，一个是非渐进式破坏大脑发展的证据，另一个是身体的动作（或神经肌肉）控制系统存在损伤，后者通常伴有生理障碍和功能障碍。"[24] 除了认知障碍，脑瘫还是大脑发育过程中的常见疾病，70% 发生在产前，20% 发生在分娩过程中，10% 发生在人生的头 2 年。

脑瘫是各种说法的通称，患有脑瘫的婴幼儿可能保留了原始的条件反射，他们会有条件反射的动作，但不能自主产生并发展其他动作。脑瘫有三种类型：痉挛性脑瘫会导致肌肉过于紧张，儿童无法自主运动，从而影响腿、身体的一侧乃至整个身体，这取决于大脑损伤的位置和严重程度；手足徐动症性脑瘫影响全身肌肉张力的变化，可能导致动作不受控制，说话或进食困难；共济失调性脑瘫影响平衡能力和协调能力，导致走不稳或难以完成精细动作[25]。物理治疗可以帮助儿童在这些条件下最大限度地控制自己的身体。

表 10.1　运动障碍的警告信号

婴儿无法：

- 将双手放在胸前的正中间
- 张开拳头去抓，用单个手指去指
- 稳稳地抬起头部
- 拥有正常的肌肉张力，肌肉呈紧绷或松弛状态
- 用两只手够或根本不够
- 平均地使用身体两侧
- 翻滚（5 个月）
- 独立坐起（7 个月）

学步儿无法：

- 爬行（1 岁）
- 独立站立（14 个月）
- 步行（18 个月）
- 推一个带轮子的玩具（18 个月）

运动障碍的影响

运动障碍可能不仅仅影响运动，如果一个儿童没法进入一段依恋关系，相应的亲子关系就会受到损害。如果儿童无法对父母微笑，无法在视觉上追随自己的动作，被举起的时候无法伸手，或在被抱着时无法回抱，那么成人可能会觉得无法理解儿童的感受。在这方面，婴幼儿教师和早期干预医生通常是非常有帮助的，他们可以分辨出这类儿童在与熟悉的、深爱的人在一起时表达快乐和安慰的方式。

情绪和认知的发展可能不会受到运动障碍的影响。有时，成人需要学习解读儿童独特的暗示，在其他时候，需要对环境中的材料进行改变或调整。许多儿童评估工具通过运动技能来观察认知。例如，我们希望婴儿从隐藏的物体上扯下那块布来表明他获得了客体永久性概念，或者堆叠几块积木来展现他具有模仿能力，但因没有运动能力而无法执行这些动作的儿童很容易被认为不理解这些概念。不幸的是，由于测试环境的限制，这些儿童可能无法展示他们的认知水平。

在成人 – 儿童关系中学习

婴幼儿对父母及其提供的游戏机会感兴趣，是早期动作发展的重要因素。支持婴幼儿的腹部、背部、臀部、肩膀，或在他们依偎成人时给予支持就为他们练习控制头部和躯干、使用手臂、踢腿提供了许多机会。如果仅仅是我们抱儿童的姿势和次数影响了他们的动作发展，那么想象一下，我们为他们运动或摆弄物体提供的机会、对他们在运动时产生的舒适感以及对安全和冒险的态度都会产生什么样的影响。虽然婴幼儿教师无法在基因方面为儿童的运动能力提供帮助，但他们可以通过环境对儿童产生影响。

成人对运动有不同的舒适感体验。非常活跃的成人与活跃的婴幼儿在一起会更舒服，一些成人更愿意让婴幼儿冒险攀爬或使用平衡单车。有时候，在集体照护中，婴儿会被放在秋千上、蹦床上或婴儿座椅上几小时。照顾很多婴儿的教师可能想让他们保持安静，所以就要控制他们。走进一个房间，如果看到一群婴儿头昏眼花、四肢无力，还不被允许运动和探索，那么这真是令人心碎。

成人通过直接互动及间接环境来支持婴幼儿运动。在婴幼儿俯卧时，成人也可以趴着，与婴儿平视，一起游戏。我们可以把一个玩具挂在婴儿的背上，或者把玩具放在刚学会爬行的婴儿的前面不远的地方，鼓励他们去触碰和滚动玩具，还可以扶着刚开始走路的学步儿的手一遍又一遍地来回走。

并非所有成人都认为，要帮助婴幼儿掌握运动技能。婴儿保教者资源机构提供了一种受欢迎的育儿方法，它由玛格达·格伯（Magda Gerber）提出，基于她在匈牙利的培训，其特点是对婴儿（作为有能力的人）的深切尊重。该方法的部分内容基于以下基本原则：我们相信婴儿有主动性，是渴望学习并已经做好准备的探索者。由于这种信任，我们只给婴儿提供足够的必要帮助，让他们享受掌控行动的乐趣[26]。

婴儿保教者资源机构认为，婴幼儿会在准备好的时候以准备好的方式运动，他们不赞成把年幼的婴儿拉起来坐着，也不赞成帮助刚学会走路的学步儿走过整个房间。他们既不会限制学步儿的活动，也不会妨碍学步儿的活动，大多数学步儿在准备好时都会翻滚、爬行和走路。当体贴的成人支持学步儿的动作学习时，一些学步儿便会得到帮助。

运动的机会

成人支持婴幼儿运动学习与发展的另一种方式是为婴幼儿的运动提供可供性环境或机会，确保婴儿能够享受在地板上俯卧或仰卧的时间、爬行的婴儿有干净的空间，这样就没有障碍物或窒息的危险，还要为会走路的学步儿提供适当的挑战，比如使行走的路面多样化，包括平台、坡道和台阶。以下有关材料和活动的建议可供参考。

- 开放的空间——支持运动。
- 安全、整洁的环境——健康和安全始终是我们关注的首要问题，包括地板上没有障碍物、架子是用螺栓固定在墙上的、没有窒息危险、保持整洁。
- 结实、可清洗的垫子——用于俯卧和仰卧时，以增强躯干、手臂和腿部肌肉的力量。
- 坐立支撑——（如哺乳枕头）帮助小婴儿独自坐立，使他们可以同时使用双手。
- 各种大小和质地的球——可以用来举、投、滚、踢。
- 攀爬结构——用以锻炼力量和平衡，包括类似连接到内墙的梯级结构。
- 骑行玩具——用于增强腿部和躯干力量以及平衡力，包括需要孩子下蹲并用脚踩地板的玩具车、平衡自行车和近地面脚踏三轮车。
- 手推车和其他可以推着走的玩具——支持步行。
- 音乐、乐器和丝巾——似乎是支持运动和培养节奏感的天然动力。
- 大泡沫块——用于建造、搬运和铺路。
- 儿童桌椅——便于学步儿独立使用[27]。

我们必须提醒你，有些设施、装备对婴幼儿具有潜在的危险性，请阅读有关信息。

婴儿学步车

我们已经谈到了许多不利于儿童发展的设施和装置，因为它们会阻碍儿童的运动。学步车能够促进儿童运动，但是太危险了，在任何机构中都不应该有学步车。如果移动的婴儿学步车里载着一个婴儿，这个婴儿太小而不能站立和行走，那么当婴儿的双脚接触地面时，体重的压力会让他失重摇晃。美国儿科学会[28]和全国儿童医院协会及相关机构已敦促消费者产品安全委员会禁止婴儿学步车在美国生产和销售，加拿大政府也已经禁止其销售、打广告和进口。

即使政府在接下来几年召回了婴儿学步车并发布了新标准，2004—2006 年仍有 3600 个 5 岁以下儿童受到婴儿学步车的伤害，其中 5 人死亡[29]，这些伤害大多发生在有成人看到但无法快速做出反应的情况下，一个学步车可以在 1 秒内移动约 90 厘米！

美国儿科学会进一步敦促家长不要把孩子留在任何可以使用婴儿学步车的地方（见专栏 10.1）。

专栏 10.1　婴儿学步车很危险

即使受到监护，孩子们在使用婴儿学步车时还是会受伤，如下所示。

- 从楼梯上滚下去：这是最常见的意外事故，可导致骨折和头部受伤。
- 烧伤：孩子由于可以够得更高，可移动性增强，就更容易因触碰到咖啡杯、炉子上的锅、散热器、壁炉和室内取暖器而烧伤。
- 溺水：落入游泳池、浴缸或厕所。
- 中毒：孩子由于可以够得更高而够到家用化学品。
- 夹到手指和脚趾：刚会走路的孩子很容易被家具夹到手指和脚趾。

一直以来，人们似乎认为早期步行经验是有益且有价值的，但是一项关于早期步行者经历影响的研究[30]发现，事实正好相反。作者认为，婴幼儿使用学步车时无法看到自己移动的腿和脚，这是一个问题，而且使用学步车的儿童比不使用学步车的儿童爬得更慢，走得也更慢。使用学步车的儿童在《贝利婴幼儿发展量表》中的智力和动作发展方面的得分也较低，其结论是，使用学步车的风险远远大于益处。

操作的机会

婴幼儿的脖子、躯干、手臂和腿部的大肌肉力量有所增强，也就为使用手指小肌肉打好了基础，最终他们能够在学校教室里坐着书写。一个很小的婴儿能够抬头挺胸时，就能用一只手拿一个小玩具，而能坐着的最大好处就是能够用两只手拿东西。操作性的活动包括手眼协调及获得新的概念，如大小、空间关系、重力、平衡和方向。可促进婴幼儿操作学习与发展的材料如下。

- 拨浪鼓又小又轻，足够婴儿拿着、摇晃和观察。
- 悬挂式玩具能使手臂、手和手指动作更加灵巧。
- 可清洗的小物件，如可手持的人偶、动物和车辆，可以相互碰撞，被抛掷、吮吸和用手传递。
- 堆叠杯可以先单个使用，然后再根据它们的大小小心地堆叠。
- 套环的木棍，与塑料容器的凹槽相匹配的盖子，和各种形状的盒子可以挑战儿童的精细运动技能。
- 拼图也需要手眼协调，学步儿在 3 岁时可能会玩单片或多片的拼图游戏。
- 比乐积木和磁性积木可以互相粘在一起，把它们拉开的时候需要用力。

- 木制积木有助于婴幼儿动手建立平衡感。

文化及运动发展

在促进动作发展的方法上，文化观点和实践有所不同。不同的文化为儿童早期的运动提供了不同的机会，因此，儿童掌握各种动作的时机和质量也不尽相同，这就引出了有关动作发展的问题。某些早期经验对动作发展是必要的吗？基因是否控制着动作发展的时间轴？另一方面，儿童是否发展了自己所处文化环境中所需要的动作技能？

世界各地的成人为婴幼儿提供着不同的运动体验。从怀抱到鼓励婴幼儿坐立、爬行和行走，都各不相同。在美国使用的发展里程碑时间表可能只适用于他们文化中的婴幼儿。

有些文化强调让婴儿保持直立的姿势，而另一些文化强调让婴儿保持横卧的姿势。许多跨文化研究是在 20 世纪 60 年代和 70 年代完成的。墨西哥东南部津坎蒂科（Zinecanteco）部落的印第安母亲会在肚子上围一条长围巾，然后把儿童放在长围巾里，这样的儿童安静而警觉，但没有强烈的探索欲。尽管他们和美国儿童所处的环境非常不同，但他们运动技能的发展顺序一样，只是获得这些技能的时间比美国儿童晚一个月[31]。

巴拉圭东部亚契（Ache）部落的母亲们一直带着他们的孩子，在 93% 的白天时间里都会用吊带将孩子吊在身上，整夜都将孩子放在自己的大腿上。即使在 1 岁的时候，母亲也会每天花 40% 的时间抱着他们。到了孩子 18 个月大的时候，他们会教学步儿坐在篮子里或者骑在父亲的背上[32]。结果是，那里的儿童开始走路的时间比美国儿童晚 9 个月。

与西方国家的婴幼儿相比，非洲卡拉哈里沙漠昆申（Kung San）部落的婴幼儿拥有更高级的运动技能。这里的母亲用一根吊带垂直地抱着婴儿，他们经常按摩婴儿的腿，促进婴儿动作技能的发展，如站立和行走，并鼓励 7 个月大的婴儿去探索。这里的儿童比美国的学步儿更早、更好地掌握运动技能，注意力也更集中[33]。

支持婴幼儿运动学习与发展的策略

婴幼儿非常渴望活动身体和使用工具。然而，这些技能不会自动发展，以下策略可供成人参考。

1. 让婴儿在成人的看护下趴着玩耍，俯卧有助于婴儿增强控制躯干和颈部的力量。

2. 限制秋千、婴儿座椅、跳床或其他约束婴儿的设备的使用。当你同时照顾几个孩子的时候，可以在地板上放些玩具让孩子俯卧，给会爬的孩子一些空间，或者悬挂一些玩具让孩子仰卧。限制婴儿会使他们变得被动，还会阻碍他们进行积极的探索，应该将婴幼儿使用自己的身体看作积极的学习机会。

3. 当婴儿仰面躺在地板上玩耍时，把玩具放在婴儿的头的上方和侧面，这样可以鼓励他们伸手和翻身。

4. 创设环境鼓励每一个阶段的动作发展。想一想，如何从一开始就帮助婴幼儿养成积极、健康的生活方式，以减少他们肥胖的可能性。

5. 结实、可清洗的块状物、垫子和斜面可以用作有趣的、具有挑战性的表面，用于爬、走、攀。

6. 当学步儿开始到处走动时，他们需要又长又低的稳定的表面来支撑他们。在家里，他们使用沙发和咖啡桌；在儿童活动中心，如果他们使用的是架子，那么一定要将架子固定在墙上。

7. 鼓励婴幼儿攀爬的带有平台的小楼梯、固定在墙上的攀爬栏杆和一些坚固的结构。如果楼梯和平台提供了通往窗户的通道，或者攀爬栏杆面对着一面镜子能让学步儿看到自己，那么他们攀爬的动力就更大了。

8. 用音乐表现动作，而不仅仅将音乐作为背景声音。当你和婴儿一起跳舞时，他们喜欢被抱着，并随着节奏翩翩起舞。学步儿喜欢在跳舞或踏步走时唱歌和演奏乐器。

9. 在天气允许的情况下，尽可能多地在户外活动。

10. 注意孩子摆弄物体能力的变化，并提供与这些能力相匹配的材料。年幼的婴儿需要较轻的拨浪鼓，年长的婴儿需要他们能举得起来的小物体，但也要足够大，以免他们将物件放进嘴里时被噎着。

11. 刚会走的学步儿喜欢一只手拿一个东西，大一点的婴幼儿喜欢把圆环套进棍子，把杯子叠起来，或者把钉子钉在钉板上。

12. 使用小桌椅吃饭，让学步儿自己坐立和站立。

有些文化习俗似乎与促进动作发展相矛盾[34]。帮助较大的学步儿甚至学龄前儿童穿衣、吃饭的成人都信奉拉丁美洲和亚洲传统的文化价值观。霍皮人和纳瓦霍人把婴儿放在摇篮板里的做法是为了维护传统的母子关系。当你的文化背景与你所照顾儿童的家庭背景不同时，要记住，来自所有文化习俗的儿童最终都会获得相同的动作发展。文化习俗和信仰影响儿童的动作发展，因此婴幼儿照护机构的动作发展课程需要考虑文化价值观。

文化近观

一位非常友好、热情的肯尼亚妇女是婴儿教师。她的英语很好，孩子和家长都很喜欢她。每天她都抽出时间按摩和锻炼孩子们的腿。当他们“走路”时，她会把他们抬起来。孩子们似乎很享受这种活跃的游戏，很多孩子在 9 个月大的时候就开始走路了。家长们也算是高兴，但并不完全满意，因为在某种程度上，家长们觉得教师是在逼迫孩子。此外，家长们也没指望孩子那么早就会走路，相反，他们希望孩子相对静止的时间更长一点，从而便于他们控制孩子运动的时间和地点。这家机构的负责人知道这是一场文化冲突，但他不确定哪一种更“正确”，也不确定哪一种对孩子更好。你是怎么想的呢？你会怎么做呢？

促进运动学习与发展的项目实践

许多阅读本文、进入儿童早期教育领域的人都很年轻，你对户外运动的记忆可能是有组织的运动，而不是在院子里玩耍或在公园里闲逛。如今的儿童比你更少接触户外，但户外活动时间是有助于婴幼儿获得健康和运动技能的最重要的机构实践。

户外游戏的好处

人类需要在户外的大自然中停留。安全问题、家长的工作时间和固定的文化都导致这一代人很少有时间停留在户外，一位作者曾将这种儿童描述为患有“自然缺失症”[35]。不出门可能导致肥胖、抑郁、糖尿病和注意力缺陷障碍，而户外活动的好处就是有益于身心健康。事实上，泥土中的细菌能够提高通过灰尘摄取它的老鼠的认知能力[36]，对儿童也可能有同样积极的影响。

对健康的好处

学步儿在户外游戏时会更加活跃，有助于促进身体健康，增强心、肺和肌肉的力量。活跃的户外游戏有助于预防儿童肥胖，还可以增强婴幼儿的免疫系统，因为他们可以暴露在含有较少细菌的新鲜空气中。如今的婴幼儿越来越缺乏维生素 D，获得维生素 D 最简单的方法就是晒太阳。这种维生素可以预防未来的骨骼问题、糖尿病，甚至心脏病。一些专家建议，儿童应该在阳光下暴晒几分钟后再涂防晒霜，因为防晒霜会在阻挡有害射线的同时阻碍维生素 D 的获得。户外活动的时候，眼睛暴露在明亮的自然光下似乎有助于晶状体和视网膜保持适当的距离，从而预防近视[37]。

对心理的好处

户外活动也有助于思维。如果生活在高自然环境而不是低自然环境中，那些面临巨大生活压力的儿童就不会那么焦虑[38]。事实上，户外活动会给儿童带来安宁、幸福的感觉。患有注意力缺陷多动障碍的儿童，他们在有草和树的空间游戏时的注意力比在室内或建筑结构上玩耍时的注意力更好[39]。即使只是短暂地接触绿地，也能帮助儿童和成人集中注意力，控制冲动。当教师能够到户外活动时，他们的工作满意度也会更高。

户外学习

任何发生在室内的事情都可以发生在室外——而且有更多！可以将课程的每一个领域都搬到户外。发展友谊和解决问题等能力在户外习得的效果可能会更好[40]。每个户外空间都蕴藏着多种学习潜力，与成人的每一次互动都包含了情感体验和自我调节的课程内容，成人可以为儿童的每一次经历带来有意义的语言，玩耍也包含无限的社交可能性。在户外活动时，儿童的发现比比皆是，如人的身体是如何移动的。对大自然的好奇有助于学习方法的建立和信息的存储。

户外游戏空间的许多元素都有益于学习（见表 10.2）。

表 10.2　户外游戏空间的要素

游戏区域	益处	例子
开放的空间	开放的空间为学步儿提供了走、跑、蹲、滚、跳的地方。比较流行的学步儿游戏“模仿我”需要有活动的空间。运动成为建立社会联系的手段，共享空间有助于问题解决。	草地是爬行、闲逛、行走和跑步的最佳场所
固定的设备	这种设备会提供一些挑战，但由于它不能挪动，所以学习价值有限。	滑梯、攀爬架和固定在弹簧上的骑乘玩具

续表

游戏区域	益处	例子
自然	户外游戏有助于儿童了解自然，儿童在户外可以学习风、雨、雪、太阳、云和气温。自然元素包括地表的变化，如土丘或斜坡。即使是一个小土堆也会给学步儿带来冒险的感觉。无毒的植物有助于美好和受欢迎的感觉的生发。当学步儿思考如何走和跳时，垫脚石对他们的身体和认知而言，都是一个挑战。原木可以成为聊天时坐着的地方，也可以作为具有挑战性但很安全的平衡木。	树、树桩、大圆石、草、水、鹅卵石、花、蔬菜、灌木
推、拉和骑行玩具	婴幼儿在玩这些玩具时学习与他人合作，发展大肌肉。提供各种轮式玩具，向具有不同能力水平的儿童发出挑战，还要提供头盔以保证儿童的安全。	低矮的三轮车、推车以及推拉玩具
沙子	当沙子是湿的或干的时候，有很多不同的特性。它可以建房子或掩埋。单独玩或与朋友一起玩都很好玩。它总是在变化。泥浆很难清理，但也提供了更多发展机会。还可以在肥沃的土壤中找到各种虫子。	沙子、泥土
水	学步儿学习水是如何流动和变化的。通过玩水、沉在水里、浮在水面、让树叶或木棍在水上漂流、观察水流，就能获得关于水的科学知识。	喷泉、瀑布、水管、喷水瓶和洒水器
可移动的材料	可移动的材料是儿童可以移动并创造出新玩法和运动空间的材料。例如，原木片可以做成小板凳、踏脚石或者用来改善空间。可以把开放性材料作为户外的积木。	大头针、牛奶箱、积木、小树桩、原木或树枝

安全的户外游戏区域

当然，对于婴幼儿，安全始终是我们首要考虑的问题，而安全最重要的来源是成人的关注以及他们与儿童的互动。这里面有许多事情都需要考虑，政策的制定需要参考健康专业人员的建议或《关爱儿童：国家健康与安全绩效标准；儿童早期照护和学习指南》等资源[41]。

天气

除极端天气外，儿童每天应至少在户外活动 1 小时。美国国家气象局为全国各地提供了彩色编码的极端天气预警系统，你可以根据你所在地的邮政编码查询天气预报。切勿在雷暴、暴风雪、酷热或极寒天气里带儿童外出。32℃及以上的温度或风寒系数 −15 以下都是危险的。穿戴适当并有保护措施的学步儿，可以在中雨、中雪中进行短时间的户外活动。在柔和的雨中，坐在有顶棚的门廊上读故事多么惬意啊！抬起头，伸出舌头去捕捉飘零的雪花，多么有趣啊！

美国疾病控制与预防中心建议在温暖的天气里做以下事情以保证儿童的安全：

- 给儿童穿宽松、轻便、浅色的衣服；
- 分上午和下午两个时段周密地安排户外活动；
- 遮蔽，穿抵御紫外线的衣服；
- 每次外出时，所使用防晒霜的防晒指数至少达到 15，抵御长波紫外线和中波紫外线；
- 让儿童保持充足的水分，经常喝水。

在寒冷的天气里，儿童应该：

- 戴帽子；
- 用围巾或口罩遮住脸和脖子；
- 保持手腕处温暖、舒服；
- 穿防水外套和靴子；
- 穿几层宽松的衣服。

防护物质及药物

防晒霜和驱虫剂应该在专业保健人员的建议下使用。如前所述，一些专家建议，在涂防晒霜之前要晒几分钟太阳，让皮肤吸收阳光中的维生素 D。

你所在的地区需要一个户外急救箱，包括治疗蚊虫叮咬的药物。儿童需要的任何药物，如肾上腺素笔或气雾剂，都必须保存在适当的温度[42]中。

维护

户外空间需要更多的安全检查。每天检查设备是否松动，是否有碎片或条状碎木片。在户外发现的危险物质包括有毒的、尖锐的或有窒息危险的物质，还包括埋在地下的东西、动物粪便和啮齿动物。检查雨后或融雪后地表的排水情况，因为静水会滋生蚊子。沙箱不用时要盖上。结冰的道路或非常热的设备也存在危险[43]。

攀爬设备需要安装在有弹性的地面区域，设备需要具有安全性及发展适宜性。

表 10.3 发展趋势与回应式互动表

<table>
<tr><td colspan="4">运动学习与发展
婴幼儿发展运动技能，包括移动、使用工具、协调感知信息和动作的能力。</td></tr>
<tr><th>发展</th><th>示例</th><th>师幼互动或亲子互动</th><th>环境</th></tr>
<tr><td colspan="4">0—4 个月（婴儿）</td></tr>
<tr>
<td>✦ 被抱在肩上时会抬头——保持头部稳定和直立
✦ 俯卧时头和肩膀离开地面，手里拿着玩具
✦ 向有熟悉声音的方向转头
✦ 保持身体不动以集中注意力，扭动并移动身体则表示愿意继续互动
✦ 仰卧时会动胳膊和蹬腿
✦ 从一边翻到另一边
✦ 有抓握反射，会握紧手指，抓轻巧的玩具
✦ 吮吸自己的手指、手及其他物体
✦ 活动手臂和腿</td>
<td>当莎伦把罗茜抱在肩上时，罗茜抬起头，环顾四周。

罗伯特俯卧在毯子上，抬起头，从挂在墙上的镜子里看到了自己。

珍手里拿着一个拨浪鼓，但似乎没有意识到它的存在。

菲利普把手指凑到嘴边，一边吮吸着手指，一边聚精会神地看着那些学步儿。</td>
<td>✦ 变换婴儿的位置，让他有时仰卧，有时俯卧；即使是抱着婴儿，也要一会儿抱在怀里，一会儿竖着抱在肩上
✦ 与婴儿面对面地趴在地板上
✦ 当婴儿仰卧时，让他够一够头上的玩具；当他翻身时，支撑一下他的身体</td>
<td>✦ 在地板上放一块偏硬的毯子（防止窒息），为婴儿的早期运动提供空间
✦ 让婴儿看一些有趣的小玩具、小图片和小图书，鼓励婴儿抬头；固定在地板上的镜子总会让婴儿发现有趣的东西
✦ 婴儿会够东西时，喜欢系着玩具的栏杆，这样他们就可以拍打、够一够或者抓住玩具</td>
</tr>
</table>

续表

<table>
<tr><th>发展</th><th>示例</th><th>师幼互动或亲子互动</th><th>环境</th></tr>
<tr><td colspan="4">4—8个月（婴儿）</td></tr>
<tr><td>✦ 一会儿翻过去，一会儿翻回来
✦ 一开始在有支撑的情况下坐立，但在这一阶段结束时能自己坐立
✦ 用一只手够
✦ 钳形抓握
✦ 爬行
✦ 摇晃、打击、抱着或放开物体
✦ 将物体从一只手换到另一只手
✦ 自己拿奶瓶
✦ 把东西拿到嘴边</td><td>米基为了够到一个玩具翻了个身，然后又翻回去玩。

埃琳喜欢一个人坐着，用双手拿起东西来研究。

弗雷迪喜欢被人抱着时拿着一个瓶子，他坚持要自己拿着。</td><td>✦ 与刚能独立坐着的婴儿靠近一点
✦ 知道动作发展的进程，在情感和身体上支持他们的新尝试
✦ 相信积极的生活方式对婴儿一生的健康有益</td><td>✦ 提供安全的地方让婴儿打滚、坐立或爬行，保护婴儿，不让任何东西落到他们的头上
✦ 提供可洗、轻便的小东西（足够大，不致噎到婴儿），让他们摆弄和抛掷，也要提供放这些小东西的容器</td></tr>
<tr><td colspan="4">8—12个月（婴儿）</td></tr>
<tr><td>✦ 拉着某物站起来
✦ 到处走动
✦ 独自站立
✦ 在帮助下行走，然后独自行走
✦ 坐在椅子上
✦ 用手指吃东西
✦ 使用勺子和杯子
✦ 钳形抓握</td><td>赫谢尔爬到教师身边，然后扶着她的腿站了起来。

杰姆坐在餐桌旁，交替使用勺子和手指吃午饭。</td><td>✦ 敏感地观察练习走路的婴儿什么时候需要帮助，什么时候让他们继续尝试
✦ 给大一点的婴儿一些时间练习自己进食</td><td>✦ 有可以拉着站起来的安全的地方
✦ 有推拉玩具帮助他们练习走路
✦ 有各种各样的盒子
✦ 有可以翻页的纸板书、翻翻书，以及可以用手指戳的洞洞书</td></tr>
</table>

续表

发展	示例	师幼互动或亲子互动	环境
12—18 个月（小学步儿）			
✦ 堆放积木或将积木排成一排 ✦ 自己穿脱衣服，把胳膊伸进袖子，把脚穿进鞋子 ✦ 会走路 ✦ 两只手拿着东西走路 ✦ 爬楼梯	加里站在桌子旁小心翼翼地用彩色积木搭起一座塔。 米歇尔蹒跚着穿过房间，一只手拿着泰迪熊，另一只手拿着毯子。	✦ 模仿小学步儿不断变化的动作 ✦ 介绍一些带舞蹈和动作的歌曲 ✦ 当小学步儿练习自己穿外套时，请保持耐心，给他时间	✦ 提供稳定、低矮的骑乘玩具 ✦ 提供稳定、低矮、可以摇晃的玩具 ✦ 提供需要技巧的操作材料，如叠叠杯和套着圆环的木棍
18—24 个月（学步儿）			
✦ 用手指着物体交流 ✦ 在纸上涂涂画画 ✦ 拍打黏土，将黏土捏出形状 ✦ 奔跑 ✦ 坐在小椅子上，然后自己站起来 ✦ 空间感正在发展——在一定的空间中探索自己的身体	明迪用手擀面团，然后用工具做图案。 约瑟夫坐在桌子旁吃东西，然后把他的脏盘子放进了盆里。	✦ 提供具有挑战性的材料，增强学步儿使用手指的能力 ✦ 当学步儿尝试新技能的时候，陪伴他们并支持他们 ✦ 提供登山、步行和跑步的机会	✦ 提供用于画画的艺术材料，如画笔刷和记号笔以及很大的画纸 ✦ 提供需要技巧的小操作材料，如穿线珠和钉板 ✦ 提供运动空间，如跳舞、玩球、骑行、爬山和滑滑梯的地方
24—36 个月（学步儿）			
✦ 用线穿珠子、使用剪刀、用手指或刷子画画、玩简单的拼图 ✦ 扔球和踢球 ✦ 单脚站立 ✦ 踮脚站立和走路	一天结束时，罗伯特跑去迎接他的父亲，甚至没有考虑自己的身体。	✦ 注意平衡动态活动和静态活动的时间 ✦ 观察学步儿精细动作的准确性，因为他们可能开始出现一些微妙的问题	✦ 提供多种材料练习精细动作技能，如简单的拼图、各种形状的盒子、穿线珠、桌上积木、黏土、美术材料

续表

发展	示例	师幼互动或亲子互动	环境
✦ 上楼梯的时候可以一只脚上一个台阶 ✦ 爬、滑、跳 ✦ 用勺子和叉子吃饭 ✦ 自己穿衣服 ✦ 从小罐子里倒牛奶	佩姬和米沙通过模仿对方踮脚走路以及其他姿势和手势来做游戏。 劳伦斯和伊夫琳用道具服玩游戏，他们穿衣服的时候有些吃力。	✦ 当学步儿自己吃东西、穿衣服、如厕时，要有耐心，鼓励他们	✦ 提供支持运动的空间、机会和设备，如户外时间、超越障碍训练场、跳舞和骑行玩具

本章小结

- 每个儿童的独特性格都会影响他们的运动学习和技能，比如气质影响运动技能：好动的儿童有更多的机会运动并改善技能，但他们可能会鲁莽行事；拘谨的儿童不太爱动，改善技能的机会相对较少。婴儿期的运动表现没有性别差异，但成人对儿童的期望有性别差异，母亲们往往高估男孩而低估女孩的运动表现。
  - □ 运动学习与发展包括身体变化与找到最佳运动方式之间的相互作用。最开始的运动源于原始条件反射，许多原始条件反射支持呼吸、进食和建立依恋关系。姿势反射出现后就一直影响着我们的生活，帮助我们在运动中保持平衡。动态系统理论认为，当婴幼儿找到使用自己身体的最佳方式，并能在自己所处的环境中做出某些事情的时候，其动作技能就得到了发展，身体的所有变化都会在身高、体重、比例、重心、能力中体现出来。环境中的运动机会被称为可供性。
- 身体发育遵循由近及远原则、头尾原则以及从大肌肉到小肌肉的发展原则。移动部分描述的是动作技能，操作部分描述的是对物体的操作，身体的自我意识部分描述的是婴幼儿意识到他们身体的各个部分，还意识到这些部分作为一个整体是如何联系在一起的。感觉，或知觉，是使运动持续的要素。婴儿期最常见的运动障碍是脑瘫。脑瘫是一种因大脑中的运动控制（或肌肉控制）区域受损而引起的疾病，会使自主行动受到抑制，但是认知、社会情感和语言发展可能受损，也可能不受损。

- 成人和文化影响婴幼儿的运动学习与发展。成人通过鼓励和表现出的态度来支持婴幼儿的运动，并提供支持运动的环境。这样的环境不存在具有潜在危险的设备，但要有适合运动的地面和材料，以及适当的挑战。成人还提供适合操作的材料来鼓励婴幼儿探索，如可以滚、叠、拼并具有合理挑战性的材料。文化影响家长如何对待婴幼儿以及如何支持他们的早期运动。
- 婴幼儿项目通过制度和实践影响婴幼儿的运动发展。每天进行户外活动的好处包括预防肥胖、减少近视、抵抗抑郁和焦虑、增加维生素D。婴幼儿在户外的所有领域都可以获得学习，户外有独特的材料和广阔的空间，为学习风、太阳、雨、雪、云、水、泥、昆虫、鸟类和生命周期提供了独有的机会。在婴幼儿照护的各个方面，安全都是最重要的。户外安全需要良好的天气条件，保持清洁和无危害，以及有警惕的成人进行看护。

反思与应用

反思的问题

1. 你理想中的婴幼儿形象是十分活跃并喜欢运动的吗？我们静态的生活方式导致儿童患有肥胖症，但是许多婴幼儿项目的做法中就包括让儿童安静地坐着。你有关健康儿童形象的观点会对空间环境的创设产生怎样的影响？
2. 你天生就很活泼吗？在你的婴幼儿项目中，你自己的哪些喜好有助于你为婴幼儿开展各种各样的运动活动呢？

观察与应用

1. 观察婴幼儿如何用自己的身体来实现目标？
2. 观察一个婴幼儿是如何摆弄物体的。他使用的是哪种抓握方式？他能控制手中的物体吗？他能把手中的物体从一只手传递到另一只手上吗？他能随意丢掉物体吗？他移动的时候能携带物体吗？不同的孩子会用不同的方式摆弄物体吗？

3. 你会为处于不同发展阶段的婴幼儿提供哪些材料来支持他们熟练地抓握呢？做一张有关抓握的海报并附上支持抓握的材料，请在课堂上分享。

第 11 章

回应式项目：质量、健康、安全和营养

学习成果

阅读本章之后，你将能够：

- 明确婴幼儿项目质量的影响因素；
- 描述基本的规定和必要的程序，以保证婴幼儿在群体照护中的安全和健康；
- 熟悉用于评估质量的工具，了解支持婴幼儿项目质量的政策、法律及系统。

希拉想回应每个婴儿，但她几乎无法及时喂孩子吃东西、给他们换尿布。她一个人照护 5 个婴儿——除了从一个哭闹的婴儿身边跑到另一个婴儿身边之外，别无他法。她明白质量的重要性，但质量不仅仅取决于她的美好的意愿。

近 200 万名 1 岁以下的婴儿在出生后第一周的部分时间里都要接受非产妇者的照护[1]，照护的质量直接与其幸福感、技能培养以及随后的发展相关[2]。我们知道早期的人际关系和经验对大脑发育的影响，因此应该确保婴幼儿在充满爱、回应和丰富体验的安全的集体环境中得到照护。

遗憾的是，高质量的照护十分昂贵。在美国，超过一半的婴幼儿不得不进入质量一般或更差的婴幼儿项目。对婴幼儿项目进行研究有助于我们明确影响质量的重要因素。高师幼比、较小的班级规模和训练有素的教师是婴幼儿在专注、温馨、丰富的关系中获得良好发展的必备条件[3]。当然，这些因素也导致了昂贵的服务费用。

什么是照护质量，它为什么如此重要

所有关于照护质量的阐述均包括以下四项：

> 安全

> 家园沟通

> 回应式师幼关系

> 充满吸引力且适宜婴幼儿发展的学习环境

然而，质量的定义并不简单。安全、家园沟通、师幼关系和学习环境，每一项都有其关键要素。安全不仅指保持环境清洁、没有危险，也包括预防传染病的传播、培养健康的习惯和提供良好的饮食营养；家园沟通从支持亲子关系开始，包括建立家长理解的明确规定，教师尊重不同的文化信仰和育儿实践，并能够解决可能出现的冲突；师幼关系受教师自身经验、培训、知识、技能的影响。同时，项目中的关系和环境受课程、师幼比和班级规模的影响。

在创建高质量的项目时，需要全盘考虑。在某种程度上，它就像苹果和友谊的混合体，有些是具体的，容易观察到的；有些则是微妙的、主观的、以关系为基础的。但每一个因素都受到社会对婴幼儿项目的态度和政策的影响，因此我们将这些因素分为结构变量（具体的）和过程变量（影响交互作用的）[4]。结构变量可以影响过程变量，但过程变量不能改变结构变量。

结构变量

结构变量是质量的基础，包括较高的师幼比、较小的班级规模、主要照护、持续性照护，以及受过良好教育、薪酬丰厚、稳定的教育从业者。安全、健康的环境是重要的结构变量。管理结构也是基础结构的一部分。可见，高质量的婴幼儿项目需要昂贵的服务基础。因此，充足的资金也是其中的一个结构变量。让我们更深入地研究这些变量吧。

师幼比和班级规模

有时，照护一个孩子就是一份全职工作。教师需要时间来提供促进婴幼儿健康发展的回应式照护，一位教师无法同时照护多个婴幼儿。反过来，一大群人活动及其发出的噪声很容易造成婴幼儿不知所措。因此，只有在较小的班级规模中，婴幼儿才能集中精力进行学习。

较高的师幼比有助于安全依恋关系的形成，也有助于婴幼儿用物品与同伴玩更复杂的游戏，更熟练地使用适应性语言，减少攻击性行为和焦虑等问题。在 12 个月大的婴幼儿中，适宜的师幼比也与婴幼儿沟通技巧的发展、所获得的贝利智力发展指数相关。

婴幼儿项目的资金问题使其难以保持较小的班级规模和较高的师幼比，尽管这样做的好处早已为人所知。师幼比和班级规模往往由相关管理部门规定，且美国各州对婴幼儿项目的法律要求各不相同，就教师所负责的儿童数量而言，每位教师需要照护 3~12 个婴幼儿不等。

早期开端计划在项目标准中明确了对师幼比和班级规模的要求。一些国家组织也权衡了有关最佳实践的建议，表 11.1 列出了备受推荐的师幼比。

表 11.1　备受推荐的师幼比

儿童年龄	早期开端计划（要求）	美国儿科学会	美国幼儿教育协会	美国 0—3 岁婴幼儿协会
0—12 个月	1∶4/8	1∶2/6	1∶3/6 或 1∶4/8	1∶3/6
13—24 个月	1∶4/8	1∶2—3/8	1∶3/6 或 1∶4/12	1∶3/6
24—35 个月	1∶4/8	1∶5/10	1∶4/8 或 1∶6/12	1∶4/12

主要照护

主要照护是指教师主要负责照护每个儿童。教师和儿童之间的关系是可以预见且不断加深的，家长依靠教师来获得信息。最重要的是，只要儿童在项目中，教师就要尽可能地与儿童在一起，这就是主要照护，并非专属照护。一般来说，在一间教室里照护一群婴幼儿的教师不止一名，所有教师都应努力与所有婴幼儿建立温馨、亲密的关系。

早期关系对婴幼儿健康发展的重要影响促使人们重视主要照护。婴幼儿需要时间去信任陌生人，他们不知道自己是否会被理解和关心。他们开始依赖一个成人，因为这个成人表现出了对他们的理解[5]。热心的教师给予婴幼儿情感上的支持，帮助他们理解人际关系，学习轮流和合作[6]。持续存在的关系能提高他们探索的兴趣，增强游戏的乐趣，提升管理压力的能力和应对困境的能力[7, 8]。

对婴幼儿教师来说，观察、记录和思考三四个相似的儿童，可以增进自己对儿童的理解。教师的回应将更加准确、个性化。他们会根据每个儿童的能力和兴趣来计划活动，从而更好地促进儿童的发展。和教师在一起的时间越长，儿童对自己的历史感就越强。这有助于儿童相信，生活中的人们充满关爱之心，十分重要，自己可以安全地依靠和喜爱他人。

教师持续照顾儿童，便会与家长逐渐形成共同照护关系。如果儿童和教师相处了一年，那么他们在日常照护中就会有更高水平的互动[9]。教师可以了解家长的育儿方法、文化传统或独特的做法，也可以告诉家长一些照护实践背后的思考。家长和教师之间开放、真诚的交流有助于增强儿童在家庭和婴幼儿项目之间过渡的连续性。对于面临多重问题的家庭（例如不稳定的住房导致的多次搬家、不稳定的工作、其他人轮流进出家庭），持续的照护环境特别有益于年幼的儿童。

持续性照护

持续性照护是指延长主要照护教师照护组内婴幼儿的时间，最好从入学之日起到儿童至少 3 岁为止。在持续多年的照护关系中，儿童能够体验到了解自己和形成有意义的关系所需要的时间和亲密感。频繁地更换教师会让儿童感受到失去重要朋友的悲伤和不得不了解新朋友的压力[10]。当一段关系在生命的早期被反复打断时，婴幼儿可能会停止努力建立新关系，觉得生活非常痛苦。一个令人心酸的案例研究展现了同一个项目中的两个儿童在升入幼儿园时表现出的深厚的师生情。

> 斯科特和罗比在大约 2.5 岁的时候从婴幼儿教室过渡到幼儿园。他们得到了幼儿教师的支持，每个人都认为他们会做得很好。斯科特在 2 个月大的时候就进入了婴儿室，有主要照护教师和婴儿室的环境相伴。罗比只在一个婴幼儿项目中待了 10 个月，这是他两年来进入的第三个项目。罗比似乎很适应这种过渡，尽管他时刻保持警惕，与人关系冷淡。直到几个月后离开这个项目，他都一直保持警惕。斯科特抵制新规则和保教体系，他常常哭泣，经过很长时间才与新教师建立关系。然而，随着时间的推移，通过利用自己在人际关系方面的经验，他能够舒适地待在新教室里，健康成长。

持续性照护为斯科特提供了时间来发展与教师之间深厚的依恋关系，这在婴幼儿教室中形成了安全感。当他要失去这种依恋关系时，他很抗拒，感到悲伤。尽管如此，随着时间的推移，持续性照护为他与新教师之间建立稳定的关系打下了基础。罗比似乎更适应这样的过渡。然而，他从未与新教师建立牢固的关系。他过去的糟糕经历教会他，不要轻易相信这些来来往往的教师。

持续照护体系。教师与婴幼儿之间的持续性照护可以通过多种方式实现，包括以下两个最重要的因素。

1. 师幼互动，让儿童在日常生活中具有可预测性。
2. 通过年复一年的持续互动，增进师幼之间的关系，加深共同记忆。

不同的持续照护体系包括多种照护模式。其中，一种模式类似于家庭照护，即由主要照护教师照护 0—3 岁的混龄儿童；另一种模式是让年龄相近的儿童在一起生活，随着年龄的增长，他们和教师一起搬到与自己年龄相适应的新空间，从而保持师幼之间的长期联系，教师也因此可以照护不同年龄阶段的儿童多年；第三种模式是让同一位教师长期照护一组年龄相近的儿童，但要随着儿童能力和兴趣的变化而改变环境。

尽管有些教师可能觉得自己更适合或更喜欢照护某个特定年龄的儿童，例如只照护小婴儿或 2 岁儿童，但教师和儿童都将从长期存在的师幼关系中获益。教师将因自己真正地了解儿童的能力，能够读懂儿童发出的信号，并知道如何有针对性地安慰和挑战每一个儿童而感到自信。同时，教师也避免了不断了解新来的婴幼儿的压力。

持续性照护的好处。和教师在一起的时间越长，儿童对自己的历史感就越强，这有助于他们相信生活中的人们充满关爱之心，十分重要，自己可以安全地依靠和喜爱他人。

在接受了至少一年的回应式主要照护之后，婴幼儿在家里的问题行为就会减少，家长与婴幼儿照护机构的联系会更加紧密。他们将更积极地与其他儿童游戏，问题行为也将减少。如果婴幼儿和教师至少相处了一年，那么他们在照护过程中将有更多的互动[11]。此外，多次更换照料者会使不到 2 岁的儿童像学步儿一样具有攻击性。

《很高兴再次见到你》（*It's Good to See You Again*）[12]这篇活泼的文章描述了主要照护和持续照护的更多有益之处。

- 儿童的压力减少了。
- 儿童在面对生活中的困难和挑战时，以及在与其他儿童建立关系时得到支持。
- 儿童在非言语沟通和言语沟通方面表现得更出色。
- 儿童将更喜欢参与游戏、冒险活动，尝试新事物。
- 家长更愿意将儿童留在保教机构，也更放心。
- 家长和教师之间有更牢固的关系和更开放的沟通。
- 教师能够更好地支持儿童的发展，为儿童计划有意义的活动。
- 儿童会觉得与认识的人在一起很有趣，因为他们认为自己与他人密切相关。

婴幼儿教师的特征

对婴幼儿教师来说，温暖、令人感到舒适、易于亲近、幽默感、喜爱儿童等个性特征非常重要。然而，有关儿童早期保育的研究表明，教师的普遍受教育水平、儿童发展方面的专业培训[13]、薪酬、工作稳定性以及领导持续监督等结构性因素也始终与儿童的发展紧密相关。不幸的是，婴幼儿教师的普遍受教育水平最低，工资最低且工作流动率最高[14]。

在从事 3—5 岁儿童保教工作的教师中，45% 的教师拥有学士学位，而在婴幼儿教师中这一比例为 19%。相反，28% 的婴幼儿教师拥有高中或以下学历，而从事 3—5 岁儿童保教工作的教师中，拥有这一学历的教师所占比例仅为 13%[15]。

拥有学士学位或接受过大学专业培训的婴幼儿教师对儿童更敏感、不那么苛刻，他们更温暖、更热情，与儿童的沟通更适合儿童的发展[16]。敏感、使用更具刺激性的材料、接受过更多专业培训的教师和较小的班级规模有助于儿童获得更强的学业能力。在家庭托儿所中，受过更好教育、近期接受过更高水平培训的照料者表现出更积极的照护行为[17]，在社区大学只上过两门课的婴幼儿教师比完全没有接受过培训的教师更加民主[18]。

受过更多教育的婴幼儿教师所创设的环境更清洁、健康，他们致力于减少教室中的意外伤害。他们的教室很可能在全球质量评估量表上获得更高分数，比如《婴幼儿学习环境评量表》。当婴幼儿项目建立起对自身实践的持续监测系统时，大多数健康、安全的照护实践均将得以更好地持续。

教师在岗位上的稳定性也与其受教育水平有关。受过更多教育的婴幼儿教师更有可能留在该领域。参加初步培训的家庭服务提供者倾向于通过更多的培训来增加自身对工作的投入。

当然，尽管教育往往会改善教师的工作表现，提高教师工作的稳定性，但大多数婴幼儿项目的工资较低且缺乏福利，使得招聘和留住那些愿为自己进行教育投资的人变得困难。在对 2011 年职业收入数据的回顾中，没有哪个职业的工资低于儿童照料者。加油站服务员、迎宾员和洗衣工的年薪都略高于儿童照料者[19]。家庭托儿所每周工作 55 小时，可挣 3 万美元[20]，且很少有医疗保险等福利，因为收入太低，所以即使雇主愿意承担一部分福利的费用，教师往往也付不起自己承担的那一部分费用。低收入导致劳动力缺乏培训，流动率接近 40%。

高师幼比、较小的班级规模、主要照护、持续性照护，以及训练有素且受到支持的婴幼儿教师等结构性变量为我们提供了一个环境，使我们能够与婴幼儿进行充满关爱的回应式互动，从而最终评定婴幼儿项目的质量。没有这些结构变量作为基础，接下来讨论的过程变量就不可能发挥作用。

过程变量

要从儿童的角度真正地理解质量，就必须观察婴幼儿项目中儿童每时每刻的经验。这些过程变量包括婴幼儿与教师之间的互动、婴幼儿之间的互动，以及婴幼儿的游戏、学习和健康活动[21]。

对婴幼儿来说，最重要的过程变量是回应式保教和计划、文化和语言的连续性、对集体环境中个人需求的满足以及物理环境。我们将在其他章节中深入讨论这些专题，以下是简要概述，这与广义的质量概念有关。

回应式保教和计划

回应式保教和计划是指了解儿童的已有经验，并适当地进行回应。拉利[22]描述了优质的婴幼儿项目的有益之处。它们所具备的关怀、支持、安全和可预测性等特点有助于儿童相信，他们将在项目中备受关爱和照顾。其中，可预测性、目的明确、鼓励和拓展的特点能够支持儿童的智力发展，增进他们对世界的理解，构成对回应式保教和计划的清晰描述。

文化和语言的连续性

儿童对自己刚出生时得到的照护充满期待。他们甚至在子宫里就熟悉了家庭语言的声音。在理想情况下，婴幼儿教师应具有与婴幼儿家庭相同的文化和母语。在当今多元化的社会中，不太可能所有的儿童都有来自自己文化的教师。然而，婴幼儿教师可以学习婴幼儿家庭的关爱性语言，尝试与家庭实践相协调，也可以在照护环境中摆放特定文化的图片、玩具或人工制品，而且必须始终尊重儿童的文化。在第 12 章中，我们讨论了教师与来自不同文化背景的家庭建立关系的具体策略。

对集体环境中个人需求的满足

婴幼儿教师需要找到尊重每个儿童的个性、情绪、偏好和日常生活的方法，包括根据儿童的需求帮助他们进食、入睡、更换尿布或如厕。较高的师幼比和较小的班级规模是决定婴幼儿教师能否敏感地关注个体儿童和小组儿童的关键因素。

这是一个反思婴幼儿气质的好时机。例如，在一个学步儿室里，精力充沛的赛里塔时而爬墙梯，时而在木马上摇摆。杰姆在一个舒适的角落里看着大家，威廉和凯莎在厨房里玩洋娃娃。马蒂是他们的教师，他欢迎孩子们的到来。他们的另一位教师皮普在努力地防止赛里塔过于激动，帮助杰姆进入威廉和凯莎的游戏，并进一步拓展威廉和凯莎的游戏。每个儿童都在做自己的事情，他们对教师的需求非常多样化。

文化近观

一群受过高等教育、有影响力的婴幼儿项目主管和大学教师参观了意大利的瑞吉欧·艾米莉亚的婴幼儿照护机构。在工作室里，所有儿童都共享一间专门的艺术房间，里面陈列着漂亮的回收物品，包括磨损严重的海石、螺母和螺栓、图钉、软木塞、锋利的剪刀，它们都被装在儿童伸手可及的玻璃容器里。一些教师对这种不够安全的做法感到愤怒："这在美国是绝对不允许的。这些东西对 1 岁儿童来说太危险了。"意大利教师回答道："我们相信儿童的力量，从来没有让儿童吞下过危险的东西或者会伤害他们的东西，他们学习如何使用各种各样的材料。"之后，美国教师们在公共汽车上就可办理机构许可证的情况下应该做些什么进行了热烈的讨论。

物质环境

婴幼儿的免疫系统尚不成熟，因此环境要干净，对可能会口吞东西、不断发展运动能力的较小儿童来说，安全尤其重要。游戏空间必须提供有趣的探索机会，但不要提供太多的选择。最重要的是，必须创设并监测环境，以确保婴幼儿的健康、安全。

健康与安全

以下是两份有关婴幼儿健康与安全的最新信息资源。《关爱儿童：国家健康与安全绩效标准；儿童早期照护和学习指南》[23] 是经过充分研究与审查的全面、可用材料。本章的实践内容均来源于此，我们强烈建议每位婴幼儿教师使用该文件。其次是儿童早期学习和知识中心 [24] 的健康部门网站，它是一个由早期开端计划办公室主管的网站。

在婴幼儿项目中，确保儿童的健康与安全是照护质量的基础，但这还远远不够。婴幼儿项目还要具备旨在避免婴幼儿受到伤害和感染，促进他们健康成长的健康与安全措施，如：

> 消毒与预防疾病传播

> 增强安全性，预防伤害事件

> 维护婴幼儿健康的规定

消毒与预防疾病传播

婴儿是脆弱的。在生命的最初几周，他们甚至无法支撑自己的头，无法让自己保持干爽、温暖，也无法获得食物、保证自己的安全。在一天的照护结束之后，婴儿不能告诉我们，他们是否受到了善待。作为家长，我们非常清楚孩子的脆弱性，有时会在他们睡觉时观察他们的呼吸，以此来安慰自己。我们对非父母照护的最基本的要求是婴儿的健康与安全。

这种脆弱性不仅仅是我们对婴儿的认知。在妊娠的最后两个月，母亲的免疫系统会产生大量的免疫球蛋白，这是一种防止大面积感染的保护剂，母亲通过胎盘将其传递给孩子。出生时，新生儿的免疫球蛋白计数量比母亲的更多。然而，同样是在出生时，儿童也停止接受来自母亲的免疫球蛋白，保护功能慢慢减弱。母乳喂养的婴儿通过母乳继续接受来自母亲的抗体 [25]。新生儿具有独特的、正在发育的免疫系统，但与处于其他发展阶段的人相比，婴儿更容易受到感染，而且复原能力较差。

我们首先了解了婴幼儿对感染的易感性。接下来，与家庭相比，婴幼儿项目增加了婴幼儿重复暴露于感染的风险，这是集体照护所固有的。很明显，婴幼儿教师有责任维护环境卫生。专栏11.1呈现了更多关于维护群体健康与安全的信息。对婴幼儿教师来说，预防疾病的传播有赖于认真洗手、换尿布、消毒（玩具、家具和床上用品）以及排除患病儿童。

专栏11.1　关爱儿童：国家健康与安全绩效标准；儿童早期照护和学习指南（第三版）

《关爱儿童：国家健康与安全绩效标准；儿童早期照护和学习指南（第三版）》由美国儿科学会和美国国家资源中心儿童护理健康安全网提出，旨在为照护机构提供健康与安全方面的实证信息，它描述了最佳实践、科学原理和评价标准，涉及以下领域：

- 人员
- 活动：健康发展活动
- 维护婴幼儿健康的项目实践
- 营养与食品服务
- 设施、用品、设备和运输
- 传染性疾病
- 符合《残疾人教育法案》服务条件的儿童
- 管理
- 授权与社区行动

该文件包括洗手、换尿布、清洁、消毒、食品处理和维护健康、安全环境的各个方面的具体程序，且定期更新，因为科学一直为我们的决策提供新的信息。

洗手

在婴幼儿项目中，洗手是预防疾病的主要方法，这是一个基本的卫生步骤。令人惊讶的是，人们通常在应该做的时候没有做，或者做得不恰当和无效。未洗手或洗手不当都会传播疾病，这可能是儿童和工作人员腹泻暴发的原因，而实施了洗手训练的婴幼儿项目已经将腹泻的发生率降低了 50%。洗手也可以减少感冒和呼吸道感染的传播，保护婴幼儿以及教师免受疾病的侵害。

通过改善手部卫生来保持双手清洁以避免生病和传播细菌，这是我们最重要的一步。教师、志愿者、儿童应该在做饭前后和吃饭前洗手；如厕之后洗手；在接触动物、垃圾或在沙滩上玩耍后洗手。成人也应该在给儿童换尿布后洗手并给儿童洗手；在擤鼻涕或擦儿童的鼻子后洗手[26]。

教师应接受洗手程序培训，也应接受洗手程序准确性以及在需要的情况下是否洗手的检查。婴幼儿项目应在洗手池上方张贴正确的洗手程序，也要设计适当的程序来描述教师如何为不能自己动手的小婴儿洗手，或帮助学步儿洗手。

换尿布

婴幼儿项目中第二个重要的卫生领域是换尿布。尿布必须紧贴身体以容纳固体，并能吸收和容纳液体。教师应该有规律地每隔几小时就检查一次婴幼儿的尿布，也应该在触摸或闻嗅后发现尿布需要更换的时候迅速处理。

粪便中携带的细菌会导致肠胃疾病，在穿着尿布和正在学习如厕的儿童中广泛传播。给儿童换尿布和帮助儿童如厕的成人也会传播细菌。在换尿布、如厕时控制感染的关键方法如下。

- 把需要换尿布的儿童放在洗手区中仅用于换尿布的高架平台上，远离食物准备区。
- 换尿布和如厕后，儿童和成人都必须洗手。
- 在每次使用后对换尿布的平台进行清洁、消毒。
- 每天清洁和消毒如厕区域，并在弄脏时及时消毒。
- 将脏尿布放在有盖的垃圾桶里，扔掉。

避免让换尿布的员工准备食物[27]。

对使用过的尿布更换台认真地消毒（见专栏 11.2）。尿布更换台必须用无孔材料制成，每次使用后都要清洗和消毒，除去可见的泥土，然后用稀释的漂白剂等消毒溶液湿润。必须在规定时间内喷洒消毒剂，因为消毒剂需要在消毒后用水擦拭，但漂白剂不用，因为氯会蒸发，只留下表面的水[28]。

专栏 11.2 稀释的消毒剂

首先用清洁剂清洗表面，然后用水冲洗。按消毒剂产品使用说明，将该消毒剂喷洒在清洁过的表面上，2分钟后便能杀死粪便中常见的传染因子。

消毒（玩具、家具和床上用品）

这一文件还提供了清洁和消毒儿童照护区域各方面的指导建议。婴幼儿接触他们能接触到的任何表面，很可能会传播疾病或触及环境中受污染的表面。文件中有关婴儿室的一项预防措施是，要求人们在婴儿室地板上行走之前，要么使用鞋套，要么换上拖鞋[29]。婴幼儿时常把手和脸放在地板上或地板附近，因此保持地板清洁十分重要。

婴幼儿打喷嚏和咳嗽时不会捂住鼻子或嘴，从而喷到玩具或其他物体，在出牙时还会流口水。疾病传播的潜力令人印象深刻，因此应建立、实施和监控所有表面的清洁和消毒程序。

排除患病儿童

这一文件表明，患病儿童要在短时间内被排除在儿童照护之外。几乎每个州均具体规定了儿童应何时被排除在照护之外，但有时也应咨询健康顾问或健康咨询委员会。《国家健康与安全绩效标准》的基本指导方针说明了在项目中排除儿童的具体条件。例如，如果儿童因病不能参加活动，或者导致教师减少对其他儿童的照护，那么这个儿童就应该被排除在外。有下列任何情况之一的儿童应被排除在集体照护之外：发烧、呈现严重疾病的症状和体征（昏昏欲睡、无法控制地咳嗽、持续地易怒或哭泣、呼吸困难、喘息或其他异常症状）、腹泻、大便带血、呕吐、持续腹痛、口疮与流口水、皮疹和发热、化脓性结膜炎（粉红眼）、生虱子（头虱）、疥疮、肺结核、脓疱病、脓毒性咽喉炎、水痘、百日咳、流行性腮腺炎、甲肝病毒、麻疹、风疹、呼吸道疾病、带状疱疹、单纯性疱疹。

排除带有轻度感染的儿童对限制感染的传播只有很小的影响，因为许多病毒在儿童实际表现出病症之前就已经开始传播。婴幼儿项目在制定排除患病儿童的规定时，还应考虑儿童的舒适度和工作人员的需求[30]。

药品管理

当患有轻微疾病或慢性疾病的儿童需要药物治疗时，婴幼儿项目就需要考虑药品管理问题。《国家健康与安全绩效标准》《开端计划执行标准》以及大多数州的许可规定都要求婴幼儿项目必须有书面的药品管理规定和程序。最好的选择是，让家长在儿童来项目之前和之后给儿童服用药物。然而，年幼的儿童容易患病，有时婴幼儿项目承担责任是必要的。

当婴幼儿项目必须对药品进行管理时，《国家健康与安全绩效标准》[31]中有几个与此相关的标准，包括药品的许可使用管理、药品的标签和储存，以及培训教师管理药品的能力。这些标准将药物管理仅限于由卫生保健员在婴幼儿家长或合法监护人书面许可下订购的处方药。非处方药也必须由卫生保健员为特定的儿童或所有儿童在特定情况下提供、使用，并要得到家长或合法监护人的书面许可。因此，卫生保健员可以写一份委托书，明确在太阳暴晒或婴幼儿高烧超过 38.3℃等特定的情况下长期使用防晒霜或用药的问题。每种药品的使用都必须通知家长，并进行记录。

带进婴幼儿项目的处方药应被保存在原始容器中，注明日期。标签上也要标明儿童的姓名、开药日期、开药的医疗服务提供者的名字、有效期、用药说明以及药品的名称和强度。非处方药应被保存在原始容器中，并由家长标明儿童的名字和卫生保健员的使用说明。所有药品都应该有防止儿童开启的包装，远离食物储存，并且不能让儿童接触。

增强安全性，预防伤害事件

除了易受疾病的影响外，婴幼儿也很容易因事故受伤。他们只是在发展运动能力，不能自动理解如何保持平衡。他们可能会跌倒在陡峭的边缘，或被困在他们设法挤进去的狭窄地方。婴幼儿对“进”和“出”非常感兴趣，会将其应用到可能会噎着他们的小物件上，或者用在墙壁上成人可以插入灯具和光盘播放机的有趣的开口上。对好奇的探险家来说，世界可能是一个危险的地方，因为他们的经验有限且不了解自己的行动及其后果。在保持儿童照护区域的安全与提供吸引儿童进行游戏、学习和探索的环境之间找到平衡，可能是一项挑战。

事故预防

婴幼儿教师在环境中不断寻找可能对儿童造成伤害的东西。确保婴幼儿环境安全的关键是，通过婴幼儿的眼睛看区域。躺在地板上，用儿童的视角观察可以让教师注意到从成人的高度看不见的危险。高高的架子是用螺栓固定在墙上的吗？插座被盖住了吗？地毯上较偏远的地方是否也像空地一样经常落灰？所有锋利或易碎的物品是否都在儿童够不着的地方？清洁用品、药品和其他有毒物质是否在锁着的壁橱或柜子里？小玩具是否会导致 3 岁以下儿童窒息？是否有门或其他障碍物防止儿童从楼梯上摔下来？是否盖住了家具的尖锐棱角以保护儿童？[32]

预防事故需要意识到潜在的危险，消除已知的危险，知道在紧急情况下该做什么，并教给儿童安全知识。

就婴幼儿而言，教师对婴幼儿和空间的警惕性观察是预防意外伤害的最重要因素。教师布置家具时应让自己随时可以看到儿童；检查家具的稳定性；门边要有防护包装，防止儿童手指被夹伤；电线不能悬挂或在儿童可接触的范围；盖住插座；永远不要将学步儿留在高高的椅子、婴儿椅或秋千上。有窒息危险的小物件，如破碎的玩具部件、窗帘绳、气球、爆米花、花生、热狗、葡萄、口香糖、硬糖都应远离环境。婴幼儿玩具的直径应大于约 3 厘米，以避免窒息。玩具的选择要根据婴幼儿的年龄，检查标签上的适用年龄建议。玩具应该是无毒的，木制玩具应没有碎片，布制玩具必须具有阻燃作用。

所有清洁用品和药品都应锁好，放在儿童够不到的地方。其他潜在的有毒物质包括有毒植物、小电池、用于尿布的药膏，甚至艺术材料。例如，杂志上使用的彩色墨水就可能含有铅。

婴幼儿在户外游戏中也必须受到良好的照护。给儿童穿适合天气的衣服，保持充足的水分，让他们免遭阳光直射。游乐场应该专为婴幼儿设计，并提供保护层以防止不可避免的坠落物。

尽管做好所有的预防措施，但仍有可能发生事故。教师需要接受急救培训和婴幼儿心肺复苏培训，手边要有充足的急救用品，并要有应对紧急情况的书面计划。婴幼儿项目应进行应对火灾、飓风和龙卷风的疏散演习，有用于疏散的婴儿床，以便快速运送婴幼儿。

维护婴幼儿健康的规定

所有婴幼儿项目都需要制定健康与安全规定，由健康顾问或健康咨询委员会批准，并让工作人员充分了解。应要求婴幼儿教师接受规定和程序方面的培训，并对他们的落实情况进行监督。洗手、清洗、消毒、换尿布和事故预防都是这些规定应该涵盖的领域。均衡地安排活跃运动时间、安静游戏时间和休息时间，良好的营养，以及体贴的积极回应的成人的持续存在都有助于维护婴幼儿的健康。

在讨论婴幼儿项目时，还有两个重要的方面需要强调，即安全的睡姿和虐童举报。

仰卧睡觉

1992 年，美国儿科学会的婴儿睡姿和猝死综合征工作组强烈建议让小婴儿仰卧睡觉，以减少猝死风险。他们在唤起公众意识方面的努力被称为“仰卧睡觉运动”。从 1992 年到 2001 年，美国的婴幼儿猝死率下降了 53%。所有婴幼儿项目都应将确保婴幼儿的安全睡姿作为一项规定。

美国儿科学会[33]在关于猝死综合征的最新规定中提出了以下建议：

1. 让婴儿仰卧睡觉；
2. 床面结实；
3. 不要把柔软、松散的床上用品放在婴儿床上；
4. 怀孕期间不要吸烟；
5. 提供临近且分开的睡眠环境（推荐）；
6. 在睡眠时间提供奶嘴；
7. 避免过热。

虐童与预防

虐待和忽视儿童对每个人来说都是充满感情色彩的敏感问题。家长担心自己的孩子在项目中的安全，虐待有时也是他们担心的问题之一。同时，婴幼儿教师往往是第一个发现家长虐待迹象的人，肩负向当局举报虐待或忽视问题的艰巨任务。有一部联邦法律将虐待儿童定义为：父母或监护人导致儿童死亡或受到严重的身心伤害、性虐待、剥削，或存在对儿童立即造成严重伤害的近期行为或不作为[34]。

虐待包括：

> 非意外伤害
> 忽视
> 性骚扰
> 情感虐待

要求婴幼儿教师举报所有疑似虐待和忽视儿童事件。教师要参加培训，了解虐待儿童者的特征。同样重要的是，要了解本国法律中的举报规定，以及报告疑似虐待或忽视儿童的程序。婴幼儿项目应制定相关规定，确保项目内不会发生虐待行为。他们应该有一套调查虐待指控的方法，虽然这需要更深入的培训，但有助于对每个问题进行简短描述。教师对虐待或忽视的认知应使其能够解释事故在家庭、病史和儿童参与能力方面的原因。你没有责任决定儿童是否受到虐待或忽视，但你有责任报告合理的有关怀疑。

虐待或忽视的指标如下。

- 身体虐待：受到的任何伤害，如烧伤、骨折、瘀伤、咬伤、电伤、割伤、擦伤、头部受伤、害怕成人、疼痛感等。

- 情绪虐待：在大多数情况下都不快乐、对粗鲁的话语或行为不带情绪地做出反应、情绪发展迟缓，或者表现出冷冰冰的样子，好像完全脱离当下。
- 性虐待：行走或坐立困难；撕破的、污迹斑斑的或血淋淋的内衣；小便时疼痛；阴道或肛门、口腔、咽喉或阴道感染处有瘀伤或出血情况；不愿意换衣服；害怕某个特定的人；对性问题有不同寻常的兴趣或了解。
- 身心忽视：被其他儿童看护；穿着不适合、不卫生的衣服；没有得到定期良好的照护；体重没有增加；总是饥饿。[35]

虐待儿童者的特征包括：

> 孤独、压力大、有心理健康问题

> 滥用药物

> 需要培养和支持的情感未得到满足

> 不成熟

- □ 冲动
- □ 利用儿童满足成人自身的情感需求或生理需求
- □ 持续地期待变化和刺激

> 缺乏人际交往能力

> 缺乏育儿知识

> 可能认为暴力是一种适宜的问题处理方式[36]

举报疑似虐童事件可能是婴幼儿教师要做的最困难的事情之一，但这不是一个选择。如果你怀疑婴幼儿受到虐待或忽视，那么法律要求你向当局举报。美国每个州对虐待或忽视的定义不同。在举报之前，无须出示证据，一旦发现就立即举报。婴幼儿项目的规定中应该明确说明社区中可呼叫的专门机构。许多州会通过电话接受匿名举报，但提供你的联系方式是有用的。

婴幼儿教师可能还需要思考如何从虐待和忽视问题来看待自己所在的婴幼儿项目的惩罚规则。体罚永远不能用在对婴幼儿的照护中。惩罚也绝不能妨碍婴幼儿的饮食、睡眠或如厕。然而，具有回应性的教师不会惩罚婴幼儿。当婴幼儿学习控制自己的行为时，教师自身的优秀能力、迷人而宁静的环境，以及积极的师幼互动将对婴幼儿的学习具有引导作用。第

14 章将介绍指导婴幼儿的具体策略。

良好营养的重要性

营养直接影响婴幼儿大脑的形成与发育，并影响其学习能力、应对困境的能力，以及骨骼的终身发展。怀孕期间严重营养不良的母亲所生的婴儿，头围较小，脑重量较轻。孩子在母亲妊娠的最后几个月和自己生命的最初几年里，需要足够的食物和特定的营养。

婴幼儿项目在确保婴幼儿获得足够营养方面发挥重要作用，需要帮助婴幼儿形成健康的饮食习惯并习惯各种健康的选择。我们需要使用正确的食物处理技术。婴幼儿项目对早期生活模式的形成具有一定的影响作用。教师必须培养婴幼儿形成健康的饮食习惯、良好的睡眠习惯，让他们在活跃的游戏和安静的游戏之间保持平衡，每天都有户外活动时间，为良好的成长和发展打下基础。

婴幼儿的营养需求

母乳是婴幼儿最好的食物。随着孩子的成长，母亲的乳汁成分会发生变化，适时地满足孩子的成长所需。母乳中的蛋白质很容易消化，维生素和矿物质几乎可以完全被吸收，而配方奶粉中只有 10% 的铁和维生素能被吸收。在母乳中发现的某些脂肪有助于促进中枢神经系统和视网膜中的视杆细胞的发育，但不存在于配方奶粉中[37, 38]。美国儿科学会强烈支持母乳喂养，部分原因是母乳喂养具有显著的免疫作用。50 多种免疫因子通过母乳传递，使婴儿免受中耳炎（中耳感染）的侵扰，减少呼吸道感染和由胃部感染造成的腹泻[39]。母乳喂养的婴儿较少患有婴儿猝死综合征、过敏、儿童期淋巴瘤、儿童期糖尿病和肥胖症[40]。婴幼儿项目可以通过鼓励母亲在白天亲自喂奶或用奶瓶给孩子喂奶来支持母亲进行母乳喂养。另外，应为不到 12 个月大就断奶的婴儿提供加铁配方奶粉。

成人不应将装着母乳、配方奶粉、牛奶或果汁的瓶子放在婴儿身上，让他们自己拿着。喂养的抚育性和社会性几乎和婴儿的营养一样重要。奶瓶不应该用来帮助婴儿入睡，因为长时间地接触液体中的天然糖会导致蛀牙。即使是很小的婴儿，成人也应该在他进食后用湿布帮他擦拭牙龈，以清除任何可能会变成斑块并导致蛀牙的残留液体[41]。

某些微量营养素（维生素和矿物质）是健康生长和发展所必需的，如铁、碘和锌。婴儿在出生的头 4—6 个月有足够的铁，之后从母乳、加铁配方奶粉、含铁的谷物、豆类、蔬菜和肉类中摄取铁。铁促进体内红细胞和脑组织，以及用于信息处理的神经递质网络的发育[42]。患有缺铁性贫血的婴幼儿在《贝利婴幼儿发展量表》上的心理发展指数和心理运动发展指数得分都较低。与铁含量充足的婴幼儿相比，他们更谨慎、犹豫、容易疲劳、注意力不集中、较少参与活动、不爱玩耍[43]。缺铁通常与贫困有关，但加铁配方奶粉或铁补充剂可以预防贫血。

婴儿在 4—6 个月时开始用米糊或不加糖的苹果酱等食物补充母乳或配方奶粉，这些食物不太可能引发过敏反应。一次进食一种固体食物，在进食下一种新食物前先等几天，观察婴儿对食物的反应。进食软性固体食物，正好与婴儿发展在口内移动并吞咽食物的能力相配合。

从 6 个月到 1 岁生日，婴儿的大部分营养仍然依赖母乳或配方奶粉，但他们进食的固体食物数量和种类都在增加，如谷物、水果、蔬菜和肉类。他们学习吃各种各样的健康食物，包括更多的固体食物，因为他们有牙齿可以咀嚼，但不应让他们食用可能会引起过敏或窒息的食物。可以让他们喝水止渴。婴儿在快满 1 岁时开始用手指进食，并且喜欢自己拿着勺子吃东西。这段时间有助于婴儿养成一些重要的习惯。当婴儿通过哭泣、吮吸拳头、激怒或指着食物存放的地方来表达饥饿时，应该给他们喂食。他们在饥饿时会迅速进食，但当饥饿感减轻时，他们便开始放慢速度，进行探索或社交。当婴儿闭着嘴或转过身表示已经吃饱时，教师应停止喂食。婴儿正在学习理解身体饥饿和饱腹的信号。

婴儿不能一次吃很多，因此需要能让他们健康地摄入卡路里的食物来保证成长发育。婴儿在饮食中需要脂肪，但他们不需要盐或糖来调味食物，盐和糖的含量都应该在他们的饮食中保持最低。高盐摄入会导致成人高血压，没有必要教婴儿培养对盐的渴望。而且，糖与多动症、糖尿病、蛀牙和其他慢性病有关[44]。

如果母乳喂养对母亲和孩子都有好处，那么也许可以在孩子 1 岁之后继续哺乳。然而，用配方奶粉喂养的儿童通常在大约 1 岁的时候改用牛奶。1—2 岁时，婴儿每天需要进食约 450 毫升的牛奶；一杯*新鲜果蔬；2 份约 30 克的肉，如家禽、鱼、蛋或豆类；200~500 卡路里的其他食物，如谷物、面包和豆类；止渴的水。2—3 岁学步儿需要约 450 毫升的牛奶；1.5 杯新鲜果蔬；80~110 克肉，如家禽、鱼或鸡蛋；400~800 卡路里的食物，如谷物、面包和豆类；止渴的水[45]。教师不能提供会导致窒息的食物，如热狗（整个或切成圆块）、生胡萝卜圆或生胡萝卜棒、整颗葡萄、硬糖、坚果、种子、生豌豆、爆米花、大块花生酱和大块肉等[46]。

随着胃口越来越大，学步儿成为越来越熟练的进食者，教师和家长可以教他们健康的饮食，并鼓励他们做出健康的选择。学步儿喜欢自己吃东西，他们可以选择吃什么、什么时候

---

* 一般指 200~250 毫升。——译者注

吃，以及什么时候吃完。含盐或糖的不健康食物不应成为学步儿的选择，他们应该把婴幼儿项目看作一个只有健康食物的地方。2 岁时，学步儿很自然地学会用嘴进行探索，所以要给他们机会去探索各种各样的食物，他们此时喜欢的食物多达 200 多种。学步儿可能每天都想吃同样的食物，然后突然厌倦了，根本不想碰那些食物。只要提供能够满足婴幼儿营养需求的丰富饮食并不断拓宽他们的口味，就可以让他们在任何一餐中自己选择食物。

婴幼儿项目中安全且健康的营养配给

在婴幼儿项目中为婴幼儿提供食物时，不断变化的营养需求只是教师需要知道的一部分内容。食用间食和正餐时的情感和社会环境很重要。你需要知道如何安全地处理食物以及在准备食物和进食时使用的器皿。项目需要制定规则，以确保每个婴幼儿都有个性化的饮食计划，如应对家庭偏好或食物过敏反应的方法。

进食的社会环境

把营养的重要性与喂奶时被人抱着、抚摩、与人交流的重要性分开几乎是不可能的。奶瓶不能放在婴儿床上，也不能让婴儿带着到处走。教师应按要求喂养婴儿，并由一个始终如一的成人（最好是主要照护教师）尽可能多地喂养婴儿。主要照护教师与婴儿建立持续的关系，使他们能够理解彼此的暗示，并对进食的节奏和模式产生期望。长期照护婴儿的成人会在婴儿痛苦到哭泣之前发现他们饥饿的迹象[47]。当大一点的婴儿开始吃固体食物时，他们可能首先在教师的臂弯里被教师用勺子喂食，但用奶瓶喂食仍然是主要方式。然而，随着婴儿能够坐下来，固体食物的进食量增加，他们应该坐在有支撑物的椅子上。婴幼儿教师应该在婴儿进食时以愉快的语调与其交谈，并总是对食物持有积极的态度，比如："哦，好吃。这些豌豆真好吃。绿色的豌豆对你有好处！你真的很喜欢吃这个，对吗？" 大一点的学步儿将开始集体吃饭和吃间食，成人与他们坐在一起有助于他们在用餐中学习社交，如互相传递食物和交谈。

教师不应该强迫婴幼儿吃东西或阻止他们吃东西。食物既不能作为惩罚，也不能作为奖励[48]。

食物及用具安全

针对有关健康与安全的所有方面，《国家健康与安全绩效标准》对食品、用餐区和餐具的安全处理建议进行了全面描述。其中一些要点包括，安排婴幼儿舒适地坐着吃饭时，把桌子放在肚子和胸脯中间的位置，让他们的脚在吃饭时可以放在坚实的地面上，这会为婴幼儿提供最大的安慰，并促进他们独立性的发展。将座位固定在桌子的一侧，使婴幼儿的小脚悬挂在半空中则不符合规定[49]。

必须对餐具和餐桌进行清洁和消毒，以防止疾病传播。餐具应适合婴幼儿的发展水平，边缘不应锋利，以免划破口腔内的组织；盘子等器皿必须无碎屑；丢弃使用过的纸盘或餐巾等一次性材料。每次使用可洗的围嘴、餐垫、餐巾或桌布后，都要对它们进行清洗和消毒。所有与食物接触的表面都必须是无铅的。与一次性餐具或经过清洗、消毒的餐具相比，餐桌表面甚至高脚椅托盘似乎更容易受到微生物的污染[50]。

食物准备区必须与项目中用于吃饭、游戏、洗衣、如厕、盥洗以及任何允许动物进入的区域分开。用于做饭的洗涤槽不得用于洗手或其他用途。洗手和换尿布用的洗手池不得用于食物准备。冰箱必须能够将食物保持在 4℃或更低的温度，冷冻箱必须始终保持在约 −17℃或更低的温度。有疾病症状的员工不应处理食物。个人餐盘或家用碗中剩余的食物应丢弃。食品的储存、餐具的清洗和从外部食品服务机构购买的餐食的运输都应遵循《国家健康与安全绩效标准》和美国农业部的儿童与成人食品扶助项目的规定[51]。

食品安全与健康

每个婴幼儿项目都应该有一名营养顾问，其角色类似于健康顾问。营养顾问可以帮助满足个人的家庭饮食习惯（如素食者、洁食），培训和计划与食物有关的紧急情况（如过敏反应或窒息）处理，以及为个别儿童设计可以满足其营养需求的进食计划。婴幼儿项目可以规定由一个成人持续帮助需要用奶瓶的婴儿进食，或者在小组用餐时限制每个成人服务的儿童数量。项目规定须明确说明培训和监测工作人员安全处理食品的做法。

营养顾问的另一个作用是为家庭提供营养教育或帮助教师为学步儿计划营养学习活动，也可以帮助教师和家长了解能够支持他们为儿童提供健康食品的项目。

专栏 11.3　儿童与成人食品扶助项目

儿童与成人食品扶助项目是一个联邦项目，为接受日托的儿童和成人提供健康的膳食。它在提高儿童保健质量，并让许多低收入家庭能够负担得起这方面的消费中发挥着至关重要的作用，同时为参加的儿童照护中心和家庭托儿所报销餐费。它由美国农业部下属的食品和营养服务部管理，大多数州的教育或卫生部门辅助管理。独立的照护机构、家庭和赞助机构与州内相关机构签订协议共同运作这个项目。

为了参加该项目，家庭托儿所和儿童照护中心必须同意执行该项目关于营养膳食的要求。反过来，该项目也会收到每一份膳食的报销单。

儿童照护中心。公立或私立非营利性的儿童照护中心、早期开端计划项目以及一些获得许可或批准提供日托服务的营利性中心可以通过该项目为儿童提供膳食。

家庭托儿所。该项目为经许可或批准的私人家庭接受非住家日托的儿童提供膳食报销。家庭托儿所必须与赞助机构签署协议，方可参与该项目。赞助机构应组织培训，进行监督，并帮助计划菜单和填写报销单。

支持高质量婴幼儿项目的系统、法律和政策

回想前文描述的生物生态学理论，你就会知道，项目质量需要系统、法律和政策的支持，并由强大的评估系统判定。我们描述了一些目前用于评估婴幼儿项目的工具。接下来，看一下儿童保育发展基金、经营许可、质量评级和改进系统以及机构认证，这些都有助于提高婴幼儿项目的质量。

机构评估

本章前部分已描述了有助于提高质量的因素，下文将探讨质量评估问题。当我们走进一个婴幼儿项目，发现婴幼儿安静而专注地投入游戏和学习中，并向教师寻求片刻的情感联系，且教师们表现平静，对孩子们感兴趣时，我们将知道，这就是高质量的婴幼儿项目。当然，了解每个儿童是评估质量的最重要方法，但这是非常主观的。随着研究人员开发出越来越复杂的质量测评方法，用于婴幼儿项目的评估工具需要同时运用结构变量和过程变量。

需要评估照护质量的原因有多种。例如，研究人员需要确定质量的哪些因素对婴幼儿的发展影响最大，政策制定者需要利用这些信息决定在哪里投入资源，家长需要运用质量指标来为孩子选择最好的照护机构，早期开端计划等大型公共项目需要将项目评估作为负责任地使用公共资金的衡量标准，照护机构需要使用评估工具来评估自己的质量以制订改进计划。下面是一些最常用的评估方法。

婴幼儿学习环境评量表

《婴幼儿学习环境评量表》（修订版）[52] 是美国使用最广泛的质量评估工具之一，它是一系列用于特定年龄组或环境的测量方法的一部分，包括学前教育机构、家庭托儿所等。新修订的版本包括 39 个评分项目，分为 7 个子量表：空间和设施、个人日常照护、倾听和说话、活动、互动、课程结构、家长和教师。观察者必须注意材料或正在发生的互动。每个项目都以 7 分制进行测评，范围从不足、最低、良好到优秀。对每个子集进行评分，最后得出总

分。从测评中获得的信息有助于提高婴幼儿项目的质量。

该量表经常被作为一种可靠、有效的方法用于研究中，美国的许多州在为高质量的项目提供更高的儿童照护报销率时将它作为一个参考因素。但该量表及其相关量表有时被批评过分强调结构变量，对回应式照护的细微之处不够敏感。

课堂评估评分系统

学前教育的课堂评估评分系统作为开端计划项目中官方监控的一部分已经建立。现在还有针对婴幼儿的版本，聚焦于以中心为基础的婴幼儿项目中的师幼互动。就婴儿而言，这一系统聚焦于回应式照护中的关系氛围、教师敏感性、对婴儿探索的促进、早期语言支持；就学步儿而言，这一系统聚焦于他们在情绪情感和行为方面获得的支持，包括积极的气氛、消极的气氛、教师的敏感性、尊重儿童的理念和行为指导。它还评估教师对婴幼儿学习的支持，包括对婴幼儿学习与发展的促进、反馈的质量以及语言示范。

师幼互动质量评定量表

《师幼互动质量评定量表》是由美国儿童与家庭管理局的项目研究与评估办公室下属的数学政策研究机构开发的。2007 年的早期开端计划法案要求机构使用科学的方法来支持教学和评估。当时，美国儿童与家庭管理局认为，没有合适的评估工具可供婴幼儿项目选择，于是资助并指导了这个新工具的开发。与课堂评估评分系统一样，该量表也聚焦于以中心或家庭托儿所为基础的师幼互动，同时着眼于敏感性或回应性、语言与读写支持、认知发展支持、社会情绪发展支持、积极注意与热情、行为指导以及同伴互动支持。

在写作这本书时，该量表还在进行现场测试。

法律和政策

《开端计划执行标准》[53] 是政府利用政策影响质量的一个很好的例子。该标准详细地描述了项目的各方面所需；技术援助体系可帮助项目达到标准，并依照全套标准每 3 年对项目进行审查。当将公共资金用于项目时，有关条例规定了这些资金的使用范围。开端计划办公室、儿童保育办公室、州政府和市政府都制定了相关的政策和法规，涉及安全标准、质量标准等。公共资金和私人项目也提供了广泛的项目网络来支持和促进质量提升。虽然这还不够全面，但它有助于儿童发展专业的学生更广泛地了解他们将从事的领域。

儿童保育发展基金

美国联邦政府通过卫生与公众服务部下属的儿童保育办公室为儿童照护提供资金。儿童保育发展基金为每个州提供资金，以补贴那些正在工作或接受教育的家长所要支付的儿童照护费用，从而帮助他们度过福利援助阶段。每个州的儿童保育发展基金都将有一部分用于提高质量，其中有一部分专门用于婴幼儿。各州利用婴幼儿专用资金对婴幼儿专用设施进行改善，如游乐场或浴室。他们在资源和网络中为婴幼儿教师和专家提供专业培训。一些儿童基金会利用这些资金来提高公众对儿童早期教育重要性的认识，以及高质量或低质量的儿童照护对其日后发展的影响。儿童保育发展基金用于提高儿童照护质量，但没有足够的资金或权力来确保实现联邦政府所倡导的高质量照护。儿童保育系统的整体质量取决于每个州的许可规定和倡议。

经营许可

每个州都要求婴幼儿项目具备许可证，但各州的实际许可要求和豁免许可的设置范围差别很大。不过，每个州对教学环境和教师年龄都有基本的安全要求。许多州都有关于班级规模、师幼比、工作人员的培训要求、保育和安全实践，甚至学习活动计划的详细规定。大多数州对婴幼儿项目有特定的许可要求。然而，即使是最基本的要求也不总是强制执行，因为许多项目可能被免除许可证，或者可能在没有许可证的情况下非法运行。

每个州都有一个管理儿童保育发展基金和儿童照护许可证的办公室。这些可能不是同一个办公室，甚至不是政府机构下的同一个部门。除此之外，每一个组织都希望为每个需要家庭外照护的婴幼儿提供安全且高质量的儿童照护。在允许的情况下，每个州都将制定许可要求，以确保每个项目都有较高的师幼比、较小的班级规模、受过高水平培训的员工以及强有力的健康与安全规定。

不幸的是，高质量的儿童照护是昂贵的，各州政府担心，如果要求高质量的儿童照护和训练有素的教师，那么可能会造成项目的减少，因为私人业主和非营利组织无法用他们所能收取的学费承担高额的成本。各州本身也在与巨额赤字做斗争，在州内的公立学校和大学为生存而挣扎的时候，它们没有能力或不愿意拿出宝贵的资金来支持婴幼儿项目。

由于无法通过立法来保证婴幼儿项目的质量，各州政府和国家组织正在尝试一些其他方法来提高婴幼儿项目的质量。各州正在开发质量评价系统，对特定项目的质量进行评级。这些评价系统要么作为提醒消费者的方式，要么作为提供不同资助的依据。相关国家儿童保育组织对婴幼儿项目进行认证，以此作为对其质量的认可。接下来我们将研究这两种方式。

质量评级改进系统与分层资助

分层质量体系是国家鼓励、认可和奖励质量的一种方式。2010 年完成的《质量评级改进系统纲要》被用于评估 26 个州的质量评级改进系统[54]。在分层资助中，各州对表现出超出许可要求质量的婴幼儿照护机构和家庭托儿所给予更高的补贴，参考因素包括班级规模、师幼比、教师培训、薪酬、家庭参与和标准化工具的评级等。有些州只有两个级别，即许可和许可以上。其他州有更复杂的系统，通常用1—4星的评级来表示。质量评价系统，有时被称为星级评价系统，可能与更高的资助率有关，也可能主要是为了让消费者享有更高的服务质量。这些系统是项目的“成绩单”，当它们得到最有效的利用时，项目能够获得更多的资金来提高质量，也能够获得技术方面的援助和支持。

机构认证

许多国家的儿童早期组织提供机构认证，以此作为促进和承认儿童照护质量的一种方式。两个主要的国家认证分别来自美国幼儿教育协会[55]和美国家庭儿童保育协会[56]。美国幼儿教育协会有8000多个经过认证的儿童保育项目，为700多万个儿童和家庭服务，它和美国家庭儿童保育协会都要求婴幼儿项目进行深入的自学。自学报告需要得到训练有素的项目访问者团队（或个人到家）的验证，之后提交到国家委员会。婴幼儿项目如果被认为是符合规定的，那么在有限的年份内就会被授予认证。为了长期持有认证资格，婴幼儿项目必须每年提交其发展报告以及对国家组织所提出的建议的回应。可见，认证在儿童发展领域具有相当大的权威性。

本章小结

婴幼儿项目对婴幼儿的积极或消极影响完全取决于其质量。

- 有助于提高婴幼儿项目质量的影响因素很多。为了让婴幼儿感受到温暖的、育人的、持续的关系，项目需要提高师幼比，缩小班级规模。婴幼儿需要持续的照护，需要在同一位教师的指导下学习多年。婴幼儿教师应热情、令人感到舒适、亲切，喜欢孩子，并受过良好的教育（特别是在婴幼儿发展方面），在工作中得到优厚收入和支持。婴幼儿项目必须与家庭保持文化和语言的连续性。环境应该是舒适的，承载温馨的日常生活和学习活动。

- 为了婴幼儿在项目中的健康与安全，教师必须谨遵程序：
  - □ 消毒、预防疾病传播
  - □ 洗手
  - □ 排除患病儿童
  - □ 管理药物
  - □ 确保安全，预防伤害和事故
  - □ 满足婴幼儿的营养需求
  - □ 安全地处理食品
- 婴幼儿项目的质量可以通过多种工具来评价，这些工具可用于审查环境和师幼互动，包括《婴幼儿学习环境评量表》、课堂评估评分系统、《师幼互动质量评定量表》。项目的质量由联邦政府和州政府的相关部门以及提供认证的全国性专业组织予以支持。

反思与应用

反思的问题

1. 在健康和安全的基础上，如果我们最关心的质量问题是教师的回应能力，那么为什么用班级规模和师幼比这些结构变量来衡量质量呢？
2. 婴幼儿项目往往非常忙乱，那么如何才能确保婴幼儿的健康、安全与营养呢？

观察与应用

1. 探访一个婴幼儿项目，查看其有关健康、安全、尿布和食品处理规定。你认为它们的规定是否足够全面，能够为员工提供指导吗？是否有监测实施情况的系统？你会对此做出哪些改变？
2. 联系你所在社区的一个已经获得美国家庭儿童保育协会或美国幼儿教育协会认证的项目，就认证过程采访一名工作人员。
3. 联系社区中的儿童照护经营许可办理机构，询问经营许可在提高照护质量方面的作用。

第 12 章

以关系为基础的课程

学习成果

阅读本章之后，你将能够：

- 描述以关系为基础的回应式婴幼儿项目的基本要素；
- 解释并评价教师在以关系为基础的婴幼儿项目中的角色；
- 理解如何创建家庭托儿所和具有文化敏感性的婴幼儿项目；
- 阐述如何在以关系为基础的回应式模式中计划照护工作。

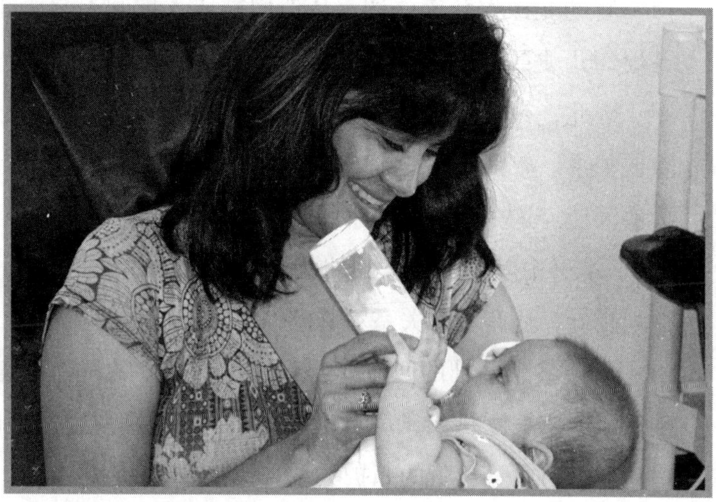

婴儿期的几小时对个人发展的影响巨大，超过中年时期的几个月。浪费时间或者投入时间的相对影响在生命初期是最大的。的确，人类形成于童年时期。

——佩里

你如何看待婴幼儿？他们真的能力有限吗？你以前可能听到过很多这类问题。在这一章里，我们将回答这些问题。我们会讨论如何设计有趣的回应式婴幼儿课程；我们会思考，对婴幼儿、教师和家长来说，婴幼儿照护机构或家庭托儿所的课程意味着什么。本章将描述以儿童为中心、以关系为基础的回应式婴幼儿课程的基本要素。

婴幼儿课程涵盖一切，从他们被成人抱起、自己走进或跑进婴幼儿项目开始到他们离开婴幼儿项目前所经历的一切。婴幼儿课程的重点是婴幼儿、家长和教师三者之间的重要关系。因此，家长即使带孩子离开婴幼儿项目，他们也处于执行课程的要素之中，即与孩子的重要关系。教师计划的策略和互动均是（在与家长的合作中）对每个儿童的需求、兴趣和能力的回应。这一课程的根本在于发展适宜性实践。这种适宜是指年龄、个体和文化方面的适宜[1]。本书中以关系为基础的课程增加了“尊重－反应－关系”计划过程、以儿童为中心的计划指导，还有对以关系为基础的方法的进一步阐述。

以关系为基础的回应式课程聚焦于婴幼儿的心理健康。课程以儿童的视角和需要为基础。成人应关注每天、每时、每刻发生的充满关爱之情的回应式体验，它们会在儿童的生命里建立起持久且珍贵的照护关系。

关系的建立需要时间，也需要教师对每个儿童的健康成长进行情感投入。在采用回应式课程的婴幼儿项目中，亲子之间、师幼之间、教师与家长之间的关系更持久，它们更能为儿童提供爱、学习和快乐的基础。的确，日常关系就是课程本身。

教师一方面要共情儿童的快乐，另一方面要以温柔地照护回应儿童的沮丧[2]。教师对婴幼儿及其家长的情感、需求和学习目标要心怀善意、关怀、体谅和同情，并且知道如何创设和丰富环境，从而支持婴幼儿在生活中的重要关系。教师秉持将心比心[3, 4]的理念，意味着教师相信婴幼儿具有处理信息，表达观点、情感和需求的能力。因此，教师要持续地考虑婴幼儿和家长的观点与情感。可见，教师行为与婴幼儿的安全依恋密切相关[5]。

表 12.1 列出了课程的八个组成部分，本书将分别在第 12、13、14 章对其进行阐述，本章将阐述课程的前四部分，第 13 章阐述第五部分到第七部分，第 14 章阐述第八部分。

表 12.1　课程的重要组成部分

1. 儿童观
    你如何看待婴幼儿？
    婴幼儿需要什么？
    对婴幼儿来说，学习什么很重要？
    婴幼儿如何发展和学习？
2. 教师在以关系为基础的课程中的角色
    教师在以关系为基础的婴幼儿项目中扮演什么角色？
    师幼互动的本质是什么？
    师幼之间的情感联系有多重要？
3. 家庭与具有文化敏感性的婴幼儿项目之间的关系
    婴幼儿项目如何与家庭建立合作关系？
    项目中的教师如何敏感地回应婴幼儿和家庭的文化？
4. 以关系为基础的回应式计划
    尊重－反应－关系的计划过程是怎样的？
    教师如何为每个婴幼儿设计个性化课程？
    教师如何设计集体课程？
5. 过渡和常规——关系的形成时间
    过渡、常规、惯例和日程安排的价值是什么？
6. 在日复一日中形成以关系为基础的回应式环境
    如何创设和调整环境以促进一个或多个儿童的发展？
7. 回应式活动与机会
    如何选择和提供互动、活动、材料？
8. 以关系为基础的指导方法
    指导婴幼儿的理念与方法是什么？

关于婴幼儿的思考

这包括教师在以下几方面所持的观念和假设：

> 婴幼儿的本质
> 婴幼儿的情感与社会需求
> 婴幼儿的重要学习内容
> 婴幼儿如何学习与发展

让我们由此开启以下内容。

如何看待婴幼儿

关于婴幼儿的本质，婴幼儿项目均有自己的观念。你可能关心两个问题：婴幼儿有人的权利和义务吗？他们是有能力的学习者吗？

大多数成人认为，婴幼儿是有权利的，如被保护的权利、学习的权利、爱与被爱的权利以及被尊重的权利。他们也有归属和参与家庭、文化和社会生活的权利。1989 年，联合国修订了《儿童权利公约》[6]。

除了相信婴幼儿是有权利的，大多数成人也认为婴幼儿是有能力的学习者，他们作为主动的学习者、发现者和问题解决者进入世界。当为婴幼儿提供具有共情作用的回应式照护和丰富的环境时，他们就能在与教师、家人和同伴的互动中快速地建构知识。杰罗姆·布鲁纳[7]强调："儿童不是无知的空容器，而是能够独自或与他人共同进行推理、感知的人。"

成人如何看待婴幼儿会影响他们如何看待自己在与婴幼儿互动中的角色。如果婴幼儿被视为有权利且有能力的学习者，他们的人格就会受到尊重[8]。在以关系为基础的回应式课程中，成人相信，每一个婴幼儿都需要并想要归属于集体，每一个婴幼儿都在努力变得更好、更健康，如果给予婴幼儿机会和回应式照护，他们将都想要并能够掌控环境。成人还相信，满足婴幼儿的基本照护需求，会使他们更有竞争力、关怀心和上进心。

婴幼儿需要什么

如前文所述，婴幼儿需要与家人、教师和同伴建立强烈、积极的情感联系，从而茁壮成长。从神经生物学来说，婴幼儿对情感和养育充满期待[9]。这意味着，婴幼儿在生物学上被认为期望以充满爱的方式得到保护和照顾——如果是这样，那么他们更有可能获得最好的发展。正如第 5 章所强调的，当婴幼儿受到温柔且热情的照护时，当成人从婴幼儿的视角出发并敏感地回应他们的需要时，婴幼儿的大脑将发育得最好。婴幼儿需要得到保护，需要感到安全，需要在情感和身体上可以依赖的成人。理想的情况是，有“对他着迷”的人[10]，认为他是宝贵的，并了解他。

家长和教师如何满足婴幼儿的基本需求呢？正如冈萨雷斯−梅纳和艾尔（Gonzales-Mena & Eyer）[11] 所说：“婴幼儿需要关注自己的身体和心理需求。”他们指出，婴儿最重要的需求之一是照护的节奏，即婴儿和教师之间体贴、从容、协调的对话。拉利、托里斯和费尔普斯[12]强调，应该提供“安全的、受保护的、亲密的”的环境，以满足婴幼儿的需求。

有些教师可能担心自己与项目中的婴幼儿过于亲密。然而，正如我们在第 6 章所述，那些与家庭中的某个重要他人建立了安全依恋关系的婴幼儿更有复原力，更能信任他人，更可能与他人建立积极的关系。正如我们所料，婴幼儿项目中那些与教师建立了安全依恋关系的婴幼儿在社交和情感上更有能力[13]。

> 具有安全依恋的儿童拥有更平衡的自我概念、更强的记忆能力、更精准的情感把握能力，对友谊有更积极的理解，而且道德发展得更好[14]。

我们可以发现，在以下情况中，婴幼儿会感受到安全依恋。

- 通常可以得到教师的安慰，并在教师的怀抱中放松。
- 可以和教师进行长时间、令彼此满意的目光对视，以及声音和文字的对话。
- 受到教师的重视和关爱。
- 一般很高兴见到教师。
- 与教师在一起时感到快乐。
- （学步儿）离开教师，探索环境，但如果觉得危险或需要拥抱，就会赶快回来。
- 可以专注于玩具、材料和环境。
- 向教师寻求食物、安全、帮助、养育、支持和指导[14]。

教师需要明白，即使婴幼儿在照护机构中的时间很长，但家长仍是他们生命中对他们影响最大的人[15]，教师应该尽可能地支持亲子关系。婴幼儿与家长、主要照护教师之间的安全关系十分重要。与此同时，教师不应低估自己与婴幼儿关系的重要性。缺乏与家长、教师之间的安全关系，婴幼儿就不能茁壮成长。每个拥有健康关系的婴幼儿都会对自己目前和未来的人际关系抱有乐观的态度和希望。

对婴幼儿来说，学习什么很重要

> 儿童掌控、自律和社交的动机，以及他们对可信赖的教师的支持和指导的依赖，被视为项目计划的核心。
>
> ——甘迪尼和埃德华兹（Gandini & Edwards）

本书第6章至第10章详细地阐述了婴幼儿需要具备的重要知识、技能和性格。《开端计划早期学习成果框架》和各州的《婴幼儿学习指南》是有关婴幼儿应该知道什么和能够做什么的优秀资源。甘迪尼和埃德华兹[16]还强调，教师应该在计划课程时思考婴幼儿如何了解自己以及如何与他人相处。

拉利[17]讨论了教师如何培养婴幼儿形成作为有价值的人的认同感——他称之为“有效的自我意识”。除了了解自我和他人，婴幼儿也在了解世界。例如，草是什么？苹果酱的味道怎么样？毛虫爬走的时候去了哪里？如何将很多积木放在一个篮子里？水的特性是什么？朋友是什么？婴幼儿需要学习很多东西，有太多令人激动的机会能够让成人去帮助他们享受生活和了解世界。

婴幼儿如何学习与发展

除了学习内容，婴幼儿如何学习与发展也很重要。我们知道，只有当一个儿童与生活中的重要他人建立安全的关系时，他才会自由、独立地玩玩具或和同伴游戏[18, 19]。婴幼儿的学习与发展方式概括如下：

1. 整体性学习；
2. 发展性学习；
3. 通过游戏进行学习。

让我们从整体性学习开始。

整体性学习

> 玛丽正快速地爬过地毯，对着猫咿咿呀呀。妈妈对她说："你真快！"玛丽捡起一块彩色的玩具，翻了个底朝天，仔细地研究着。她看了看妈妈，看看她是不是还坐在那里。玛丽笑着向妈妈爬过去。

和所有孩子一样，玛丽在情感、社交、认知、语言和运动领域的能力都在一系列的行为中发展。当她学会信任妈妈时，她便发展了情感和社会性；当她咿呀学语和听到妈妈描述她的行动时，她便学习了语言；当她学习从另一个角度了解事物的外观时，她的认知发展便得到了增强。她的爬行是运动发展的一个重要方面。当她向妈妈爬来时，她正在建立情感纽带，并提高了自己的运动能力。玛丽所有领域的能力都在发展，不仅是按照顺序的，还有同时进行的。她的学习与所有正在运用中的发展领域相结合，并相互影响："婴幼儿的所有发展领域都是相互关联的，犹如一块布中的每根线，拉其中的一根线就会导致其他的线跟着动起来"[20]。

成人将儿童的发展划分成不同的领域，以帮助自己观察和了解儿童，但儿童正同时运用各方面能力，以实现自己的目标。因此，儿童在一个领域中的发展也会影响他们在另一个领域的发展。

发展性学习

婴幼儿项目中存在着年龄差异，婴儿期（0—12 个月）的差异要大于与学步儿初期（12—18 个月）或学步儿末期（18—36 个月）。不同年龄的婴幼儿有不同的需求和学习目标[21]，尽管我们也知道它们具有广泛的个体差异。如果我们倾听和观察，婴幼儿就会告诉我们他们正在经历什么，以及我们要如何应对这些不断变化的需求。教师要学会"在婴幼儿发展的阶梯上跳上跳下"[22]。他们要观察婴幼儿，并发现每个婴幼儿在不同发展领域（社会性、语言、运动和认知）中的表现，为每一个婴幼儿提供适合其发展水平的材料和互动活动。

我们通常可以看到儿童随着时间的推移而发生的变化。然而，当一个婴幼儿从依赖的孩子成长为更独立的儿童时，我们很难发现他们在情感、社会学习和语言方面的变化。只有体贴的、富有观察力的成人才能为集体和集体中独特的个体提供回应式活动，从而满足他们的情感和社会需求。以下是对不同年龄阶段婴幼儿的情感、社会性、学习和语言需求的概述。

婴儿期：0—12 个月。婴儿完全依靠家长和教师满足自己的情感和社会需求，如提供育人的、敏感的照护，安静、有趣的环境，以及可以进行观察和探索的机会。在理想的情况下，婴儿可以和家长、最初的教师建立情感依恋，希望在生活中与这些特定他人在一起，从他们那里得到安慰，向他们学习。婴儿会转向发声的人，也会因自己与其对话而感到开心，并对自己渐渐喜欢的人露出特别的微笑。婴儿知道自己可以期待什么，这些成人会如何对待自己，以及他们说话的音调。早在几周大的时候，婴儿和自己的特定他人在一起时会感到舒适，不在一起时就感到沮丧。这个年龄段的婴儿最重要的学习是，信任照顾自己的成人，而不是总是抵制成人，自我保护。他们需要能拥抱他们、摇晃他们、唱歌、和他们安静交谈的成人，也需要能够模仿婴儿眨眼、发声和面部动作并与婴儿一起轮流玩“跟我学”游戏的成人。

环境必须是为婴儿量身定制的。婴儿需要在地板上安全的地方练习移动“肚子”、坐立和爬行。他们需要安静的地方睡觉和坐立（不被撞倒），让物体在地板上或他们手中发出“砰砰”的响声。当接近 8 个月大时，许多婴儿已经准备好站起来，这就要求地板上有成人的空间。婴儿可以在值得信赖的成人的关注下慢慢地站起来或者安全地躺在他的怀里。

学步儿前期：12—18 个月。小学步儿乐于运动。他们经常爬、走，把身体放在各种各样的空间中。乐于运动的小学步儿需要能在他们探索世界时为他们提供情感基础和社会基础的支持性成人。当需要与体贴的教师建立情感联系时，小学步儿常常会冲回来或者发牢骚。在教师的照护中，小学步儿最重要的学习是自己与他人或事物“发生点什么事情”。这是语言的“魔术贴时间”，即较大的婴儿和学步儿在突然冒出语言时像魔术贴一样“粘着”教师的回应式语言、手指游戏和书本阅读[23]。环境也要随着学步儿的成长而变化。

环境中要有开阔的空间和舒适的角落，便于小学步儿与教师、同伴互动，以及独自为下一次的冒险储备能量。对小学步儿来说，当他们探索玩具或与同伴一起探寻令人兴奋的发现时，生活就是真正的冒险。开放式玩具（没有正确玩法的产品）便于小学步儿堆叠、拉、推、投掷和填装。18 个月大时，他们开始能够使用蜡笔、艺术材料、大珠子和细绳以及更具挑战性的运动活动，在照护机构或家庭托儿所中茁壮成长，那里有探索的空间、有趣的材料以及可以模仿的同伴。他们也特别需要体贴的成人尊重他们正在形成的技能。

学步儿后期：18—36 个月。这一阶段的学步儿需要爱，也需要了解生活中那些因为学步儿拥有某些新技能或滑稽行为而认为他们非常特别的人。正如勒纳和唐布罗[24]所说，“对婴儿来说，世界是一个可以用眼睛、耳朵、鼻子、嘴巴和手指狼吞虎咽的盛宴”。当学步儿发现一只虫子、用耳朵倾听浴缸排水管里水的去向，或者第一次看到一只小猫时，他眼里的光会为成人带来好奇和愉悦，这反过来又为学步儿的继续学习提供了情感能量。

经验丰富的教师甚至喜欢学步儿说“不”，因为他们理解非常小的学步儿在勇敢地面对一个比自己大一倍多的人时进行的情感斗争。与学步儿一起生活需要家长和教师做好一切准备，因为学步儿会戳朋友或从积木盒中取出所有积木。这有助于家长和教师记住，学步儿正在用所有的感官进行学习，实验是他们充满热情地了解世界的方式。

学步儿是小科学家，他们发明、拆卸、创造，并以自己的方式探索世界。他们必须通过触摸来学习。他们看到一个事物，就必须要调查它、摆弄它。他们是问题的解决者，教师和家长的作用是为他们提供身体和情感上的安全环境，让他们去探索和学习。当你明白他们并非故意挫败你，而是在成为优秀的决策者和问题解决者的道路上进行重要的内部斗争时，你将更能成为学步儿教师。

对处于婴儿期、学步儿前期和学步儿后期的儿童来说，游戏是学习的方式。

通过游戏学习

许多理论家和研究人员坚信，根据他们的观察和研究结果，儿童通过游戏和积极探索环境来进行学习[25, 26, 27]。贝特尔海姆[28]将游戏定义为儿童的活动，特征是不受限制，除非是个人强加的规则（由意愿而定）。游戏是纯粹的享受机会，就其他原因而言，它也非常重要。

游戏对正在发育的儿童至关重要："玩得开心时学习得最好。"[29]游戏可以增强"表达能力、语言能力、理解能力、注意力、想象力、专注力、冲动控制能力、好奇心、问题解决能力、合作能力、同情和群体参与能力"[30]。"只有在探索性游戏中运用与发展相适应的技能，婴儿才能对环境进行有意义的了解。"[31]学步儿的复杂游戏预示着他们在学龄前的亲社会行为，以及 9 岁时较低的攻击性和退缩性。在游戏中，他们学习了许多知识和社会技能，这有助于童年后期社会能力的发展[32]。

婴幼儿在游戏时会做什么？这取决于他们的发展水平。一般来说，婴儿试图弄明白，世界是如何运作的。婴儿为了了解玩具，会咬、摇晃和敲打玩具，他们非常感兴趣地观察其他孩子，也会发声并做出回应。较大的婴儿和学步儿在游戏时会互相模仿，转动物体，把物体放进容器里，然后把它们从容器里拿出来，从而观察它们是如何工作的。他们和自己最喜欢的照料者一起玩"躲猫猫"之类的游戏，相信这些人不会真正地消失。学步儿尝试多种学习策略，如改变、调整、尝试其他方法、摆脱问题、稍后回来（2 分钟或 2 天）再次用玩具、材料和人等进行尝试。较大的学步儿会随着他们对符号理解能力的发展而开始假装（例如把玩具电话当作真正的电话使用），而且正如我们在第 7 章关于社会发展所学到的那样，他们会更多地与同伴一起游戏。当我们看到学步儿移动大玩具、在塔顶放一块积木，或者获得特定他人和同伴的关注，而这些不是因为他们不得不这么做，而是因为他们想学习时，我们就会开始欣赏他们的工作。

如何促进婴幼儿的游戏

专栏 12.1 是一封来自学步儿的“信”，提醒我们游戏对他们有多重要。

专栏 12.1 一封来自学步儿的信

对学步儿来说，和别人一起游戏是一种学习方式。如果学步儿可以，他们就可能描述出鼓励游戏的婴幼儿项目中会发生的事情。

亲爱的老师：

今天，当父母来接我们时，你看起来有点累和沮丧。然后，一个爸爸问道：“他们今天学到了什么，还是只是玩？”，我认为你就是这么做的。我写信是为了让你振作起来，告诉你我学习到很多东西，因为你帮助我们游戏。

吃晚饭时，我的姐姐说她今天在学校学了“九九乘法表”。我不知道“九九乘法表”是什么，但每个人似乎都很高兴和兴奋，因为她学会了它。

我今天也学到了很多东西。不幸的是，我谈得不够，又无法描述我所学到的关于世界的知识。我知道，倾倒玩具箱、攀爬、敲打积木、挤压餐盘里的香蕉虽然听起来不像“九九乘法表”那样神秘，但我必须要感谢你，这一切太重要了。

谢天谢地，你知道我必须通过游戏来学习。例如，还记得今天，每次你跪下，张开双臂，我给你一个大大的拥抱吗？当然，我们是在游戏，也都大笑，但跑步就是我的学习。你知道，婴幼儿要了解自己的大肌肉。当撞到你的手臂时，它不仅让我感到被爱和快乐，也让我有机会练习用胳膊和腿做动作，这是全新的。跑步也会增强肌肉，这很有趣，我想反复地做。我很高兴你有时间和我一起玩，这样我就可以学习。谢谢你。

我很高兴你注意到了今天我敲击木琴时有多开心，记得吗？我轻拍木琴，然后是墙壁、地板和其他东西。我发现了许多不同的声音，如金属的、强烈的、柔和的。哦，顺便说一下，对于罗比的头，我很抱歉。当他哭得这么大声时，我真害怕。谢谢你找到这些盒子和平底锅，让我可以敲击。现在，我开始对这个世界了解得更多，因为你知道我是在学习，而非只是游戏。

我听到你说：“敲击者需要东西来敲击！”你一定相信“倾倒者也需要东西来倾倒”吧，因为你用衣服夹一遍又一遍地塞满咖啡罐，又让我把它们倒出来，而这正是我想做的。我想，你一定明白，当我昨天把玩具桶倒空时，我并不是想弄得乱糟糟的，只是想把东西拿出去。我想知道，如何在 1 分钟之内填满东西，并在下 1 分钟清空。

把东西倒掉让我感觉自己很强大。经过大量的倾倒游戏后，我想尝试填满，这确实是我长大后能够整齐地收起东西的第一步。

多亏了你帮助我游戏，我知道了好奇是好事，探索、学习和理解也是好事。

我感觉，你认为我的游戏很有价值。你知道，我的游戏都是我自己的主意。因此，你一定认为我的想法也很有价值。嘿，那一定意味着你很看重我，我很重要，我的学习也很重要，即使它不是"九九乘法表"。

请不要沮丧。你今天帮助我游戏，给了我学习和自我价值这两件礼物，没有人能带走它们。再见!

婴幼儿项目的学步儿（作者不详）

婴幼儿通过积极参与进行学习。为了支持婴幼儿的积极参与和游戏，我们为他们提供较长的游戏时间，让他们选择舒适且有挑战性的材料，坚持运动、探索，甚至和同伴冲突，为他们将来的社会关系奠定基础。这样可以培养婴幼儿的自信、竞争意识和学习动机。当婴儿被放在汽车座椅、秋千、推车和座位中而被允许自由活动时，他们就会感到自己被困住，变得消极、不活跃。他们需要时间独自探索、与同伴一起探索、与最喜欢的成人一起探索。但当不被允许选择游戏时，我们看到他们变得消极、悲伤。从外表来看，这些孩子似乎很安静，"举止得体"，但仔细观察他们的脸，我们会发现他们并没有参与活动。当学步儿（或成人）不投入或不感兴趣时，他们就没有在学习。

婴幼儿需要活动身体，探索感官材料，摆弄玩具，体验自己所做的决定的后果，以便学习。他们在组织良好的婴幼儿项目中获得丰富的材料，实际上，有时也会发出嘈杂的声音，通过选择和模仿进行学习。为婴幼儿提供机会，让他们以自己的方式进行探索，同时也要有一位最喜欢的教师给予他们情感上的支持。

文化近观

对于儿童的成长与学习、学习的重要性，不同的家庭文化有不同的观点。萨利希想要创建一间学步儿室，让孩子们有更多自己探索、和同伴或者教师一起的机会，因为她相信孩子们想要学习，并且可以通过使用材料进行实验。她曾看到一个学步儿在一个低水位的地方停留了很长时间，密切地观察水，并把水倒出容器，试图用手抓住流下的水。萨利希认为，这个孩子和她很亲近，在离开她探索环境时感到安全。她认为，儿童探索、游戏和调查的内容是他们最重要的学习主题。

然而，一些家长想让她教儿童字母，这样他们就能准备好上幼儿园了。他们听说幼儿园有测试，要求儿童说出字母的名称，因此非常担心自己的孩子在学步儿室学不到可以在幼儿园获得成功所需要的知识。一些家长也认为游戏时间太多了，而集体授课时间不够。

为了在提供发展适宜性课程的同时，对家长的需求和愿望保持文化上的敏感性，你会怎么做呢？

婴幼儿教师的作用——建立以关系为基础的婴幼儿项目

以关系为基础的婴幼儿项目需要一些特殊的、重视情感联系的专业人员。重视以关系为基础且具有回应性的教师应该思考：

> 教师在创建以关系为基础的婴幼儿项目中的角色
> 教师与儿童互动的本质
> 教师与儿童情感联系的重要性

教师在以关系为基础的婴幼儿项目中的作用

大家在集体中一起工作和游戏。婴幼儿项目是婴幼儿和教师在一起度过大量时间的集体。婴幼儿和教师长期停留的婴幼儿项目应该更像家庭，而不是机构，这样有助于减少婴幼儿和教师的压力，形成某种物质环境和生活结构，从而“连接和滋养人们”[33]。有很多方法可以让项目更像家一样。“教师”也包括有趣的颜色、各种各样的纹理和自然元素，如植物、石头、舒适的灯光以及儿童和家庭的相片。婴幼儿项目中的班级可以使用“家园”一词。将班级视为家庭，也要有一些公共区域，如婴幼儿和教师不时聚集在一起的游乐场地[34]。可将婴幼儿分成不同的“依恋小组”——强调婴幼儿项目中孩子们的主要照护教师对他们多年的持续性照护[35]。无论选择哪种安排，婴幼儿都需要感到安全、被关爱，并有归属感。

创设“家园”和依恋小组是教师建立以关系为基础的婴幼儿项目的真正途径。专栏 12.2 总结了婴幼儿教师在创设以关系为基础的婴幼儿项目中所发挥的作用。

专栏 12.2　婴幼儿教师的八项职责

无论是在婴幼儿照护机构，还是在家庭托儿所，婴幼儿教师均具有以下八项职责。

1. 为以关系为基础的婴幼儿项目奠定基础。
2. 建设机构，强调关系（提供主要照护与持续性照护）的重要性。照顾好婴幼儿的身体，保证婴幼儿安全健康。回应婴幼儿，并与其互动，如给予和拿走、参与和中断、谈判和合作。照顾好婴幼儿的心理，如满足他们的情感和社会需要。
3. 与家庭、不同文化和社区建立充满关爱的回应式关系。
4. 采用回应式计划流程（日常关系），促进婴幼儿个体的发展。
5. 创建灵活的回应式时间安排表。
6. 为日常生活、养育、游戏、学习和人际关系的建立创设环境。
7. 提供适合婴幼儿个性、文化和年龄的玩具、材料和活动。
8. 使用以关系为基础的方法指导家庭成员和其他员工。

教师的首要作用是为婴幼儿项目建立牢固的基础。为婴幼儿提供积极的情感联系和健康的关系是教师和婴幼儿项目的基本义务。

教师与婴幼儿之间的情感联系和健康关系的重要性

儿童的情感发展是爱和学习的基础，因此教师应从儿童的视角出发思考他们的幸福，并问自己：“婴幼儿项目中的儿童是什么？”“作为成人，我在情感上如何支持他们？”教师的互动必须关心儿童的心理（情感健康和活力），表现出对每个儿童的情感体验的深刻尊重。作为婴幼儿照护机构或家庭托儿所的教师，你一定要问这样一个问题：“婴幼儿在这种环境下会有什么样的感受？”通过回应，帮助婴幼儿感受到自己被爱、安全并且有能力。

表 12.2 列举了一些教学示例，其重点是通过识别交流中的线索，以婴幼儿满意的方式

进行回应来支持婴幼儿情绪情感能力的发展。教师不仅要回应婴幼儿，还要观察和倾听他们，了解他们喜欢什么，如何学习。本书的前几章介绍了多个观点，但我们现在讨论的是在师幼关系中如何应用这些观点。让我们一起看看积极回应的教师和家长如何支持婴幼儿的情绪情感发展——学习的基础。

表 12.2　成人如何满足婴幼儿的情绪情感需求

- ✦ 与婴幼儿建立牢固、积极、安全的关系。
- ✦ 在情感和身体上与婴幼儿发出的信号和交流尝试相协调，思考他们要表达的意思，根据他们的需要与其建立关系。
- ✦ 通过平衡的轮流（交互作用）进行互动，并与婴幼儿的互动节奏相匹配。
- ✦ 对婴幼儿来说，无论是在情感上还是在身体上，成人都要平易近人，容易接触。
- ✦ 整天都保持愉快、积极的情绪基调。
- ✦ 平静地回应婴幼儿痛苦、强烈的情绪以及其他不愉快的表现，通过交谈来安慰他们，帮助他们在身体和情感上进行自我调节。
- ✦ 注意、发现、鼓励班级中每个婴幼儿的优点、兴趣和新技能，并对其表现出钦佩之情。
- ✦ 欣赏发展和差异——帮助婴幼儿感受到他人对他们独特性的赞赏。

与婴幼儿建立牢固的积极关系

具有回应性的教师是善良的、有爱心的、温暖的、有同情心的、体贴的，与婴幼儿相处融洽。教师帮助每个婴幼儿感受到安全、放心、可爱、被爱、值得爱和珍惜。

婴幼儿需要关爱和善良，从而学会表现爱和善良。他们需要他人触摸、拥抱、抓住他们，或坐在他们身边，这有助于促进他们的心理健康和社会性发展。如果婴幼儿在需要的时候被拥抱，他们就会在与人亲近时表现得更积极和友善。教师经常微笑会引发婴幼儿的积极回应[36]。如果没有爱，婴幼儿就将学会防御和保护自己，往往不信任别人。有了爱，他们就知道自己值得被爱。

教师通过微笑、轻触和凝视向婴幼儿展示爱和温暖。霍尼格[37]强调，教师需要亲近婴幼儿。与婴幼儿亲近意味着温情、友好的关系，其中包括成人和婴幼儿之间充满关爱且有助于儿童幸福的情感联结。每个婴幼儿至少需要一个成人的爱护，但所有成人都要对所有的婴幼儿充满热情和关爱之情。

教师可以问一问自己是否可以在一天之内做到以下任何一件事情。

- 经常回应，体贴地触摸。
- 语言亲切。
- 表达对婴幼儿的爱。
- 对婴幼儿的感受表示同情（“哦，那一定受伤了”或“我可以看出来你很难过”）。

注意婴幼儿的信号

具有回应性的教师总会注意和解读婴幼儿在情感和身体上的信号与交流尝试，并思考他们要表达的意思。

婴幼儿需要教师熟悉他们明显或微弱的信号，注意并理解他们的意图和感受。合拍意味着教师对婴幼儿试图用面部表情、声音、手势或词语进行的交流非常敏感。例如，教师对举起手臂的儿童说“你想上去”，或对面露悲伤的儿童说“你看上去很伤心”。当照料者与儿童合拍时，照料者就会以一种可视的方式映照儿童的感受。教师要对以下事情进行反思。

- 分享婴幼儿的喜悦。
- 询问婴幼儿想要什么，或者他们的感受，帮助他们表达感情。
- 关注婴幼儿试图沟通的内容。
- 用眼睛和耳朵关注婴幼儿的面部表情、手势、动作、声音和词语。

婴儿教育专家玛格达·格伯会对婴儿说：“我不知道你想告诉我什么，但我想弄明白”。[38] 她认为，当成人回应婴幼儿尝试发起的沟通时，婴幼儿会积极地将自己与他人看作沟通伙伴。他们将学习如何用词语表达自己的思想和情感，而非总是哭泣、喊叫或者抱怨。

当成人无法在身体上回应婴幼儿时，他们可以口头回应。例如，教师正在给婴儿换尿布时，可能会以令人安心的声音回应哭泣的婴儿：“我正在给贾雷姆换尿布，我很快就到。”教师可以反思自己在一天中是否使用过以下策略。

- 寻找并解读婴幼儿发出的清晰或微弱的信号。
- 用语言识别婴幼儿的感受。
- 快速、积极地回应婴幼儿的问题和其他注意事项。

鼓励双向互动

双向互动是一种相互给予、分享、轮流和共同关注的感觉。教师配合婴幼儿的互动节奏，这是一项重要的教师技能，不仅有助于促进婴幼儿的沟通技巧，也能满足他们“假装事情发生”的情感需求。如果婴儿咕咕叫，教师也会咕咕叫。如果学步儿将球滚送给教师，教师就会把球滚回去。教师可以先拿起一本书，递给学步儿，学步儿就会拿起这本书，坐在教师旁边，阅读这本书。

这些都是平行地双向互动的例子。虽然不是所有的双向互动都是这样，但采取轮流的方式可以提高婴幼儿的自信心和互动技能。互动有助于婴幼儿感觉到自己可以控制发生在自己身上的事情——如果他们想拥有学习的动力，那么这一点非常重要。这种控制感和效能感有助于婴幼儿更多地参与活动，容忍小的挫折。

教师可能在观察此类互动时反思自己跟随婴幼儿的引领和推动互动的能力。

- 对婴幼儿发出的互动信号敏感。
- 游戏、吃饭和交流中采取轮流的方式。
- 在不会中断或破坏婴幼儿活动的情况下接近他们（注意到亨利正聚精会神地堆积木，所以要等待几分钟再给他换尿布）。
- 在婴幼儿的可视范围内接近他们，而不是从他们后面冲过来（俯身或与婴幼儿一起趴在地上，告诉他接下来要发生的事情“你玩过玩具后，我要帮你换尿布”）。
- 用手势或口头询问婴幼儿想要什么，感觉如何，接下来想做什么（不是假定婴幼儿希望被拉起来，而是询问婴幼儿，然后等待他们用眼神、手势、词语进行回应）。

身心均平易近人

具有回应性的教师在心理和身体上对婴幼儿都是平易近人的。当心理和身体上都能得到满足时，婴幼儿就会产生安全感。当教师与婴幼儿在同一高度时，互动更容易发生。情绪稳定的成人会通过“躲猫猫”等游戏或对话的方式，让婴幼儿学会集中注意力。如果婴幼儿主动接近成人却被拒绝（往往是因为教师错误地不想让婴幼儿变得过于依赖或者依恋他们），他们就会由于缺乏安全感而变得更加依赖人或黏人[39]。

教师可以使用以下策略以确保自己在心理和身体上平易近人。

- 与婴幼儿一起坐在地板上，让他们靠近自己、离开，然后回来坐下或自由地靠着教师的腿坐。
- 每天都有一些与每个婴幼儿一对一的时间。
- 限制自己与其他成人的谈话时间，使婴幼儿感觉到教师的情感在场。
- 坐下，让自己与婴幼儿同高，促进自己与他们的目光交流和触摸。

保持愉快的情感基调

具有回应性的教师全天都保持愉快、积极的情感基调。当成人的语气匆忙、尖锐，充满批评或失落时，儿童就会形成令成人担忧的情感基调。他们可能会哭，在游戏中心烦意乱，身体和面部肌肉变得紧张。教师的语气越平静，教室就越宁静[40]。婴幼儿认真地注意着教师的情绪，教师在婴幼儿项目中的所有时间里都会对婴幼儿有所影响，不仅是在直接互动时。为了鼓励婴幼儿充满希望地、乐观地面对生活，教师需要为他们带来平静、舒适和喜悦感。

以下策略有助于教师在照护机构或家庭托儿所中营造积极的氛围。

- 寻找可以减轻压力的方法。
- 通过播放轻柔的音乐和美化环境来创设宁静的教室。
- 在全天的工作中保持平静和安心。

以平静、安慰的方式回应婴幼儿的悲伤

回应式教师会平静地回应婴幼儿痛苦、紧张的情绪和其他不开心的表现，从而安抚他们。教师会尝试各种方法来安慰婴幼儿，帮助他们以社会、文化可接受的方式调节和表达情感，从而在照护机构或家庭托儿所中帮助婴幼儿减少压力和困扰。

在婴幼儿项目中，当婴幼儿表达自己的强烈感情时，让他们保持平静可能是一个挑战。教师可以鼓励婴幼儿以适当的方式表达感受，比如“你看上去很累”或者“你不喜欢，但我不得不换掉你的尿布，我会尽快让你觉得好一点”。如果家长或教师鼓励婴幼儿抒发感情，他们就会少发脾气，因为他们觉得自己被听到、被认可，随着时间的推移，他们将学会使用自己的话语。当学步儿德纳的母亲离开时，霍尼格了解到德纳的感受，说：“你很伤心，也很难过。”当德纳的妈妈回来时，德纳双手叉腰，强调道：“我很伤心，也很难过。”[41]

教师可以在婴幼儿悲伤时尝试以下方法来支持他们进行自我调节。

- 安慰婴幼儿，帮助他们调整自己的行为。
- 对不同的婴幼儿尝试不同的方法，使其平静下来。
- 回应婴幼儿主动提出的要求并安慰他们（婴儿可能会爬到你身边，让你抱他 1 分钟；学步儿可能会让你把创可贴贴在婴儿床上）。
- 用亲切、理解的声音冷静地应对婴幼儿爆发的情绪和其他不愉快表现；尝试抚慰婴幼儿，保持亲密而不是在情感上抛弃他们；说话（选择适合婴幼儿年龄和经验的词语），如“你看起来很生气”“你看上去像跺脚”“你想要玩具”“你可以说说你怎么了吗？我想帮你”或“你需要拥抱吗”。

鼓励每个婴幼儿的技能发展

具有回应性的教师会不断地注意、发现、鼓励和欣赏班级中每个婴幼儿的优点、兴趣和新技能。

当成人以积极、关心的方式关注婴幼儿时，婴幼儿就会获得一种自我价值感。当成人因婴幼儿的努力和成就而感到"快乐和真正的喜悦"[42]时，婴幼儿就会茁壮成长。比如，说"你跳起来了"或者"你拿起了蓝色玩具"，而不仅仅是表扬，比如"好"或者"很好"。与模糊的、一般的表扬相比，表达具体的鼓励会给婴幼儿更多的信息，有助于培养他们的目的感。

教师可以利用以下方法鼓励和表扬婴幼儿。

- 通过注意和发现每个婴幼儿的优点来确认他们的价值，如"你很乐于助人"或"你可以让人们微笑"。
- 要具体化，避免使用诸如"好""非常好"和"可爱"之类的词语，这些词语对每个人都有不同的意义。
- 对婴幼儿的攀爬、行走、跳跃、交谈、帮助等新技能表示钦佩。
- 至少发现每个婴幼儿身上的 5 个优点，并经常谈论它们。

了解婴幼儿的发展与差异

具有回应性的教师一贯了解婴幼儿的发展阶段和差异，帮助每个婴幼儿感受到自己的独特之处。

正如成人在他人接受自己时所表达的感激一样，婴幼儿也会发展出一种独特的身份感，即拥有特殊技能和特质的人。拥有良好的儿童发展专业背景有助于教师接受婴幼儿发展过程中的适宜行为，如吮吸拇指、洒食物（因为手腕运动尚未完全发育）、倒进另一个学步儿怀里或在他们开始发展自主性时总说"不"。

教师可以使用以下策略来展示他们对婴幼儿发展和个体发展的理解。

- 对尝试和掌握新技能的婴幼儿表示认可，而不是批评或责骂。
- 如果婴幼儿需要支持，那么帮助他们进入游戏。
- 在新的环境中陪伴婴幼儿，直到他们感到舒服为止。
- 频繁地关注安静的婴幼儿，并为活跃的婴幼儿提供使用自身能量的机会。
- 在婴幼儿需要帮助时，帮助他们应对挑战。
- 接受发展性阶段（吮吸拇指、需要毯子、试图用勺子但常会溢出）。

帮助婴幼儿学习

除了要满足婴幼儿的情感需求，教师也要支持他们的学习。现在我们知道，与婴幼儿相处的方式对他们的健康和学习多么重要（见表 12.3）。

表 12.3 帮助婴幼儿学习

- ✦ 教师保护婴幼儿，帮助他们感到安全和健康。
- ✦ 教师帮助婴幼儿感受到归属感。
- ✦ 教师是有目的的。
- ✦ 教师追随婴幼儿的需求。
- ✦ 教师在互动中模仿和鼓励婴幼儿。
- ✦ 教师支架婴幼儿在各个发展领域中的学习。

让我们来逐个详细地阐述这些方法。

教师保护婴幼儿，帮助他们感到安全和健康

婴幼儿必须感受到安全和受到保护，才能爱和学习。有时，我们会说，让成人拥抱孩子。当然，拥抱是一个熟悉的想法，意味着用充满关爱的、支持性的人际与物质环境包围婴幼儿。教师可以反思自己在白天是否使用过以下方法。

- 抱着哭泣的婴儿。
- 使用平静的声音和尊重的话语。
- 以温柔的方式与婴幼儿互动。
- 保护婴幼儿免受伤害。
- 用手臂搂住坐在旁边的学步儿。
- 坐在地板上时让婴幼儿靠在自己的身上或在自己的腿上爬行。
- 当其他婴幼儿家长走进教室时，教师对婴幼儿的不安感进行有效回应。

教师帮助婴幼儿感受到归属感

归属感是婴幼儿的主要需求之一。它是一种与成人、集体或同伴相处的舒适感，即这就是我此刻应该在的地方的感觉。它可能是我们帮助婴幼儿获得的最重要的一种感觉。教师每天早上热情地迎接婴幼儿，帮助他们感受到归属感，并在他们离开的时候对他们说“再见，明天见”。当婴幼儿的名字在集体中经常被使用时，当他们的优点被欣赏时，当他们的问题

被接纳时，归属感油然而生。

教师是有目的的

教师在如何支持婴幼儿的发展方面是经过深思熟虑的。有时，当一个不了解回应式课程的人进入婴幼儿照护机构或家庭托儿所中，看到婴幼儿为了获得舒适的环境在教师的大腿上游戏或坐着时，他可能认为教师没有计划较多的活动。事实上，我们认为，教师精心创设满足每个婴幼儿发展需求的回应式环境的过程，也可以用来支持他们在情感、社会性、语言、认知和运动等方面的发展。同时，教师也有目的地与婴幼儿家庭建立起牢固而积极的关系。

教师追随婴幼儿的需求

在每时每刻的师幼互动中，在设计师幼互动活动和创设环境中，成人追随着婴幼儿的需求。在即时回应的互动中，教师或家长观察婴幼儿、读取婴幼儿的信号、尝试挖掘婴幼儿的想法，然后通过继续观察或以鼓励婴幼儿进一步行动的方式来回应婴幼儿。例如，一个 1 岁儿童可以用毯子盖住一个成人的脚，成人在毯子下面晃动自己的脚，儿童笑着把毯子从脚上拉下来。成人与儿童分享在毯子下找到自己的脚的喜悦。儿童又把脚盖住，好像在问："脚会晃动吗？""是的！"他又高兴了起来。这个 1 岁儿童不仅是在分享与成人的开心时刻，也在探索因果规律。他正在探究方法，探索使脚移动的不同方法。在这一刻，跟随儿童的引导，便意味着成人观察到儿童已经准备好让成人为自己提供学习的机会。例如，成人提供玩具后，将球滚动给儿童，或拿着一本书坐在地板上，然后观察儿童是否对这些感兴趣。

婴幼儿是否开始采取行动来达成自己的目的，如开始玩玩具、将球滚回给成人，或在听书时表现出喜欢？当教师或家长经常引导或跟随婴幼儿时，这种互动就像成人与婴幼儿之间令人满意的共舞。

> 学习和成长就像跳舞一样，一步步、一天天进行，你和孩子了解彼此以及你们之间的关系。有时你会引领孩子，有时你会在与孩子的共舞中跟随孩子[43]。

教师在互动中模仿和鼓励婴幼儿

> 成人模仿孩子，孩子会受到刺激，通过增加手头任务的输出来模仿成人。
>
> ——福曼和库思娜（Forman & Kuschner）

从第 8 章开始，请记住，模仿是婴幼儿学习的重要方式。为婴幼儿提供模仿范例是另一种有效的策略。教师也可以模仿婴幼儿，这不仅有助于成人与婴幼儿的发展水平共鸣，而且可以激发婴幼儿继续自己的游戏和发现。例如，婴儿拍打音乐玩具，让它发出叮当的声音，成人拍击玩具并看着婴儿，婴儿就会再次拍打玩具，并可能用不同的方式打它，从而发现用不同的方法拍打玩具会产生不同的声音。婴儿正在探索因果关系，并且由于合作伙伴的参与，他将更有动力继续下去。

教师支架婴幼儿在各个发展领域中的学习

教师和其他成人以及同伴，可以通过支架（见第 3 章）来支持婴幼儿的学习。就像支架支撑着画家以防止画家摔倒一样，教师在婴幼儿学习的时候支持着他们。支架不是为油漆工刷油漆，而是帮助油漆工找出最好的油漆方法，这与支架婴幼儿在所有发展领域的学习相似。例如，如果一个学步儿在试着将三个拼图片拼在一起时，教师可以做几件事中的一件来帮助他掌握拼图的方法。学步儿经常有这样一种观点，即用力推拼图片就会“起作用”。与其告诉学步儿“推”不会起作用，不如在学步儿实验时提供教师支持。教师可以拿着拼图的完整样图，这样学步儿就可以“推”出拼图的各个部分，看它们是如何匹配的。教师可以建议学步儿一次拿出一个拼图片，仔细地观察，这有助于学步儿看到拼图片上的颜色或图案，从而更容易地将拼图片放到正确的位置。如果学步儿感到沮丧，那么教师可以建议他们轻轻地转动拼图片，使其慢慢吻合，从而帮助他们学习拼拼图的方法。

或者，为了支架学步儿未来的学习，教师可以在环境中添加几种两片拼图或带把手的三片拼图，让学步儿进行试验，以此支持他们掌握拼拼图的方法。教师为学步儿提供支持性的人际环境和物质环境，帮助他们进行试验，学习不同的方法以实现目标。虽然完成一项任务能让学步儿感到满意，但最重要的目标并不是让他们完成拼图，而是让他们学习不同的拼图方法。

支架的秘诀在于支持婴幼儿思考如何使用工具进行学习，如主动接触同伴、表达情感、建构、倾倒、填充或询问，从而开启进一步的发展。支架的另一个方面是提供学习材料。当教师观察到学步儿试图从低矮的平台上跳下来时，可以在地板上提供一个垫子。某些环境因素往往有助于鼓励乐于试探的婴幼儿尝试一些新的东西。

支架学步儿的一个重要方法是，为探索活动营造情感氛围。对婴幼儿想学的东西表现出兴趣，你的微笑和注意力会鼓励婴幼儿继续“工作”。倾听表明你重视婴幼儿说的话。握着一个正在学习跳跃的婴幼儿或一个正在学习爬行的婴幼儿的手（当他们想要你帮忙的时候）就是在支架孩子的下一步发展。别担心你会使婴幼儿依赖你，因为有学习动机的孩子并不会总是想要你的手。只是现在，你的手为他们提供了情感和身体上的支持，让他们有了尝试的勇气。

亲师关系与文化敏感性照护

本书第 2 章介绍了我们有关家庭和文化方面的思考。在这里，我们重点阐述在婴幼儿项目中建立亲师关系的策略。

发展亲师关系的策略

教师与家长、社区的关系编织了一个支持婴幼儿成长的网络，为他们的健康提供了保障。与家长的积极关系和互动始于家长打给婴幼儿项目的第一次电话或对婴幼儿项目的第一次探访。入学表通常由照护机构或家庭托儿所的主管和家长一起填写。除了从家庭中收集的关键信息有助于支持婴幼儿的发展外，正在形成的合作关系也为教师未来与家长的互动奠定了坚实的基础。信息交换，即教师提供有关婴幼儿项目的信息，家长提供关于如何最好地满足婴幼儿需求的信息。表 12.4 呈现了建立以家庭为中心的婴幼儿项目的策略，承认并尊重婴幼儿对于自己与家长建立牢固、积极关系的需求，强调了在两个环境中尽可能地为婴幼儿提供一致的照料。

表 12.4 以家庭为中心的婴幼儿项目的特点

支持婴幼儿与家长之间的关系

- 在教室周围展示每个婴幼儿家人的照片，并将其放在婴幼儿容易看到的地方。可以塑封这些照片，并用尼龙搭扣将它们固定在墙上，便于婴幼儿随身携带；或者，将婴幼儿家人的照片放在一块大墙报板上，用一块布料附着每张照片，这样婴幼儿就可以用自己和别人的家人照片玩“躲猫猫”游戏了。
- 确保婴幼儿可以使用带有自己及家人照片的书籍或相册。
- 请家庭成员录音、讲故事或唱歌。

通过欢迎的态度和友好的课堂环境，让家庭成员在婴幼儿项目中受到欢迎

- 为家庭制定一项开放规定，他们可以在一天中的任何时间和婴幼儿在一起，只要他们愿意，就可以来看望婴幼儿并与他们互动。

续表

- ✦ 设立一个家庭友好公告牌，说明家人探访和自愿参与事宜，以及通知和公告。
- ✦ 为想要给婴幼儿喂奶，或与婴幼儿独处的家庭成员提供私人空间。
- ✦ 创设“家庭信息”空间（如文件箱或文件柜），展示资源信息、纪律、儿童读物等，这样家长就可以加以补充，或者教师通过文章、小册子和宣传册等帮助家长建立亲子关系。

让家长加入婴幼儿项目，虽然某些策略更适合某种照护机构或家庭，但重要的是，要在照护机构和家庭之间创造一种合作的感觉

- ✦ 调查家长希望的参与方式。
- ✦ 通过邀请家长参加婴幼儿项目的董事会或委员会，让家长参与有关规定的制定。
- ✦ 计划让整个家庭参与的社交活动。
- ✦ 邀请家长进入婴幼儿项目，为婴幼儿拍照或记录婴幼儿的语言，以展示他们的兴趣和学习。
- ✦ 让家长参与活动计划，并撰写有趣的每月通讯，涉及照护、每月活动、婴幼儿、家长等信息，培养家长的集体意识。
- ✦ 让家长参与筹款活动。
- ✦ 让家庭成员在家自制玩具（如袜子木偶、“摸盒子”、豆袋、乐透游戏），从而辅助婴幼儿项目。
- ✦ 为家长提供有关家庭支持资源的机会和信息，例如学习第二语言、离婚支持小组、青少年育儿、了解医疗补助和医疗保险。

开发家长和教师日常交流系统

- ✦ 在照护机构或家庭托儿所里创设友好的亲师交流区，家长可以在此与教师沟通当天的婴幼儿需求信息。
- ✦ 在照护机构或家庭托儿所里创设友好的亲师交流区，保存每个婴幼儿的日常信息，便于家长获取信息，并与教师讨论当天的情况。
- ✦ 在照护机构或家庭托儿所里创设友好的“谈话角”，便于教师与家长私下谈话。

确保家庭有足够的机会表达偏好、信仰、价值观、关于照护机构或家庭托儿所的看法

- ✦ 教师要与讲不同语言的家长进行交流，如有必要，请一名翻译协助自己与婴幼儿及其家长进行交流。
- ✦ 定期请家长分享信息，说明自己和孩子的需求、兴趣、成长史以及其他相关信息，这有助于婴幼儿项目满足婴幼儿的个体需求。

敏感地回应婴幼儿及其家庭文化的策略

不同的家庭有不同的文化，文化与育儿实践有关，影响成人如何看待儿童以及如何看待家长和教师在儿童生活中所发挥的作用[44]。教师也有自己的文化，会对家长有关婴幼儿照护的看法持同意或不同意的观点，双方可能在一些问题上产生分歧，如婴幼儿应该什么时候开始独立吃饭、什么时候学习如厕、怎样学习如厕、应该吃哪些食物，或者什么时候让婴幼儿保持清洁以及让婴幼儿保持清洁的程度、是否应该把婴幼儿放在地板上（或者放在毯子或垫子上）。这些不同的看法得到了有意识或无意识的观念的支持，例如婴幼儿开始自己进食的时间[45, 46]。对许多家长来说，婴幼儿的自食其力意味着他不再依赖家长。有些家长认为，这是一件好事，意味着孩子正走上独立的道路，十分可贵；有些家长认为，为了发展牢固的家庭关系，孩子需要更长时间的依赖，因此孩子在 1 岁时用手或勺子独立进食不是一件好事。也有些家长认为，不应该浪费食物，强烈要求成人用勺子喂 1 岁大的孩子，不让孩子从高椅子上的托盘里拿食物，因为这很可能导致孩子把一些珍贵的食物倒在地上或把它们抹在脸上。教师该如何回应家长的观点和文化呢？

通过有益于健康的对话，教师和家长可以就婴幼儿项目的实践进行协商。在最重要的育儿问题上，家长和教师之间通常可以建立起相互尊重的提问和倾听关系。冈萨雷斯－梅纳[47]明智地说："无论一个人来自什么文化，目标都应该是发展人际关系。尊重他人可以解决许多跨文化问题。"

表 12.4 中的内容很重要，但教师与家长之间的关系更重要。与家长建立健康的关系就需要倾听他们的声音，并与他们就潜在冲突的关键问题进行对话。冈萨雷斯－梅纳[48]建议教师与家长对话，而不是试图说服他们教师是对的。她说，争论是要说服别人站在你这边，而对话是让每个人都理解对方的观点。她总结了争论与对话的区别，如下所示。

- 争论的目的是胜利，对话的目的是收集信息。
- 争论者是告诉，对话者是询问。
- 争论者试图说服，对话者试图学习。
- 争论者试图令人信服，对话者试图发现。
- 争论者看到两个相反的观点，并考虑有效或更好的观点；对话者愿意理解多个观点。

当教师和家长进行对话时，关于进食、时间安排、婴幼儿学习如厕时是否应该穿拉拉裤或裤子以及婴幼儿学习内容等问题都会成为他们建立关系的机会。这些关系建立在信任的基础上，相信对方会倾听、理解并解决问题，从而及时地找到最佳解决方案。

教师必须反思自己的文化价值观，以及这些价值观在其行为中的表现。简单地说，教师是否和儿童一起坐在地板上，说明了教师关于儿童角色的文化价值观。表 12.5 列出了教师提供文化回应式照护的方式。

表 12.5　提供文化回应式照护

家庭

- ✦ 与家长谈论他们的育儿观念。
- ✦ 当婴幼儿在一年中频繁地进入婴幼儿项目时，教师要和家长就常规问题（分离、进食、换尿布、睡觉）进行对话。
- ✦ 邀请家长来照护机构或家庭托儿所玩一天。
- ✦ 邀请家长帮忙重新装饰教室，并与他们讨论丰富多样的、无刻板印象的环境的重要性。

语言

- ✦ 在可能的情况下，使用婴幼儿母语中的重要词汇。
- ✦ 询问家长，其母语中表达亲密的词汇，并加以使用。

进食和喂养

- ✦ 询问家长，婴幼儿喜欢吃什么。
- ✦ 询问家长，婴幼儿如何以及何时吃东西。

玩具

- ✦ 询问家长，婴幼儿最喜欢的玩具是什么，并尽量提供。
- ✦ 选择代表不同文化的玩具和装饰物，而不仅仅是教室里的文化。

图书

- ✦ 选择以积极的方式展现各种各样文化的书籍。
- ✦ 选择带有不同角色的男性和女性的书籍。

歌曲

- ✦ 请家人分享婴幼儿喜欢的传统歌曲、光碟和其他音乐。
- ✦ 请家庭成员与婴幼儿一起唱歌。
- ✦ 演奏和演唱来自不同文化的音乐，包括你自己的。

续表

海报、图片和墙饰

✦ 展示婴幼儿、家人（包括宠物）的照片，并将其贴在墙上婴幼儿够得着的地方，方便婴幼儿把照片拿下来随身携带。

✦ 提供可以夹带家庭照片的小枕头，让婴幼儿随身携带。

✦ 展示来自不同文化的海报。

✦ 展示来自不同文化的棉被、衣物、绘画和墙饰（通过询问确保物品安全）。

戏剧表演

✦ 不同文化的衣服、鞋子、配饰。

✦ 来自社区里不同类型工作和角色的衣服、帽子、鞋子、工具和其他物品。

为了更具有文化意识，教师可以：

1. 与其他教师和家庭成员就文化问题进行对话；

2. 阅读诸如《熟练的对话：在多样化的观点中进行真正的沟通与合作》（*Skilled Dialogs: Authentic Communication and Collaboration Across Diverse Perspectives*）[49]之类的书籍以及《领导反偏见早期教育项目：变革指南》（*Leading Anti-Bias Early Childhood Programs:A Guide for Change*）[50]。

3. 与来自不同文化的专业人士和家庭成员进行讨论，了解他们对早期照护和学习问题的观点。

4. 参加关于多样性的会议。

5. 撰写对文化问题进行思考的私人日记，并对有关观念和偏见进行反思。

以关系为基础的回应式计划

课程计划是一个持续的能量循环过程，它源于孩子，通过敏锐的教师再返回给孩子，以激发、补充和激励他们的力量。

——威特莫（Wittmer）

在以关系为基础的回应式课程中，婴幼儿与家长的每一刻、每一天、每一周的需求和兴趣都会引领教师的计划过程。教师不是从一系列的活动中开始计划课程，而是从观察婴幼儿在各个发展领域中的行为和学习来计划一天或一周的课程（见第 6 章至第 10 章末尾的“发展趋势与回应式互动表”）。

计划过程：尊重、反思与联系

教师观察、记录，并利用这些信息来设计环境中的互动和变化，从而支持婴幼儿的学习和关系建立。例如，教师观察并记录希瓦达开始走路。她认为，开始走路会影响希瓦达在社会、情感和认知领域的发展，因为他将以新的方式了解和体验这个世界。基于对希瓦达走路的内在动机的尊重以及对希瓦达的努力将如何影响他各个领域发展的思考，教师通过交流、分享感受、观察孩子的兴趣来与孩子建立联系。她通过经常坐在地板上的方式回应希瓦达学习走路时对安全感的需求，也通过检查环境来确保希瓦达有足够的空间来迈开第一步。她观察希瓦达的目标，并以此为依据，调整环境，进行回应式互动。她在这里运用了课程计划的“3R”方法，即尊重、反思与联系（respect，reflect and relate），专栏 12.3 将对此进行解释。

专栏 12.3　制订回应式计划，教师可以做什么

尊重：重视婴幼儿正在做的事情和感受。了解婴幼儿的感受、目标，以及他们的学习方式。

反思：观察、思考和感受。婴幼儿是如何展示自己的感受的？婴幼儿的目标是什么？婴幼儿在学习什么？是如何努力学习的？婴幼儿需要什么？

联系：通过观察兴趣、互动、交流、分享感受或者改变物质环境等方式予以回应。

这一过程始于尊重。在本章的开始，我们讨论了尊重婴幼儿人格的观念。正如埃姆德（Emde）[51] 所说：“每个儿童都应该被视为儿童，而不仅仅是作为成人的准备。”儿童在具有情感支持的、有趣的物质环境中追求自己的目标，例如思考如何搭积木的儿童会经常搭积木并持续很长时间、学习走路的儿童会一直学习走路直到“可以走得非常好”。没有人必须说：“来，现在是练习走路的时间了——开始走。”尊重儿童的内在动力，允许他们按照自己的目标和“把事情弄明白”的能力来活动的教师，会有意识地对儿童的目标、感受、正在学习的内容、学习方式、展示自己的需求的方式进行反思。

反思包括你所观察的内容以及对观察内容的思考，也包括对你（成人）的感受以及思考内容的反思。通常，反思是瞬间发生的，比如，你必须对一个尖叫的儿童予以回应，但是，有时反思也会随着时间的推移而发生，比如，你会仔细思考观察儿童、与儿童互动的意义。

联系包括尊重和反思后所采取的回应式行动，如观察儿童的兴趣、互动、交流、情感分享，以及为了帮助儿童建立健康的关系而一次又一次地与他们一起调整环境。

如何为每个儿童制订计划

我们提供了个体和小组计划表格，教师可以使用这些表格来计划课程，以满足个体儿童及小组儿童的需求和兴趣（请见附录）。个人计划表格由负责为少数特定儿童制订计划的教师填写。如果采用主要照护系统，那么教师就要每周负责完成对本组婴幼儿的指导，并进行家访和家长一起填写表格。教师应尽量在一周内完成两份个人计划指导，以记录儿童的感受、发现和探索。

这里提供两个版本的个人计划表格，即第 1 版（见专栏 12.4）和第 2 版（见专栏 12.5）。可以用照片或逸事来记录儿童的兴趣，它们都要求你思考儿童在做什么、可能有什么感觉（推断），以及儿童在学习什么（概念和发展里程碑）。在尊重和反思部分，第 1 版要求教师写出儿童在每个发展领域的学习内容，第 2 版要求教师写出对于整合性学习的回应。表 12.6 列出了儿童可能正在探索的概念。教师和家长可以在观察儿童的过程中添加更多内容，也可以使用观察系统来描述行为、知识和发展阶段（如开始同时使用两个单词或开始爬行），如盎司量表[52]。照护机构或家庭托儿所的教师可以请家长分享他们在家观察到的情况。

专栏 12.4 儿童个人计划指导（第 1 版）

儿童姓名：索菲亚　年龄：26 个月

时间：2016 年 3 月 9 日—13 日

指导人员：马特，卡拉

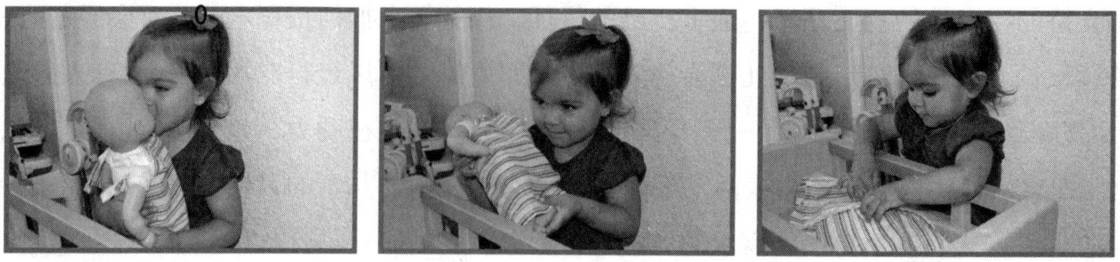

尊重和反思	联系
我正在做什么？ ● 我正在亲吻我最喜爱的玩偶，用毯子包裹它，并把它放在玩偶床上。 **我感觉如何？** ● 当我专心照顾玩偶的时候觉得很有安全感。 **我正在学习什么？** 情感和社会性 ● 我发现，当我可以有所作为时便收获了自信。我正在学习集中注意力（自我调节）以及表达和管理自己的感受（情绪调节）。我正在学习如何帮助他人。 认知 ● 我正在学习空间概念。 ● 我正在学习因果关系（我可以做一些有影响力的事情）。 ● 我正在玩假装游戏和象征性游戏。 语言 ● 我正在学习表达喜欢某物或某人（用亲吻表达）。 运动 ● 我正在学习控制自己的身体，这样我就可以用毛毯包裹玩偶，然后小心翼翼地把它放在玩偶床上。当我在玩的时候，我同时获得了小肌肉运动和大肌肉运动的技能。	**你可以做些什么来支持我的学习与发展？** （这是一些例子，这一组教师在这周中将会有选择性地关注。） 回应式互动 ● 我们将用语言描述你正在做什么。 ● 我们将做好温和、关心和亲社会的榜样。 环境、玩具、材料和活动 ● 我们将带来一些玩具为你提供探索因果关系和空间关系的机会。 ● 我们将在戏剧表演区投放不同大小的玩偶、毯子、奶瓶和其他婴儿玩具，以支持你的能力发展。 ● 我们将和你的家人谈话，了解你在家里如何帮助他人，以及你如何参与象征性游戏。 ● 我们将考虑为儿童提供更多的体验，让他们参与戏剧游戏、假装游戏，并记录他们的经验，然后计划更多的活动。

专栏 12.5　儿童个人计划指导（第 2 版）

儿童姓名：希拉　年龄：9 个月

时间：2016 年 3 月 9 日—13 日

指导人员：克洛伊

尊重儿童的情感、努力、目标、学习和关系

撰写观察记录、使用照片或其他记录材料——日期：

3/9/16：希拉躺在地毯上。她仰面躺着，上下摇动着一个圆环玩具，面带微笑，并发出“ba”“ma”等声音。然后，她翻了个身，趴在地上，像螃蟹一样在地板上爬来爬去。

3/10/16：今天爸爸来接她时，她正坐在克洛伊的腿上。当她看到爸爸时，她大声尖叫并笑了起来。

反思

我正在做什么？

- 我已经开始爬了。我伸出手，然后把手攥成一团，像螃蟹一样在地板上爬行。当一天结束时，我看到了爸爸，我的脸上带着灿烂的微笑，并尖叫着表达我的情绪。我把塑料圆环玩具放在背上，让它们发出响亮的叮当声，因为我看着它们时会快速地上下摇动它们。我开始发出“ba”“ma”声。

我感觉如何？

- 爸爸来时我很高兴。我喜欢用圆环玩具发出声音。

我正在学习什么？

- 我知道，当我看到爸爸高兴得尖叫时，他会高兴地回应我；我知道我可以做一些东西（叮当响的圆环玩具）。我还知道，当我摇动圆环时，它能发出吵闹的声音（因果关系），所以我知道玩具也能发出声音。我的语言也正在发展。我正在通过“咿咿呀呀”来学习交流。我也正在学习用不同的方式移动。

联系

你可以做些什么来支持我的学习与发展？

回应式互动

- 我会问你父亲你在家喜欢做什么。
- 我们会"咿咿呀呀"地回应你，然后再等你说。我们也会用仅有一两个单词的句子与你说话。
- 玛莎将是你的主要照护教师。她会努力成为那个喂你吃饭、哄你睡觉的人。

环境、玩具、材料和活动

- 我会带来一些不同的圆环玩具给你摇。
- 我们会在几个舒适的角落添加一些有因果作用的玩具。
- 我们会提供一块干净的地方让你爬。

表 12.6　"我正在探索和学习……"

情感 / 依恋	社会性 / 同伴	认知	语言 / 读写	动作
我的自我价值，即我是否值得被爱	同伴在做什么	如何解决问题	如何表达我的需求，包括我不想要什么	如何做大肌肉运动，如滚、坐、爬、被拉着站起来、走、跑、跳、爬楼梯……
谁会保护我，谁能保证我的安全	如何和同伴游戏，或在同伴旁边游戏，如平行关注、简单社交、分工和互惠的社会游戏	当我感到好奇时，会发生什么	语言表达，例如，如何回应声音、面部表情、手势、姿势、咕咕叫、胡言乱语、词语和句子	如何掌控新环境，如在雪中行走、走下斜坡、使用室内游戏设备和户外操场设备
如何使我的需求得到满足	谁会和我玩，同伴们的游戏方式哪里不一样	如何使用工具实现目标，如用一根绳子拉玩具、用手指弹玩具钢琴	接受性语言，例如，如何倾听、如何理解别人在说什么、如何听懂指示	如何保持平衡，如何控制身体

续表

情感 / 依恋	社会性 / 同伴	认知	语言 / 读写	动作
我能信任谁，他能照顾好我吗	谁对我好，谁会伤害我	有关明暗、上下、内外、高低的概念以及阴影是怎样形成的，重力是什么	如何使用语言，如告诉、请求、提问、要求	如何使用身体，如移动、携带物品以满足需求或实现目的
别人觉得我如何	如何加入同伴游戏，如参与游戏、对同伴微笑、大笑以及模仿同伴	物品和材料的属性，如硬软、弱强	与其他人说话时如何切换语言	如何用好动作技能，如触碰、够东西、举起、放手、捡起、挥手、鼓掌、双手合十
如何引起成人关注并让他们和我待在一起	亲社会行为，安慰、帮助、喂同伴吃东西	因果关系，例如，如何影响事物以及为什么我可以做到	谁会回应我的声音、话语	如何手眼协调地达到目的，例如，完成一个拼图、把钉子放在钉板上、进食
如何表达感觉，如悲伤、难过、快乐、欣喜、生气、喜爱、沮丧和失望	如何用社会可以接受的方式保护自己的东西	象征，例如，理解符号及参与象征性游戏	喜欢和谁聊天	如何使用不同的抓握方式，如耙握式、剪刀式、钳夹式
如何解读和回应他人的情感表达	如何处理冲突，如何协商和合作	空间关系，例如，将物体或自己放入一个空间，或将物体组合在一起	单词如何组成句子（句法）	当别人喂我吃饭或给我穿衣服的时候，我该如何合作并表示喜欢

续表

情感 / 依恋	社会性 / 同伴	认知	语言 / 读写	动作
自我调节，如冷静地表达、等待、安慰自己	如何交朋友，如何成为别人的朋友	客体永久性，例如，当物体或人消失时，他们去了哪里，如何使物体或人消失或出现	如何添加词尾表达某种意思（语义）	当我想吃、不想吃或觉得不舒服的时候，如何表达
自尊和自我价值感，如我能做什么，不能做什么	如何让同伴离开	如何使用不同的策略来达到目的	如何享受阅读，如拿起书、听故事、看图片	如何在不同的情况下控制自己的身体
如何坚持完成一项任务	如何调整姿势、动作和语言	时间概念	如何用书籍与成人或同伴互动	如何用手指、双手或器皿来独立进食
如何和我爱的人分离	如何分享空间、材料、玩具等物品	如何按顺序排列物品，如基于高度、宽度、长度、颜色	如何解读书里的图片，包括图片和现实中的物品、人或动物的关系	如何照顾自己，如刷牙、脱衬衫、脱衣服、把鞋子摆放在一个专门的地方
如何应对陌生人	如何与人交流分享我生命中的重要他人	如何给物品分类，如按一个维度（颜色或形状）或两个维度	如何打开书、合上书、翻页、保护书	如何如厕，包括表达如厕的需求

基于“儿童个人计划指导”的内容，教师、家长通过观察计划回应式互动（教师－儿童、家长－儿童、同伴－同伴以及教师－家长），包括一日常规和回应式环境（环境布置、设备、材料和提供的活动）以支持儿童在所有发展领域的学习。我们已经讨论了回应式互动，第 13 章将阐述一日常规、环境和机会。阅读第 13 章以及有关个人计划指导的几个案例之后，你就可以完成“儿童个人计划指导”中的“联系”部分。

在与婴幼儿的即时互动上，许多调整都是可以立即实现的，但有些可能还需要时间。

如何计划小组活动

小组计划有两种形式。专栏 12.6 所示的表格可在一周结束时使用，专门用来计划下一周的活动。当教师们一起制订小组计划时，他们会带来“儿童个人计划指导”并分享信息，这样所有的教师都能在互动和特定环境中提出有建设性的改善建议。教师做计划时，要基于小组中儿童的已有观念、发展阶段、兴趣和特长。

专栏 12.6　小组回应式计划指导

组内儿童姓名：西尔维娅、索菲娅、希拉和胡安

时间：2016 年 3 月 16 日—20 日

指导人员：马特、卡拉、克洛伊

尊重和反思

（采用“儿童个人计划指导”中的信息）这个小组的孩子们：

- 正在探讨因果关系。
- 正在建立自信（当他们学习新事物并有所作为时）。
- 相信成人会回应他们，并且和他们一起玩得开心。
- 学会通过尖叫和说话来表达自己。

联系：满足儿童兴趣和需求的周计划

歌曲 / 手指游戏

- 继续以回应的方式和儿童一起唱歌。
- 坐在地板上，然后唱几首儿童最喜欢的歌。
- 带些图片或实物来配合唱歌。
- 玩泡泡的时候唱泡泡歌。

故事 / 图书

- 建立在索菲娅对因果关系的兴趣上。
- 每天都邀请儿童坐在地板上听几个故事。

- 当儿童想要读故事时，予以回应。

回应式互动

- 一定要与儿童互动。
- 一定要对儿童的感受予以回应。
- 回应儿童的语言：

对于希拉的胡言乱语，你可以用胡言乱语来回应她，也可以跟她说话。与索菲娅和其他儿童一起使用新词汇。

环境、玩具、材料和活动

- 基于索菲娅对因果关系的兴趣，可以在舒适的角落放一个手电筒，让儿童探索打开手电筒的方法。
- 在一周中添加一些彩色玻璃纸。
- 确保希拉有地方爬。
- 在水台上放一个具有因果作用的玩具（水车）。为促进儿童社会交往，也可以添加有水的“双人浴缸”。到这周中间，在水台和“双人浴缸”中加入泡泡，让儿童更多地了解泡泡。
- 在室外开设障碍课程。
- 在活动区域添加不同大小的球和篮子。
- 添加更多的圆环玩具，提供玩因果游戏的机会。

家庭经历

- 与家长交流，了解儿童如何探索因果关系，在家里和照护机构中做了什么。
- 询问家长，儿童喜欢哪种玩具、材料和活动。

特殊活动

西尔维娅的父亲将于周二来访，并演奏长笛。

专栏 12.7 所示的第二份小组计划表格为婴幼儿照护机构或家庭托儿所的教师提供了反思一日常规和发展关怀型社区的空间，这样的表格每月至少应完成一次。教师也可以与家长一起填写“小组回应式计划指导”，制定日常生活计划，如洗澡。

专栏 12.7 小组的一日常规计划

组内儿童姓名：西尔维娅、索菲娅、希拉和胡安

时间：2016 年 3 月 16 日—20 日

指导人员：马特、卡拉、克洛伊

建立关怀型集体：为儿童、家长和教师创建以关系为基础的婴幼儿项目，思考项目中正在发生的事情，以及可能发生的事情。

一日常规	进展顺利之处	我们可以做什么来改善儿童、家长和教师的体验
入托或离托	一位教师正在和每位家长打招呼并询问前一天晚上儿童的情况。	把表格放在靠近门的地方，让家长写下儿童昨夜的情况或其他信息。在门口放一把舒适的成人椅。
进食	当学步儿坐着等待食物的时候，他们很喜欢我们正在唱的歌。	为了使气氛更加愉快，我们可以在桌子上为学步儿提供餐垫和一些鲜花。
午睡	我们给想听故事的儿童讲故事之后，他们很容易就会睡着。	为了顺利地从午餐时间过渡到午睡时间，我们会在每个儿童睡觉前给他们一个特别的拥抱。
换尿布	我们跟他们讲话，他们也跟我们讲话。	无。
如厕	较大的学步儿开始如厕。我们不会给他们施压，但是当有人开始坐在马桶上时，另外几个人也会这么做。	鼓励儿童，不要强迫他们。我们想强调的一点是，他们正在学习如厕，而不是被训练着如厕。
游戏	大多数学步儿在上午的大部分时间里都在游戏。	继续根据我们所观察到的儿童兴趣和需求来制订计划。
户外	我们创设一些阴凉的环境，儿童在户外的时候可以坐在那里。	让家长帮忙创造一个有盖子的沙箱。
过渡环节	唱“整理歌”有助于建立整理常规。	把几件物品的图片放在架子上，这样儿童就能把物品和图片匹配起来，物归原处。
其他常规		

计划是一个尊重、反思与联系的过程。教师为小组中的个人计划回应式活动，并利用这些信息，为整个小组制订周密的计划。

本章小结

- 婴幼儿的情感发展为学习和爱奠定了基础。教师的回应式策略有助于增强婴幼儿的幸福感，满足他们对爱与被爱及鼓励的情感需求，并帮助他们学习。支架是成人的策略，可用于促进情感、社会性、语言、认知和动作发展。教师观察并记录婴幼儿的学习情况，利用这些信息制订相应的课程计划。
  - □（与家长合作的）课程能够回应每个婴幼儿的需要、兴趣和长处，并着重建立健康的关系。婴幼儿从一天的开始到结束所经历的一切都是课程——他们在不断地学习。课程有八个组成部分，本章将讨论第一至第四部分。
  - □ 婴幼儿的天性和需求、他们学习什么更重要，以及对他们而言最佳的学习方式是什么，等等，教师对于这些问题的观点构成了课程的理论基础。婴幼儿学习的一个重要方式是游戏。
- 教师最重要的角色之一是创建一个以关系为基础的集体，以确保婴幼儿感受到安全、关爱并体验到归属感。教师在支架婴幼儿的情感、社会性、语言、认知和动作发展以及追随婴幼儿需求的过程中要目的明确。成人与婴幼儿的互动促进了婴幼儿的情感发展，这正是所有学习的基础。
- 解释如何创建一个对家庭和文化敏感的婴幼儿项目。当教师与来自不同文化背景的家长建立起牢固、积极的关系时，他们就为婴幼儿的幸福编织了一个支持网络。教师和家长积极对话，有助于建立相互尊重的合作关系。
- 在以关系为基础的回应式课程中，婴幼儿和家长每时、每刻、每天、每周的需求和兴趣都对课程计划起到一定的引领作用。包含尊重、反思与联系的回应式计划过程有益于确保课程成为真正的“日常关系”！

反思与应用

反思的问题

1. 婴幼儿课程的关键组成部分是什么？哪些很重要？
2. 你认为，对婴幼儿来说，最重要的是什么？比较你的答案和小组里其他成员的答案。
3. “尊重婴幼儿”是什么意思？
4. 成人用来满足婴幼儿情绪情感需求（学习的基础）的回应式策略是什么？为什么这些策略对婴幼儿、家长和教师如此重要？

观察与应用

1. 运用表 12.3 和表 12.4 观察一个婴幼儿项目，并与教师进行访谈，了解他们如何与一般家庭以及来自不同文化背景的家庭建立回应式关系。总结你的观察和访谈，并提出改进建议。
2. 请分析这个案例：艾布里亚只有 28 个月大，她的父母希望教师用勺子喂她吃饭，不希望她在午餐时间玩食物。在艾布里亚所在的这个婴幼儿项目中，孩子们坐在一张桌子旁用勺子独立进食，到处都乱糟糟的。有时，他们用勺子累了，就用手指抓取食物。这个项目中的教师认为，让孩子学会自己吃饭很重要。你将如何与家长讨论这个问题呢？

第 13 章

一日常规、环境和机会：日常关系

学习成果

阅读本章之后，你将能够：

- 解释如何提供回应式过渡和一日常规；
- 创设以关系为基础的回应式环境，包括高质量的学习空间、设备、玩具和材料；
- 理解如何提供各种学习机会；
- 描述各种课程方法。

在本章中，你将学习如何建立充满尊重的一日常规，并在回应式课程中创设丰富的环境。你还将学习如何为每个儿童提供以关系为背景的发展机会，并阅读根据尊重、反思与联系来规划活动的例子。在本章的最后，我们描述了可以在小组中运用的其他婴幼儿课程方法。但首先，请阅读专栏 13.1，你将发现，注重回应式互动和关系的婴幼儿班级是怎样的。正如婴幼儿所说，在婴幼儿项目中收获的非常重要的经验将影响他们如何评价自己、关系和世界。单独来看，每一种经验可能都不是非常重要的，但将这些经验整合起来时，它们就会塑造儿童，影响儿童的未来发展。

专栏 13.1　回应式班级

安吉·希克斯班级中的每个婴儿都能得到两三位教师的照护。指定教师对三四个婴儿负有主要照护责任。这些教师将在大部分时间里与他们待在一起，并观察他们的基本需求。在我们访问当天，这种安排很明显。当其中一位教师去拿瓶子时，萨曼莎的目光追随着她，然后开始哭泣。另一位看到萨曼莎哭泣的教师安慰她，说："你因为珍妮的离开而感到难过吗？"

大婴儿室非常安静，教师有时为睡醒的孩子们播放柔和的音乐。另外两个房间有婴儿床以及母亲哺乳的安静区。在将婴儿放入婴儿床之前，教师会把婴儿抱在怀里唱摇篮曲。

室内布置得很好，标签贴得清楚，所以教师不必花时间翻找物品。个人物品，包括尿布和奶嘴，都保存在贴有标签的地方。食物过敏和防晒要求用大字写在墙上。项目管理人员严格要求教师执行健康预防措施、保持设施清洁、在喂食和尿布更换之间洗手以及在擦拭儿童鼻子时使用塑料手套。家长经常打电话来询问孩子的情况。

最重要的是，教师多年来一直从事早期教育工作。正如伯勒斯主任所说，"这个班级里的教师喜欢和很小的孩子在一起，而且不会觉得倦怠"，这在婴儿照护行业很常见。对孩子们的奉献是显而易见的。一位教师亲切地拥抱一个刚刚醒来的孩子，然后揉搓他的背部，让他慢慢地过渡到当天的活动中。对话中充满了令人鼓舞和关心的话语，如“继续爬，你马上就到了！”“谢谢你把它交给我！”教师向家长们表达兴奋之情，自豪地汇报孩子们的活动情况。

教师跟随孩子们的引领。当一个孩子将书拿给其中一位教师时，该礼物（书）就会开启一个小组阅读活动。当一个婴儿把支撑他的硬枕头往一边推并开始哭泣时，一位教师接到了他的信号，将他移到背上，在那里他立即感到满足。另一位教师问一个孩子：“你想告诉我什么，珍？你想吹泡泡吗？”珍热情洋溢地说：“Bubba ba ba。”教师帮助珍独立吹泡泡，然后鼓励其他孩子参加活动。

因为学步儿学会了口头交流，所以教室里的大多数谈话都来自孩子们的想法。阿斯塔拿出一个塑料冰激凌蛋筒说：“爸爸。”教师回答说：“爸爸买冰激凌吗？”当阿斯塔拿起一个奶昔杯时，教师说：“这是你正在制作的奶昔吗？我们去买一些冰激凌吧。”在教室里，学步儿们玩冰激凌游戏。过了一会儿，一个男孩兴奋地宣布他做了一个蛋糕。教师和孩子们开始唱生日歌。

如何在一日生活中，通过关系帮助儿童获得有价值的经验？对婴幼儿来讲，一种非常重要的经验是，如何从家里过渡到婴幼儿项目和每天的生活常规中。

过渡和一日常规——建立关系的时刻

过渡和一日常规是加强儿童与教师、家人、同伴之间的关系，促进他们学习的重要机会。过渡是儿童生活中发生变化的时期，比如当婴幼儿进入一所照护机构或家庭托儿所，或者当婴儿随着年龄的增长和新的需求出现而更换教室时（希望熟悉的教师和自己一起“向上”发展）。当一个儿童或一群儿童从一种经历转换到另一种经历时，例如，从室内游戏转移到室外游戏，日常过渡就产生了。一日常规是儿童在一天中经历的有规律的事情，如换尿布、喂食或从游戏到午睡。

进入新的婴幼儿项目

对婴儿来说，最困难的时刻之一可能是他们第一次进入一家照护机构或家庭托儿所。教师和家长可以密切合作，为婴儿在这段时间的分离提供支持并帮助他们适应新的环境、新的成人、新的经验。在下面的例子中，保尔和圣约翰阐述了蒂姆适应新环境的艰难过程[1]。

蒂姆站在大游戏室的入口处。他 2.5 岁的身体很强壮，但个子不高。游戏室里的声音很刺耳，他环顾四周，寻找他们进来时和他妈妈谈话的那位女性。她对妈妈说："他会好起来的，我会让他拥有美好的一天。"说罢，便握住蒂姆的手。但是现在，像以往一样，教师马上走了。这次他和上次一样害怕。这不是一个好地方。他想要妈妈，想回家。一个男孩从他身边跑过，重重地撞了他一下，蒂姆差点儿摔倒，但他还是控制住自己，朝房间的角落走去。他仍然看不到任何教师，只能看到一群小孩。他坐下来，用手指触摸地板上的一些彩色积木。一个大男孩走过来，抓住一个积木，并用脚踩在蒂姆的手上。蒂姆大哭起来，环顾四周寻求帮助。他用另一只手握住受伤的手，泪水顺着脸颊流了下来。但没有人看见。

对蒂姆、妈妈和教师来说，如何才能让分离变得轻松一些呢？我们要记住，与所爱之人分离是非常困难的，持有这种观点将有助于我们从儿童和家长的角度出发看待问题。家长可能会感到焦虑、内疚，好像自己在放弃孩子。儿科医生和儿童发展专家布雷泽尔顿指出，有些家长会公开表达他们的感受，有些家长在准备和孩子分开时显得很疏远，还有一些家长在试图控制孩子时显得很愤怒，但实际上却感到失控[2]。像蒂姆这样的孩子会感到困惑和悲伤。

入托与离托

在一天的开始，家长可以和教师问好，而非直接放下孩子离开。从婴幼儿的角度来看，早晨是"再见"的时间，因为他们要向家长说"再见"；也是打招呼的时间，他们和家长向教师问好。因此，如果从儿童的角度思考，这个过渡时间就是说"再见"和"你好"的时间。

婴幼儿向家长道别与向教师问好的时间必须谨慎处理，因为这是他们与家长、教师进行情感交流的时间。如果家长不在身边，婴幼儿的情绪就会随着时间和空间的变化而波动，他们无法想象家长消失后是否仍爱着自己（从儿童的角度出发）。婴幼儿必须从信任家长转化为信任教师——这不是一件容易的事情，除非他们之间已建立起积极的关系。

一日常规有助于儿童、家长和教师预测分离时刻的到来（一种期待感），从而为他们带来更平稳的过渡。

妈妈为了确保基娅顺利进入家庭托儿所中，在和她道别之前唱了一首歌。教师总是问候妈妈和基娅，然后询问基娅前一天晚上的情况以及这一天有没有需要特别注意的事情。教师用特别的拥抱来迎接基娅。妈妈告诉基娅，她会在基娅午睡之后回来，并唱一首歌、读一个故事、拥抱和亲吻基娅之后说“再见”。教师待在基娅的附近，准备抱着她或读一个故事，以帮助她适应这一天。在教室里，教师坐在靠近门的一张桌子旁，桌子上放着有趣的东西，如橡皮泥、书或新玩具。当基娅和家长一起进门的时候，教师就在那里询问家长关于孩子的特殊需求，并微笑着问候基娅。基娅脱下鞋子，穿上自己的拖鞋。一日常规帮助她过渡到婴幼项目中，她可以用一个大大的拥抱和一个吻向妈妈说再见。

一天开始时的过渡在一天结束时以类似的方式重复，让儿童从婴幼项目平稳地过渡到家庭。

一日中的过渡环节

一日中的过渡环节是建立师幼关系的重要时间。在个体活动和集体活动进行过渡之前要告知儿童，给他们时间。例如，对一个需要换尿布的婴儿说“是时候换尿布了……”，然后再去抱起他。在学步儿蹒跚地走向尿布桌之前，可以帮助他完成一项任务。让婴幼儿中断游戏来换尿布会引发他们的悲伤和愤怒情绪。记住，当你走到房间别的角落或走出房间时，这对婴幼儿来说也是一个变化。为了让婴幼儿感到更安全，你可以告诉他们，你什么时候离开去给另一个孩子换尿布或准备食物，以及你什么时候回来。随着年龄的增长，从一间教室过渡到另一间教室，这对婴幼儿来说十分困难，除非有持续的照护，其中至少要有一位熟悉的教师和一群孩子一起搬到新教室。

回应式常规

婴幼儿项目中的照护程序是在白天内发生的有规律且可预测的互动，包括换尿布、如厕、进食、睡眠。回应式常规有很多好处，能增强师幼关系，促进学习，满足婴幼儿的身心需要。婴幼儿会获得自我价值感，并学习他人的优点。他们知道自己的需求会得到满足，也知道可以说出自己的需求，并且会有人回应。婴幼儿还会与那些以充满关爱的回应方式满足他们需求的人建立关系，因为他们知道，那些成人值得信任。婴幼儿学习语言和认知技能时，教师会在他们的日常活动中使用“上”“下”“翻转”等词语。在回应式常规中，婴幼儿会变得自律，获得一种内在的控制感。长期的常规模式使得他们的大脑变得更有条理[3]。

对婴儿来说，一日常规是个性化的，能够回应他们的需求。婴儿感到饥饿或不知所措时，通常会让你知道。教师会根据婴儿的饥饱状态以及是否需要互动或换尿布来解读他们发出的信号。这些互动构成了师幼关系的核心，伴随互动中的彼此信任与喜爱，婴儿由此开始形成了认同感。对学步儿来说，一日常规是他们与教师在换尿布、吃饭和睡觉时进行对话（咿呀学语、学第一个单词和句子）、共享关系的时间。

婴幼儿也应该参与换尿布的过程。当教师说“是时候把你的尿布脱掉，换上一片干净的尿布了”时，这一常规活动是教师与孩子共同进行的，而非只是在孩子身上完成。随着时间的推移，换尿布时间变成了如厕时间，喂食时间变成了和同伴在小桌子上吃饭的时间，帮助婴儿入睡的时间变成了支持他们过渡到午睡时间。教师可以使用表 13.1 来确定一日常规对婴幼儿的回应程度。

表 13.1　回应式常规

回应式常规

- ✦ 根据每个婴儿在进食和睡眠方面的不同需求提供一日常规。
- ✦ 灵活实施一日常规（吃饭、睡觉、游戏、室内外活动），让学步儿学会预测。
- ✦ 利用日常生活作为情感交流和学习的机会。
- ✦ 提供主要照护。

回应式进食常规

- ✦ 如果家长希望，就创设便于他们喂食婴儿的隐蔽空间。
- ✦ 尊重母亲母乳喂养的决定。
- ✦ 询问孩子和家庭的饮食习惯、需求和文化偏好。
- ✦ 和学步儿一起坐着吃饭，而不是看他吃饭。
- ✦ 在喂食标有孩子名字的食物时，回应孩子的需求和意见；使用描述食物的颜色、形状、大小、质地和味道的词语；和孩子们一起吃饭，并谈论一些愉快的事情。
- ✦ 轻轻地抱着婴儿，用奶瓶喂奶。婴儿需要被抱着喂奶，以确保安全和满足婴儿的情感需求。根据婴儿的需求，轻声说话、哼歌、唱歌或保持安静。
- ✦ 在进餐时，用温柔、和善、友好、鼓励、积极的方式与孩子说话。
- ✦ 当孩子表示饿了或想要更多食物时，回应他们；当孩子表示满意或想要停止进食时，尊重他们。

续表

- ✦ 用盘子和垫子代替餐巾纸或纸盘。
- ✦ 给孩子提供自己动手的机会，如从小罐子里倒牛奶、用海绵擦桌子。
- ✦ 运用某种方式每天向家长传达孩子的用餐信息，如进食方式、进食时间、食物以及用餐同伴。
- ✦ 运用某种方式记录家长关于母乳喂养或用奶瓶喂奶的观点。

回应式换尿布和如厕常规

- ✦ 在换尿布区摆放孩子可以看到的家庭照片或其他有趣的图片。
- ✦ 让换尿布成为成人说话和唱歌的特殊时间。使用鼓励、积极的词语或自言自语，比如“第一个”“第二个”和安慰的话。
- ✦ 与家长协商孩子如厕的方法，衔接家庭和婴幼儿项目。
- ✦ 帮助学步儿如厕时，温柔地与他们交谈。
- ✦ 永远不要强迫学步儿使用马桶或待在马桶上。

回应式入睡常规

- ✦ 为孩子提供充足的睡觉时间。
- ✦ 轻轻地摇动或轻拍需要帮助入睡的婴儿，当他们发出要离开婴儿床的信号时，做出积极、快速的反应。
- ✦ 为每个学步儿提供贴有标签的小床，上面有他的名字和专用符号或图案，枕头和毯子上也有标签。
- ✦ 计划和实施学步儿从游戏到睡觉的过渡环节，并按可预测的顺序进行。为了建立积极的关系，根据孩子的需要阅读故事、温柔地交谈，或者轻轻地拍孩子入睡。孩子可能会挑选一本特别的书，如果需要，就给他们玩具或毯子辅助入睡。
- ✦ 让学步儿想睡多久就睡多久。为醒来的孩子安排安静的活动。
- ✦ 帮助学步儿从午睡时间过渡到起床时间。
- ✦ 午餐前为学步儿准备好午睡区域，学步儿如果在午餐时累了或睡着了，就可以在午餐时间休息，或者教师帮助孩子过渡到午睡环节。

回应式“问好”和“再见”常规

- ✦ 早上热情地问候每一个婴幼儿及其家长，帮助孩子在一天开始时从家里过渡到项目中。给家长一个交流特殊需求的机会。
- ✦ 当家长接到孩子时，热情地问候每一位家长。帮助孩子在一天结束时从项目过渡到家里。与家长交流孩子的当日表现，并给每个孩子一个特别的道别。

文化近观

米娅是一名指导教师，曾在婴幼儿项目帮助其他教师，但是她感到非常失望。她观察到一个将近 3 岁的孩子像小婴儿一样被抱到一张换尿布的桌子上（而不是通过攀爬安全的梯子），被教师用勺子喂饭且不被允许用手碰食物，不能与教师用“宝宝语”交谈，她把这些发现告诉了她的导师。在导师的鼓励下，她以充满尊重的方式向教师谢莉恩提问。米娅发现，谢莉恩这样做是为了回应家长的期望，尽管她也质疑这种做法。之前，谢莉恩曾了解并试图理解孩子的家庭，在孩子的家庭中，家长鼓励的是相互依赖而不是独立行动。谢莉恩对家长的要求迅速予以回应，以免孩子因家里和婴幼儿项目的不同做法而感到困惑，而且他们刚到美国不久。对于米娅、谢莉恩、孩子和家长，你有哪些看法？

婴幼儿项目中的一日常规持续存在，需要注意的是，它将变得程序化（单调）。教师可能想知道，他们为什么要帮孩子擦鼻子、擦屁股、喂食物，一日常规和教学有什么关系。当我们意识到一日常规代表学习机会和情感联系机会时，就会有目的地安排它们，因为一日常规也许是一天中最重要的部分。

创设以关系为基础的回应式环境

在教室中创设以关系为基础的回应式环境，包括设备、材料和机会来支持婴幼儿的发展。婴幼儿和教师喜欢的优质环境包含许多要素。

- 它支持婴幼儿的个性和社会性发展。
- 它鼓励婴幼儿进行探索、专注地游戏和合作。
- 它为婴幼儿提供选择，并支持自主学习。
- 整洁的墙壁和学习区域为婴幼儿提供学习机会。
- 环境满足“专注、安慰、休息和探索”的需求[4]。
- 它支持师幼关系的进一步发展。
- 它减少了看管活动，使教师有更多的时间与婴幼儿互动，观察和促进婴幼儿的发展。

照护机构和家庭托儿所中的优质环境

创设优质的学习环境，首先要认识到婴幼儿需要什么，并确定如何最大限度地增加他们获得适当经验的机会。格林曼[5]（Greenman）问："儿童以什么为生？"他回答道："简单来说，就是了解世界上的人和事，并最大限度地发展自身的能力。儿童是探险家和科学家，他们测试和发现自己的能力、人和物的属性，以及世界元素之间的关系。"

当然，我们不能忘记婴幼儿对促进关系发展的环境的需求，包括成人与婴幼儿的关系、同伴之间的关系。记住这些，教师可以创设一个不同于家庭的环境。图 13.1 和图 13.2 分别是婴儿和小学步儿教室、学步儿教室的平面图示例。为了让婴幼儿感到安全，充满学习动力，可参考表 13.2 中的信息。环境中要包含学习空间和特定区域，让婴幼儿在自己的环境中感到快乐。

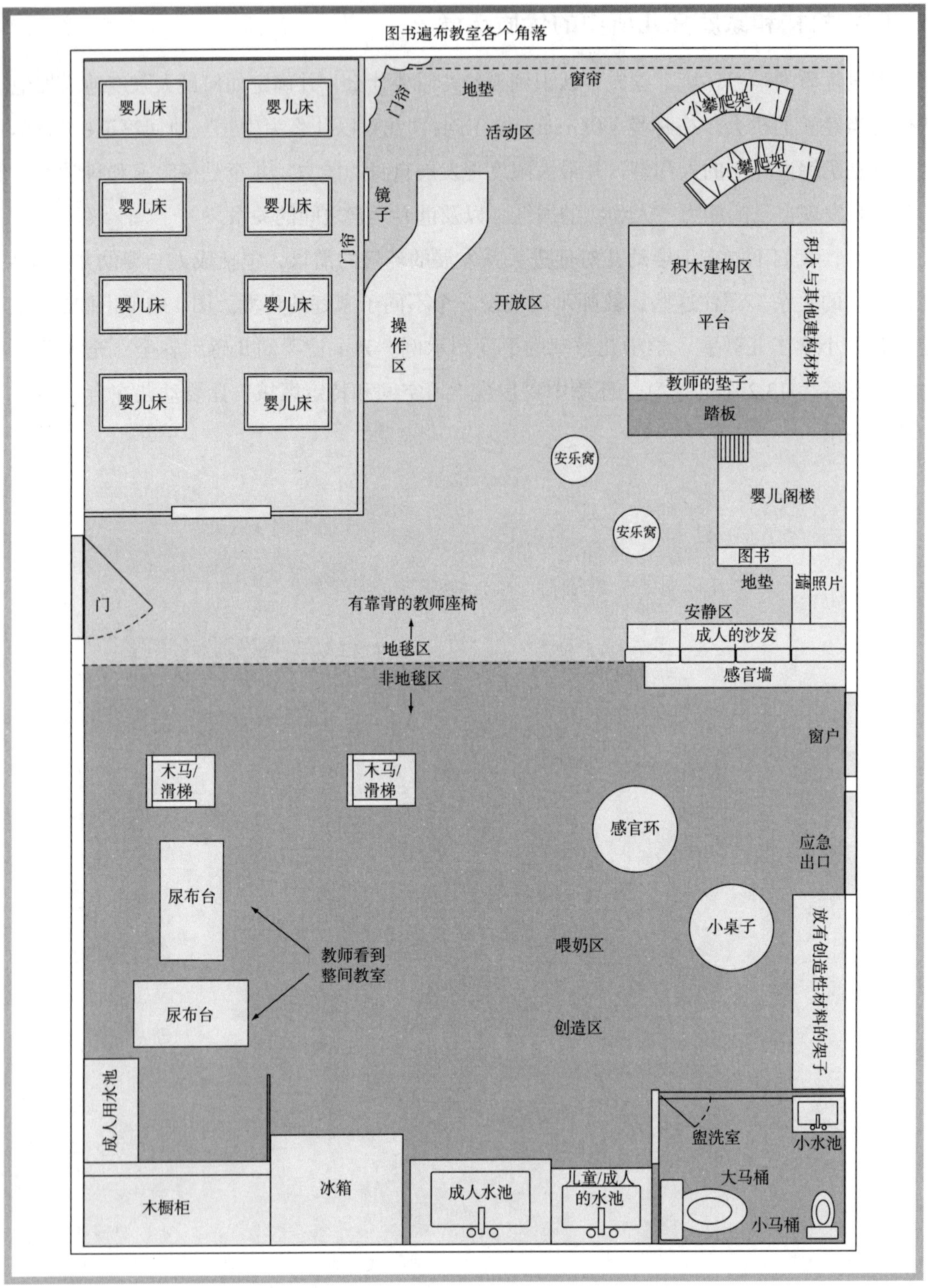

图 13.1　婴儿和小学步儿教室平面图（2—18 个月）

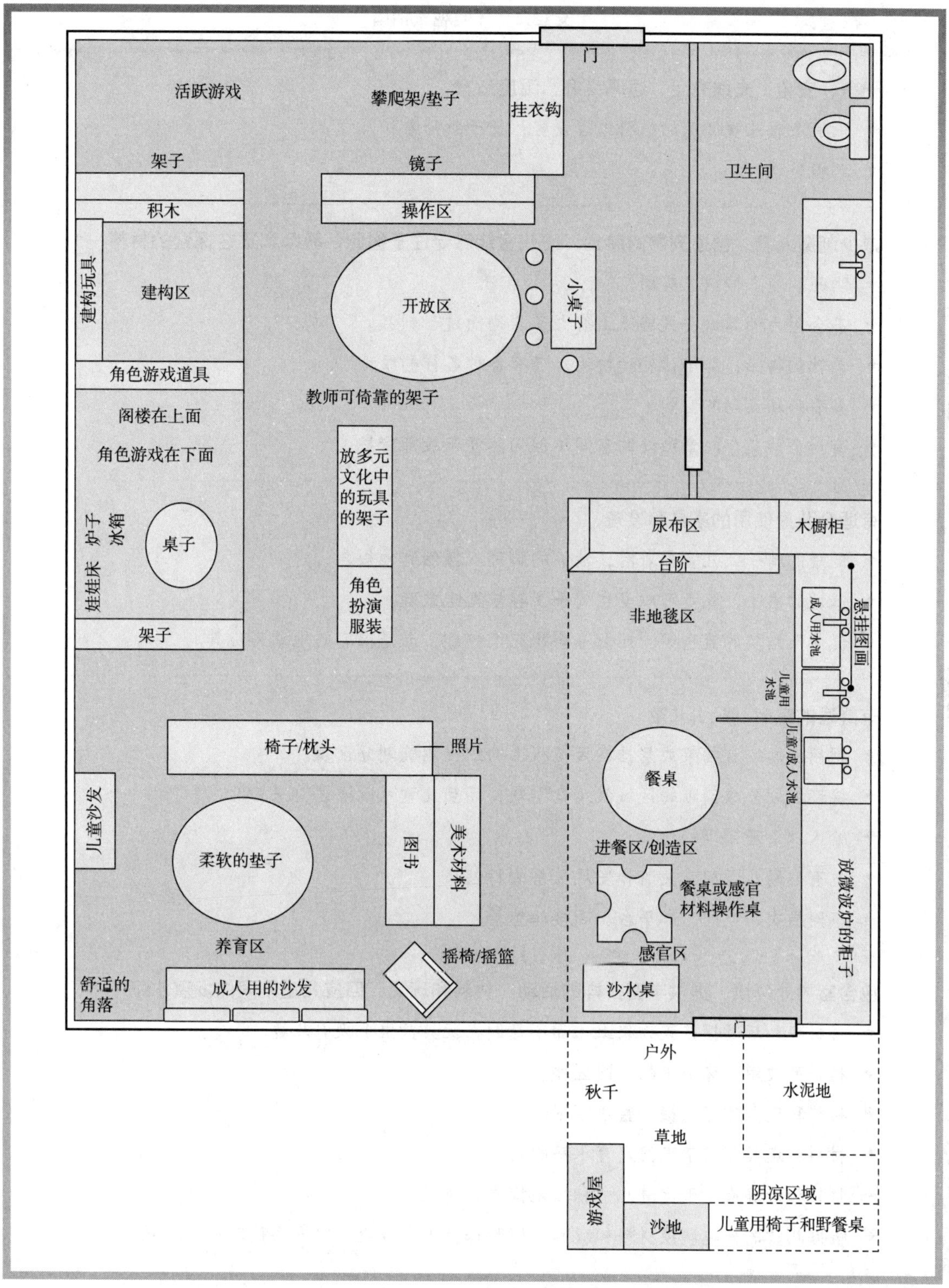

图 13.2　学步儿教室平面图（18 个月—3 岁）

表 13.2 环境观察指南

干净、安全、光线充足、通风良好、温度适宜

✦ 没有危害儿童健康的材料或者设置，便于教师看护儿童。

✦ 环境整洁。

减少刺激元素，创造安静的感觉，使儿童能够专注于彼此、教师和正在探索的材料

✦ 明亮、令人愉快且美丽。

✦ 不会因为油漆太亮或墙纸上有太多人物而过于刺激。

✦ 柔软的物品，如小沙发和枕头，还有各种各样的纹理。

✦ 具有师幼互动的空间。

✦ 有一个或几个儿童独处的空间（但仍然便于教师看护）。

有适合儿童使用的家具和设备

✦ 低矮的椅子，儿童坐着时，他们的脚可以接触到地板。

✦ 低矮的桌子，儿童可以坐在椅子上轻松地吃或玩。

✦ 低矮而结实的置物架，儿童不会把它们打翻，而是很容易地拿到玩具。

有舒适的空间，吸引儿童

✦ 利用低矮的置物架或悬挂在天花板上的织物明确划分区域。

✦ 将环境划分成清晰的区域供儿童游戏，而且儿童可以描述出来。

✦ 给人以条理清晰的感觉。

✦ 具有鼓励儿童相互交流和发展关系的特性。

✦ 不同层次的空间，如平台、阁楼和垫子。

包含室内外环境，提供丰富多样的活动、材料和玩具，回应儿童不同的发展水平

✦ 将材料和玩具摆在置物架上（而不是倒在玩具盒里）吸引儿童。

✦ 材料可被用于环境中的不同区域。

✦ 材料和玩具完好无损，整洁可用。

✦ 材料和玩具可用于不同发育水平的儿童。

✦ 材料和玩具有助于促进儿童积极地探索和游戏。

✦ 根据儿童的兴趣调换材料和玩具，同时保留大多数玩具以提供稳定性和一致性。

续表

支持成人看护、观察儿童以及与儿童互动。

✦ “野营”用的椅子（带靠背），教师可以靠着椅背坐在地板上。

✦ 枕头和抱枕，教师可以坐在地板上舒服地靠在墙上。

✦ 摇椅，教师可以舒服地坐着，摇着婴儿睡觉。

学习空间和特定区域

显而易见，学习空间具备支持关系和学习的材料。涵盖所有领域（情感、社交、语言、认知和运动）的整合性学习发生在教室的所有区域。当教师布置角落、舒适的空间、特殊的地方时，他们应该考虑到所有能让婴幼儿欢笑和学习的机会。不是所有的设备和材料都是一次性的，教师要根据婴幼儿的兴趣和发展水平进行调换。教师在布置区域时，需要考虑小组中的每个儿童，以及他们可能如何使用这些材料。记住，游戏是儿童学习的方式——迷人的环境会吸引他们在这里游戏、探索、实验、吃饭和休息。教师在身体上和心理上都可以培养婴幼儿的健康情感、安全感，增进婴幼儿与成人、同伴之间的持久关系，促进他们在所有发展领域的学习。

空间能主动邀请、引导和吸引儿童。表 13.3 描述了各种各样的空间，它们既适用于照护机构中的婴幼儿教室，也适用于家庭托儿所。可以根据婴幼儿的个人兴趣和发展水平提供设备、玩具和机会。

表 13.3　回应式空间

安静区

✦ 远离活跃游戏的安静空间（舒适的角落）。

✦ 铺有垫子，旁边的墙上有一面挂得较低的镜子。

✦ 放有家庭相册、娃娃、毯子、柔软的玩具、安静的玩具、木偶和书籍。

✦ 可躲藏的地方。

✦ 足够大的箱子，供儿童爬进爬出。

专门用于照护孩子的“安乐窝”

续表

特定的养育区

✦ 远离活跃游戏的舒适空间，教师可以坐在地板上（背部受到支撑）抱着儿童。

✦ 阁楼。

✦ 成人沙发。

✦ 地板上靠墙的地方有垫子，上面有结实的枕头和可洗的枕套。

✦ 一个摇篮，用于摇晃儿童，和帮助儿童进食。

愉悦感官区

✦ 适合学步儿玩面团和其他创意材料的矮桌子。

✦ 为儿童提供小水桶、其他容器或玩水的桌子（一直非常小心地观察儿童的用水情况，因为容器中约3厘米深的水就可导致儿童溺亡）。

✦ 提供能放沙子和其他自然材料的容器或桌子。

✦ 一张轻便的桌子（见瑞吉欧材料）。

✦ 提供带有不同纹理的球或其他安全材料的浅水池。

✦ 可以使用触觉盒、声音盒等物品的空间。

✦ 一面粘贴墙。

所有年龄阶段的儿童都喜欢沙子

创作区

✦ 地板上没有地毯，可以在纸上画画。

✦ 无毒油漆、粗蜡笔、黏土、面团、可以撕和画画用的大张纸、刷子、低矮的画架。

✦ 供学步儿使用材料进行创作的桌子。

小桌子吸引学步儿画画

玩“躲猫猫”和其他社交游戏的区域

✦ 在天花板上挂一块布，墙上挂一面镜子。

✦ 大小不一的盒子，侧面有洞，在洞口盖上布，玩“躲猫猫”等游戏。

✦ 在阁楼的地板上铺一块透明板，这样上面的儿童可以向下看，下面的儿童可以向上看，享受其中。

为儿童的社交创设空间

续表

活跃游戏区

- ✦ 不同大小的球。
- ✦ 供儿童扶走或攀爬的沙发。
- ✦ 供儿童攀爬的斜坡或攀爬架。
- ✦ 摇摇船。
- ✦ 隧道。
- ✦ 不同高度的垫子。
- ✦ 可移动的物体，如儿童购物车、玩具婴儿车和骑行玩具。
- ✦ 在墙上固定的不同高度的横杆，便于儿童站起来。
- ✦ 在大大的空盒子上剪出一个窗口，儿童可以在盒子里爬来爬去。

不同高度的垫子供儿童攀爬

玩玩具和其他手工艺品的区域

- ✦ 在低矮的置物架及其前面空出的地板上放置：
- ✦ 学步儿桌椅。
- ✦ 可移动、发出声音和改变形状的玩具。
- ✦ 嵌套积木、环塔、珠串、"拆分"玩具、形状分类玩具。
- ✦ 木制动物、小房子、各民族人物、卡车和汽车。
- ✦ 小圆球、各种大小的木块、大钉子、用于串线的大珠子、木偶、拼图、娃娃、玩具手机。
- ✦ 不同长度和尺寸的管子。

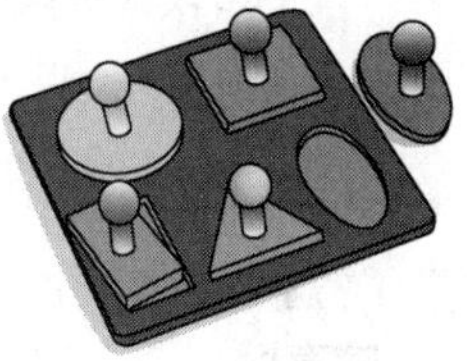

有把手的拼图最适合婴幼儿

建构区

- ✦ 建构平台。
- ✦ 各种大小、形状和纹理的积木。
- ✦ 木制动物、小房子、游乐场、卡车和汽车。

续表

角色扮演区

儿童用适宜的炉子和水池玩假装游戏

- ✦ 镜子、用来挂衣服的低挂钩、围巾、钱包、安全的厨房用具、帽子、锅碗瓢盆、不同大小的容器、装扮的衣服。
- ✦ 多文化的娃娃及其毯子、奶瓶、婴儿床。
- ✦ 不同大小、形状的木偶。
- ✦ 适合儿童的桌子、炉子、水池、冰箱、锅碗瓢盆、盘子（供较大的学步儿使用）。

阅读区

这个吸引人的书架展示了书的封面

- ✦ 专为较大的婴幼儿设计的特定区域，他们可以从吸引人的、简单的展示中选择书籍，并在舒适的环境中阅读或听教师阅读。
- ✦ 把书放在教室的各个角落（便于儿童在任何地方阅读）。

哺育区

- ✦ 舒适的椅子，供成人喂养婴儿，婴儿坐在他们的怀里。
- ✦ 供婴幼儿用奶瓶喝奶的摇篮。
- ✦ 适合儿童使用的桌椅。
- ✦ 一个冰箱。
- ✦ 儿童水池。
- ✦ 成人水池。

睡觉、换尿布和如厕区

- ✦ 睡觉。
    - ＊ 婴儿床。
    - ＊ 学步儿床或垫子。

续表

- ✦ 换尿布。
  - ＊ 带有存储空间的尿布台。
  - ＊ 帮助学步儿爬上尿布台的结实楼梯。
  - ＊ 一个成人水池。
- ✦ 如厕。
  - ＊ 儿童马桶，供正在学习如厕的学步儿使用。
  - ＊ 儿童水池。

户外空间

- ✦ 发展大肌肉运动的开放区域。
- ✦ 适合发展小肌肉运动的区域。
- ✦ 阴凉的地方，保护儿童免受阳光照射。
- ✦ 儿童可以看书的舒适地方，教师也可以给儿童读书的地方。
- ✦ 有设备的区域，儿童可以四处走动来创造和解决问题。
- ✦ 鼓励社会交往的区域，如小登山者游戏区。

空间应该是有组织的，设备和材料要为交流和学习提供机会。正如格林曼[5]所说："教师一定要思考如何创造性地利用教室里的每个角落来吸引儿童去探索。"教师还要为每个学习空间提供专门的学习机会。

回应的机会

不要从活动的角度思考，而应考虑每个儿童和小组中所有儿童的兴趣和发展水平。为儿童提供可以选择的学习机会，在他们体验这些机会的过程中进行尊重、反思与联系。

教师可以为儿童购买许多充满活动和经验的书籍。其中的经验要能够引发儿童回应，并为他们提供探索问题、发现问题和解决问题的机会。然而，有些产品对他们来说过于程序化，且需要强制性的集体时间，不合适太小的儿童。当思考某个活动是否适合小组中的儿童时，表 13.4 中的问题可对教师起到指导作用。

表 13.4 选择材料和机会

1. 满足一个或多个儿童的需求吗？适合他们的能力吗？
2. 满足处于不同发展水平（婴儿、小学步儿、学步儿）的儿童需求吗？
3. 安全吗？耐用吗？可洗吗？无毒吗？
4. 是否支持儿童在多方面的学习（运动、交流、思考、社会性、情感和文化）？
5. 是否能激发一个或多个儿童的兴趣？
6. 是否支持儿童用玩具或材料做许多不同的事情（例如，就一个球而言，儿童可能会咬它、弹起它、滚动它、把它放在一个容器里，等等）？玩具可能只有一种玩法（如拼图），但儿童可以用多种方式探索这个玩具。
7. 是否支持无性别偏见、多元文化思维和非暴力亲社会行为？
8. 我是否可以利用这些材料或活动为儿童提供机会，而不是强迫他们参加活动？
9. 是否适合有特殊需要的儿童？
10. 是否能帮助丰富词汇、扩展交往？

下面的例子展现了教师如何运用指导建议来确保自己所选择的活动适合小组中的儿童。

玛拉是一名教师，负责照护 18—36 个月大的孩子，她的班里有几个喜欢玩球的孩子。她在哈斯特和霍利菲尔德（Hast & Hollyfield）的《婴幼儿与活动》（*Infant and Toddler Experiences*）一书中读到，她可以在自己的班级里提供一些活动。这种活动需要把不同质地、大小和质量的球以及放球的篮子或其他容器带到教室，并要求教师用球填满教室，让学步儿发现它们。在考虑了表 13.4 中的问题之后，她想尝试一下。然而，她决定不用球把教室填满，而是把球和容器放在活跃运动区域，这样孩子们就不会受到过度的刺激。对于还不能走路的汤米，她会把一个小篮子和一些小球放在他身边，让他和其他孩子一起探索。

让我们在学习区中为孩子们探索一些绝妙的机会（见表 13.5）。并不是所有的活动都可以同时获得，环境、材料和机会也会随着孩子们的需求和兴趣的变化而改变。教师可以在特定的地方为孩子提供活动，例如在活跃运动区提供球类活动、在角落用书的地方提供读写活动或在创意艺术学习区为孩子提供使用蜡笔或颜料的创意活动。然而，我们想强调的是，以下大部分机会可以发生在表 13.3 中的所有学习区中，如促进养育的机会，促进社会性、亲社会行为、语言、认知和运动发展的机会，以及在所有的学习区里愉悦感官且促进音乐、读写、计数能力发展的机会。教师如果能够思考所有领域学习的可能性，就会将尊重婴幼儿对设备、玩具和材料的选择，并基于所有活动中固有的学习机会与婴幼儿建立联系。

表 13.5　为婴幼儿提供的机会

- ✦ 平静、冷静的机会
- ✦ 养育性机会
- ✦ 促进社会性和亲社会行为发展的机会，以及为有残障问题的儿童提供的、让其他儿童与其一起互动的社交机会
- ✦ 促进语言发展的机会
- ✦ 促进认知发展的机会
- ✦ 愉悦感官的机会
- ✦ 促进创造力发展的机会
- ✦ 写写画画的机会
- ✦ 学习音乐、歌曲，进行创造性活动的机会
- ✦ 学习计算、空间关系和形状的机会
- ✦ 促进积极游戏和运动发展的机会
- ✦ 户外活动的机会

平静、冷静的机会

安静区为婴幼儿创造了自我平静、吮吸大拇指、恢复精力、独自休息或与同伴、教师、家长一起休息的机会。这里令人放松，有安静、赏心悦目的玩具，以及为较大的婴幼儿准备的结实的枕头。在一个大的汽车内胎上面铺一条结实的毯子就会形成一个小窝，可以把一两个婴儿放在里面，或者让一个学步儿坐在里面放松。也可以在内胎的一侧放结实的可清洗的枕头，供较大的婴幼儿使用，为他们提供一个躲避人群、放慢速度和放松的地方。

养育性机会

在一天中的不同时间段和区域内，婴幼儿都在接受养育。养育婴幼儿是教师最重要的作用之一，例如，当学步儿跌倒并哭泣时，成人会拿出创可贴（一种神奇的治愈方法）。他们也需要检查教室里是否有充足的养育空间。安静区可以兼做养育空间，但教室也需要有安抚

睡篮、一把柔软的椅子，或者一个可容纳两三个人的舒适角落。

- 创造一个成人和婴幼儿可以待在一起的很舒服的地方，教师可以抱着婴幼儿安慰他们。
- 创造一个成人可以靠在椅背上，婴幼儿可以靠在成人身上或扑到成人腿上的舒适地方。
- 创造空间，让教师和婴幼儿能看到彼此的眼睛。
- 在墙壁上悬挂一面安全的镜子，在地板上放一张结实的垫子，这样婴幼儿和教师就可以一边看着镜子，一边拍自己看到的影像或一边唱歌，一边对着镜子里的自己做鬼脸。
- 提供家庭照片，教师将其粘在一起，让婴幼儿可以随身携带。
- 在一块木板上放婴幼儿和家人的照片，在上面盖上一块布，这样婴幼儿就可以像玩“躲猫猫”游戏一样掀开布看照片了。

促进社会性和亲社会行为发展的机会

正如第 7 章所述，婴幼儿在很小的时候就对同龄人表现出极大的兴趣。教师可以通过以下方法支持婴幼儿的互动和友谊。

- 把婴幼儿放在一起或让他们坐在一起来培养婴幼儿对彼此的兴趣。例如，让他们彼此靠近，互相触摸。
- 提供长时间的游戏，在此期间，婴幼儿可以相互模仿、接近、跟随，并试图与其他儿童互动。
- 分享婴幼儿与他人互动的策略。不断地用图片或视频记录婴幼儿是如何喜欢彼此的。与家长分享信息。鼓励家长分享儿童对其他儿童感兴趣的照片和例子。
- 为几个婴幼儿创设学习区，例如，一个可以容纳一两个或更多儿童的盒子、一个小沙发，或阁楼下的一个角落。
- 提供两个或两个以上婴幼儿喜欢的玩具或类似的玩具，让他们可以一起玩。有时，最好的友谊“是在每个孩子都有自己的玩具，且很容易地看到另一个孩子，并与另一个孩子互动的时候，才会发展起来”。
- 使用大型运动设备来促进社交活动，比如攀爬架或摇摇船。同伴之间，在大型设备上发生冲突的次数比在小型玩具上的要少（尽管小型玩具也是必要的）。
- 为婴幼儿提供独处的地方来促进情绪情感和社会性发展。提供隐蔽的空间，如学步儿可以坐进去的盒子，可为他们的情绪情感注入能量。对一些婴幼儿来说，太多的集体活动，没有独处的机会，会增加他们的压力感。

促进语言发展的机会

教师在促进婴幼儿语言发展方面发挥着重要作用。与教师、同伴的每一次互动和经历都为婴幼儿的语言发展提供了机会。回顾第 9 章中的语言学习策略，并在一天中经常使用它们。当婴幼儿攀爬时，你可以用平行对话的方式说“你在往上爬”或“现在你在往下爬”。当你回应婴幼儿的声音或话语时，可以对他们的语言进行阐述和扩展。当婴幼儿爬上你的膝盖时，你可以问他今天感觉如何。聪明的教师不会用连珠炮似的评论和问题“轰炸”孩子，而是在任何时候都使用回应式的谈话和轮流应答的策略，这样婴幼儿就能体验到交流的乐趣。

米勒[6]（Miller）推荐了一些教师可以添加到环境中的材料，以鼓励婴幼儿之间的语言交流。大的、空的礼物包装管为孩子们提供了实验的机会，他们通过管子说话时会发现声音听起来有所不同。学步儿用假电话和“妈妈、爸爸或奶奶”说话。教师可以把孩子们喜欢的带有人物、动物、玩具和婴儿的图片叠放在盒子里，让他们给这些图片命名。米勒建议，每天在一个铁盒里放一个不同的物品，这样就有机会让孩子们命名和谈论这个“惊喜”。

促进认知发展的机会

认知活动每天、每时、每刻都在发生。随着认知的发展，环境、玩具、材料等促进了婴幼儿学习能力的发展。教室中的材料、师幼互动将满足每个婴幼儿的好奇心、喜悦、兴趣和发现欲。正是这种好奇心引发了婴幼儿的学习和对学习的热爱之情。

要提供适合婴幼儿发展水平的玩具。例如，就堆叠玩具而言，婴儿会不停地啃咬、查看它们，从一只手传到另一只手；学步儿可能会用它们进行堆叠，一开始是不正确的，然后是正确的（经过多次实验）。玩具没有变，但是婴幼儿玩玩具的方式变了。这种是适应性强的玩具，处于不同发展阶段和同一发展阶段的婴幼儿都可以使用。成人通过提供材料和互动为婴幼儿的学习奠定了基础，这些我们在第 8 章中讨论过。

当婴幼儿有机会发现他们可以用玩具和材料做些什么时，他们就会对自己的动手能力、意识能力、坚持完成任务和解决问题的能力充满信心。这些能力可能涉及品尝、吮吸、敲打、敲击、移动、倾倒、建造和再次品尝。为了帮助他们完成获得信心和解决问题的愿望，可以提供适合或略高于他们发展水平的有趣材料，从而给他们带来更多的成功机会。

长期的探索对婴幼儿研究玩具和材料很重要，因为这让他们有足够的时间去意识到问题和解决问题。

学步儿往往会被不同的有趣材料吸引，比如用于画画的蜡笔和瓦楞纸板，但这两种材料通常不会一起使用。纸板给孩子们提供了挑战，激发他们解决问题的热情。学步儿喜欢惊喜，可以给他们提供底部有洞的容器、水台里有裂缝的勺子、有堆叠环的立体积木或者不能演奏的音乐玩具。学步儿喜欢一面有黏性的纸，也喜欢把它贴在墙上或地板上，这令他们十分惊讶。教师也可以把玩具、羽毛和其他材料放在附近，这样学步儿就可以尝试把东西放在纸上或把纸拿掉。这些材料给孩子们创造了一种奇妙的感觉。

此外，要与婴幼儿一起创造并分享“哇”时刻。创造并寻找这样的时刻：婴儿似乎对摇摇晃晃的玩具感到困惑，或者学步儿发现从篮子里扔出来的球和积木的声音十分不同且脸上露出惊讶的表情。可以用你惊讶的表情来分享这些令人惊叹的时刻，发掘学习的兴奋感。当教师支持婴幼儿的好奇心时，他们也会支持婴幼儿学习的欲望和信心，并与他们建立起积极的关系。

愉悦感官的机会

婴幼儿在教室的所有区域使用他们的听觉、视觉、触觉、味觉和嗅觉。当婴幼儿的感官愉悦时，他们就会学习客体永久性、因果关系以及物品和材料的属性。在教师和同伴的帮助下，婴幼儿的语言发展突飞猛进。在玩沙子和水的时候，他们也在发展自己的小肌肉运动能力。

沙子提供了一种愉快的感官体验。在室内外的小沙坑里，婴幼儿可以通过手指来感受沙土的质地，并尝试用杯子和其他容器来填充和清空沙土。水车、漏斗、筛子、不同大小的容器和塑料动物都促使学步儿进行实验。为刚学会走路的孩子创建一个沙盒，里面要有小游泳池、沙子、安全的低矮沙滩椅、大塑料太阳镜、沙滩毛巾和杂志。

用各种各样的容器盛水给学步儿（一定要小心，防止溺水）。在专栏 13.2 中，弗农[7]（Vernon）向我们展示了婴幼儿在她的机构中是如何享受水的。为学步儿提供小盆水或浅浅的地面水。每天或每周添加不同的材料来鼓励学步儿进行探索。经常给容器加水，以减少感染的传播。安装排水沟，便于排空地面水。用装满水可挤压的瓶子和画笔鼓励学步儿在户外用水粉刷“篱笆”。

专栏 13.2　在水池边游戏

当室外的水太冷而不能游戏时，我们会邀请孩子们在水池边游戏（只穿着尿布，站在水池边，里面有一部分水和玩具）。我总是觉得观察孩子们的不同游戏方式很有趣，即使他们站在一起。凯文和特伦特肩并肩地站在一起，各自专心致志地干着自己的活。特伦特专心致志地把一个大水桶装满水，又小心翼翼地把它倒进水池里，再把水倒在一块毛巾上，然后拿起来，看着水慢慢地滴进水池。

凯文的兴趣是在许多小容器里装满水，然后再把它们倒到彼此身上。他还用一个带有挤压盖的瓶子把水喷到容器里。他用奶瓶"喂"娃娃，也给娃娃洗头发，并试着把一个容器装满，把他的手和胳膊放进容器里，然后看着水从容器里流出来。孩子们用很多词语描述他们正在做的事情，如"倒""顶""清洗娃娃""水""我的孩子""我的"。孩子们喜欢在水里玩，这似乎能够抚慰他们，他们也更多地了解了世界。他们还学习因果关系、大小、形状和数量等概念。而且，他们可以与同伴分享愉快的经历，互相学习。

提供不同质地的触感材料，当较大的婴幼儿小心翼翼地把手放进布袋或纸袋里时，布袋或纸袋里装着的不同物品会令他们兴奋。

提供不同材质的材料供婴幼儿探索。

想一想如何为婴幼儿提供除了触觉之外探索其他感官的机会。通过在每个盒子里放上不同的东西来制作"倾听盒"（一定要把盒子粘好）；当有新的声音时，停下来让婴幼儿听一听；使用"大声""柔和""嘈杂""安静"等描述性词语，在他们探索声音的同时促进他们的语言发展；提供视觉上令人愉悦的材料，如装有混合了油和食用色素的瓶子（同样，要用胶带小心封好）。

塞雷娜很兴奋，她急忙走到教师放颜料和大张纸的矮桌旁边。教师帮她把罩衫穿好，塞雷娜用手握着一把宽柄画笔，把画笔的一部分浸入浅口的颜料容器中，举起画笔，看着美丽的黄色颜料从笔的末端滴落下来。当她开始把漂亮的画笔移到嘴边品尝时，教师说："来，把颜料涂在这张纸上。"塞雷娜被那个黄色印记迷住了。

促进创造力发展的机会

婴幼儿喜欢创造或制造混乱，如发出新的声音、让玩具以令人意外的方式移动，或者以一种创新的方式把两件或两件以上的物品放在一起。当成人看到婴幼儿用蜡笔在纸上做记号，或者把两块木头粘在一起时，他们感到既高兴又惊奇。当婴幼儿把东西弄得乱七八糟、乱扔东西、捣鼓东西、探索、发现、发明、收集、想象、观察和玩东西的时候，他们就是在创造。

创造力从婴儿期就开始有所显现了。婴儿伸出手去触摸家长的脸，家长高兴地睁大眼睛，婴儿由此创造了情感上的联系。婴儿挤压玩具发出有趣的吱吱声；用嘴发出新鲜的声音；拍打着音乐玩具，奏出优美的曲调。一个刚学会走路的学步儿引起了不小的“轰动”，因为大人们对孩子的这一新发展感到惊奇。几个学步儿把玩具扔进盒子里，发出“哗啦哗啦”的声音，他们把一块积木放在另一块积木的旁边，然后开始摆成一排。一天，他们把一个积木放在另一个积木上，建造了一座塔。学步儿偶然地把手指伸进空水瓶的颈部做出一个新的玩具，当他移动手指时，这个玩具就会在周围晃动。翻动硬纸板书页也会令婴幼儿感到享受和新奇。

用蜡笔和无毒颜料画出的丰富印记是一个蹒跚学步的小艺术家的杰作。一群戴着五颜六色围巾的学步儿组成了一个五彩缤纷的“万花筒”。当学步儿用这种方式进行创造时，他们知道，自己可以产生新想法——成为富有创造力的人。他们也发展出健康的掌控感，积极的自我概念，以及高效、有能力的感觉。

霍尼格[8]注意到，操作艺术材料能给学步儿带来感官上的愉悦，如他们一边揉面、玩面团，一边惊讶地看着面粉粘在手指上。创造性的、感官的、开放性材料能吸引婴幼儿，并常常能减轻他们的压力。开放性材料允许婴幼儿以多种方式使用它们。教师提供这些材料，婴幼儿可以进行实验，而不是尝试制作成品。对婴幼儿来说，触摸、倾倒、举起、检查、翻转和验证的过程比得到最终的成品更重要。

提供橡皮泥和黏土，然后在附近观看他们进行精彩的探索。当婴幼儿的感官获得愉悦时，他们就在学习材料的组成、塑造和重塑的方式、数量和质量。所有这些活动都为教师提供了完美的机会来支持婴幼儿的语言发展。而且，学步儿在协商空间和分享材料的过程中也在学习社交技巧。

创设一个能让婴幼儿在地板或矮桌上玩橡皮泥的角落。将不同的橡皮泥堆在桌子上，或者在桌子中间放一个大橡皮泥球。如果这些材料可以长期使用，而且几乎每天都可以使用，那么婴幼儿就会放松下来，因为他们相信这些材料是可以使用的，并且他们也有时间验证自己关于这些材料的看法。

学步儿喜欢画画。可专门为学步儿提供无毒颜料和放在桌子或地板上的大张纸，这些都能在目录册中找到并在教师用品商店购买到，学步儿可以用手或大的油漆刷在纸上画画。画架上可以摆放蜡笔和颜料，以此激发学步儿的创造力。如果家长或学步儿担心衣服沾上颜料，那么可以购买罩衫（围裙）来遮住衣服。学步儿要在作画之前学会拿取工作服，但通常需要教师或同伴的帮助才能正确地穿上。

给纸上色或制作鸡蛋纸盒等不适合学步儿操作，因为它们扼杀了学步儿的创造力。学步儿正在创造一些东西，而不是制造一些东西。对于学步儿如何使用材料，成人应持开放的态度。材料应该始终是一种选择，孩子们不应该被强迫触摸或游戏。让他们想洗手就洗手，享受创造性活动。

写写画画的机会

婴幼儿用无毒的蜡笔画画，用附带配套笔的磁性板画画，用马克笔（没有盖子的马克笔有窒息的危险）在这个世界上留下他们的印记。像道森这样的学步儿（见专栏 13.3）反手抓住大笔，用手臂上的大肌肉带动手指在纸上画出大圆圈。婴儿会用蜡笔在纸上敲打或戳一戳，但很快他们就会画线。竖线通常出现在水平线之前。道森使用蜡笔和其他书写材料的经验丰富，所以他已经能够用笔在磁性板上画圆圈了。

专栏 13.3　以关系为基础的观察记录

儿童个人计划指导

儿童姓名：道森

计划实施日期：2016 年 7 月—11 日

指导人员：托伦和妮科尔

领域：儿童情绪、成果、目标、学习、关系

在这里撰写观察记录——记录日期：9/7/16

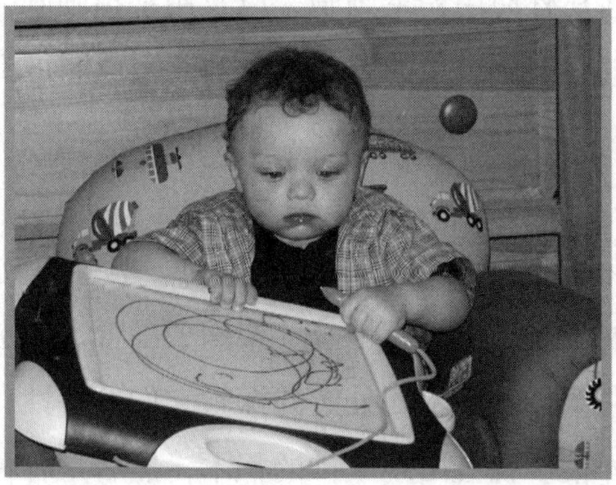

尊重和反思

我正在做什么？

我正在一块磁性画板上画大圆圈。我左手拿着大大的笔，右手拿着画板，这就是“持有”和“操作”。我反手抓东西，这在我这个年龄很典型，我可以用手臂上的大肌肉画画。

我感觉如何？

我感到非常专注，专心致志于正在做的事情。

我正在学习什么？

我正在学习如何用手臂上的大肌肉和手上的小肌肉写作和创作。当我想要完成某件事的时候，我就会学着集中注意力。我了解到“我能行”，并学习因果关系。

联系

你可以做些什么来支持我的学习与发展？

回应式互动

我们会和你的家长谈谈你有多喜欢这次经历，我们会问他们你喜欢在家里做什么，并用词语描述你正在做的事情。

环境、玩具、材料和活动

我们将提供其他富有创造性的材料，如面团、手指颜料、蜡笔以及其他具有因果作用的玩具。

提供一个学习区域，要有一张小桌子和舒适的小椅子（如道森正在使用的小椅子），学步儿在那里可以使用无毒的蜡笔和大张纸写写画画。让学步儿有机会在砂纸和其他不寻常的材料上使用蜡笔画画，在户外使用粉笔画画，以及用手指画画，这些都能激发学步儿对写字和绘画的兴趣。有使用书写工具经验的婴幼儿在幼儿园也能得到更好的发展。

积木建构的机会

积木应有各种大小和形状，可以是小的或大的、塑料的或木制的。赫希[9]（Hirsch）提出了建构游戏的六个发展阶段：携带、堆叠、架构、围合、创造结构、象征性游戏。婴儿会用嘴叼着积木，小学步儿会带着积木四处走并探索它们的特性，许多学步儿会把一块积木叠放在另一块积木上，这样很快就会出现成排的积木，然后是各种各样的桥。你可能会看到一个学步儿用积木围成一个动物园，里面全是木制动物玩具。此时，模式可能就出现了，例如，一个学步儿可能使用四个相同大小的积木来支撑一块更大的积木。在学步儿末期，孩子们可能会开始用积木代表另一个物品，例如，用一块积木当作消防水管并假装自己是一名消防队员。

积木为所有年龄阶段的儿童提供学习机会，并为他们所有领域的发展提供支持。当婴幼儿摆弄积木，然后有目的地游戏时，他们正在发展自我调节能力。积木游戏通常是一种社交活动，为儿童提供了学习与他人一起游戏和解决冲突的机会。当学步儿用积木搭建房子时，他们的创造力就会有所发展。学步儿还会推倒自己建造的积木塔，制造噪声和混乱；通过拆除积木以及用它们建造房屋，进而了解材料的特性。他们也会使用许多解决问题的策略。

2 岁的萨姆发现另一个孩子用三块积木搭建了一座桥，并把它放在地板上。他找到一辆玩具车，把它推到桥下。由于汽车太大，桥塌了。萨姆环顾四周，发现了一辆更小的汽车。他捡起这些积木，把它们一个叠在另一个上面，但他很快意识到，积木下面没有空间。他试着做桥，直到他的小玩具车能进到桥下。萨姆已经知道如何解决这个问题了。

学步儿假装盖房子、在假想的游乐场周围筑起一道篱笆或者做生日蛋糕，这些活动都为读写能力打下了基础。斯特劳德[10]指出建构游戏有助于读写能力发展的原因如下。

1. 当儿童用积木和建构物进行假装游戏时，他们就学习了象征和符号。例如，当儿童开始复制和命名建构物时，积木就具有了具象性，由此引发儿童的象征性行为。“积木本身不会象征其他物体，就像印刷的字母和单词只是物体和思想的符号一样。”

2. 视觉辨别，即在阅读过程中辨别相似的字母和单词的必要技能，可通过积木游戏得以增强。儿童不断地观察、比较与匹配各种形状和大小的积木。整理积木有助于儿童对积木进行排序并将其送回到存储架上标记的位置。

3. 书写中的小肌肉运动强度和协调性是通过积木游戏发展起来的。使用蜡笔和铅笔所需要的技巧也需要通过抓取、搬运和堆积积木来培养。

4. 当儿童把玩具贴上“积木”的标签，描述它们，并与他人谈论时，口语就会发展起来。

斯特劳德还建议在建构区增加书籍和写作材料，从而鼓励阅读。

婴幼儿的接受能力和表达能力随着成人和同伴给积木命名、描述它们的属性和谈论空间概念的程度不断加深而发展。例如，成人说“你把红色的积木放在蓝色的积木上”，然后等待婴幼儿用声音、手势、动作或语言做出反应。成人倾听这些语言表达，并通过观察、模仿、阐述或扩展婴幼儿的语言来做出反应。

当学步儿玩不同大小、形状的积木时，他们的小肌肉运动和大肌肉运动能力（捡起积木并把它们带在身边）就会发展，与此同时，听到积木掉落的声音也能促进婴幼儿感官的发展。

当婴幼儿玩各种大小、形状的积木时，可以创建一个展示积木和材料的学习区域并能让婴幼儿容易接触到这些积木，而他们需要空间来玩积木。建议将积木放在架子上，并为每个架子贴上清晰的标签。当 3 岁儿童在游戏结束后“整理”时，他们将学会分类，因为要把积木放在指定的地方。可以多聘用具有回应性的教师，让婴幼儿在所有发展领域的学习充满无限的可能性。

学习音乐、歌曲，进行创造性活动的机会

萨拉只有 1 岁，当教师和她一起唱《烤蛋糕》（Pat-a-Pake）时，她笑了。当教师开始唱这首歌时，萨拉高兴地连连拍手。歌曲结束后，教师高兴地指着萨拉的手说：“你鼓掌了。”萨拉高兴地看着教师，好像在说，我想再做一次。

在和杰米卡玩的时候，教师唱道：“你有十个手指，十个脚趾，两条胳膊和一个鼻子。”当教师触摸她的手指、脚趾、胳膊和鼻子时，杰米卡听到这首熟悉的曲子，高兴地扭动着身体。不久，杰米卡就可以配合教师唱这首歌。

教师可以在一天的不同时间唱歌。早安歌可以帮助婴幼儿从家庭过渡到照护机构；送别歌表示家长来接儿童。全天的歌曲可以安慰儿童，或者帮助他们从一项活动过渡到另一项活动，比如从室内游戏到室外游戏。一天结束时，杰米卡在等爸爸妈妈，一位教师唱着歌示范如何拍手和踢踏：“两只小手拍、拍、拍；两只小脚踢、踢、踢。”很快，几个学步儿和教师坐在一起。杰米卡专注地看着朋友们用不同的方式鼓掌和轻拍。这些熟悉的活动是儿童以有趣、敏感的回应式方式享受音乐和学习概念的机会。婴幼儿喜欢听歌曲，但教师不一定要有世界上最好的歌声，教师唱得如何对他们来说并不重要，儿童只是喜欢这种温暖的感觉。唱歌、听音乐、跟着节奏活动身体对孩子们有很多好处。

- 提供纯粹的快乐。

- 有助于儿童移动、练习爬行、站起来、跳、跑、感受节奏，并让身体处在舒适的环境中。
- 有助于儿童形成自我意识和自我价值感。
- 有助于儿童学习“向上”“向下”等概念。
- 有助于儿童互动和学习亲社会行为。
- 有助于儿童完成过渡，让一日常规活动和学习变得有趣。
- 有助于儿童学习母语和其他语言中的单词和长句。
- 有助于儿童听从并遵循指令。
- 有助于鼓励儿童创新和解决问题。
- 提供具有代表性和象征意义的游戏活动，例如，当学步儿唱《一闪一闪亮晶晶》时，让他们用手代表星星。
- 有助于安抚儿童入睡。

读写的机会

读写活动是教师能提供给儿童的最重要的活动之一。什么是读写活动？如何开展读写活动？交谈、社交活动和学习读写之间有什么关系？读写学习是指通过制作、了解和交流意义的方式来学习阅读和书写。具有读写能力意味着婴幼儿需要学习阅读和书写，而当婴儿听到语音并开始自己发出声音时，他们就开始成为有读写能力的人。

许多人认为，儿童在幼儿园或一年级时学习读写；然而，读写的基础是在儿童入学前几年打下的。与其他认知技能一样，读写能力始于出生。在儿童早期，他们的语言能力和读写能力不是通过固定的课程来培养的，而是通过与周围成人的互动和活动来培养的[11]。

语言是连接日后阅读和写作的桥梁，因为婴幼儿通过语言学习沟通，从而达到学会阅读和写作的最终目的。游戏是连接日后阅读和写作的必要桥梁，婴幼儿可以通过玩声音和单词，或者在纸上涂涂画画进行学习。学习符号也是儿童学习读写的桥梁，因为他们知道一幅画或一个物体（如塑料苹果）可以代表看得见、摸得着的真实事物。这些符号能够帮助儿童理解有意义的弯曲线条。与水、沙、玩具、动物和人打交道的经验也是通往读写能力的重要桥梁，有了这些经验，儿童就可以理解阅读内容，长大后能够根据自己丰富的理解撰写故事。当然，成为具有读写能力的人最重要的桥梁之一是对书籍的热爱，这是一个基础的桥梁，与之后的阅读和写作密切相关。与特定成人、同伴之间的互动关系同样能增强儿童的读写能力。

学会爱书

> 26 个月大的埃兹拉依偎在教师的手臂上，教师正在给他读书。另外两个学步儿坐在地板上。他喜欢用熟悉的玩具图片在色彩鲜艳的书页上翻来翻去，也特别喜欢听教师朗读故事时活泼的声音。埃兹拉喜欢书，经常在教室里找到书后跑到教师面前，把书拿出来让她阅读。

大多数的小婴儿喜欢看书中有趣的图片。他们通过倾听朗读者的声音来学习语言的节奏、音调和声音。童谣和诗歌令人放松的节奏可以安抚婴儿。一页上只有一个单词和一幅图片的书会激发婴儿的兴趣，因为成人会“阅读”这些图片。婴儿运用所有的感官去学习，成人应该为婴儿提供可以抓住、咀嚼、吮吸和弄皱的图书。坐在教师的腿上是让婴儿观看图片和享受有趣的彩色图书的完美方式。

学步儿喜欢在坐立、行走、闲逛的时候看书。对学步儿来说，书籍是可以触摸和翻动的玩具，每翻动一页，就会呈现出一个充满惊喜的世界。因为学步儿每天都在吸收语言和学习新单词，所以他们开始把书中的图片和现实生活中的物体联系起来。关于玩具或动物的书籍非常适合这个年龄阶段的儿童。建议选择故事简单的小书。用厚纸板制成的书可以让学步儿使用新运动技能来翻页。学步儿喜欢听熟悉的动物、物体和人的故事。每一页上都印上几个字的图片可以让忙碌的学步儿集中注意力，他会指着这些图片问：“那是什么？”互动式的书籍能带给他们隐藏的惊喜，让好奇的儿童露出快乐的笑容。

把图书展示在书架上让学步儿自由选择，而不是扔在一个很难辨认的盒子里。学步儿在阅读的过程中开始了解书籍：读书时要从前面开始，从上到下阅读，故事通常与图片相关，有些奇怪的声音是每次成人读到特定的地方发出的。

这里有一些方法，有助于婴幼儿快乐地阅读，并学会爱书。

- **创设“阅读角”**。在角落里放置一张柔软的小床垫和与之匹配的小沙发，它们要易于清理。确保角落是舒适的，教师和儿童能仰面躺着，拿着一本书。或者，创设一个教师可以背靠墙壁或椅子坐着的地方。学步儿将喜欢和教师一起阅读。
- **把书放在教室的四周**。它们在每一个拐弯处都邀请和吸引着儿童。要有创造性。把一本关于熊的书放在一个毛绒熊旁边，让人难以抗拒！
- **全天阅读**。当教师把婴儿舒服地抱在腿上时，他们可以看书和听书。学步儿喜欢与教师单独相处，但他们也喜欢聚集在喜欢的教师周围，如沙发上、舒适的角落里或教室里任何有书的地方。仔细观察儿童发出的信号，在他们需要的时候为他们阅读。教师可以让儿童坐在一起听故事，而不是给他们安排有规律的阅读时间。如果其他学步儿也跑来听故事，不要感到惊讶。让他们来了又走吧，他们很快就学会坐着听完一个完整的故事。当学步儿被迫坐在一起听故事时，他们往往很快就变得不感兴趣，儿童对书的热爱也可能会受到危害。当学步儿与令他们感到安全、被爱、兴奋、安慰或重要的成人一起阅读时，他们就会学习爱护书籍，这也取决于儿童当时的需要。

- **仔细选择书籍**。布制书和厚纸板书（有时被称为“纸板书”）很结实，可以被运输、搬运、储藏、装在容器里，好奇的婴儿和精力充沛的学步儿可以阅读它们。建议选择语言有节奏的书籍、可触摸和有嗅觉的书籍，以及图片清晰的书籍。从各种文化和书籍中选择有儿童和家庭照片的书籍，并在各种活动中展示男孩和女孩。
- **回应式阅读**。注意儿童喜欢哪些图片，指出它们，给它们命名，如果可以，也指出它们所代表的真实物体。当你阅读故事时，要和儿童互动，鼓励他们参与，发出自己的声音，讨论自己的经历，也要回答他们的问题。避免让儿童回答太多只有一个正确答案的问题，比如“这是什么？那是谁？”可以用充沛的情感、夸张的声音，等待婴幼儿用自己的声音、语言和手势来回应阅读的乐趣。
- **通过家访、借书袋等活动与家长交流有关阅读的重要性、为婴幼儿阅读等信息**。美国 0—3 岁婴幼儿协会和国家家庭扫盲中心提供了支持家庭阅读的相关内情报告、活动和研究。我们也可以询问家长，儿童在家里喜欢什么书、有哪些秘诀能激发儿童对书的兴趣。
- **提供知识丰富的环境**。书籍应该遍布婴幼儿的房间。在家庭成员、朋友和宠物的相册上标注名字，或者在页面底部写上页码，将名字和照片放在房间里。让儿童在看到字词时兴奋地表达，而不是测验他们。

学习数学、空间关系和形状的机会

应该在婴幼儿的教室或家里提供学习数字（代表数字的符号，如 2）以及其他数学概念（如数量的概念）的机会。当一个婴儿一只手拿着一块积木，另一只手拿着另一块积木，来回地看这两块积木时，他正在学习有关数字的知识。他知道自己拿着两块积木，并且从拿一块积木到拿两块积木更能让他知道“增多”的意义。

教师和家长可以培养儿童对数学概念的理解[12]。成人的职责是为儿童提供大量学习数学的机会。教师可以通过数学活动来支持儿童的兴趣和探索，教师和家长可以提高儿童处理信息的能力，也就是如何思考。

为了让儿童更好地理解数字，就不应该给儿童作业纸，也不应该让儿童反复地写数字。相反，在游戏中学习数学概念的可能性无处不在，包括儿童的所到之处以及每天与教师的许多互动中。精通数学的成人每天都能发现以轻松、非正式的方式支持儿童理解数学的机会。教师利用有趣的时间和环境来帮助儿童学习。以下内容阐释了每个概念的定义，并列举了一系列促进儿童理解数学的材料和活动。大多数材料和活动都有助于促进儿童对数学概念的理解，例如，学步儿的手指游戏（如“像泰迪熊一样，绕着花园转一圈又一圈，一步、两步，挠痒痒”）运用了形状（绕着花园转一圈又一圈）和计数（一步、两步）的概念，同时建立关系。（用你的手指在儿童的手掌上画一个圆圈，当你说“一步，两步”的时候，用手指沿着儿童的手臂向上爬，如果儿童喜欢这个手指游戏，你就轻轻地挠一下他的手臂。等 5 秒钟，看看儿童是否会伸出手来再玩一轮。如果儿童要玩，就重复手指游戏；如果没有，下次再试。）

计数活动

如果成人意识到生活中每天都有很多计数的机会，婴幼儿就会以无数种方式学习计数。你可以在游戏中，指着儿童、玩具和书示范计数。当儿童开始数“1”时，家长可以指向下一项，看看儿童是否数下一项。如果没有，就继续用温柔的语调做示范。在日常生活中，成人用有趣的回应式方式数儿童的手指和脚趾，就在为儿童学习计数提供机会。

点心时间为儿童提供了许多数食物、杯子、盘子等器具的机会。一旦成人意识到为儿童示范计数很重要，他们就会在一天中发现很多计数的机会。当儿童似乎愿意接受且计数不会妨碍他们试图达到的目标（比如小心地堆砌积木）时，成人可以像往常一样开始示范计数。

一一对应活动

当婴儿开始理解每一件东西都有一个数字时，就会出现一一对应。为婴幼儿提供包含各种物品的环境，这些物品以一一对应的关系协同工作：如汽车和车库、带盖子的容器和带床的玩偶。让学步儿有机会把盘子放在桌子上吃零食或正餐，让他们为小组中的每个儿童和家庭成员分发盘子。你可以指着盘子说：“给爸爸一个盘子，给妈妈一个盘子，给你自己一个盘子。”

分类活动

婴幼儿学习对人和物体进行分类。“分类”是指婴幼儿比较异同、按不同属性把物体放到不同的类别中、按不同特征排列物体的行为。例如，婴儿开始区分哪些成人是友好的，哪些不是。较大的婴幼儿试图弄清楚哪些物品在摇晃时会发出响声，哪些物品会滚动。回应式活动计划可以为婴幼儿提供发声的物品和不发声的物品，进而促使婴幼儿的进一步探索。表 13.6 列举了一些可以鼓励婴幼儿探索分类、空间关系、形状、数量、模式和排序的机会。

表 13.6　学习的机会

学习分类的机会

✦ 比较物品，指出颜色、形状和大小方面的异同。

✦ 创设环境，投放带有不同颜色、形状和大小的玩具（如镶嵌积木、单元立方体）、娃娃（如塑料动物）、戏剧游戏道具（如服装、盘子、玩偶）和艺术材料（如织物），在一天中提供分类和整理活动。

✦ 提供收集东西的机会（如步行到公园收集松果或落叶），并讨论为什么要以某种方式对物品进行排序和分类。

✦ 用语言指出相似点和不同点，例如，学步儿在整理时间将积木和其他玩具一起放在架子上。

✦ 一一对应地比较物品，以明确“多”“少”和“相同”。

✦ 让学步儿有机会同时根据物品的两种特征（如大红色、小红色、大黄色、小黄色）进行分类。要知道，这对学步儿来说是一个挑战。

学习空间关系和形状的机会

✦ 在白天为婴幼儿提供探索空间关系（旁边、上面、下面、里面、外面）的机会，你可以说“萨拉坐在阿曼达旁边”“噢，你把积木放进篮子里，把拼图放在积木上面的架子上”。

✦ 通过将简单的图形放在一起，如图案积木（patten block）、七巧板、单元积木，为孩子提供创作复杂的二维图形和三维图形的机会。

学习数量的机会

✦ 在玩水和玩沙的时候，提供不同大小的容器。

✦ 让婴幼儿体验“满的”和“空的”的意思。

续表

学习模式的机会 ✦ 提供机会让婴幼儿注意模式（如人行道上砖块的视觉模式、音乐旋律中的听觉模式、故事中可预测的重复语言、运动中的身体模式）。
学习排序（按一个或多个维度排序）的机会 ✦ 为学步儿提供探索排序的材料（如不同大小的杯子按水位排序、油漆芯片样品按颜色排序、织物按质地从最柔软到最不柔软排序）。 ✦ 使用短、高、低、宽、薄等词语比较物体。

促进积极游戏和运动发展的机会

促进积极游戏和运动发展的活动包括大肌肉运动活动和小肌肉运动活动。

大肌肉运动

为婴幼儿提供空间，让他们使用大肌肉来爬、拉、站、走、攀、跑。婴幼儿需要远离安静的、支持性的创意空间。室内区域要有堆叠成不同高度的垫子、摇摇船、低矮的攀登架、他们可以爬过的隧道，或者通往阁楼区域的几级台阶。这些设备有助于促进婴幼儿的社会性和运动能力的发展。若空间不足，婴幼儿项目可与“家园”共享这些设备，教师可以交替开展这些令人兴奋的活动。

在不同的年龄阶段，根据婴幼儿的兴趣和需要，可多次投放大小不一且形状各异的球、大的集装箱和箱子、推拉玩具、小“杂货铺”手推车、骑乘玩具、马车和可以携带玩具的毯子。米勒[13]描述了大肌肉运动活动，例如，把大盒子的两个底部剪下来，盖上毯子，这样就形成了盒子隧道；在多个鞋盒的末端打个洞，把它们首尾相连，就成了一列火车，再在一端留一根约 25 厘米长的绳子，这样婴幼儿就能拉动火车。婴幼儿会把房间里各种各样的玩具放进箱子里，让它们搭个便车。这些开放性材料（没有唯一正确的使用方法）为婴幼儿提供了大量的机会来解决问题并探索它们的多种用途。

小肌肉运动和操作活动

为婴幼儿提供运用手和手指进行抓、拿、戳、挤压玩具及材料的机会，锻炼他们的小肌肉运动能力。例如：把小碗放进大碗中，给玩偶穿衣打扮，玩拼插积木、串珠子等。对于学步儿，鼓励他们完成一些自理任务，也有助于培养他们的小肌肉运动能力，例如让他们自己倒牛奶、脱鞋、拉上衣服拉链（成人帮助插好插头）等。

户外活动的机会

教师宣布“该出去了”时，乔舒亚满怀期待地看着她。这是乔舒亚最喜欢的时间。当通向户外的门打开时，乔舒亚第一个走到外面。他把脸对着太阳，然后急忙跑到沙箱前，把手深深地埋进冰冷的沙子里。带着一大盒沙滩玩具到沙区的教师只能尽力跟上他的速度。

户外时间给婴幼儿带来了机会，他们可以在沙子和泥土里戳来戳去、推拉马车、触摸眼前的一切、感受微风吹在脸上的感觉。他们享受树木开花时的芳香，学习有关室外环境的新词汇，充满活力和挑战性的身体运动使他们的眼睛闪闪发光，比如在沙滩上散步和爬过安全的障碍物。

户外时间也给教师带来了挑战，因为他们努力为婴幼儿提供有趣且令人兴奋的活动以探索所有的感官，也要提供婴幼儿在室内外都需要的安全感（见表 13.7）。

婴幼儿教师可以挑战自己，思考照护机构、家庭托儿所或家庭环境中所有对婴幼儿学习具有促进作用的设备、材料和活动。婴幼儿在教师精心规划的环境中，在与教师、同伴的互动中，在每时每刻发生的关系中进行选择和学习。

我们已经描述了可以促进婴幼儿学习的活动。教师在创设吸引婴幼儿参与、鼓励他们进行选择的环境时要目的明确，同时所准备的活动要为婴幼儿在所有领域中的学习提供发展的可能性。

表13.7 户外活动中的保护措施和安全问题

年龄	活动（愉悦感官）	保护措施和安全问题
0—12个月（婴儿）		
1. 开始翻身、翻滚和爬行。 2. 小肌肉运动能力提高，很快，草和虫子等目之所及的一切都可能被放入嘴里。	1. 把婴儿放在柔软的毯子上，让他们练习身体技能。 把每个婴儿的手放在外面。阴凉处的小塑料游泳池（里面没有水）为小婴儿提供了一个安全的独处空间。 2. 继续开展“阅读”图画书、重复声音和提供回应式玩具这样的活动。	1. 小婴儿需要知道，主要照护教师就在他们身边陪伴他们。 2. 婴儿在户外需要受到特别的照顾，以免受阳光和极端温度的伤害。
12—18个月（小学步儿）		
1. 爬行、蹒跚学步和跑步都是这个时期可能出现的技能。对这个年龄阶段的孩子来说，向后走和在一段低矮的楼梯上爬上爬下都是很有挑战性的任务。 2. 对精细动作的控制能力有了很大的提高，许多非常小或很大的东西会直接被放入嘴里。 3. 喜欢彼此靠近，眼神交流、触摸，有时甚至会交换玩具。 4. 可能说“我的”和紧紧抓住东西。	1. 为四处移动的小学步儿提供设备，让他们自己站起来四处走走，如小三轮车和手推车等推拉玩具。球和堆叠玩具是很棒的室内外玩具。 2. 用小球或安全的玩具填满小塑料水池。 有门窗的大盒子是小学步儿玩“躲猫猫”游戏和爬进爬出的完美场所。 3. 对这个年龄阶段的孩子来说，每一桶水都是完美的，但出于安全考虑，需要一对一地看护。小学步儿的语言能力在教师对走路、跳跃、攀爬、进、出、上、下、翻、绕的表达中得以发展。	1. 小学步儿很容易疲劳，需要一定的休息时间，为接下来的体力活动补充能量。“像老鹰一样盯着它们”在这个年龄阶段具有特殊的意义，可以防止不想要的、未知的东西进入他们的嘴里。 2. 为所有对阳光敏感的小学步儿提供阴凉处。注意在水边游戏的小学步儿，因为稍有不慎，他们就可能溺死在水桶或小水池里。 3. 提供富含营养的安全零食和充足的水。

续表

年龄	活动（愉悦感官）	保护措施和安全问题
18—36 个月（学步儿）		
1. 喜欢练习所有身体技能。 2. 挑战自己，爬得更高，跳得更远。模仿成人或同龄人的情况经常发生。 3. 容易感到沮丧，因为想做身体能力暂时达不到的事情。一些学步儿可能会开始假装成消防员或他们在现场或电视上看过的其他角色。 4. 想和同龄人在一起，愿意和别人一起玩；在独立做事和想要成人帮助之间摇摆不定。 5. 需要主要照护教师理解，他们在想要长大与仍然需要被爱、支持和拥抱（视其能力而定）之间的挣扎。	1. 沙子和水是最受欢迎的玩具。为几个学步儿提供足够大的沙区，并让他们坐在正中间。多带些沙滩玩具，用来倒沙、挖沙和安全戳沙。 2. 推或拉手推车中的“朋友”会让双方都高兴得尖叫起来。 3. 就像在室内一样，玩具也会引发冲突。可以搭配使用画笔和水进行户外艺术活动，在地上或矮桌上摆放一些其他艺术材料，如蜡笔、颜料和各种各样的纸。玩偶、卡车、汽车和其他游戏材料有助于促进同伴之间的互动。 4. 地毯或摆放拼图、故事书和操作材料的桌子为学步儿提供了一个安静休息的地方。毯子和枕头提供了一个养育的地方，让他们在主要照护教师的帮助下获得情感上的慰藉。	1. 记住，学步儿需要时间进行调查、解决问题、和同伴一起探索材料。他们累了，就需要靠近一个他们信任、喜欢的成人。 2. 试着为学步儿多保存一些户外玩具，否则他们会对仅有的几件玩具感到厌烦。 3. 提供营养、安全的零食和充足的水。 4. 每天在学步儿出去之前，检查一下操场上是否有尖锐的物体和破损的设备。

课 程 方 法

到此，我们已经分享了以关系为基础的回应式课程计划的七个组成部分的相关信息。许多可供购买的课程和项目都包含这些部分。然而，各种课程的着重点有所不同，其中有些课程更强调关系的重要性。重视关系、回应式互动和计划的教师在阅读以下内容后可做进一步的补充。让我们从一个项目开始，它倡导以关系为基础的课程计划。

婴幼儿保育项目

我们从描述“婴幼儿保育项目”开始，因为这个项目极大地启发了本书的作者，这是一个针对婴幼儿教师的全面培训项目。该项目的目标是通过仔细解读每个儿童发出的信号，帮助教师认识到给予儿童温柔的、充满爱的照护和帮助儿童发展智力的重要性。其视频、光盘、指南和手册旨在帮助管理人员和教师对婴幼儿的信号变得敏感，与他们的家庭和文化建立联系，形成以关系为基础的回应式照护。这些培训材料为教师研究婴幼儿提供了基础，有助于他们反思和记录有关婴幼儿兴趣和技能的信息，并为婴幼儿以后的学习活动探寻适宜的方法和途径。

作为一种以关系为基础的方法，婴幼儿保育项目特别强调主要照护、持续性照护、较小的班级规模、高师幼比和回应的重要性，以此作为婴幼儿学习和茁壮成长的基础。该项目提出，婴幼儿是积极的学习者，如果在积极的环境中得到成人的回应式支持，就会在探索世界中获得重要的发现。

婴幼儿创意课程

婴幼儿创意课程[14]为回应式课程计划提供了广泛的信息。表 13.8 描述了这一著名课程的主要组成部分。

表 13.8　婴幼儿创意课程的组成部分

1. 认识婴幼儿 描述婴幼儿的发展和特点。
2. 创设回应式环境 描述如何创设回应式环境。
3. 婴幼儿在学习什么 描述构成学习单元的关系、活动、材料和经验。
4. 关怀和教学 描述教师的不同角色，包括如何使用持续性评价。
5. 与家长合作 描述如何以尊重和回应的方式与家长合作。

瑞吉欧・艾米莉亚项目

据研究人员称，“在过去的 30 年里，意大利的一些地区一直是教育工作者和政府官员做出非凡贡献的地方，他们与家长和其他公民一起努力建立高质量的公共照护系统，并学习为婴幼儿家庭提供服务”[15]。

瑞吉欧教育的理念之一是儿童从出生开始就感觉到自己是世界的一部分，对生活充满好奇和期待，渴望沟通，也具有沟通的能力，完全能够发展自己的个性、社会性、认知、情感和象征能力。正因如此，婴幼儿会对能力系统、学习策略和组织关系的方式做出反应[16]。

甘迪尼和埃德华兹（Gandini & Edwards）所撰写的《班比尼：意大利的婴幼儿照护方法》（*Bambini:The Italian Approach to Infant/Toddler Care*，2001）详细地描述了瑞吉欧・艾米莉亚的照护方法。意大利的早期儿童教育方法是从一个明确的儿童形象发展而来的，即儿童具有发现和建构知识的能力，这与早期学习的研究结果是一致的。对儿童的认知推动了瑞吉欧・艾米莉亚项目的不断前进。

尊重婴幼儿从关系和环境中建构知识的能力是支持学习的婴幼儿项目、环境、关系和活动的核心。教师使用的关键工具是有目的的观察记录。档案记录不仅仅是活动或成就，它也是对婴幼儿的活动和思维进行反思性理解的一种方法，还是教师计划将新的活动或材料引入项目的基础。做档案记录的过程包括形成问题或假设；观察、记录和收集实物；梳理观察结果和实物；分析、解读观察记录和实物，从而建构理论；可能需要重新思考最初的问题，然后根据自己对婴幼儿的知识和兴趣的理解来进行计划和回应[17]。

本章小结

- 回应式一日常规为婴幼儿提供了稳定、持续的学习机会，这也是以关系为基础的婴幼儿项目的重要组成部分。
- 创设学习空间，提供学习机会，促进婴幼儿选择、游戏、发展、与他人交往、接受养育和学习。
- 每一次的活动都为婴幼儿提供了发展情绪情感、社会性、认知、语言和运动能力的机会。
- 各种各样可购买的婴幼儿课程都为婴幼儿的发展提供了独特的可能性。

反思与应用

反思的问题

1. 回应式环境如何支持婴幼儿与成人、同龄人的关系？
2. 你如何与学步儿在换尿布时互动，以帮助他感到安全，并享受与你在一起的时间？

观察与应用

1. 使用本章的“环境观察指南”观察婴幼儿的环境。环境包括哪些组成部分？你认为，需要在环境中添加或更改什么？
2. 观察婴幼儿，思考为婴幼儿提供怎样的读写活动和数学活动（互动、环境、材料和经验）？婴幼儿能够在这些活动中进行选择吗？
3. 选择本章末尾所描述的课程，并向其他学生介绍第 12 章开头所描述的课程的八个组成部分。

第 14 章

尊重、反思与联系：3R 指导方法

学习成果

阅读本章之后，你将能够：

- 解释“规训”与“指导”的区别；
- 描述以关系为基础的指导方法中的尊重、反思与联系的意义，并详细解释该方法中的策略；
- 阐述为什么关系重组是师幼关系中的必要内容；
- 明确有效应对具有挑战性行为、心理健康问题的婴幼儿的一些策略和计划。

本章阐述课程计划的第八个组成部分，即以关系为基础的方法，用以指导婴幼儿的行为并满足他们的心理需求。3R 指导方法有助于我们关注婴幼儿的发展、行为背后的原因，强调成人的回应方式在培养婴幼儿的社会性和情感技能时的重要性。这一方法也帮助我们思考婴幼儿与家长、教师、同伴之间的关系。

3R 指导方法建立在第 1 章所呈现的以关系为基础的模式之上。这一模式提示我们思考每个婴幼儿的独特性及其如何影响婴幼儿的行为和我们应对婴幼儿的方式，还帮助我们关注家庭、文化、生态如何影响婴幼儿的关系质量，以及关系对婴幼儿的发展和行为的影响。

3R 指导方法为我们帮助婴幼儿解决发展性问题提供了框架，例如分离焦虑、咬东西、发脾气和如厕。这些都是家长和教师在家里与婴幼儿项目中每天都要面对的挑战。在婴幼儿情绪变化甚至有较大波动时，更了解婴幼儿的成人更有可能运用共情的方式进行回应，从而提高他们的能力。

不幸的是，在生活中面临问题的儿童有时会通过挑战性行为来满足自己的需求。在本章的最后一部分，我们会讨论如何理解并帮助那些愤怒的、有侵略性的、难过的、生气的儿童，以及经历过创伤性事件的儿童。现在，让我们从讨论“指导”和“规训”的区别以及为什么在本章中使用“指导”一词开始。

指导和规训的区别

乔斯在游戏时间脱下他的尿布；威廉开始玩食物；琳恩在很心烦时咬了离她很近的同伴；劳拉想要其他儿童的玩具，便抢了过来；在教师阻止他们之前，迪安娜和约翰为了看得更清楚，很快地跳到了一把椅子上，但椅子倒了，他们也摔在了地上。

这些例子有什么共同之处？对成人来说，这些时刻是促进儿童社会性发展以适应某种文化的机会，可以引导他们想方法建立关系、满足自己的需求，也是教给他们在世界上获得成功所需要的社交能力和情感能力的机会。

“规训”传统意义上是指成人控制、约束，利用权威要求儿童服从，但是它的另一层意思是“教学”，即教儿童学习新行为。由于这一词语的两层含义较为混淆，因此我们将使用“指导”一词来表示发展性的、以关系为基础的问题解决方法，以支持儿童早期的社会性和情感发展。

导游向旅客展示旅途中的路线并支持他们，同时鼓励、展示、安排旅程以使每个人都能顺利旅行。“指导”是指婴幼儿在短暂的时间内学习大量内容时所得到的支持，例如如何使用勺子、为什么中午不应在教室中脱掉尿布；学习重要的文化规范，例如什么时候笑是合适的、如何帮助处于困境中的人；以及学习如何不采用攻击行为就获得自己想要的东西。“指导”意味着运用积极的观念和策略来支持儿童，使他们融入生活中的文化。

“指导”包括帮助、促进和设置限制，在一天之中持续进行，不只是在儿童出现“不良行为”时才会发生。事实上，“指导”是教师和家长帮助儿童的一种方式，使他们成为能够自我引导、有能力且充满爱心的人。

以关系为基础的指导方法

3R 指导方法开始于尊重，之后要求教师反思，并且与儿童建立联系。阅读专栏 14.1 中关于 3R 指导方法的概述。

专栏 14.1　以关系为基础的指导方法

尊重

- 尊重婴幼儿的情感需求和目标。
- 尊重婴幼儿的个体差异。
- 尊重发展的力量。
- 尊重自我。

反思

- 婴幼儿正在经历什么？婴幼儿的愿望和需求是什么？婴幼儿的行为有什么目的？
- 行为发生的内容、时间、地点、方式和对象分别是什么？
- 我们现在希望婴幼儿做什么？我们希望婴幼儿形成哪些品质？婴幼儿教育的长期目标是什么？

联系

- 支持婴幼儿与生活中所有重要的人之间的健康关系。
- 关注有助于提升婴幼儿能力的成人－婴幼儿回应式互动策略。
- 创设并改造环境。

尊重

尊重婴幼儿，包括尊重他们的情感需求、个体差异、发展的力量以及自我。

尊重婴幼儿的情感需求和目标

尊重开始于对婴幼儿需求的理解。

保护。婴幼儿与成人在一起时需要感受到安全。他们也需要知道，他们伤害自己或他人时，你是出于关心而制止他们；在感到害怕或受伤时，可以冲进你的怀抱。

安全和关爱的关系。婴幼儿需要感受到你真的关心他们。如果对你产生安全依恋，并感受到与你之间的积极情感联系，那么他们更可能会配合你。他们似乎能够感觉到，你和他们在一起，而且他们可以依靠你。

回应式互动。婴幼儿需要愿意回应他们的成人，回应他们的姿势、苦恼、语言和兴趣。他们需要感觉到你在倾听并且理解他们；他们确信，难过时可以将自己的头靠在你的肩膀上；他们知道，受伤时你会安慰他们；他们知道，努力学习行走、攀爬或说话时你会在情感上理解、关心他们。你的语言、表情、动作都在说“我看到你不太开心”“你那么滑稽把我逗笑了”“我会让你很安全”“我不会让你受伤的，马蒂”“抱着你，我感觉很不错”。

通过掌握和学习来获得自我价值感。婴幼儿需要你的肯定和鼓励。我们需要给予更加明确、具体的肯定，而不是只说“很棒”。我们可以说“你很努力”或者“你成功了，你爬到那个垫子上了”。他们确信你会用感情回应，使他们在你的眼睛和声音里看到自己的价值。他们需要机会去学习并掌握新的技能。

思考每个需求是非常重要的，因为这是我们思考如何指导的基础。

尊重婴幼儿的个体差异

尊重婴幼儿也需要了解，他们的学习、与他人互动的独特风格对关系的影响。当认识到每个婴幼儿都各有不同时，我们将思考他们的气质、个性、需求和优点如何影响指导方法，从而对每个婴幼儿采用个别化的指导策略。

教师要了解婴幼儿的性格、优点、文化、对你的影响及其感知问题。

性格。婴幼儿的性格影响他们对不同照护质量的反应。在一个婴幼儿保育和学习项目中，通过观察 66 个 24—35 个月的学步儿发现，当环境质量和师幼互动质量较高时，活泼的学步儿更能融入群体[1]。活跃的学步儿对于教师的敏感、干涉和离开，以及环境质量的反应非常灵敏。其他研究[2]发现，在 70 个 15 个月大的学步儿中，“较难养育型的孩子较少与同伴建立关系，虽然这只是在低质量的照护机构中”。尽管活跃的婴幼儿和个性较为消极的婴幼儿对教师来说可能具有挑战性，但教师关于婴幼儿性格的知识和了解将有助于他们满足婴幼儿对敏锐的回应和社会交往的需求。

下面的案例展示了一位教师是如何接受蒂姆吮吸拇指的，这位教师知道，在蒂姆勇敢地爬进游戏中之前是通过这种方法进行自我调节的。

蒂姆坐在地板上，心满意足地吮吸着拇指，看着托儿所里发生的一切。教师玛莎看着他，想着他在地板上爬进其他婴儿的游戏之前十分喜欢观察。她很欣赏他的调节能力，能通过吮吸拇指让自己平静下来。玛莎对蒂姆笑了笑，蒂姆也笑了，然后他开始向另一个婴儿爬去。

蒂姆找到了一种为同伴游戏做准备的独特方法，让自己在准备好之后参与打闹。吮吸拇指可以帮助他自我调节，获得力量和信心。玛莎尊重蒂姆的游戏风格和性格，允许他按照自己的速度和方式发展。

优点。有洞察力的成人会关注婴幼儿的优点和他们能做的事情，而非不能做的事情，以婴幼儿能做的事情为基础，并根据他们的能力来看待他们。不要给婴幼儿贴标签，如“好斗的孩子”，这似乎定义了婴幼儿的本质。例如，萨尔是一个帮手、搭建者、攀爬者，而不是一个咬人者。他现在碰巧咬人了，但咬人并不能定义他的性格。当教师思考每个婴幼儿的优点时，他们是在塑造婴幼儿的个性和心理。要思考婴幼儿的优点，并为他们提供解决问题的思路，帮助他们专注于能做的事情，而非不能做的事情。

文化。冈萨雷斯 – 梅纳[3,4]强调，我们需要尊重婴幼儿家庭中的文化差异，认识到这些差异将影响我们使用的策略。有些婴幼儿需要更多的独处空间，有些婴幼儿则需要较少的独处空间；有些婴幼儿为了友好而微笑，有些婴幼儿则只有在高兴的时候才微笑；有些婴幼儿可能已经学会了通过向下看来表达尊重，而不是看着成人的眼睛。我们如果能认识到自己和他人的差异，就能重视他们，而不是误解他们。

婴幼儿对你的影响。是否曾有婴幼儿没有回应你的关注？瓦洛顿[5]（Vallotton）观察了实习教师与正在学习“宝宝手语”的 4—19 个月大婴幼儿之间的单独互动，发现教师与那些使用姿势、手势来回应成人的指导和意图的婴幼儿互动更多。重要的是，与婴幼儿互动的成人要意识到婴幼儿的反应能力、语言、性格和行为对他们的影响。我们需要更积极地回应那些不愿与他人接触的婴幼儿。

感知问题。一些婴幼儿具有感知问题。他们对食物的反应可能与其他儿童不同；他们可能不喜欢水、沙或手指画等感官体验；当有太多的视觉或听觉刺激时，他们可能会退缩或失控；轻触对他们来说可能比较困难，而轻触对其他儿童来说是舒适的。这些婴幼儿有被看作有不合作、捣乱或焦虑的问题，你将想要了解他们处理感官体验的不同能力。

性格、优点、文化、对你的影响以及感知问题，只是婴幼儿展示他们独特个性的几个例子。我们要接受每个婴幼儿的独特性，并使活动和环境适应他们的需求、优点和兴趣。

尊重发展的力量

我们知道，婴幼儿正在发展情感和社交技能。他们学习新的技能和生活方式需要时间。在人生的某些阶段，生活对他们更加具有挑战性，例如第一次与家长分离或学习如厕时。每个发展阶段都需要成人采用不同的策略。关于在关系中促进婴幼儿发展的指导策略，我们需要了解什么？

> 婴儿看到陌生人会哭，学步儿累了会吮吸拇指。刚学会使用勺子的孩子会觉得累，便开始用手抓食物。学步儿突然开始对所有事情说“不”，且必须把围嘴系好才能保持快乐。

从这些例子中可以看出，婴幼儿在情感、社会性、认知、语言和运动领域的发展要经历不同的阶段才能获得成熟。对于婴幼儿及其家长和教师，这些阶段也可能是不安和失衡的时期（如婴儿开始对陌生人产生焦虑情绪时）。教师如果不理解发展的力量，就可能有不切实际的期望，以至于对婴幼儿的要求过高（比如期望学步儿吃东西时不要把食物洒出来）。当这种情况发生时，婴幼儿会变得非常沮丧或感到自己越来越无能。

另一方面，如果教师没有注意到某个特定的行为，例如，一个 9 个月大的婴儿在拍手，教师就不可能提供有趣的、适合发展的活动，比如拍蛋糕。教师可以使用本书第 6 章至第 10 章末尾和附录中的“发展趋势与回应式互动表”来观察婴幼儿的发展状况，以获得实际的期望，并对婴幼儿发展提供回应式活动。

如果婴幼儿在某个发展领域发育迟缓或有障碍，另一个发展领域也可能受到影响。如本书前几章所述，发育迟缓是由各种遗传因素或环境因素引起的发展滞后或发展差异问题。一些研究人员发现，当婴幼儿，特别是学步儿，表现出语言发展迟缓时，他们的社会性、情感发展也很有可能滞后[6]。教师和家长必须给语言发展迟缓的婴幼儿提供更多的支持，帮助他们学会以适宜社会的方式表达需求。要注意婴幼儿在不同发展领域中的迟缓问题之间的联系。

教师理解了发展的力量，就会仔细地观察婴幼儿，明智地思考他们的发展。

尊重自我

了解自己。婴幼儿应该如何表现？你的文化教给了你什么？这将如何影响你指导婴幼儿的方式？想一想，当你和婴幼儿在一起时，是什么让你生气、伤心、沮丧和焦虑。你越了解自己和自己的回应方式，你的反思就会越多。

反思

反思包括思考婴幼儿经历了什么，观察婴幼儿的行为在表达什么，并决定你想让他们做什么。下面的反思策略为满足婴幼儿的情感需求、教会他们新的行为铺平了道路。

反思婴幼儿的经验

每天早上妈妈说“再见”的时候，塔莎都会哭；理查德在午餐到午睡的过渡时间很难熬。每个婴幼儿正在经历什么？比起成人和他们一起的经历，我们也许很难想象他们正在经历什么。当我们从婴幼儿的角度理解他们的经历时，我们就更有可能理解他们的感受，并以对他们有益的方式提供支持。塔莎可能真的很想念她的爸爸；理查德可能很害怕一个人睡在小床上，因为他看不到最喜欢的教师。

婴幼儿的行为有什么目的？以范・德・赞德和美国圣克鲁兹婴幼儿照护机构的工作人员共同讨论的塞雷娜为例[7]，虽然这个孩子的思维过程没那么复杂，但是她止在试验在不同地点、不同时间、和不同人在一起时随地吐口水会发生什么。

塞雷娜似乎在想：“真有趣，如果我往桌子上吐口水，妈妈会生气……只是吃早饭时这样还是吃午饭时也这样？晚饭呢……是昨天会这样还是今天也会这样？……在浴缸里吐口水似乎没问题……她让我吐出一只虫子……要是我往桌子上的这些纸上吐口水，她会怎样？”

和塞雷娜一起思考，并从她的角度看问题之后，富有洞察力的成人会给她更多关于随地吐口水的信息，什么时间在哪里吐口水是可以的，而不是在没有任何解释的情况下惩罚她。

婴幼儿在表达什么？他们通过多种方式表达需求。婴儿在互动中需要休息时，会打哈欠或转过身去；极度沮丧时，可能会弓起背或踢脚。较大的婴儿和较小的学步儿可能会爬到一边或者抱住你，告诉你他们的不安或害怕；可能把玩具扔在地板上，告诉你他们很沮丧。当学步儿试图告诉你他们非常想要某个东西，或者试图表明他们的独立性，想要和你分开时，他们会大哭一场。有些可能会用可爱的脸蛋和滑稽的动作来分散你的注意力，以避免做他们不想做的事情。有些可能会打其他儿童，要么是为了得到想要的东西，要么是为了告诉你“我觉得不安全，我必须保护自己”。有些婴幼儿甚至希望你不要管他们，因为他们已经明白成人是不可信的。婴幼儿通常不能用语言告诉我们，但可以用行为告诉我们他们需要什么或想要什么。我们可以使用表 14.1 中的观察系统来确定他们的需求或行为目的。

表 14.1 观察朱莉以确定其行为目的

日期	之前发生了什么	儿童的行为	之后发生了什么	可能的目的
12/1	塔莎从朱莉手里拿走了蜡笔。	朱莉用手打塔莎的侧脸。	塔莎哭了，扔了朱莉的蜡笔。朱莉把蜡笔捡起来使用。	拿回她的蜡笔。
12/5	戴尔踩到了朱莉的积木。	当戴尔经过朱莉身边时，朱莉打了戴尔的腿。	戴尔离开了这个区域，但朱莉在继续玩。	让戴尔离开她。

反思行为发生的对象和时间

经常观察，了解婴幼儿在什么时候、什么地方、和谁在一起时可能会产生某种特定的行为。例如，学步儿彼得似乎每个星期一都很不安，在对他进行观察之后，教师意识到，他在星期一走进学步儿室时需要几小时来适应教室、同伴和教师。在和妈妈共度周末之后，他可能需要时间来调整，他的妈妈在生活中正在经历着压力。教师塔拉带着他一起查看教室里的宠物，试图让他感到受欢迎。很快，彼得就出去玩了，当他需要拥抱的时候，偶尔也会回来看她。收集到的信息就是教师选择策略的指南。

反思新行为

家长、教师和同伴现在想让婴幼儿做什么来代替婴幼儿表达需求的行为？新行为会帮助婴幼儿满足自己的需求吗？一旦你确定了想让婴幼儿做什么，你就可以开始支持婴幼儿学习新的方法来满足自己的需求。在表 14.1 的例子中，家长和教师决定，当其他儿童拿走朱莉的东西或干扰她的游戏时，他们想让朱莉学会对他们说“停”。

“我们希望儿童形成什么样的性格”和“儿童教育的长期目标是什么”是更加难以解决的问题，这些问题需要教师与家长共同探讨。例如，当你试图帮助一个婴幼儿停止咬同伴时，思考他的家人希望他成为什么样的儿童是很重要的。他的家人是否说过想让他成为一个善良的儿童？是否强调过想让他学会帮助别人？当我们思考指导策略时，儿童教育的目标很重要。

联系

尊重和反思可能会令成人认为，无须做出进一步反应来支持婴幼儿。然而，他们往往会建立联系（使用策略）以帮助婴幼儿学习和表现个性，并发展积极而健康的关系。专栏 14.2 总结了这部分详细阐述的联系策略。

专栏 14.2　联系策略的概要

支持婴幼儿与生活中所有重要的人建立健康的关系

- 支持婴幼儿与家长的关系。
- 不断地与家长和家中其他成员沟通，了解他们的文化、愿望和教养实践。
- 和家长一起使用解决问题的方法。
- 与每个婴幼儿建立牢固、积极的关系——真正充满关爱的关系。
- 利用主要照护和持续性照护促进持续、安全的教师－儿童、教师－家长以及同伴之间的关系。

关注促进婴幼儿能力发展的成人－儿童回应式互动策略

- 理解婴幼儿的目标、努力和感受。
- 建构情感词汇——承认并帮助婴幼儿表达强烈的情感。
- 耐心地引导婴幼儿控制自己的冲动和行为。
- 把行为看作沟通，并教婴幼儿学习沟通。
- 解释并教婴幼儿做事情；清楚、正面地向婴幼儿陈述。
- 为确保婴幼儿、其他人和材料的安全提供一定的限制。

- 帮助婴幼儿学习换位思考。
- 帮助婴幼儿学习解决问题和处理冲突。
- 给婴幼儿一些你可以接受的选择。
- 建立常规，为婴幼儿提供安全保障。
- 逐步培养婴幼儿等待或应对失望的能力。
- 冷静陪伴，而非计时隔离。

创设和改变环境

- 创设有利于婴幼儿参与活动、建立关系、做有趣的事情的环境，如舒适的角落、独处空间、两人空间。
- 根据需要改变环境，保护婴幼儿的积极行为，帮助孩子成功。

受益于这些策略的婴幼儿能够对自己的行为进行内在引导，并能通过积极的关系为自己和他人的幸福做出独特的贡献。让我们从建立联系开始吧。

联系：支持婴幼儿与生活中所有重要的人建立健康的关系

在其他章节中，我们强调了教师支持家长－儿童关系的重要性，这始终是儿童生活中的关键基础。我们还要知道，儿童生活中的其他关系质量也会影响他们与他人的关系，如与教师或同伴的关系。在对学步儿攻击性的研究中，布鲁克[8]和其他研究人员发现，这与家长的教养风格和夫妻关系有关。当家长关系紧张时，学步儿更有可能对同伴表现出攻击性行为。这是一个很好的例子，说明影响儿童行为的生态和关系因素多么重要。让我们思考一下，教师如何支持亲子关系？

支持婴幼儿与家长的关系

卡琳每天在婴幼儿项目中似乎都很开心，但当她爸爸下午来到门口时，她就崩溃了。

在这个例子中，教师如何使用以关系为基础的方法处理卡琳面临的问题呢？教师想知道怎样才能使她与卡琳的关系、卡琳与爸爸的关系都得到加强。人们很容易认为，比起爸爸，卡琳更喜欢教师，但这可能是一个错误的看法。布雷泽尔顿[9]曾谈及儿童如何在一天内保持情绪稳定，但在一天的结束和过渡时刻“崩溃”。教师发现，一天的结束时刻对爸爸和卡琳来说多么艰难，并尽她所能来支持他们。教师询问爸爸下班后是否可以提前给她打电话，这样教师就可以让卡琳知道爸爸要来了，帮她做好出发的准备。这种尊重卡琳生活中所有关系的重要性的策略，影响了教师促进和支持亲子关系、教师与卡琳之间关系的方式。教师也可以与儿童的家长、兄弟姐妹、祖父母和其他教师等与儿童有关系的人合作。

不断与家长和其他家庭成员沟通，了解他们的文化、愿望和教养实践

与家庭成员的日常对话和定期讨论能够使你与他们一起参与婴幼儿的照护和学习的各个方面。持续地分享婴幼儿的优点、兴趣、好恶非常重要，而不仅仅是分享他们面临的挑战。鼓励家庭成员与你分享婴幼儿的正面信息，以及他们在孩子的照护和学习中所面临的挑战。长期对话有助于防止问题升级。

与家长一起使用解决问题的方法

布罗米奇[10]提出一种用六步解决问题的方法，教师、家访者和其他婴幼儿专业人员可以使用这种方法与家长讨论儿童指导问题（见专栏 14.3）。

专栏 14.3　布罗米奇的家长问题解决方法

感同身受地倾听家长

试着从家长的角度看问题，理解他们有关孩子的观念和对处于家庭环境中的自己的看法。仔细倾听并说明，家长说的话、做的事和他们的感受对你是非常重要的。与家长讨论他们的感受，例如，对一个关注孩子尖叫问题的家长说：“在你抱起他并试图拥抱他之后，他还在尖叫，你一定感到非常沮丧。”然而，要注意的是，在家长想要谈论一些问题和感受之前，不要鼓励他们谈论这些。尽量不要卷入极为私人的事情，因为你不具备帮助他们的知识和技能。当让家长求助治疗师或服务机构时，要与其他工作人员讨论。

观察

为了让家长读懂婴幼儿的信号并给予回应，可以帮助他们成为敏感的观察者。与家长一起观察，让家长注意婴幼儿行为的细节，即能够揭示婴幼儿重要发育变化的行为。与家长一起观察意味着家长和工作人员共同分享自己观察到的内容。

提问

让家长分享一些你不知道的有关婴幼儿的事情，要意识到家长最了解自己的孩子。通过让家长描述自己的成功经验来建立他们的优势。例如，询问一位母亲，当孩子在周末烦恼急躁时，她是如何成功地让他平静下来的。这些想法可以在其他情况下应用，比如当家长心烦意乱且应对孩子有困难时，也能应用于你试图让孩子平静下来时。在合作解决问题的过程中，第一步是询问家长一些具体的问题，比如“孩子发脾气之前会发生什么情况”或者“这种行为是什么时候开始的”。

积极表达

积极评论家长的育儿实践。具体一点，例如“当你的宝宝看到你对她微笑时，她真的很开心”。

讨论

讨论通常包括共享一些典型的儿童发展信息。例如，一个婴幼儿从高椅子上把东西扔下来，你可能会对担心的家长说：“很多这个年龄阶段的孩子都会把东西从高椅子上扔下来，这是为了试验这样会发生什么，他们是在游戏。”重视对婴幼儿当前行为的观察，并将讨论与观察联系起来，从中获得的儿童发展信息可以帮助家长做出更有效的回应或预测孩子下一阶段的发展。

尝试

与家长一起解决问题，确定多种与婴幼儿的互动方式。婴幼儿很烦躁时，家长可能发现把他们裹在毯子里会安静一些。你可能已经注意到，房间越安静，婴幼儿就会越安静。一种解决方法不会永远奏效，有些解决方法可能根本行不通。你如果和家长讨论如何尝试，就不会让家长失败。这会鼓励你和家长尝试新的事物，并彼此分享解决方法是怎样发挥作用的。如果方法不起作用，那么你可以本着合作的精神，重新开始这六个步骤。

与每个婴幼儿建立牢固、积极的关系——真正充满关爱的关系

在真正的关爱关系中，婴幼儿会感受到彼此的爱。这是一种安全感。

利用主要照护和持续性照护促进持续、安全的教师 – 儿童、教师 – 家长和同伴之间的关系

这些策略确保婴幼儿与教师建立持久、安全关系的需求得到满足。照护的连续性也会确保婴幼儿的同伴关系得到保护和重视，因为他们都会和喜爱的教师一起搬到新的教室。

联系：关注促进婴幼儿能力发展的成人 – 儿童回应式互动策略

第 12 章讨论的所有策略都是关于如何支持婴幼儿的情感和社会性发展，如“注意并鼓励优点和积极行为”“表达情感”和“回应”，这些是指导互动策略的基础。现在是回顾这些策略的好时机，将其作为培养儿童能力的基础，记住这些战略至关重要。这里讨论了可以用来指导婴幼儿的方法，但是如果不使用基本策略，这些方法就不太可能有效。以下是教师和家长可以使用的其他策略，用以指导成人和婴幼儿的互动。

理解婴幼儿的目标、努力和感受

8 个月大的马库似乎整天都很累、脾气很暴躁。他很容易哭，不愿一个人坐在地板上。他想坐在教师的腿上，每当教师不得不把他放下来转而帮助另一个孩子时，他就抽泣起来。

马库的感受如何？我们不能确定，但我们能看出他不高兴。教师对马库说：“我看得出，你今天不开心。我能做些什么让你感觉好点呢？”虽然马库听不懂教师的话，但他能感觉到她真的很关心他、理解他。教师不认为马库被宠坏了，或者“只是想引起注意”。相反，教师相信，马库今天有特殊的情感需求，而且他黏人是有原因的，不过她还不知道原因。教师知道今天是“关爱马库精神日”，她的特别关爱将帮助马库学会信任她，而且他们之间的积极关系会令马库感到安全，从而感受、表达和调节情绪。

试着开始描述婴幼儿可能有的感受、尝试与你交流的内容或者试着实现什么。这将帮助你倾听婴幼儿，在某种情境中从婴幼儿的角度看待问题，然后询问：“我能帮助你什么？”

霍尼格[11] 建议对婴幼儿说“你希望……”，从而帮助自己理解他们的感受，接受他们与你交流的信息。例如，你可以说：“我知道，你想要蒂娜·玛丽正拿着的玩具。”

建构情感词汇——承认并帮助婴幼儿表达强烈的情感

这个策略和第一个相似，但重点是帮助婴幼儿描述自己的情绪。对于婴儿，教师通常描述他们认为婴儿可能有的情绪，通过解读婴儿的面部表情和身体动作来进行猜测。对于学步儿，教师经常用情感词汇描述他们的感受，并鼓励他们说出具体的词汇，例如“你可以告诉我你很难过”。教师继续描述婴幼儿的更多感受，例如“你看起来很失望”，并鼓励婴幼儿在多种情况下表达自己的感受。

耐心地引导婴幼儿控制自己的冲动和行为

> 纳特站在沙盘旁，兴高采烈地往地上扔沙子，然后听着他用鞋子发出的声音。教师卡拉蹲下来说：“把沙子留在沙盘里，我们一起看看能不能用铲子在桌子上弄出声音来。”教师意识到了他对因果关系和不同声音的兴趣。

由于教师的耐心，纳特正在学习控制自己的行为，开始用铲子在桌子上制造声音。

把行为看作沟通，并教婴幼儿学习沟通

一个儿童跑去踢另一个儿童的积木，可能是在表达他想玩，但不知道怎么玩。他需要别人帮助他学习新的沟通策略，让他能够与另一个儿童一起玩，因为他目前的策略确实不是很好！

第 9 章阐述的手语是一种与婴幼儿交流的有效手段。家长和教师表示，当他们使用一些手语，比如要不要多一些牛奶时，婴幼儿就会通过模仿成人来学习这些手语。9 个月大的婴儿开始使用手语，因为拥有了表达需求的能力，他们的懊恼和沮丧变少了。

“用你的语言”这句话经常被学步儿教师重复，因为他们试图教儿童在某些情况下学会使用语言，而不是攻击他人，比如从其他儿童那里得到珍贵的玩具、保护自己或保护其他儿童期待的玩具[12]。只有在儿童知道如何使用语言时，说“用你的语言”这句话才有用。在刚开始的时候，告诉学步儿一些具体词汇将更有帮助。例如：想要一个玩具时，说“请”；不想让别人拿走自己的玩具时，说“不”或“一会儿”。当成人示范词句时，学步儿很快就会使用它们——这是在社交场合中成为沟通者的一步。

建构情感词汇和一般词汇对于婴幼儿发展控制和表达情感的能力十分重要。研究人员[13]收集了 13 个月、24 个月和 36 个月大的学步儿的相关数据，发现语言技能，尤其是词汇，影响了女孩和男孩自我调节的变化率。

解释并教婴幼儿做事情：清楚、正面地向婴幼儿陈述

清楚、正面地对婴幼儿进行陈述。给出简短的理由和解释，帮助婴幼儿内化规则及其原因。向婴幼儿进行简短的解释，帮助他们理解为什么应该非常轻柔地触摸易碎物品，如“轻轻地触摸，它是易碎的”。

对刚才咬萨拉的韦林娜说："不要咬，这样会伤害萨拉。看，她在哭。你可以告诉她你想要什么。"

正面陈述，例如不要说"不要跑"，而是说"请慢慢走"。当教师说"不要跑"时，婴幼儿可能只听到"跑"字。

28 个月大的马里奥捡起一块有趣的泥土，开始把它放进嘴里品尝。他大声地自言自语道："我把它放进嘴里。我不这么做了，它脏。"

他从教师和家长那里听到的这些话，现在成为他行为的内在指导。将来，他更可能不需要别人告诉他不要把奇怪的东西放进嘴里。当婴幼儿知道做或不做某一行为的原因时，这个原因就成为他们内在的一部分。这样他们就会有自控能力，而不必总是需要成人的外部控制。

为确保婴幼儿、其他人和材料的安全提供一定的限制

> 迪娜爬上椅子，看着教师，想看看她会怎么做。教师扶迪娜下来，把她抱在怀里，说："我要保护你，不想让你爬上椅子，你可能会受伤的。"几天之后，迪娜看起来更放松了，而且可以更专注地玩了。

当婴幼儿伤害了自己、同伴或材料时，坚持这一指导原则。

> 18 个月大的安德鲁为了拿到一盒积木用力地推了朱莉。教师轻轻地把他抱在怀里，坚定地说："你推了朱莉，这样会伤害朱莉。我想让教室里的每个人都安全。你可以这样绕过她走，就像这样。"教师牵着他的手，给他指路。

帮助婴幼儿学习换位思考

> 杰里快步走向新积木时，乔舒亚跨过了他。教师走到乔舒亚面前，蹲下来，帮助他回头看正在哭泣的杰里。"你看，杰里哭了。你踩到他了，踩伤了他的手。我们去帮帮他吧。"教师轻轻地拉着乔舒亚的手，把他带到杰里面前。

当教师以他人为中心进行指导时，他们就在引导婴幼儿思考他人的感受。比如，引导学步儿看着其他儿童的脸，理解他们的感受，然后说出要如何帮助受伤的儿童。让儿童开始接受他人的观点，这条道路往往充满挑战且坎坷不平。

帮助婴幼儿学习解决问题和处理冲突

30 个月大的学步儿在与母亲发生冲突时，母亲如果合理解释（使用理由）并采用解决办法（试图用所有人都同意的办法解决冲突）和缓解方法（试图缓解冲突），那么这个学步儿在 36 个月大时会具有较高的社会性和情感发展水平[14]。冲突是不可避免的。例如，一个学步儿可能决定不穿衣服或不穿外套，当教师和家长与他交谈并协商解决方案时，学步儿将学会决定取舍。

如果教师和其他成人帮助婴幼儿学习协商，他们就会在与同伴的冲突中受益[15, 16, 17]，发展情绪管理和自我调节能力，学习问题解决技巧，最重要的是，他们将发现他人与自己看待世界的观点不同（心理理论）。教师可以提出开放式问题，邀请婴幼儿参与对话，提供选择，并帮助他们做出决定，而不是使用指令、干扰、警告和威胁。学步儿可以学习解决问题[16]。当教师询问“我们能做些什么来帮助埃米”或者“如果你想要这个玩具，你能做些什么”时，学步儿便开始理解解决问题的本质。他们需要持续不断的帮助来思考答案，如果教师不断地提出问题并示范答案，学步儿长大后就会成为优秀的问题解决者。

给婴幼儿一些你可以接受的选择

每长大 1 个月，就给学步儿更多的选择。学步儿教师卡门知道露露需要换尿布了，但是露露正忙着装倒积木。教师走近露露，蹲下来，问道：“我觉得你需要换尿布了。”露露大声说：“不！”卡门回答说：“我看得出来，你正沉浸在积木游戏中，我几分钟后再过来给你换尿布。”几分钟之后，卡门再次走近露露，“该换尿布了，你想走路还是让我抱着你？”露露举起手让教师抱起自己。

建立常规，为婴幼儿提供安全保障

常规若成为一种习惯，就可以为婴幼儿提供安全感。当常规保持一致时，婴幼儿能预测将会发生什么。常规的细节不必每天都解释。当要收玩具的时候，放一首整理歌：“整理时间，整理时间，现在要收玩具了。”建立出门和道别的常规。在等午餐的时间，可以唱歌。建立从午餐时间过渡到午睡时间的常规，学步儿就会知道，午餐结束后可以得到“小毯子”或“爱”，教师会在垫子上为他们讲故事。

逐步培养婴幼儿等待或应对失望的能力

> 没有逐渐学会失望的孩子会因为缺乏对他人需求的妥协而失去恢复力。他们可能变得以自我为中心，要求苛刻，很难被喜欢和与人相处（Lieberman）。

例如，当婴儿成长为学步儿时，他们将逐渐学会等待食物煮熟时再吃，或等待出去玩。如果成人在婴幼儿等待时用抚慰的声音和他们说话，婴幼儿就更有可能学会耐心，并从他人的角度看问题。当婴幼儿因为天气或喜欢的教师某天不在而不能出门时，可能会感到失望。想一想你失望时的感受，这将提醒你，教师解释发生了什么、接受婴幼儿的失望情绪并提供应对挫折和悲伤的策略，多么重要。

冷静陪伴，而非计时隔离

“计时隔离”是家长和教师经常使用的一种策略，即在儿童“行为不当”时，将他们放在一张椅子上，一个小房间里，或者一个远离他人的地方，以此来惩罚他们。当教师使用“计时隔离”时，这往往是一种惩罚，例如，教师生气地把儿童放在一个单独的地方，并告诉儿童直到他“学会不咬人”才能离开那里。在这种情况下，儿童通常关注如何保护自己，而不是关注发生了什么、为什么发生、自己和其他儿童的感受如何，以及他本可以做些什么。“冷静陪伴”是另一种策略，即家长或教师陪伴儿童一段时间。例如，当一个儿童咬了另一个儿童时，教师让儿童安静下来，教儿童怎么做而不是咬人。教室里放着毛绒玩具和枕头的舒适区域可以作为舒适的角落。儿童在感到不安时，可以自己去那里平静下来。或者，他们可能会要求或拉一位教师和他们一起去那个舒适的角落。

联系：创设和改变环境

> 家庭托儿所的小学步儿开始爬楼梯，所以梅利莎在楼梯底部放了一个小门。孩子们一直在教室里快速奔跑，直到教师把一个小攀岩台放在中间。教师没有把问题归咎于孩子们，而是观察自己能做些什么来改变环境，使之更适合孩子们的发展。

创设有利于婴幼儿参与、自我调节、建立关系并且能做有趣的事情的环境，如舒适的角落、两人的空间。如果环境包括充满关爱的人、有趣的设备、玩具和能让婴幼儿成功的材料，那么他们就更有可能投入其中。而且，环境如果安静且具有吸引力，就更有助于婴幼儿学会自我调节。

根据需要改变环境，保护婴幼儿的积极行为，帮助他们获得成功。多问自己：“我将如何改变环境来帮助婴幼儿获得成功？”如果一个学步儿难以入睡，那么可以试着在教室里创造一个隐蔽的空间，这样你就可以在没有干扰的情况下唱歌哄他入睡。对婴幼儿来说，环境的一个小变化能够带来很大的作用。

关 系 重 组

当婴幼儿经历分离焦虑、具有抗拒行为、发脾气、咬人以及学习如厕时，他们与关爱他们的成人的关系往往会受到挑战。在这些时候，关系需要重新调整或改变。婴幼儿在这些时候感到恐惧、愤怒、失控或要求独立，需要支持和指导，因此成人要改变自己与他们的关系，因为他们正处于一个新的发展阶段。成人将需要在重新建立和谐关系的期望下，尝试新的策略，满足婴幼儿的需求。

分离焦虑

几个月来，父亲把 10 个月大的女儿卡琳送到婴幼儿项目时都没有看到她流一滴眼泪。但最近，在惯常的道别拥抱和亲吻之后，卡琳开始号啕大哭，紧紧抓住父亲的腿。卡琳的主要照护教师玛莎对她突然的行为变化感到惊讶，她试图用卡琳最喜欢的玩具分散她的注意力。然而，哭声持续不断，她和卡琳的父亲都在想："我们做错了什么？"

当家长离开时，小婴儿会哭，约 7 个月大的婴儿会表现出强烈的分离焦虑。他们寻找自己爱的人、愁眉苦脸、哭泣、推开那些安慰他们的人，并且很难说"再见"。新的认知理解有助于婴儿逐渐意识到"眼不见，心不忘"。婴儿通常不希望他们最喜欢的教师消失，即使教师只是在盥洗室门后。分离焦虑可以持续几个月，但每个婴幼儿持续的时间有所不同。有些 18 个月大的儿童觉得和家长道别很容易，但也有一些儿童一生都难以与家长分离。教师可以抱着婴儿，尽量与他亲近，用关爱的语气和他交谈，理解他正在经历的情感挣扎。

当 1—2 岁的儿童进入婴幼儿项目时，他们可能需要几周到几个月的时间来适应新环境。最初的几天可能很顺利，但当他们意识到这个新环境是他们每天都要去的地方时，他们可能会抗拒。也有些儿童刚开始与家长分离时尽管非常害怕，并强烈抗拒，但是没有清晰的语言表达能力。这个年龄阶段的儿童在认知上很难理解家长要去哪里，什么时候回来。许多这个年龄阶段的儿童在家长离开后很悲伤，在游戏时若听到有人进来就会满怀希望地向门口喊"妈妈"。当不是自己喜欢的人进来时，他们又会感到悲伤。成人如果明白，认知发展影响社会性和情感发展，反之，社会性和情感发展也影响认知发展，就会在这段可怕的时间里通过情感上和身体上的陪伴以及谈论儿童（甚至是婴儿）的感受来帮助儿童。例如，教师可以说："我知道你以为那是妈妈。妈妈会在你午睡后过来。"

婴幼儿在一天结束离开婴幼儿项目时也会经历分离焦虑，会因为不得不经历另一个过渡而哭泣和慌乱。教师要尽可能地支持婴幼儿和家长，帮助他们顺利地离开婴幼儿项目，与家长一起回家。教师帮助婴幼儿做好过渡准备，如换好干净的尿布、吃饱饭。或者，如果家长想自己喂孩子吃东西，那么教师可以通过定时喂食（同时仍然回应孩子）来支持亲子关系，这样家长就可以体验与孩子亲密接触的时间。如果婴幼儿因离开最喜欢的教师而感到不安，那么教师可以通过解释婴幼儿的感受来帮助建立亲子关系是很重要的。教师可以对家长说"他见到你很高兴，他还没有完全准备好穿上外套"或者"她今天看起来很累，我想她需要和爸爸拥抱一下"。

学步儿的抗拒

教师和家长常常觉得他们和学步儿就像坐上了情感的过山车一样。学步儿有时渴望独立，有时又想像婴儿一样被照顾。他们正在学习如何自主或自我指导，常常试图控制，也常常因缺乏控制能力而变得沮丧。学步儿可能会感到困惑，有时想要长大成人，但下一分钟就会感到害怕、孤独，或者没有精力，想要坐在你的腿上。教师经常发现，学步儿在一天的学习过程中感受了多种情绪，从纯粹的喜悦和具有感染力的"咯咯"笑声，到极度的挫败感。

学步儿在抗拒时可能会感到害怕。如果家长或教师没有阻止他们做危险的事情，他们就会感到没有人可以拥抱、帮助、约束或包容他们[18]。他们说"不"是为了告诉你，他们是能够表达情感的人，是为了测试这个世界的安全界限，但他们仍然想要安全感。知道儿童在 18 个月到 3 岁这段时间会迅速发生变化，这将有助于教师和家长。正是教师巧妙地给学步儿提供了自我指导的机会，同时也为他们的行为设定了界限，才让他们感到安全。

发脾气

无论多大的学步儿，都会发脾气，即他们真的要崩溃了的痛苦时刻。当教师没有正确地戴围嘴，或者拒绝给第二根香蕉时，有些儿童会大哭、尖叫、呜咽、打滚、跌倒在地板上、跺脚。很难预测儿童在什么时候发脾气，发脾气对儿童和教师都很有压力和挑战。现在让我们来看看克丽，她已经开始发脾气了，看看这一章中讨论的指导策略有多少可以应用到现实生活中，这是教师在照护 15 个月到 3 岁大的儿童时经常遇到的情况。

> 2 岁的克丽一周 3 天都会在家庭托儿所。她非常高兴地吃着香蕉，在吃完最后一块美味的面包后（香蕉还在她的嘴里），她向教师示意想吃一个，结果只听到："克丽，对不起，今天只有一根香蕉，吃两根香蕉会肚子疼。"克丽皱着眉头，从椅子上跳起来，跺着脚，双手叉腰。当教师走近时，克丽突然倒在地上，大哭起来。

当学步儿开始坚持自己的观点时，强烈的消极情绪和抗拒会突然爆发。对此，利伯曼[18]（Lieberman）的观点如下。

> 当学步儿不能说出紧急的事情时，他们必须依靠哭泣或尖叫，这甚至发生在成人身上。声音是情感的载体，当我们说不出话时，我们需要用任何形式的喊叫来表达观点。通常，这种消极的方式其实是学步儿不顾一切地让别人理解自己。

克丽感觉如何？她想说什么？她在特定的某天或某个时间更有可能发脾气吗？克丽用了什么语言技能？很小的儿童就开始用词语、语音、语调来表达强烈的情感，但是他们的语言技能还在发展，所以他们经常会退回到哭泣和发脾气。对克丽的观察记录可以总结出满足她的需求的策略。成人在这些情况下使用的策略，要么是与儿童建立消极的沟通模式，要么是在儿童学习表达强烈情感的新方法时，在情感上支持他们。

可以使用的策略有：强化优点、使用即时回应式互动、使用事后回应式互动，以及改变环境。

发脾气的儿童：强化优点

不要把克丽想成一个爱发脾气的小女孩，想想克丽的优点和她喜欢做的事情。当她可以做出选择时，她对自己所做的每件事都充满热情，而且她喜欢做这些事。教师决定在克丽的热情和愿望的基础上，给她提供更多的选择。例如，当他们走向桌子时，问克丽想要蓝色围兜还是白色围兜，或者她想在喜欢的拼图游戏之前还是之后换尿布。

发脾气的儿童：使用即时回应式互动

回应发脾气的儿童是否会助长他们的消极行为并宠坏他们？或者，我们作为成人，是否可以通过帮助儿童学习用语言来表达情感，进而应对他们的脾气呢？在决定如何回应时，要把情绪爆发看作大多数学步儿都会经历的发展阶段。

你的工作是教给儿童表达强烈情绪的新方法，而不是通过忽视来抑制情绪。在这个困难的阶段，你的支持会帮助儿童学会更成熟地沟通。当儿童发脾气时，你可以用以下几种方法来应对。

- 确认儿童的感受。即使你不会再给克丽一根香蕉，也要让她知道你理解她为什么生气。用抚慰的语气说："克丽，你看起来很沮丧。我知道你想再要一根香蕉。"你在传达这样的信息，即她的想法已经被倾听，有强烈的感情是可以的。
- 建构儿童的情感词汇。儿童可以通过你来学习表达感受的语言。所以，当你描述儿童的情绪时，可以示范词汇。例如，充满感情地说："克丽，你看起来很悲伤。你哭了，你可以告诉我，'我很难过'。"
- 观察面部表情、姿势和身体动作。了解儿童什么时候可能会发脾气，在他发脾气之前及时发现，是防止儿童发脾气的关键之一，也是帮助儿童学会新方法表达失望、沮丧和愤怒的关键之一。
- 通过提供选择来鼓励解决问题。提供选择可以帮助儿童发现解决老问题的新方法。例如，让克丽选择再加一点果汁或牛奶（而不是一根香蕉）会让她觉得自己在这种情况下有一定的权利。这会给她一种对自己和周围环境的控制感，同时让她知道体贴的成人在关心她的健康。
- 示范表达强烈情感的方式。和克丽分享你的感受，让她知道她不是唯一有这种感受的人。你可以用适当的方式说："克丽，我希望你能再吃一根香蕉！"

谈论感受既不是向儿童让步，也不是给他们想要的一切（成人的普遍恐惧）。相反，当你向儿童展示如何通过语言和姿势进行交流时，你是在帮助他们成长为良好的沟通者和问题解决者。你也为他们提供了安全、健康的界限，让他们在其中建立关系和学习。

发脾气的儿童：使用事后回应式互动

虽然很多学步儿发脾气是因为他们在那一刻不知所措，但发生在家里或婴幼儿项目中的事件可能会持续影响克丽。教师和家长的目标应该是建立牢固、积极的关系，这样就可以公开讨论克丽的生活中是否发生了任何可能影响她情感突然变化的事情，比如谁在家里照顾她。

发脾气的儿童：改变环境

如果成人发现自己在说"不""别这样""你不能那样做"，或者不断地把儿童从危险的环境中拉出来，那么环境肯定需要改善，从而保证儿童、同伴和成人都是安全的，并能一起投入许多令人满意和有趣的活动。在充满"不"的环境中，学步儿会感到非常沮丧，不知道能做什么和不能做什么。有趣且具有适宜刺激的环境更有助于支持儿童的情感和社会性发展。

咬人的儿童

婴幼儿项目的最大挑战之一就是儿童之间相互啃咬和儿童咬教师。所以，让我们来探讨一下，为什么儿童会咬人以及成人如何解决这个问题。

> 贾希德的妈妈来到婴幼儿照护机构的门口接贾希德回家。大约 1 小时前，贾希德咬了阿伦，但没有伤到阿伦的皮肤，可是阿伦在被贾希德咬之后哭了很长一段时间。你会向贾希德的妈妈说什么？又向阿伦的妈妈说什么？

在儿童有牙齿之前，他们用牙龈、嘴巴吮吸任何能放进嘴里的东西。儿童被鼓励去“啃咬”食物，尝试新的口腔愉悦。当他们身体上变得更活跃，并且在 12—18 个月进入“真正实验”阶段时，人变成了他们新的啃咬对象，他们想试一试咬人会感觉如何。

因此，啃咬让儿童感到舒适（可以吮吸拳头、手指和食物），也给儿童提供了学习的机会（发现什么是软的、硬的、耐嚼的、好吃的或难吃的）。然而，当令儿童愉快的、必要的啃咬涉及成人、其他儿童、他们自己和动物时，儿童可能会陷入麻烦。

儿童因为各种各样的原因咬人。思考他们咬人的原因，将帮助你处理咬人问题。然后，你可以根据某个儿童咬人的原因有针对性地采取解决方法。表 14.2 给出了儿童咬人的原因以及可能的解决办法。

表 14.2　儿童咬人的原因：以关系为基础的解决方案

咬人的原因：抓住和放开

儿童的肌肉成熟时，他们会同时尝试两种处理方式：抓住和放开。学步儿正在学习抓住和放开家长和其他成人、玩具以及排便，等等。因此，他们也在学习用嘴抓住和放开。

解决方案

帮助缓解婴幼儿与家长分离（放开）时的焦虑。儿童在家长离开时哭泣，可以对他说：“爸爸 / 妈妈要离开了，你感到很难过，很难说‘再见’。爸爸 / 妈妈会在午餐 / 午睡后回来（具体事件）。”给儿童一些玩具，让他抓住或放开，比如往容器里放积木。直到儿童在生活的其他方面表现得放松时，再让儿童学习如厕。

续表

咬人的原因：自主性 学步儿正在发展自主性，即为自己做事、做出选择、需要控制、需要成人和环境、渴望力量、离开成人。咬人可能是儿童与成人分离的表现，如果咬成人，他们可能就不再与成人在一起。儿童咬人是在表现对他人和所处环境的控制。咬人给了儿童战胜他人的力量。学步儿可能会使爱他们的成人“控制不住”自己，因为这些成人总想给他们设限。 **解决方案** 学步儿需要他人帮助他们平衡对控制和爱的需求，对他们经常无法控制的冲动进行严格的限制。因为在很多情况下，成人必须控制学步儿，同时尽可能地给学步儿提供选择的机会并让他们拥有权利。例如，你可以说：“你想要红色的还是蓝色的？”“苹果还是梨？”创设环境，允许婴幼儿有很长的时间来做出选择，并控制自己玩玩具的时间。
咬人的原因：感觉探索 啃咬是感觉运动探索的一部分。如果学步儿想要探索，他们就会触摸并闻玩具、食物和人，当然也会品尝。婴幼儿是感性的，他们通过所有的感官和动作来学习。 **解决方案** 提供多种感觉运动活动。婴幼儿应该在体贴的看护下玩水、颜料、面团和沙子。让婴幼儿在坚硬、柔软、粗糙和光滑的表面上爬行和翻滚，使用各种颜色、易清洗的可用嘴接触的玩具。
咬人的原因：长牙 长牙会使婴幼儿的嘴受伤，他们经常需要咬东西或咬人安慰自己。 **解决方案** 提供磨牙玩具、冰冻硬面包和耐嚼的食物（在嘴里会分解），不会噎到婴幼儿。可以鼓励学步儿咬紧磨牙玩具。干净的冰冻硬面包可以帮助刚出牙的学步儿（以及被咬过的儿童）降温。

续表

咬人的原因：渴望与同龄人互动

婴幼儿刚刚开始学习如何以积极的方式与同龄人交往。他们咬人的时候，通常不知道会伤害别人（较大的学步儿可能知道）。婴幼儿不知道如何以被接受的方式接近同龄人，他们经常通过咬、扯头发、推等方式来表达对别人的兴趣。

解决方案

婴幼儿需要大量的社会活动学习如何与人互动。当他们粗鲁地触摸别人时，可以握住他们的手说："轻轻地摸会让他感到快乐。"认可他们对其他儿童的兴趣，你可以说："我知道你喜欢达林，你可以给他一个玩具。"提供足够的适合儿童年龄的材料和设备，让儿童可以在一起游戏。关注积极的同伴互动，比如一个儿童拥抱另一个儿童、给另一个儿童一个玩具、对另一个儿童微笑。

咬人的原因：因果关系

婴幼儿实际在研究因果关系，好像在说"如果我咬了苏茜会怎么样？我会得到什么回应"。咬人通常会带来非常强烈的回应！例如，听到被咬儿童的大声尖叫和成人的反对。

解决方案

提供大量的游戏时间。当婴幼儿对玩具（其中的因果关系）感兴趣时，提供能"做出反应"的玩具，例如按下按钮会弹出一个图案、转动旋钮会播放音乐。沙子、泥土、水、颜料、积木和蜡笔都为婴幼儿提供了创造性的开放式活动，以及许多制造某件事物的机会。引导婴幼儿注意自己轻拍、拥抱或给另一个儿童玩具时所得到的积极反应。

咬人的原因：模仿

婴幼儿通过模仿他人来学习，啃咬通常是一种从同龄人身上能学到的行为。15 个月后，儿童可以观察到一种行为（如啃咬），并将其存储在记忆中，当条件合适时再表现出这种行为。这种技能就是"延迟模仿"。研究表明，受到体罚的儿童比同龄人更有攻击性，尤其是对那些年纪较小的同伴。如果儿童看到成人打或咬别人，他们就会认为，这是一种被接受的处理愤怒的方式。

解决方案

示范关爱、保护、分享、礼貌的积极行为，供婴幼儿模仿。探索一套应对消极行为的方法。把婴幼儿引向积极的活动，或者认可婴幼儿的感受（例如"你在生萨拉的气，因为她拿走了你的玩具，这让你感到愤怒"）。教婴幼儿选择积极的行为。积极的技巧是有效的，婴幼儿将更容易听从，而且能够学会与他人互动的积极方式。

续表

咬人的原因：注意 婴幼儿可能会用咬人来引起别人的注意。的确，对很多学步儿来说，消极的注意似乎比完全不注意要好。每个人都讨厌被忽视，3 岁以下的儿童也不例外。事实上，有些儿童从教师和同伴那里得到的负面关注可能比正面关注更多，从而延续了负面行为的循环。 **解决方案** 让咬人的儿童享有他人积极、温暖和关爱的注意。这可能很难做到，尤其是当成人感到极度沮丧的时候。然而请记住，当儿童积极、忙碌、好奇、乐于助人、富有成效的行为被关注和鼓励时，他们更有可能保持这些行为。评论儿童的努力时，你可以说“你很努力”，而不是只说“好孩子”。儿童学会并保持积极的行为，成人用积极的评价和拥抱就可以打破消极行为的循环。
咬人的原因：沮丧 婴幼儿可能会因为缺乏语言技能或需求得不到满足而感到愤怒和沮丧，因此咬人。一个儿童如果哭了，或者他想引起别人注意的积极请求被忽视了，就可能觉得需要通过咬人来引起别人的注意。被成人打、掌掴、大吼或咬的儿童可能会变得沮丧、爱发脾气、爱咬人。过多的儿童、过低的师幼比或者没有足够的空间都会导致咬人行为。 **解决方案** 帮助婴幼儿改善行为，以获得成人和同伴的关注。可以帮助婴幼儿处理沮丧和愤怒的情绪、学会说“现在不行”或者对抢玩具的儿童说“不”、对成人和同伴说“我感到沮丧”。如果教师或家长正在使用惩罚，那么他们需要了解积极的和充满敌意的惩罚的对比效果。受到严重惩罚的儿童将需要时间来培养对使用积极策略的成人的信任。
咬人的原因：焦虑 婴幼儿可能对发生在他们身上或周围的事情（如家长离婚或争吵、失去所爱之人或与所爱之人分离等）普遍感到焦虑。焦虑往往导致他们通过咬人来缓解紧张情绪（就像成人吸烟、嚼口香糖或打球一样）。 **解决方案** 与家长一起确定焦虑的来源。提供安静的活动，如玩水或玩沙。允许婴幼儿吮吸拇指或拿着“安抚物”（如毯子或毛绒动物）。为他们提供与某个特定成人面对面的时间。在午睡时间拍他们的后背或为他们唱歌，让他们安静下来进入梦乡；或抚触、播放舒缓的摇篮曲。密切关注婴幼儿的成长，帮助他们度过过渡期。

当儿童咬人时，可以用声音和面部表情向他表示你很担心、用严肃的声音和儿童说话、直视儿童的眼睛，必要时轻轻地抓住儿童的肩膀。例如，你可以说，“你咬了坎迪斯”（陈述行为）、“她不喜欢被咬，她在哭”（说明啃咬这一行为对另一个儿童的影响）、“你可以咬这块布”（食物、玩具等）或者“你可以告诉坎迪斯你的感受”（儿童能做什么）。使用适合儿童发展水平的词汇，试着恢复两个儿童之间的关系。对于学步儿，成人可以让受害者告诉咬他的人怎样能让他感觉好一些。

帮助被咬的受害者。如果皮肤没有破损，那么可用肥皂和水好好清洗。可以的话，带着咬人者一起去帮助受害者（然而，受害者可能会想让咬人者离远一点）。打电话给受害者的家长。如果皮肤破了，家长就必须带孩子去看医生。

通常咬人者和受害者一样害怕所发生的事情。如果对咬人者的惩罚过于严厉，咬人者就会关注自己受到的伤害，而不是关注并帮助受害者。如果你实施惩罚、对儿童大喊大叫或让他暂停活动，那么他会试图保护自己，只考虑自己，不愿意学习其他可代替咬人的方法。

在重复这些方法几天后，如果某个儿童仍继续咬人，那么与他的家人、其他教师一起讨论儿童咬人的原因并制订计划，在家庭和照护机构中保持一致。儿童应该受益于我们的计划、关爱和引导。教师要冷静地陪伴他们，并与他们建立更紧密的情感联系。在儿童咬人之前，成人要待在儿童身边，满足儿童的情感需求，表现出对儿童的喜爱和鼓励，教他们可以选择的行为、如何变得温柔以及用手势或词汇表达自己的需求。

请记住以下几点。

- 当成人因为儿童咬别人而打或咬儿童时，儿童就会学到，如果你比别人更强大，咬人就是可以的，那么他将更有可能咬同龄人（尤其是更小的儿童）。
- 观察儿童什么时候咬人或试图咬人。持续记录。咬人可能发生在午餐前或其他人挤到他的时候。
- 和家长一起探讨儿童咬人的原因。根据可能的原因尝试采取解决方案。与咬人者的家长合作，使家庭和照护机构使用一致的指导策略。
- 召开员工会议。回顾学步儿咬人的所有原因和可以使用的方法。为每个儿童制订个性化策略，然后一致地对待某个儿童。工作人员可以互相帮助，在使用方法时保持一致。
- 在家长和家庭成员因儿童咬人问题而心烦意乱之前，召开家长会或给家长发信息，让家长知道可以使用哪些技巧。家长确实需要知道儿童为什么咬人。一般要注意的是，不要公开咬人者的名字。告诉家长，工作人员将尽其所能地确保儿童的安全。

如果一个解决方案奏效，那么给自己一个大大的鼓励；如果解决方案不起作用，那么提供冷静陪伴的方法。如果儿童继续咬人、恶意咬人，或者咬了又笑，就要寻求专业帮助。太多的家长因为儿童咬人而被要求带儿童离开照护机构。这虽然为照护解决了问题，但没有为儿童或家长解决问题。在与家长合作的情况下，你可以向当地早期干预小组的专业人员寻求帮助（见第 15 章）。在需要的情况下，这些专业人员将为家长和教师提供评估和持续的支持。儿童将知道，教师会帮助他们学习以积极的方式与同伴、成人互动。

学习如厕

下面是儿童的如厕步骤。

儿童必须有排泄的欲望；明白这种欲望是要排泄的信号——“嘿，我得走了，就现在！”；抑制一时的冲动；进入卫生间（快！）；脱下裤子；坐在宝宝马桶上并保持平衡；放松尿肌或括约肌来排泄[19]。

这些只是学步儿成功如厕的必要身体技能。学步儿如厕还关系到情感问题，正如我们在讨论学步儿抗拒时提到的，他们想长大，但往往想按照自己的时间表长大。

大多数撰写过关于“如厕学习”的儿童发展专家均建议耐心等待，直到儿童表现出准备就绪的迹象（见专栏 14.4）。他们用“如厕学习”来表示是儿童按照自己的方式学习的，而不是“如厕训练”，即按照成人的时间表来训练他们。学习如厕是“走向独立的一步”[20]。对学步儿来说，这是一个表达自主性的机会。如果被迫，他们会通过反抗成人来表达自主性。我们想让儿童觉得如厕是自己的主意，而不是我们的主意，为他自己如厕。如厕是他的成就，而不是我们的。

专栏 14.4　如厕学习准备

家长

- 愿意与教师合作，为婴幼儿提供一致的指导。
- 愿意鼓励婴幼儿，而不是惩罚婴幼儿。
- 尊重婴幼儿的时间表（例如，婴幼儿可能开始了这个过程，然后又停止一段时间）。
- 同意婴幼儿已经为如厕学习做好了准备。

教师

- 拥有有利于教师随时帮助婴幼儿学习如厕的师幼比。
- 与婴幼儿建立信任关系。

儿童

- 喜欢模仿成人如厕。
- 能够用姿势、手势或语言与成人交流自己的需求。
- 未处于发展的抗拒阶段。
- 愿意坐在马桶上，不管有没有尿布。
- 可以轻松地脱下和穿上裤子。
- 括约肌（肛门）发达到可以收紧和放开排便。
- 尿布干燥的时长表明婴幼儿的膀胱正在发育成熟。

布雷泽尔顿和斯帕罗[21]写了一本书，概述了布雷泽尔顿帮助学步儿学习如厕的方法。他们建议使用一种轻松的方法，带婴幼儿如厕，让他穿着衣服坐在马桶上，如果他不反抗，就不穿尿布。如果婴幼儿想离开或站起来，就允许他这样做。在某一时刻，你会“捕捉到”婴幼儿的尿液或粪便，婴幼儿也会开始知道如何如厕。如果婴幼儿抗拒，或者这个过程似乎不起作用，那至少要等到 1 个月后再试一次。鼓励婴幼儿，但不要太大声地表扬或表扬太多。婴幼儿如厕是为了自己，而不只是为了你。为了让婴幼儿在家里和在照护机构中保持一致性，家长和教师最好一起讨论婴幼儿如厕的学习过程。

学步儿在学习如厕时可能会触摸自己的生殖器，婴儿在换尿布时也可能这样做。这很寻常，婴幼儿不应该受到惩罚。如果你忽视这种正常的行为，他们的好奇心就会得到满足。

当家长与教师交流自己对孩子的观察时，通常可以在方法和合作行动计划上达成一致意见，特别是在建立了信任关系的情况下。

这样做的目的是让学步儿对自己如厕感到自豪，觉得这是一件长大了自然会做的事情，不会因为失败而感到羞耻，也不会因为被迫违背自己的意愿而感到愤怒。最后，“请家长至少准备三套贴有标签的内衣、裤子（或短裤）和一双鞋子，以防发生意外。当意外发生时，不要打、威胁、嘲笑、戏弄或以其他方式惩罚儿童。让儿童放心，因为每个男孩和女孩在学习如厕的时候都会发生意外”[22]。

文化近观

如果家长想快速结束这个过程以减少昂贵的尿布费用，而且不想清理学步儿有时在尿布上造成的“大混乱”，那么孩子学习如厕对家长来说可能是一段非常沮丧的时间。在一些文化中，家长会在孩子 2 岁之前“训练”他们，努力解读孩子有便意时发出的信号，然后把孩子放在马桶上或便盆椅上。家长可能要求教师在这个过程中做同样的事情。在一位教师通常至少要照顾三个婴儿的婴幼儿项目中，这可能是一个很大的挑战，如果教师照顾的是学步儿，那么这个挑战就更大了。你会如何使用第 12 章中建议的对话方法来倾听家长的意见并与他们协商策略呢？

挑战性行为和心理健康问题

应对婴幼儿的挑战性行为本身就是一个挑战！教师和家长列出了婴幼儿最具挑战性的行为：难过、情感淡漠、经常悲伤或哭泣、不断伤害他人（咬、推、抓、打）、伤害自己、经常发脾气和崩溃、不睡觉、过度黏人、不服从，以及防御性、愤怒、焦虑或恐惧的行为和对指导策略普遍缺乏反应。请注意，这些行为会严重影响和破坏婴幼儿的健康、长期行为和自我价值感。它们对婴幼儿、家长、教师和同伴构成了严重的挑战，超出了与社会性和指导策略有关的典型发展问题。这些表达需求的方式会让每个相关者产生强烈的感情，而且往往很难理解。当成人试图解决问题，帮助婴幼儿走向健康，远离痛苦时，挑战性行为往往使成人感到无能为力。

本节再次强调，行为是婴幼儿表达快乐、需求和挫折的一种方式。我们如果能够解读婴幼儿的行为，就有了一把为婴幼儿解锁其行为含义的钥匙，他们就能清楚地告诉我们他们需要帮助。

当成人谈论挑战性行为时，他们的意思通常是婴幼儿在挑战他们，觉得典型的指导策略根本不起作用。其实，婴幼儿也感受到了挑战。婴幼儿心理健康专家帮助教师和家长了解到，婴幼儿能够而且确实会对他们的生活经历有强烈的反应，如果他们表现出挑战性行为，那么尽早干预十分重要。

有挑战性行为的婴幼儿有哪些共同点？他们一般通过行为来传达痛苦，而不是语言。他们可能会生病、疲劳或不能承受刺激。“不听话”的婴幼儿可能听力不好；有太多刺激时总是崩溃的婴幼儿可能对噪声敏感；语言发展延迟会影响婴幼儿表达需求的能力。婴幼儿可能无法用语言告诉你，但他们会用行为告诉你，有些问题需要被注意。

感觉受到挑战的婴幼儿可能会受到过度保护或缺乏保护。如果成人注视婴幼儿的一举一动，并不断警告他们危险，那么他们可能会觉得这个世界是一个可怕的地方。这些婴幼儿会害怕冒险和探索环境，觉得自己受到了过度保护。或者，如果成人没有给学步儿设限，比如“打人会疼”或“从高家具上跳下来不安全”，那么学步儿可能会觉得自己力量过大，因此不会感到安全。这些婴幼儿可能会做一些“大胆”的事情，好像在说“难道没有人要阻止我吗”。在这些情况下，他们可能觉得自己没有得到足够的保护。让我们来看看婴幼儿可能表达的一些情绪，他们的意思是什么，教师可以做些什么来支持婴幼儿和家长。

焦虑、恐惧、警惕

焦虑、恐惧或警惕的婴幼儿可能有多种或特定的恐惧，容易激动或无法控制地哭泣、尖叫、面部抽搐和紧张。他们可能很容易烦躁，不去探索，紧紧抓住成人，或者在发生可怕的事情时逃跑、躲藏。焦虑的婴幼儿似乎总是在关注他人和环境。缺少帮助和知识会增加焦虑，因此婴幼儿非常容易焦虑[23]。

婴幼儿可能有压倒性的、可怕的体验，或者正在经历感觉超载。就其气质和能力而言，同时通过多种感官处理信息对他们来说可能太过刺激。

你可以尝试以下方法来帮助他们。

- 循序渐进地提供挑战。
- 平静地说话。
- 遵守为婴幼儿读书或帮助婴幼儿的诺言。
- 不要把婴幼儿扔进新的环境。陪伴他，帮助他投入互动。和他待在一起，直到他的情绪改变。
- 经常告诉他：“这是一个安全的地方，我会保护你。”
- 提供主要照护模式，其中至少有一位教师与婴幼儿一起“搬到”新教室。

与家长紧密合作。家庭中的婚姻关系影响婴儿的行为[24]。他们发现，激烈的婚姻冲突能够预测婴儿 6 个月后的退行性行为。这项研究的结果表明，早期教育者要在家庭环境背景下从生态学的角度思考儿童的行为，并尽可能地提供有益于家庭的方法和活动。当直接与家长交谈时，可以使用前文讨论的家长问题解决方法和本章末尾的十个步骤。

愤怒和叛逆

婴幼儿会感到愤怒。婴儿在表达愤怒时会大声哭泣，脸可能会皱起来并变红。愤怒的学步儿可能会扔玩具之类的东西，或者抓离他很近的儿童，甚至会扔椅子。烦躁的学步儿会尖叫着说许多愤怒的话（你认为儿童不会说的话）。叛逆的学步儿可能会破坏材料或玩具，扔东西并威胁他人。

是什么导致了这些行为？也许婴幼儿容易受到过度刺激，而且难以自我调节；也许生活中的成人不了解婴幼儿的发展，所以会因一些正常的行为而责骂或惩罚婴幼儿；也许婴幼儿很难信任他人，因为他没有经历过可预测的、友善的、理解的回应式关系；也许爱生气的婴幼儿可能经历过一件或几件创伤性事件。仔细观察，你就会发现害怕的婴幼儿会在别人伤害自己之前猛扑过去，保护自己。

爱生气的婴幼儿也会让周围的成人生气。面对幼小的婴幼儿却有这么多的情绪，成人是很难保持冷静的，然而，你的愤怒对他们没有帮助。婴幼儿可能正试图激起你的愤怒，因为这是他们对成人的期望。当我们理解了婴幼儿的意图后，就可以（通过言语或行动）进行回应，如“我不会以你期望的方式回应你”，重视婴幼儿的感受，帮助他们分辨自己的情绪，说出你对他们的理解，如“你很生气”，你可能需要重复几次。告诉婴幼儿能做什么并进行示范，以代替伤害别人或破坏东西，比如对他们说“你生气的时候可以跺脚”。弄清楚婴幼儿想要表达什么和需要什么，帮助他们学习适当的方法来满足这些需求，并采用适合儿童需求的解决方案。以下回应方式可供参考。

- 让自己放松一下，在“风暴”中休息一下。坐在婴幼儿旁边的地板上，尽可能多地拥抱和安慰婴幼儿。每天给婴幼儿独处的时间。
- 对学步儿用攻击性来表达愤怒的行为要坚定地说（这取决于他们能理解什么）：“打人很疼，我们要保护每个人。但你可以告诉我‘我生气了’。”
- 帮助婴幼儿感到安全。
- 做出回应，让婴幼儿觉得自己可以用社会接受的方式“促成某些事情”。
- 提供选择，例如，“你想要果汁还是牛奶？”
- 在教室里创设一个安静的地方（舒适的角落），婴幼儿生气时可以去那里。不要强迫婴幼儿待在那个地方，而是鼓励他们在生气时去那里。

- 提供喧闹的游戏场地，如攀岩和跑步。
- 创设安静的环境，可以拥抱、安慰和关怀婴幼儿的地方。

以支持的方式与家长见面。家长和教师必须知道，“学步儿时期是一个关键时期，儿童在这个时期可能会出现具有临床意义的行为和情感问题”[25]。儿童的家长和教师都必须参与制定问题的解决方案[26]。表现出极端对立和挑衅行为的儿童应得到婴幼儿心理健康专家的更多支持。

有攻击性行为的儿童

“攻击性”被定义为通过直接的身体伤害或间接地操纵同伴关系来伤害他人的行为。在婴幼儿教室里，成人可能会遇到儿童咬、抓、打、踢、吐口水或拉扯头发的情况。学步儿叫另一个儿童的名字或者故意不理睬他人。他们可能会发起攻击或对他人的攻击做出回应[27]。

通常先找身体上的原因。接受性语言发育迟缓的儿童无法生成语言来表达需求，因此他们诉诸身体攻击[28]，也可能存在神经认知问题。

观察这些儿童，你能通过他们的行为理解他们在和你交流什么。他们可能在说不想让其他儿童靠近他们，或者他们需要感觉很强大。学步儿可能已经知道，当自己有攻击性的时候，需求就会得到满足（注意、察觉、退出活动）。或者，儿童可能正在试验自己观察到的其他儿童出现的新行为。同时，他们往往会生气。

攻击性强的儿童有时会感到“失控”和害怕，因为没有明确、一致的规则或界限，他们没有学会规范自己的行为。你的观察和与家长的讨论将帮助你确定儿童想要表达什么。

我们必须认识到，攻击性行为可能从婴儿期开始。很多学步儿在学习如何与他人互动时，会使用攻击性行为。然而，学步儿在成人的支持下，可以学会其他表达需求的方式[29]。但有些学步儿没有学会其他的方法。在一项对 10658 个加拿大儿童的纵向研究中，1/6 的儿童从学步儿时期到青春期都表现出高度的攻击性。这些儿童主要是来自低收入家庭的男孩，他们的家长使用“敌对且无效的教养方式”[30, 31]。其他研究也证实了这项研究结果。经历过母亲和自己之间愤怒、敌对的互动的 24—42 个月大的学步儿在 5—6 岁时更可能有行为问题[32]。另一方面，家长的敏感性与儿童愤怒、发脾气的减少有关[33]。此外，如果母亲对较大的学步儿更多地讲道理，那么儿童在 3 岁时的社交能力更强，自我概念发展得更好[34]。

打儿童会导致攻击性[35]。在一项研究中，1 个月被家长打过两次以上的 3 岁儿童在 5 岁时将更有攻击性。另一项研究发现，儿童在 1 岁时挨打的次数越多，3 岁时出现挑战性行为的可能性就越大。那些在 3 岁时有挑战性行为的儿童在 5 岁时更可能有社交问题[36]。

我们可能会问："打屁股能阻止不受欢迎的行为吗？"一项研究表明，73% 的儿童在接受体罚后的 10 分钟内会再次发生不适宜的行为[37]。打屁股似乎没有阻止儿童不受欢迎的行为，但对家庭的干预可以减少家长打儿童的屁股。对体罚持积极态度的家长阅读并了解关于体罚的负面影响之后，对体罚的积极态度显著减弱[38]。

这项研究支持教师了解婴幼儿家庭并强调为其提供支持的重要性。如果家长在早期采用敌对且无效的教养方式，教师就要进行家访，为他们提供学习亲子减压课程和指导课程的机会。创新的预防方案需要持续制定。一个旨在帮助家长参与预防虐童项目的创新项目用视频电话使家长和家庭访客进行联系[39]。

你可以通过以下方式帮助儿童。

- 将儿童转到当地学区所属的发现儿童小组，对其情绪、社会性、认知、语言和运动发育进行全面评估。
- 努力培养儿童对你的信任，建立积极的关系。每天热情地问候儿童，提供一对一的亲密、舒适的师幼相处时间。帮助儿童以更积极的方式满足自己的需求。
- 使用比消极语言多 10 倍的积极语言：注意，注意，注意积极的行为。
- 持续培养亲社会行为。
- 用积极的方式与儿童谈论他的性格，对他们说："你是乐于助人的儿童。"
- 给学步儿一个玩具，然后说："这是你的玩具，如果你愿意，你可以一整天都拿着它，不需要和别人分享它。其他玩具是让所有儿童分享和使用的。"
- 如果学步儿打你，牵着他的手说："我不喜欢被打，这很令我伤心。你可以告诉我'我很生气'。"
- 帮助儿童从另一个儿童的角度看问题，对他说："不能咬，会伤到他，你看，他在哭。"
- 说："我知道你很生气，但我不想让你踢他，他会很疼。"
- 减少刺激，创设平静而安全的环境，为儿童提供一个舒适的角落和一个隐蔽的地方（可以是一个打开的箱子），这样儿童就可以在需要的时候独处（这不是"计时隔离"的地方）。
- 用有因果关系的玩具创设一个有趣的环境，让儿童感觉自己更强大。
- 减少教室里可供奔跑的空间，但为大型运动活动提供场所。

在学步儿时期，支持儿童使用亲社会行为而不是攻击性行为十分关键[40]。

创伤后应激障碍

不幸的是，一些婴幼儿经历过极其不愉快的事件，如车祸、住院、虐待或目睹家庭虐待甚至谋杀。创伤后应激障碍可能发生在婴幼儿经历创伤事件之后。甘斯鲍尔[41]是一位精神病学教授，帮助那些在生活中经历创伤的儿童。他认为，儿童通常通过行动而不是语言来重新体验创伤。他在报告中提到，一个被寄养的儿童在 4 个月大时受到来自患有精神疾病的母亲的严重创伤，她会给他脱衣服，用冷毛巾把他包起来。9 个月大的时候，在受到监督的探视中，这个儿童和母亲团聚，母亲开始给他脱衣服，就在那时，儿童开始尖叫，母亲的探视也被停止。他似乎还记得 4 个月大时所受的创伤。

一个人、一件物品或一件事都可能引发儿童对痛苦、不安或沮丧的经历的记忆。这些记忆可能导致恐惧、焦虑、退缩、攻击、哭泣或休克。婴幼儿可能会变得持续呆滞无神或极度活跃。在家不被重视、经历过尿布里有蟑螂的学步儿，当感到皮肤上有刺痛感或爬行感时，他就会疯狂起来[42]，这看起来好像儿童在发脾气，但他是在表达恐惧；儿童可能紧紧抓住一条毯子或一件让自己想起已故母亲的衣服；当一个儿童看到一把剪刀时，他可能会开始恐慌，因为这是母亲在家庭暴力事件中用来保护自己的东西；一只伸出来帮助学步儿的手可能会让他因为家长的虐待而“惊呆”或恐慌。这些儿童为了保护自己，可能想要控制身边的环境和人，或是退缩。儿童（或成人）在创伤性事件中所经历的压倒一切的感觉，似乎是一种无助感，无法控制局面，以及不安全或不受保护的感觉。根据儿童的性格和经历来调整你的策略，目的是向儿童保证，你会保护他。你可以采用以下做法。

- 与心理健康专家交流，寻求支持，咨询满足儿童特殊需要的策略。
- 观察并记录儿童的行为。
- 当儿童在焦虑的洪流中迷失方向时，帮助他们学习解决办法，例如去教师那里、去家里或教室里的安全地方。
- 你离开教室后，回来时一定要说“我回来了”。
- 帮助儿童认识到，自己可以玩适合自己发展水平的玩具和材料。
- 认可儿童的感受，比如对儿童说“你看起来好像很害怕，我在这里，我会保护你的”或者说“这是一个安全的地方”。
- 使用临时回应策略，例如，当一个儿童从箱子里跳出来时，用惊讶的声音说：“哦，你在这儿。”儿童可能会一遍又一遍地重复这个场景，好像在“制造什么事情”。儿童可能也在玩“分离”的游戏，先和你分离，然后再回来看看你是否还在。

- 安排一位主要照护教师，提供持续的照护和一致的常规。
- 提供一个舒适的角落或“安全的地方”（可以是一个箱子），有界限和舒适的玩具。
- 为儿童简化环境，例如单独为儿童提供一桶水来玩，而不是两个人共用一桶水，这样儿童就不用和别人分享了。
- 提供玩水游戏，这可能会安慰儿童。
- 拿走环境中吵闹的、令人讨厌的玩具。

在你帮助家庭时，可以与心理健康专家合作。如果儿童被带离原本的家庭，那么你可以和养父母一起合作。帮助家长理解的同时向家长了解，儿童是如何表达自己对创伤的反应的，与家长一起安慰儿童。当然，如果你怀疑存在虐待的情况，那么你必须举报。

你的理念

以关系为基础的回应式照护，包括以家庭和文化为中心的方法，非常有助于我们思考如何帮助自身面临挑战同时也在挑战家长、教师和同伴的儿童。扪心自问：“什么策略能促进健康的关系，并对儿童的需求做出回应？什么策略能让儿童感到安全，并能以健康的方式表达情感？什么能帮助儿童规范自己的行为，解决问题，并愿意成为亲社会的人？你怎样才能赢得具有问题行为的儿童的心？”

儿童生活中的重要成人是否共同努力来改善儿童的所有关系？如果要帮助儿童，仅仅改善师幼关系是不够的，尽管这肯定能在情感上帮助他们。儿童与家长、兄弟姐妹或祖父母的关系也必须得到改善，才能取得长久的成果。成人不要责备儿童（如“他很麻烦”），而应负责地积极支持他们，为儿童的心理健康和幸福而努力。

以下是帮助具有挑战性行为的儿童的十个步骤。儿童生活中的重要他人一起努力回答以下问题，然后探寻以关系为基础的方法。只有在所有重要他人都对这些问题进行反思之后，才能制定出真正满足儿童需求的适宜策略。

1. **儿童是谁**？谁和这个儿童有积极的关系？他的优点是什么？谁喜欢这个儿童？要看到完整的儿童，包括优点、兴趣和需求，而不是仅仅通过问题行为来定义儿童。

2. **明确定义挑战儿童、教师和家庭成员的行为**。在确定策略之前，必须清楚地定义行为。写下儿童的行为（咬人），而不是儿童的性格（攻击性）。儿童面临的挑战是什么？例如，“咬同伴”。这种情况多久发生一次？发生多久了？会对谁发生这种事？发生在哪里？是发展适宜的行为吗？

3. **为什么这是一种问题行为？**为什么这种行为对儿童、家长、教师和同龄人都是一种挑战？家长和教师对此有何感觉（愤怒、悲伤、被拒绝、骄傲、沮丧）？它如何影响儿童和他人？对谁来说这是个问题？对家长和教师有什么意义？有哪些文化方面的问题？

4. **为什么家长和教师认为儿童有这种行为？**头脑风暴几种可能性。首先，排除任何医学问题。然后，观察儿童，观察他的气质、发展水平、延迟、残疾、应对方式、感官需求、模仿、焦虑、恐惧、愤怒、压力、过敏、睡眠不足、悲伤、抑郁、需要积极关注、最近的失落或过渡、创伤或虐待。想想儿童如何保护自己，学会躲避成人还是学会“让别人听到自己的声音”并用更激烈的方式吸引成人的注意来保护自己？

5. **这种行为的目的是什么？**儿童想要表达什么？这种行为是为了帮助儿童，帮助他应对问题。儿童从这种行为中得到了什么？（儿童如果打同伴，就能从同伴那里得到一个玩具。）观察后，完成下表。

日期	之前发生了什么	挑战性行为	之后发生了什么	行为的可能目的

6. **儿童的感觉和经历如何？**儿童表达的情感需求是什么？受到挑战时，儿童感受如何？从儿童的角度看行为。

7. **儿童短期和长期的社会性和情感需求是什么？**

8. **家长、教师和同伴希望儿童能感受和做什么来代替挑战性行为？**它是适宜发展的吗？它能满足儿童的需要吗？儿童是否拥有一定的技能，以更合适的方式满足需求？

9. **想想你尝试过的策略，哪些有效，哪些无效？**它们是如何作用于儿童的？感觉如何？成人感觉如何？这些策略是否与实现儿童的目标相一致？想一想儿童需要什么以及他们如何学习，这些是否与你的信念相一致？

10. **成人和同伴如何帮助儿童？**谁能帮助儿童、家长、同伴和教师？有哪些策略可以满足儿童的需求，帮助他们实现目标，引导他们做出更积极的行为？什么策略是发展适宜的、个别化的，并且是文化适宜的？

无论是谁，只要与儿童有牢固的、积极的关系，都应该是帮助儿童的重要他人。

本章小结

本章通过研究课程的第八部分（以关系为基础的指导方法），完成了我们对婴幼儿课程组成部分的讨论。

- “训练”一词传统意义上是指成人控制、约束，利用权威让儿童服从，但是它的另一层意思是“教学”，即教婴幼儿学习新行为。由于这个词的两层含义有些混淆，我们使用了“指导”一词表示一种发展性的、以关系为基础的问题解决方法，支持婴幼儿的社会性和情感发展。成人指导婴幼儿时，是在教他们，以便让他们在需要社会性和情感能力的世界中获得成功。
- 以关系为基础的指导方法很重要，需要采用尊重、反思与联系策略。
- 关系重组是师幼关系的必要组成部分。
- 对于具有挑战性行为和心理健康问题的儿童，有些特定的策略和活动是有效的。

反思与应用

反思的问题

1. 用 3R 指导方法（尊重、反思与联系）阐述自己对“指导”的理解。你会给这个过程的每一步添加什么？
2. 当婴幼儿发脾气时，他在经历什么？你或你认识的其他成人通常是如何处理的？你会做些什么来应对发脾气的婴幼儿并帮助他学习表达情绪的新方法？
3. 20 个月大的特里莎娜住在一个家庭托儿所里，她经常发脾气、咬同伴、踢家具。当她感到痛苦时，她拒绝教师的安慰。如果你是教师，你会怎么做？

观察与应用

1. 观察一个婴幼儿项目中的教师是如何指导婴幼儿的行为的？这些策略是否支持婴幼儿的社会性和情感发展，并帮助他们学习新的适宜行为？
2. 选择本章阐述的一种挑战性行为，阅读更多有关焦虑、恐惧、愤怒或创伤后应激障碍儿童的信息。
3. 选择本章阐述的一种发展性问题。为家长准备一本指南，当儿童分离焦虑、咬人、发脾气或学习如厕时，他们可以使用其中的策略。也要帮助他们从儿童的角度理解问题。

第 15 章

全纳教育

学习成果

阅读本章之后，你将能够：

- 描述婴幼儿主要的特殊状况及其带来的挑战，以及教师支持他们发展的方式；
- 解释早期干预体系 C 部分的内容；
- 讨论婴幼儿项目如何成为有效、自然的环境；
- 阐述《美国残疾人法案》和有关全纳教育的行业政策。

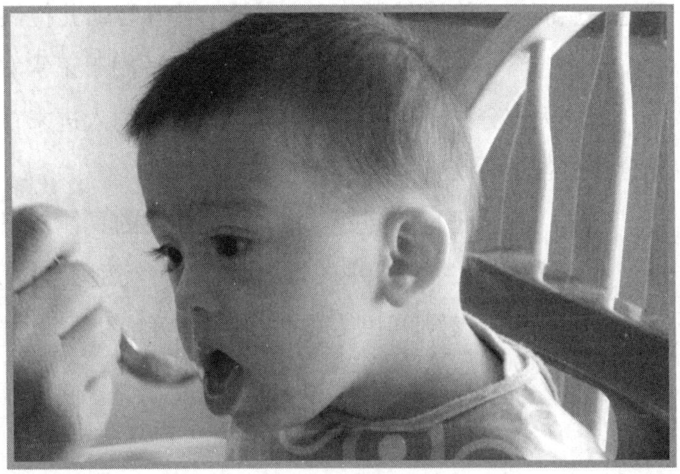

当一天结束时，黛安娜去婴幼儿项目接女儿露西，她在学步儿室门口停了下来，泪水夺眶而出。教师普特担心地朝她跑过去，黛安娜说："我很好，只是环顾四周的时候，有那么一瞬间，我不知道哪个是露西，所有孩子都在忙着游戏，之前我从没见过她融入我们的生活。"

因为以社区为基础的婴幼儿项目越来越接受有特殊需要的儿童，所以对黛安娜来说，像这样的情形是可能出现的。根据一份关于婴幼儿早期干预服务机构的报告显示，绝大多数儿童都在有家长在场的家中接受服务，接近 20% 的儿童从出生到 2 岁在社区接受服务，而在家庭以外接受服务的近 3.5 万个儿童中，只有几百个儿童是在仅为特殊儿童服务的机构中[1]。就这一点而言，许多教师已经为大量的特殊婴幼儿提供了服务，而且是良好的服务。

本书包含了有关特殊婴幼儿的内容。适用于正常发育儿童的知识和策略同样可以满足特殊儿童的大部分需求，因此我们将这一内容纳入进来，表明我们致力于让有残障问题的儿童充分参与各项活动。

但是，教师还是需要更多关于特殊儿童的具体知识。

本章描述了在婴幼儿中较为常见的残障类型及其对发展的挑战，还描述了早期干预过程。最后，我们讨论了教师可以使用的一些具体策略以帮助这些儿童参与活动，与其他儿童建立友谊。

文化近观

1982 年，一个小女孩出生在美国加利福尼亚的一个移民家庭，这个小女孩患上了癫痫，在 4 岁的时候，癫痫严重发作导致她失去了说话和行动的能力。在她所处的文化中，癫痫发作意味着某种神灵抓住了你，让你摔倒了，类似于一种信念，即有一股强大的精神力量正住在她的体内，操控着她。他们猜想，这个孩子是天赋异禀的巫师还是她的大脑被癫痫摧毁了？疾病或残疾是身体上的还是精神上的？当婴幼儿项目与家庭有着非常不同的信仰时，会发生什么？

婴幼儿的残障表现

在列出致残因素之前，我们有必要指出，诸如“残疾”或“特殊需要”之类的词语非常普遍，它们几乎毫无意义。然而，对任何一个个体而言，这些词语都可能充满意义。此外，“残障”并不能完全描述某个儿童，它只是儿童的一个方面。例如，我们没法用浅显易懂的方式描述患有唐氏综合征的婴儿，任何患有唐氏综合征的婴儿都是出生在某个独特的家庭，这个家庭有自己独特的资源和压力源，也有自己对残障的理解和释义，这个儿童出生时可能相对健康，也可能有复杂的健康问题，而且儿童有自己的个性和气质，很快也会有自己的经历、感觉以及对世界的期望，他也可能是独生子女或是兄弟姐妹中的新成员，生活在一个大家庭中。周围的文化会对唐氏综合征形成独有的看法，比如支持性资源是多是少、人们对这个问题的态度是接纳还是排斥。

因为残障并不代表儿童的所有，所以我们说“有残障问题的人”“有残障问题的儿童”“患有唐氏综合征的儿童”，而不是“残疾儿童”或“唐氏儿童”。有残障问题的儿童，首先是一个有着不同于其他儿童的个性、特点、需求、兴趣和愿望的人。残障是儿童的一部分，但也仅仅是一部分。

不同的残障类型

尽管如此，我们还是对致残情况进行了分类。在婴儿期诊断出来的常见残障问题往往是很重要的，包括遗传综合征、感觉障碍和中枢神经系统疾病。这些问题会严重影响儿童从外界获取信息、处理信息和理解信息，也会影响儿童控制自己身体动作的能力。致残原因可能包括妊娠和分娩的环境，如物质接触、早产、出生体重过轻或毒性压力；也可能是唐氏综合征、脑瘫或癫痫发作等已知会导致发育迟缓的病症。语言和沟通障碍通常是由原发性疾病引起的继发性障碍。言语需要相当大的肌肉控制，而且学习语言需要感觉及信息处理能力。

这里不可能列出每一种潜在的残障问题并解释其影响，毕竟仅遗传综合征就有成千上万种。尽管如此，年轻的教师还是需要有所了解，因为这可以让他们理解可能出现的各种残障状况。本节将介绍生物学风险类别中的一些致残性疾病及其对儿童发展的潜在影响，以及支持儿童发展的一些干预措施。请记住，处于上述每一种情况的儿童都已成功地进入婴幼儿项目中。

染色体异常和遗传性综合征

如第 5 章所述，基因是遗传信息的基本组成部分，携带着家长遗传给孩子的特征。基因在每一次细胞分裂时都会进行复制，并产生其 DNA 和蛋白质的精确副本。正常情况下，除了卵子和精子，人体的每个细胞都有 23 对配对染色体，也就是 46 条染色体。每个基因都位于特定染色体 DNA 的特定位置。

当基因在细胞分裂时受损，或来自母亲或父亲的基因组携带有缺陷的信息而不正常时，就会出现遗传性综合征。当染色体过多或过少，或当某个染色体缺失、多余或附在了另一条染色体上时，就会发生染色体异常[2]。

染色体异常和遗传性综合征通常是在出生前、出生时或出生后不久被发现。一些常见的染色体异常和遗传异常问题如下。

唐氏综合征

唐氏综合征由多余的染色体或第 3 号、第 21 号染色体引起，因此也被称为 21- 三体综合征。这种情况最常发生于第 21 条染色体在卵子或精子中成对复制，而不是作为单个染色体复制时。唐氏综合征有很多明显的特征，比如眼睛向上倾斜、嘴巴小、脸小、身材矮小、后脑勺扁平、手小以及手掌上有一条褶皱。患有唐氏综合征的儿童可能有先天性心脏缺陷，肌肉张力差，这可能延缓他们的动作发展，他们也可能有不同程度的认知障碍。虽然患有唐氏综合征的儿童最终会说话，但他们的成功交流往往始于手语[3]。

发展支持。由于肌肉张力较弱，患有唐氏综合征的婴幼儿在坐立或与其他孩子接触时可能需要支持，治疗师会推荐一些锻炼肌肉的方法。在人生的第一年，尽管他们的语言发展比较迟缓，但也很需要交流，所以使用手语或其他交流方式会对他们有所帮助。教师可以使用回应式互动方式来帮助他们集中并保持注意力，促进学习。

> 应急性——立马回应微行为

> 互惠性——轮流等待

> 影响性——趣味互动

> 匹配性——做婴幼儿能做的事

> 非指导性——跟随婴幼儿的引导[4]

脆性 X 综合征

它是由 X 染色体上的部分破碎区域（脆弱区）引起的。因为女孩有两条 X 染色体，而男孩只有一条，所以这种损伤通常对男孩的影响更大。患有脆性 X 综合征的儿童可能有从轻微到严重不同程度的智力障碍，不排除他们也可能有正常的智力。他们可能有大脑袋、明显的大额头、大鼻子、大下巴和大耳朵。一些患有脆性 X 综合征的儿童也有注意力方面的问题，还有一些儿童存在自闭症倾向[5]。

发展支持。传统上，患有脆性 X 综合征的儿童一般在 3 岁或更晚被确诊，但羊膜穿针术和新生儿筛查有助于早期确诊[6]。婴幼儿教师可能需要帮助他们克服进食的困难，提升他们的社会兴趣以及语言和运动模仿能力。

囊肿性纤维化

囊肿性纤维化是由于基因缺乏可以分解和吸收脂肪的酶而导致营养不良。浓稠的分泌物会导致慢性肺损伤。教师要帮助婴幼儿做运动来清肺[7]。囊肿性纤维化是美国白种人最常见、最致命的遗传疾病。

发展支持。教师要学习固定好患有囊肿性纤维化的婴幼儿，然后轻拍他们的胸部和背部，帮助他们稀释黏液，从而让他们咳出黏液。

镰状细胞性贫血症

镰状细胞性贫血症是一种红细胞呈新月形或镰刀形的异常现象。红细胞将血红蛋白运送到全身的细胞中（也就是在输送氧气），镰状细胞的存活时间为健康细胞的一半，大大减少了体内红细胞的总数。镰状细胞主要发生在非裔美国人身上，会引起发烧以及关节处、腹部的剧烈疼痛，并且无法医治[8]。

发展支持。患有镰状细胞性贫血症的婴幼儿必须采用个体化的健康保育计划，让教师知道什么症状要引起重视，在通知家长将婴幼儿转移到紧急医疗中心时要采取什么措施。

感觉障碍

听觉、视觉、触觉和信息加工

感觉障碍是指在感觉接收或处理信息时出现的各种问题。感觉障碍可能发生在产前，也可能由疾病或受伤导致，严重程度从轻微到完全受损都有可能。例如，听力障碍的程度从轻微的听力丧失到完全失聪，视力障碍的程度从可矫正的小问题到完全失明。触觉防御，或称触摸超敏反应，是一种不太为人所知的疾病，它是指儿童难以从身体接收信息，从而导致动作发展和身体意识不良[9]。感觉信息加工障碍可能使儿童难以控制自己的音量、某些触碰、进食以及常规的变化。而且，对学习与发展至关重要的社交活动也可能会让他们感到身体不适。

发展支持。教师要与早期干预团队、家长合作，以满足有感觉障碍的婴幼儿的需求。对于有视力障碍的婴幼儿，教师可能要改变环境，为他们增加一个以光线为导向的黑暗空间。教师也要精心地提供丰富的触觉和语言活动，让患有听力障碍的儿童可以和所有儿童一起学习和使用手语。对于有触觉超敏反应的儿童，教师可以和他们一起锻炼，帮助他们适应触觉。

代谢紊乱

代谢紊乱是由特定酶的遗传缺陷引起的，这些酶无法分解氨基酸等物质，导致物质堆积并对大脑造成损伤。有些代谢紊乱是可以被诊断和治疗的，如苯丙酮尿症，但神经节苷脂沉积病则不能治疗，而且是致命的。

苯丙酮尿症和神经节苷脂沉积病

苯丙酮尿症是指儿童无法分解苯丙氨酸羟化酶的疾病，而苯丙氨酸羟化酶几乎存在于所有的食物中。如果不进行治疗，苯丙氨酸会在血液中蓄积，从而导致脑损伤和智力迟钝。苯丙酮尿症是一种遗传性疾病，现在美国所有的医院都会对新生儿进行检测，并建议在出生后 24 小时内检测过的婴儿在出生后两周内再次进行检测[10]。

婴儿黑蒙性家族性白痴症也是一种遗传性代谢紊乱疾病，由氨基己糖酶 A 缺失引起。在没有氨基己糖酶 A 的情况下，一种名为“GM2 神经节苷脂”的脂肪物质（或脂质）会在细胞中异常蓄积，尤其会在大脑的神经细胞中蓄积，这对细胞有渐进性损伤，患这种病的儿童活不过幼儿期。欧洲犹太人后裔最有可能携带这种有缺陷的基因[11]。

发展支持。神经节苷脂沉积病是一种严重的疾病，在最初的四年里就会夺走儿童的生命，因此照护机构工作人员必须谨慎考虑如何向教师、家长、儿童及其同伴提供情感支持。

中枢神经系统疾病

大脑和脊髓构成了中枢神经系统，它们通过神经网络接收来自身体的信息。由于在子宫内接触了有毒物质或是营养不良、母体感染，抑或是细胞迁移不良，大脑和脊髓可能在子宫内发育畸形。在分娩过程中，如果婴儿缺氧，其神经细胞也可能受损。如果儿童出生后生活在混乱、嘈杂或沉闷无趣的环境中，或者营养不良，或者暴露在含铅等有毒的环境中，其神经系统也可能发育不良。中枢神经系统还可能因高烧、疾病和受伤而受损。

一些常见的中枢神经系统疾病如下。

脑性瘫痪

这是由对大脑的非渐进性损害引起的运动和姿势控制障碍。这种疾病的类型和严重程度取决于大脑受影响的区域和损伤程度。脑性瘫痪的程度包括从轻度的运动障碍到几乎不能自主控制运动。大脑损伤并不一定会影响智力，但脑瘫患者常常发生癫痫[12]。

发展支持。在家长和早期干预团队的支持下，脑瘫患儿已经成功地被纳入婴幼儿项目中。教师必须了解每个儿童的优点和需求，为他们提供身体姿势、进食、学习能力、可选择的沟通系统等方面的支持。

脊柱裂

脊柱裂是由于神经管在产前形成时没有完全闭合而造成的一种先天缺陷。脊柱裂的影响取决于没有闭合的那根脊柱，严重程度从几乎没有影响到脊柱开口以下完全瘫痪及严重的智力障碍。大约 70% 的脊柱裂病例可以通过在孕期摄入足够的叶酸来预防[13]。

发展支持。大多数患有脊柱裂的儿童都有正常的智力，是能够积极回应的学习者和伙伴。他们可能有明显的活动障碍以及膀胱、肠道方面的问题，特殊教育机构会集中处理这些问题。

婴儿摇篮综合征

婴儿摇篮综合征是指婴儿被猛烈摇晃时出现的一系列症状，包括脑肿胀、脑内出血和眼内视网膜出血，它会导致认知损害和动作损害，严重者还会死亡[14]。患病儿童即使幸存下来，随着时间的推移，也可能出现无精打采、呕吐、吮吸或吞咽困难、不怎么笑、瞳孔大小不一、眼神恍惚或无法抬起头等症状。

在最近的发展中，出现了一些问题，即上述这些症状是否足以将其确诊为婴儿摇篮综合征或虐待性头部外伤。虐待可能还需要有瘀伤和骨折的证明[15]。

发展支持。教师是可能识别出这种头部创伤症状的人。每个婴幼儿项目都必须有专门用于举报疑似虐童行为的方案。

先天性感染

先天性感染是一种影响胎儿的疾病。正如在第 5 章所述，母体感染确实会穿过胎盘，伤害胎儿。最常见的感染被缩写为“STORCH”或“TORCH-S”，包括梅毒、弓形虫病、其他感染（如艾滋病毒或乙肝）、风疹、巨细胞病毒和疱疹。这些感染是在子宫内或出生时传播的，可导致智力发育迟缓、感觉障碍，甚至死亡[16]。

因接触有毒物质而引起的继发性疾病

母亲主动吸入或摄入的毒素，如烟草、非法药物和酒精，以及被动接触的毒素，如清洁溶剂、铅、污染物和杀虫剂，都能穿过胎盘，损害胎儿正在发育的神经系统。神经系统受损会导致认知障碍和生长减弱，其严重性在一定程度上取决于接触有毒物质的时间和剂量。

慢性疾病

如今需要使用药物或医疗技术的慢性疾病在婴幼儿项目中越来越常见。哮喘和过敏是非常常见的慢性疾病，血友病不太常见，但常见于残障问题研讨会上由护理人员所做的报告中。

哮喘、过敏和血友病

哮喘是一种慢性呼吸道疾病，会引起喘息、咳嗽和呼吸困难。10%~20% 的美国儿童患有哮喘，而且这个数字还在上升，没有人知道原因，通常将其归因为空气中的污染和变应原增加，尤其是发现生活在贫困中的非裔美国男孩增加的数量最多之后[17]。教师有时用喷雾器给哮喘患儿用药。

过敏是指对正常无害物质的过敏。过敏反应包括皮疹、易怒、呕吐、肿胀、呼吸困难，甚至休克。个性化的医疗保健方案包括指导成人如何应对已知的过敏反应。

血友病是一种与 X 染色体相关的疾病，它是由缺乏凝血所需的蛋白质引起的，表现为因跌倒或颠簸而出现危险的内出血，或无法停止小伤口的出血。

发展支持。教师必须制订适宜的计划，清楚如何识别和应对这些症状。这些情况是偶发性的，可能会突然发作，然而在日常生活中，教师也应该熟练地掌握技能，如回应式照护、个性化安排和关系的建立。

弥漫性发育障碍

弥漫性发育障碍是另一组发展性障碍，包括自闭症谱系障碍、雷特综合征、儿童分裂障碍等，其特征是社会交往和沟通技能受损、对变化有极端反应以及强迫性和重复性行为。它对儿童功能受损的影响程度从中度到严重都有，如第 6 章提及的自闭症谱系障碍，其他疾病则相当罕见。

一个小提示

尽管有成千上万种潜在的致残情况，但没有一种情况或诊断能定义儿童。教育工作者需要了解每个儿童的好恶、性格、日常生活和期望以及残障状况的影响。不需要大家了解所有的残障类型及其影响，教师每次只需要知道如何理解儿童，如何读懂儿童发出的信号，以及如何与儿童建立良好的关系。

最重要的是，要记住，对于有特殊需要的儿童，教师应该拥有一切必要的技能和同情心，与儿童建立有意义且充满爱的关系。儿童快速学习大量的新信息，是家庭中的一员，家长可能很意外，第一次为人父母的他们很担心儿童在某些地方是否会受到欢迎。婴幼儿项目可以很好地服务于有残障问题的婴幼儿，为他们学习和建立关系提供机会，也可以对他们的家长表示欢迎和安慰。如果婴幼儿项目传达的信息是"我们是一个婴幼儿项目，一个集体，一个为所有儿童提供机会的群体"，那么这个婴幼儿项目将永远受到儿童家长的感激。

早期干预:《残疾人教育法案》的 C 部分

婴幼儿项目在家庭生活中发挥着重要作用，尽管如此，他们也没有提供治疗服务的义务，美国《残疾人教育法案》为 3—21 岁的人群提供特殊教育服务。该法案的 C 部分是一个自联邦政府到各州的宏大项目——特殊婴幼儿项目，旨在帮助政府为 2 岁以下的婴幼儿及其家庭提供服务，具体如下。

- 助力特殊婴幼儿的发展。
- 减少日后通过早期干预接受特殊教育的需要。
- 减少将有特殊需要的儿童送往社会收容机构的可能性，尽可能地帮助他们具备独立生活的能力。
- 提高家庭满足其子女需求的能力。[18]

国家必须实现专栏 15.1 所示的内容，并满足每个符合条件的儿童和家庭的需要。

专栏 15.1 《残疾人教育法案》C 部分的必要内容

1. 公众意识项目
   a. 服务、资源、研究和示范项目的总目录
   b. 为家长提供的信息
2. 全面的儿童发现和转介系统
   a. “发育迟缓”的严格定义及确定程序
   b. 及时、全面、综合地评估儿童的需要，对每个儿童及其家庭进行评估
   c. 在“发现儿童”工作之后的转介程序
   d. 转介后的时间表
3. 个性化家庭服务计划的制订、评审和服务协调
   a. 以科学研究为基础，在切实可行的范围内向所有特殊婴幼儿及其家庭，包括印第安人和无家可归的婴幼儿，提供适当的早期干预服务
   b. 政策和婴幼儿项目要尽可能地在自然环境中提供早期干预服务，除非在自然环境中的早期干预无法令人满意
4. 管理
   a. 全面的人事发展制度
   b. 有关人事标准的政策和程序
   c. 由州长指定的领导机构有单一权限
   d. 程序性保障措施
   e. 用于汇总早期干预数据的系统
   f. 州跨部门协调委员会

公众意识

C 部分的目的是尽早发现发育迟缓的儿童，以便他们能够获得服务。在这些儿童中，有许多儿童在婴儿期后不再需要进一步的服务。早期干预可以促进儿童的最佳发展，帮助儿童克服各种挑战。

每个州都在不断努力地让家长、健康专业人士和公众了解早期干预项目。你所在的州应该有相关资料来帮助你了解什么样的儿童有资格获得服务，以及如何将其转介至 C 部分提及的服务机构。一些婴幼儿项目受到明确的要求，因为联邦基金与早期干预提供者签订了书

面协议。州政府的领导机构应该有小册子和其他资源来帮助教师和家长了解如何为孩子获得服务。

领导机构将所有服务和更多资源汇编成目录，提供给接受 C 部分服务的儿童和家长。联邦政府还资助了旨在改善服务的研究和特殊项目，包括特殊培训和对全纳教育的支持，如使用视频将干预纳入日常工作以及跨学科团队的开发工作。如果你所在的州有这些资助项目，那么它们也会在目录中。

全面的儿童发现和转介系统

每个州必须设定程序以发现符合 C 部分条件的婴幼儿。州政府规定资格标准，进而设定程序来发现有资格获得服务的儿童，还建立了评估儿童、家庭的优势及需求的程序，然后按照计划和时间表，使符合 C 部分条件的儿童接受转介服务。

资格

C 部分要求每个州自己规定认定条件。所有州都必须为有认定风险的儿童提供服务，这种认定风险是指被诊断为极有可能导致身心发展迟缓的状况（见专栏 15.2）。

专栏 15.2 风险认定条件

- 染色体异常
- 遗传性或先天性疾病
- 严重的感觉障碍，包括听觉和视觉
- 先天代谢紊乱
- 反映神经系统紊乱的疾病
- 先天性感染
- 接触有毒物质而引起的继发性疾病，包括胎儿酒精综合征
- 严重依恋障碍

除了这些状况外，许多州还增添了可增加发育迟缓发生可能性的生理状况，但这些生理状况并不一定导致发育迟缓，包括出生时体重低、出生时脑室出血、慢性肺病和发育不良。一些州还向那些因父母滥用药物、患有精神疾病、虐待或忽视儿童等因素而被认为有发展环境风险的儿童提供服务。

发现儿童

C 部分中的发现儿童任务是指政府有责任识别、定位和评估每个特殊儿童。发现儿童的责任落在各个学区，但是对 C 部分而言，它也许由早期干预提供者负责管理。负责发现儿童的工作人员在社区活动中进行发育筛检，也会培训婴幼儿教师，教他们如何识别发育迟缓问题并推荐转介，还会从家长、健康专家和婴幼儿教师那里获得信息，从得到信息之日起，他们有 45 天的时间对儿童进行综合评估。

综合评估

当家长对儿童的发展表示担忧时，早期干预团队就会对儿童的能力和发育迟缓状况进行评估，必须有来自两个或两个以上专业领域的人员参加评估。他们可能会使用多种信息来源，包括标准化测试、观察、家庭报告以及丰富的临床经验。这项评估决定着儿童是否符合政府对残障的界定。

同时，评估家庭的目的是“明确资源、优先事项、注意事项，以及提高家长满足子女需求的能力所必需的支持和服务”[19]。发现儿童的进程应该由家长主导，然后由家长和发现儿童团队共同确定儿童和家庭的需求、儿童的发展目标以及所需的服务。最后一步是将儿童转介到提供相应服务的机构。

家庭评估

为了明确家庭的资源、优先事项和注意事项，以及提高家长满足子女需求的能力所必需的支持和服务，以家庭为导向的评估必须由具备资格的人员执行。评估必须符合三个条件：每个参与评估的家庭成员都是自愿的；信息的获得既来自评估工具，又不能忽视对选择参与评估的家庭成员的访谈；包括家庭所描述的资源、优先事项以及与促进儿童发展相关的其他事项。

个性化家庭服务计划的制订、评审和服务协调

一旦发现儿童具备获得服务的条件，家庭和早期干预团队就要制订个性化家庭服务计划，这个计划是未来 6 个月对儿童进行干预的蓝图，它包括评估的时间表和如何对所获进展进行测量的评估计划，服务协调人员则致力于确定这一计划并推进开展。

个性化家庭服务计划

个性化家庭服务计划记录着对儿童预期的结果，以及为实现这些结果所需的服务和支持，包括以下内容。

- 儿童目前身体、认知、交流、社会性 / 情感和发展适应方面的能力和需求。
- 家庭信息（经对方同意），包括父母的资源、优先事项和注意事项，以及其他与儿童密切相关的家庭成员信息。
- 预期让儿童和家庭获得的主要成效或结果。
- 儿童即将接受的特定早期干预服务。
- 在自然的环境（如家庭、社区）中提供服务的地方（如果不是在自然的环境中提供服务，那么必须在计划中说明理由）。
- 儿童接受服务的时间、地点。
- 儿童接受每种服务的天数或会话次数，以及每次会话的持续时间。
- 服务费用的支付者。
- 负责监督计划执行的服务协调人员的名字。
- 在合适的时候，采取措施帮助儿童从早期干预过渡到新项目。

这一计划还提供家长感兴趣的服务，如财经资讯或关于抚养特殊儿童的信息[20]。

在理想的情况下，每个计划都各不相同，并且会考虑每个家庭和儿童的优先事项、优势和需求。如果一个婴幼儿项目提供儿童保育和学习服务，那么这个项目的管理者或者教师就应该被纳入干预团队当中，因为他能够提供关于儿童如何与其他儿童互动的宝贵信息，以及有关儿童正常发展的专业信息。

早期干预服务

C 部分指出，特殊婴幼儿能够得到学前特殊教育教师、语言治疗师、理疗师、作业治疗师或心理医生的照护，服务协调人员负责安排多种服务，并且常常要管理多项资金。C 部分要求每个州“要妥善制定政策和确定程序，以确保在自然的环境中提供最合适的早期干预服务”[21]。

学前特殊教育教师帮助婴幼儿进行探索和学习，他们会对材料和环境进行调整，通过一系列体验活动将技能分解成更小的步骤，从而帮助儿童进行学习。语言治疗师帮助特殊婴幼儿说话或进行其他形式的交流，他们会教授手语，提供图卡或者电子设备。

很多州的婴幼儿项目都包含早期干预服务，早期干预团队至少为项目工作人员提供长期的咨询服务。早期干预人员会提供一些建议，例如，怎样的姿势能让儿童最大程度地控制和运用自己的身体，也会提供使用玩具和材料的方法以帮助教师尽可能地利用学习机会，还会建议怎样让喂食更快更好，以及提供多种交流方法来帮助成人理解特殊婴幼儿发出的信号。

理疗师致力于帮助儿童调节肌肉张力和发展活动能力，对脑瘫儿童而言，理疗师的工作有助于缓解肌肉紧张，他们会提供一些合适的材料，如有开关控制的玩具；对患有唐氏综合征的儿童来说，理疗师能帮助他们增强肌肉张力。职业治疗师也致力于研究肌肉张力，尤其是在为逐渐能够应对周围环境的儿童服务之时。

各州有不同的规章制度来限制非医护人员提供的医疗服务，每个州的《护士执业法》均包括这些规章制度。对于那些需要食管、雾化治疗或其他医疗措施的儿童，婴幼儿项目中的健康顾问应当参与计划对他们的照护服务。

在自然的环境里提供服务的要求旨在让特殊儿童充分受益于全纳式的环境。每个婴幼儿都自然而然地会对同龄人感兴趣，这驱使着特殊儿童积极地参与小伙伴们的趣味活动。正常儿童的游戏和探索对特殊儿童来说有着很强的吸引力，并且能够起到示范作用，展示多种游戏方法。学会与拥有不同技能的儿童建立友谊，使所有儿童都能从中受益。

专栏 15.3 干预程序

干预程序如下：

1. 家庭联系负责C部分的项目并告知需求；
2. 对儿童发育情况进行综合评估；
3. 确定资格；
4. 安排服务协调人员；
5. 制订个性化家庭服务计划；
6. 提供服务；
7. 每隔6个月进行审查评估和计划审核。

服务协调工作

服务协调工作由一名工作人员负责，旨在为儿童和家庭获得C部分中的早期干预服务和权益提供帮助，也帮助家庭获得个性化家庭服务计划中所提供的其他服务。

服务协调工作如下所示。

- 帮助儿童和家庭获得由具有资质的项目提供的必要治疗和支持。
- 安排合适的转介，预约评估和服务。
- 协调早期干预和其他服务（如并非为了诊疗和评估目的而提供的教育、社会及医疗服务）。

- 协调审查和评估服务。
- 参与制订、审查和评估个性化家庭服务计划。
- 进行转介及其他活动，以帮助家庭确定可提供服务的项目。
- 及时协调、实施和监管。
- 组织后续活动。
- 告知家长他们的权益及程序保障方面的内容。
- 协调所需服务的资金来源。
- 促进过渡计划的发展。[22]

自然的环境

C 部分要求在最自然的环境下提供早期干预服务，即在儿童不会觉察到自身残障问题的环境中进行。对大部分婴幼儿而言，这些服务是在家里以及家长的陪伴下进行的。然而，也有数百个儿童在婴幼儿项目中接受早期干预服务。本节提供了实现全纳教育的有效策略，旨在指导婴幼儿项目何时需要关注儿童的发育情况并将其转介给早期干预团队。在本章结尾，我们将介绍行业立场声明，以引导专业人员接受全纳概念。

实现全纳的策略

即使是在 21 世纪的今天，即使已经颁布了《美国残疾人法案》等反对歧视的法律，有些教师、管理人员以及家庭服务机构仍然会拒绝接受特殊儿童。在关于这个话题的研究及讨论中，教师频繁提到的问题包括缺乏照护特殊儿童的知识，以及特殊儿童需要一对一的照护，还有其他儿童和家庭可能会因此感到不适等[23]。家庭托儿所教师担心需要花费太多的精力照顾特殊儿童，以至于能照顾的儿童数量减少，从而导致收入降低[24]。尽管对身患多重障碍的婴儿（如需要呼吸器和食管且有视听障碍的婴儿）来说，情况可能确实如此，但是在每年确诊的成千上万的特殊婴幼儿中，只有极少数这样的例子。

体验过全纳服务的教师和家长认为，这些服务有诸多益处。教师在照顾特殊婴幼儿时有了积极的体验，更加享受自己的工作，并且对照顾其他特殊儿童有了更积极的态度。教师有机会做好准备去学习其他方法并且得到所需的帮助时，就能更加积极地帮助儿童融入群体。他们将满怀信心地迎接挑战，相信全纳教育能够帮助所有儿童适应社会[25]。以下是促使全纳教育获得成功的策略。

保持积极的态度

成人的态度是影响全纳教育成功与否的最关键因素。教师需要思考自己对于残障的感受，并且讨论在照顾特殊儿童时会遇到的所有问题，例如，由于缺乏知识或技能可能给儿童造成伤害，或是在儿童有更高需求时无法对常规的安排进行调整。婴幼儿项目的管理人员或是早期干预团队的成员参与此类交流会非常有益。

信息共享

教师照护每个儿童都需要掌握足够的信息。教师要有机会提出问题，由家长、健康专家或早期干预成员来解答。家长也应该随时提出问题，了解婴幼儿项目能否根据儿童的需求来提供特定的服务或做出调整。如果 C 部分致力于为儿童提供服务，服务协调人员就能有效地促成对话。若教师和家长频繁地交流信息，沟通彼此的建议和想法，看重彼此对于促进儿童成长、获得成功的贡献，全纳教育就能获得最大的成功[26]。

记录儿童的能力

记录能有效地帮助教师对特殊儿童保持积极的态度。对特殊儿童的记录可以反映出他们积极、富有成效的表现以及社交经验，而且能帮助儿童在教师心中留下好印象。尽管这类表格（见表 15.1）显然适用于所有儿童，但是它特别能帮助教师记住儿童的优点而非需求或残障问题。表 15.1 记录的是一个患有唐氏综合征的 18 个月大女孩的兴趣和能力。

表 15.1　莎拉喜欢做的事

玩具	用餐	户外
莎拉喜欢拥抱，并且喜欢抱着娃娃，就像她母亲的做法一样。 莎拉将戒指放在小棍上，将图形放在盒子里，她喜欢这样多次练习。	莎拉在餐桌上表现得很好。她用杯子喝水，自己吃小零食，面带微笑，还关心朋友。莎拉用手语告诉教师罗丝，她想吃什么。	在户外，莎拉和罗丝很亲近，她喜欢拉着“小马”玩具在操场上玩，也喜欢骑着玩。莎拉喜欢玩沙和水。
交友	**成人**	**午休时间**
莎拉去婴幼儿项目就找奥娜和彼得，她喜欢和朋友们在一起，然后彼此拥抱。	莎拉爱父母和奶奶，她白天特别喜欢和罗丝待在一起。 有时玩玩具和拼图遇到了困难，莎拉希望成人能帮助她。	莎拉在学校里如果累了，午休时就睡得很沉。她喜欢听故事和柔和的音乐，喜欢有人拍着她的背入睡，感觉就像在摇篮里被拥抱一样享受！

调整材料和活动

本章开篇所提到的诸多症状表明，残障可能造成各种功能性的影响。有些儿童智力水平正常甚至较高，但是他们无法控制自己的身体；有些儿童活动很正常，但是很难处理和理解信息；有些儿童难以集中注意力；有些儿童很难处理社交关系；还有些儿童感官能力较弱，等等。显然，对不同情况的儿童应当有不同的策略。

毫无疑问，就全纳教育而言，没有比婴幼儿时期更容易的年龄阶段了。婴幼儿服务已经实现了高度个性化。事实上，教师会无意识地根据儿童的特定需求进行细微的调整，例如，赖利要在有保护的空间里玩耍，弗雷迪不吃某种口感的食物，雷切尔在过渡环境前需要多加注意，利在一天里需要多次安静的交流和拥抱，教师针对这些需求进行不假思索的调整。高质量的婴幼儿项目具有较高的师幼比和较小的班级规模，正常的婴幼儿在遇到有残障问题的同龄人时还没有任何预设的偏见，而且，诸多考量和策略确保了全纳教育能让每个参与者都获得成功的、有意义的体验。

> 在学前全纳教育中，教师的角色之一是全纳的实践者。推行全纳教育意味着，确保有特殊需要的儿童参与教室中的所有活动，包括日常生活活动和游戏活动。重视全纳教育的落实可确保有特殊需要的儿童不会被区别对待，例如，因为需要单独护理而让他们独自吃饭，在其他儿童在操场上游戏时他们留在室内，或者在其他儿童参与集体活动时让教师单独陪伴他们游戏[27]。

正如表 15.2 所示，帮助有特殊需要的婴幼儿使用玩具和材料需要三个步骤：理解儿童要学什么以及他们是怎么学习的，提供包含相关表格信息的材料，确保材料的稳定性。在为特殊婴幼儿规划学习活动时首要考虑的问题就是他们当前遇到了哪些概念和技能，以及他们对哪些玩具和材料感兴趣。比如，婴儿在刚刚发现自己可以抓住、移动物体时喜欢拿轻的、拳头大小的拨浪鼓，并弄出声响；在刚刚开始探索空间关系时喜欢将物体放进容器里，然后将它们都倒出来。尽管特殊婴幼儿和正常婴幼儿可能不是在同一个时间段或者信息来源不同，但有着同样的认知发现。而且，提供的材料要能够匹配他们的活动。

表 15.2 玩具和材料的使用原则

稳定性	信息的使用	通过游戏达成的目标
提高儿童控制物体的能力和探索、学习的能力。 ✦ 用搭扣或胶带将物体固定在桌子上 ✦ 大手柄让物体更易于拿起和移动 ✦ 底部较重的物体不会翻倒 ✦ 采用较厚的材料（如硬皮书而不是纸）	通过感觉和身体最有效地为儿童提供信息。 ✦ 精简数量让材料变得简单 ✦ 给有视觉缺陷的儿童使用对比强烈的材料 ✦ 如果儿童对刺激过于敏感，就要消除噪声 ✦ 如果是做匹配练习，比如刚开始的时候用两个完全一样的物体和一个区别明显的物体（两个勺子和一个球），然后是两个勺子和一个叉子，最后是两个不太一样的勺子	让儿童自然地达成目标，比如双手合十、分开手指或是弄出声响。 ✦ 提供需要双手拿的玩具 ✦ 拍手时吹泡泡 ✦ 用一根手指戳泡泡 ✦ 提供用一根手指玩的玩具，如小钢琴或电话

当特殊婴幼儿使用的材料能稳稳地放在一个地方，不容易翻倒或者滚走时，他们能表现得很好。这些信息必须以有意义的方式提供给他们，例如，在叠放杯子时通过每次提供较少的杯子来简化信息，或者让有视觉障碍的儿童在做游戏时使用浅色的桌子。

布置环境

在较大的婴儿活动时，教师可能有必要把有身体缺陷的小婴儿移到离伙伴们较近的地方。比起自带托盘的座位，辅助性座位让学步儿能与其他人一起坐在点心桌边，这样更有利于他们参与活动。尤其是有视觉障碍的儿童，需要环境中家具和通道保持不变，这样他们才能学会自己从一个区域去另一个区域。

采用集体情感活动

我们以多种方式鼓励儿童对彼此友善，提醒他们要动作温柔，并且建议他们“友好”。我们可以明确地告诉儿童，怎样才能最大程度地帮助特殊儿童，如“牵他的手”，或“等会，他会接的”。在特殊儿童与其他儿童待在一起并且观察或模仿他们的社交游戏时，教师可以用积极的描述话语为特殊儿童提供帮助，如“你真喜欢看安德烈玩卡车，安德烈玩小汽车和卡车时好开心”。更进一步，可以帮助正常儿童邀请特殊儿童参与活动：“安德烈，你可以把卡车给杰克玩吗？”[28]

达成医疗目标

应当安排早期干预团队为特殊婴幼儿提供服务，并且有个性化家庭服务计划来确定医疗目标。教师通过精心选择的游戏活动来促进目标的达成，这些活动中的玩具和材料暗示了所需的活动。患有神经系统或运动障碍的儿童经常需要练习一些动作，例如双手合十、松开拳头使用手指、单独使用手指以及使用越来越复杂的握法。为了帮助婴幼儿练好这些动作，需要提供大到要同时使用双手的玩具，如玩具钢琴、光盘播放机以及其他单个按钮控制的玩具。小玩具（不能太小，否则会有窒息的危险）和小块香蕉、谷物颗粒等食物都是很好的抓握材料。练习这些动作的最佳材料还包括泡泡，拍手吹泡泡是让婴幼儿双手合十的好方法，戳泡泡能促进单个手指的使用。

教师可以用多种技巧来帮助有运动障碍的儿童，使得他们能最大限度地利用自己的身体。治疗师可以给教师展示如何使用简单的材料，比如用卷起来的毛巾支撑身体，或是提供支撑板或特别的椅子。有严重运动障碍的儿童可以使用有开关控制的玩具，这种电子玩具让儿童能用身体控制力最强的部分来使用玩具，开关可以通过触碰、声音、头部动作、吮吸或吹气来控制。早期干预团队应当将这些材料提供给婴幼儿项目。

很多为达成特殊儿童的治疗目标所需要采用的材料和教师互动方式与正常儿童的相同。教师创设鼓励专注、兴趣和探索的环境；拓展游戏和语言；提供冷静且感兴趣的情感基调来支持学习，并提供一种快乐的方式来庆祝成就；根据婴儿的发声做出反应，把这些声音看作有意义的话语；鼓励儿童对其他儿童的善意和同情。这些都能够帮助特殊儿童完成医疗目标。

转介

在婴幼儿项目中，有些儿童可能已经确定具备 C 部分的条件并且正在接受服务，也可能婴幼儿项目对某个儿童有些顾虑。要了解如何在社区中应用 C 部分的内容，以及如何与家长讨论转介，这对于每个婴幼儿项目来说都很重要。如果家长担心儿童的发展，就必须根据 C 部分进行评估以确定儿童是否适合接受服务。

评估儿童发展情况的方法有很多。很多婴幼儿项目通过筛查来定期评估儿童的发展情况，筛查工具（见专栏 15.4）通常是一系列在各领域测评正常发展情况的项目。有时，教师可以设定情境来观察儿童是否有这些表现，通过持续观察找到答案。有些筛查工具要求家长根据实际经历报告儿童的发展情况，虽然不会判断儿童的发育是否迟缓，但是有助于确定可能有问题的部分。所有婴幼儿项目都可以将定期筛查作为工具，将其纳入观察和记录发展情况的工作系统中。将每个儿童的发展情况纳入到家庭与婴幼儿项目的沟通中，这样就能让问题得到较快的解决，让双方互相理解。

专栏 15.4　筛查工具

《年龄与发展阶段问卷》由家长每隔数月填写一次，随后教师通过分析结果来追踪儿童的发展情况。这份问卷采纳了家长的观察情况，也能让家长了解可预见的发展阶段，适用于 2 个月到 5.5 岁的儿童。

《年龄与发展阶段问卷：社会性－情感》（第二版）由家长每隔数月填写一次，用以确定儿童是否有社交困难和情感问题。这一工具筛查的内容包括自我调节、服从性、沟通、适应性行为、自主性、情感和人际交往。

《丹佛发育量表 2》由专业人员或经过培训的专业辅助人员使用，以追踪儿童的发育情况。根据每次的观察情况对照每个发育领域中列出的项目进行打分，从而了解儿童发展是否正常。这一工具适用于从刚出生到 6 岁的儿童，简称为《丹佛 2》。

如果婴幼儿项目和家长非常关注儿童在一个或多个领域中的发展情况，家长就会请社区的儿童发现项目来进行评估。在婴幼儿项目中定期筛查的结果能够为早期干预团队提供有用的信息。除了专栏 15.4 中的工具，还可以采用类似于盎司量表 [29] 这样的长期评估方法来记录儿童的发展情况。

要记住，教师的职责要求你能够判断婴幼儿的发展是否正常，这并非要求你对患有残障问题的儿童进行诊断。在将问题告知家长时，请注意家长由此产生的不安和担忧，让家长关注儿童的发展情况时，你需要保持尊重和谨慎的态度。

专 业 定 位

我们已经阐述全纳教育的益处，并且提供了成功实践全纳教育的策略。此外，就全纳教育而言，除非你有非常充足的理由来拒绝特殊儿童，否则法律要求你必须实践全纳教育。不过，从更积极的角度来看，已经有多个婴幼儿项目发布声明，表达了他们支持全纳教育的立场。

美国残疾人法案

1990 年国会通过《美国残疾人法案》以保障有残障问题的人士的民事权利。其中，法案禁止婴幼儿照护机构和家庭托儿所歧视有残障问题的人。婴幼儿项目不可歧视特殊儿童。每个儿童和家庭都要根据实际情况进行评估。婴幼儿项目可能需要进行以下调整。

- 修改规定、惯例或程序。
- 提供辅助设施和服务来确保有效沟通。
- 消除现有项目设施中的物理障碍。

如果有以下情况，婴幼儿项目可以不接受特殊儿童。

- 在修改规定、惯例或程序时，要做的调整会使婴幼儿项目和所提供的服务发生根本性改变。
- 在提供辅助性设备和服务时，要做的调整会使婴幼儿项目发生根本性改变，或负担过重（比如造成严重困难或大笔开销）。
- 在消除物理性或结构性交流障碍时，要做的调整难以迅速完成。[30]

第一种情况，要做的调整会使婴幼儿项目和所提供的服务发生根本性改变，例如，婴幼儿需要呼吸器以及全天护理，并且无法充分参与婴幼儿项目的活动，从而从根本上改变照护服务，一般而言，婴幼儿项目不会提供护理服务。第二种情况也可以用这个例子说明，全天的护理服务可能需要一年花费 85000 美元。这笔支出将给婴幼儿项目造成极大的经济负担。第三种情况要举例说明可能有点困难，因为婴幼儿还不太会用到轮椅，不可能对建筑的物理设施有所要求（见专栏 15.5）。

专栏 15.5 儿童照护和《美国残疾人法案》

1.《美国残疾人法案》适用于私立和公立的婴幼儿项目及其与儿童、家长、监护人和潜在顾客之间的互动交流以及雇佣制度。宗教组织运营的保育中心可以不受制约。

2.《美国残疾人法案》对于婴幼儿项目的具体要求如下：

- 除非特殊儿童可能对他人的健康或安全造成直接威胁，或需要婴幼儿项目发生根本性变化，否则婴幼儿项目不能拒绝接受特殊儿童；

- 除非需要婴幼儿项目发生根本性改变，否则婴幼儿项目必须要对其规定和惯例进行合理调整，从而将有残障问题的儿童、家长和监护人都纳入照护婴幼儿中；
- 在不会造成过重负担的情况下，婴幼儿项目必须提供与特殊儿童、成人进行有效沟通的适当辅助设施和服务；
- 婴幼儿项目通常必须使有残障问题的人士能够使用他们的设施。

联邦机构对全纳教育的政策声明

美国卫生与公众服务部和美国教育部联合发布了关于婴幼儿项目实施全纳教育的政策声明[31]。这两个部门通过直接资助、提供餐食或者为家庭提供保育补贴的方式支持大部分项目。

> 政府部门的立场是所有特殊儿童都有权享有高质量的全纳托幼服务，婴幼儿项目要给特殊儿童提供个性化的、合适的支持以满足人们的高度期望。[31]

这一政策声明没有对项目提出要求。声明陈述了高质量的婴幼儿项目对所有儿童的重要性，其理念是帮助每个参与者从全纳教育中受益。同时，声明还强调了关于全纳教育的法律要求，对类似于开端计划这种完全由政府资助的项目，在接受特殊儿童方面也有明确的要求。

政策声明还列出了全纳教育所面临的主要挑战。最首要且最重要的是，参与人员的态度，这涉及教师的配备、培训和专业能力欠缺问题。的确，他们的培训要求较低并且大多数人待遇较差，但是高质量的婴幼儿项目中的工作人员应当具备为绝大多数儿童服务的技能和知识。我们每次只谈论一个婴幼儿，记住这一点将大有帮助。

全纳教育联合声明

美国特殊儿童委员会学前教育分会和美国幼儿教育协会发布了《学前全纳教育联合声明》[32]。美国特殊儿童委员会学前教育分会是从事学前儿童特殊教育和相关服务的专业组织，美国幼儿教育协会是涵盖更广泛学前教育领域的专业组织。

声明对全纳教育做出如下定义。

> 学前儿童全纳教育要在价值观、政策和实践上都确保每个婴幼儿及其家庭的权益，无论能力如何，他们都能作为家庭、社区和社会的一员参与各种活动。全纳教育的理想成果是让正常儿童和特殊儿童及其家长都获得归属感、积极的社会关系和友谊，能够发展、学习，从而让潜能得到充分发挥。高质量的学前全纳教育项目和服务应当具备可获得性、可参与性和支持性。

这一声明表明，高质量的学前全纳教育的内涵特征包括可获得性、可参与性和支持性。可获得性是指儿童有机会进入婴幼儿项目，这是实现有意义的全纳教育的第一步；可参与性需要教师们共同努力，在游戏和学习活动中为每一个儿童提供支持，可以提供额外的安排（“这里，安吉，用这只手拿着滤网”），也可以和儿童一起参与游戏（“萨姆和我来跟你一起玩”），或给予儿童更多的鼓励（“雷米，你可以把那个球拿给萨利吗”）；支持性指的是为了让儿童在集体环境中获得成功的体验，在调整、协调、设施、知识、咨询和服务方面提供的支持。对大多数特殊儿童而言，获得信息并且与家庭和早期干预团队维持长期的合作关系就足够了。而其他儿童的坐立、站立、行走可能还需要配备专门的设施。在 0—3 岁的儿童照护中，不需要过多的工作人员。

归属感是所有全纳教育的真正目标。当儿童感觉到自己被接受、被喜欢且心情愉悦时，他们就可以更好地学习和成长。每个能够喜欢和接受他人的儿童都将在未来具有良好的人际关系。

本章小结

- 现在的婴幼儿教师常常需要在社区里照护特殊儿童。高质量的照护实践能够很好地为特殊儿童提供服务，但是教师具备更多的知识会更有帮助。
  - 婴幼儿的主要致残原因有：
    1. 染色体异常和遗传性综合征
    2. 感觉障碍
    3. 代谢紊乱
    4. 中枢神经系统紊乱
    5. 先天性感染
    6. 接触有毒物质
    7. 慢性疾病
    8. 弥漫性发育障碍
  - 每种疾病都有不同的症状，教师需要运用观察技能和儿童发展知识为特殊儿童提供支持，家长或早期干预团队也可以提供建议或更多的帮助。
- 特殊婴幼儿项目为适合的儿童和家庭提供早期干预服务，包括评估、资格确认、服务协调、个性化家庭服务计划以及物理治疗、作业疗法、语言治疗和特殊教育等方面的服务，所有服务项目都要在最自然的环境里进行。
- 为特殊婴幼儿服务的早期干预团队应当为儿童在保育和学习方面提供支持，教师应当持有“个性化家庭服务计划”的复印本。这一计划涵盖发展目标以及帮助儿童实现目标的策略，早期干预人员应提供必要的专门设备来支持儿童的发展。早期干预服务实际上可以在儿童照护和学习环境中进行。
  - 教师可以采用多种策略来调整材料和活动，以帮助特殊婴幼儿获得好的成果。玩具要结实，符合儿童当前的兴趣，并且要根据儿童的活动需要做出调整。教师需要拉近特殊婴幼儿与正常婴幼儿之间的距离，促进他们之间的社会和情感联系。
  - 训练有素的教师应当有能力照顾好所有儿童，因为所有儿童需要教师具备的素质都是相同的。教师是否愿意让特殊儿童参与其中，是衡量儿童之间情感联系是否成功的最重要标志。

- 《美国残疾人法案》要求婴幼儿项目为特殊儿童提供服务。学前教育领域的领导机构和组织发布的政策声明和立场声明强烈支持将全纳教育作为这一行业的基石。

反思与应用

反思的问题

1. 我们自身的经历、与有残障问题的人士有关的生活经历，或是缺乏经历，都可能影响我们对全纳服务的感受。思考一下自己的经历，它们会怎样影响你在婴幼儿项目中照顾特殊婴幼儿的感受？
2. 如果你需要设计一个全纳式的婴幼儿照护环境，它会与仅为正常儿童设计的环境有所不同吗？

观察与应用

1. 联系社区中负责 C 部分的协调人员，了解你是否可以与家长交流婴幼儿的残障情况、发展情况和婴幼儿项目的实践以及他们对于早期干预的体验。
2. 观察一个全纳式的婴幼儿项目，看看它在哪些方面做得很好，哪些方面是你想进行调整的？
3. 如果你在准备一本婴幼儿项目家长手册，你会提供哪些信息来让家长知道你有能力照护所有儿童？请一位家长阅读这本手册并就内容的相关性和完整程度给予反馈。

第 16 章

婴幼儿教师

学习成果

阅读本章之后，你将能够：

- 描述早期教育行业，包括标准和能力、道德规范、专业发展和专业组织；
- 解释成为一名婴幼儿教师的关键素质，包括与儿童、家庭、同事和自己的关系的实质；
- 阐述以关系为基础的要素、包括3R方法（尊重、反思与联系）的反思性实践、反思性监督、指导和被指导。

本章的重点是，作为某个行业领域的专业人员的你、以关系为基础的经验、反思性实践。我们在审思，早期教育是否是一种职业。它应该具备成为职业的要素，而不是一种预备或者补充工作。我们阐述了婴幼儿照护工作内容的独特性，特别是高强度的、亲密的关系。最后，阐述了以关系为基础的反思性实践是如何发挥作用的。

婴幼儿教师职业

为婴幼儿提供教学和养育是一项极其重要的工作。在早期的几年中，儿童的大脑正处于发育中。婴幼儿的即时互动和经验创造了大脑。如今，政策决策者认识到，婴幼儿教师需要具备与他们工作重要性相匹配的，有关特定年龄阶段的知识、技能以及报酬。婴幼儿照护正在成为一种职业。

职业要素

你可能认为，职业应该是医学、法律、较大儿童的教育和成人教育。然而，早期教育也符合职业要求，其要素如下。

- 为社会安定所提供的服务。
- 与服务对象保持足够的情感距离以使专业人员做出清晰的判断。
- 有一致的原则和伦理。
- 存在并保持专业知识基础。
- 需要长期和专门的培训。
- 有明确的实践标准。
- 工作具备一定的自主性（在美国，专业人员并非每时每刻都受到监督）。
- 具有利他的使命或愿景。[1]

婴幼儿教师培养和教育新一代公民。当教师把工作做好时，社会的安定就得到了保障。

你现在正在上课，希望你成为终身学习者，建构专业技能和知识。你在照护儿童的过程中需要自己做许多决定。你会无私，因为当你照护儿童时，你必须把他们的幸福放在你自己的幸福之上。他们的需要是迫切的，他们的依赖性是很强的。

作为一种职业，婴幼儿照护还存在很多需要改进的方面[2]。首先，情感上的距离对婴幼儿照护工作来说可能不是一件好事。相反，我们需要用知识来引导自己与儿童、家长之间的亲密关系。这不同于职业距离。对长期培训的要求并不适用于我们职业中的大部分领域。在许多州，一个人几乎不需要任何培训就能照护儿童。从整个行业来看，薪酬并不像职业薪水。

我们可能被认为是一个新兴的职业，正在建构一个职业的组成部分。我们的职业有标准、道德规范、核心能力要求和最佳实践，且专业组织提供专业发展机会。专业发展是指婴幼儿教师在工作中接受的持续培训。

专业组织是致力于促进婴幼儿照护领域专业化发展而成立的团体。新兴的专业研究扩展了我们的知识，专业认证系统描述了工作质量、实践标准和关键能力，明确了所有专业人员都应具备的专业知识、技能和特征。一些早期教育专业人员标准是为从出生到 8 岁的儿童提供服务的专业人员制定的。另一些则是专门为婴幼儿教师制定的标准。我们没有列举专业能力清单，但在该领域的重要知识、技能和性格上有很大的共识。

0—8 岁儿童教师专业标准

对教师、家庭照护服务提供者和家访人员来说，没有一套得到社会普遍接受的 0—8 岁儿童照护标准。最具影响力的标准是美国幼儿教育协会发布的《幼儿教师职业准备标准》、美国特殊儿童委员会学前教育分会提供的实践建议、美国家庭儿童保育协会发布的标准。

美国幼儿教育协会发布的《幼儿教师职业准备标准》

美国幼儿教育协会对早期教育行业制定了标准[3]，包括职业价值观以及教师培养要求。这些标准（见表 16.1）确定了幼儿教师（包括婴幼儿教师）所需要的知识、技能和意向（态度和价值观），在美国幼儿教育协会认可的学院或大学中予以教授。

表 16.1　美国幼儿教育协会标准概要

标准 1：促进儿童发展和学习
1a：了解和理解儿童的特点和需求
1b：了解和理解婴幼儿照护对早期发展和学习的多重影响
1c：利用发展性知识创设健康、尊重、支持和富有挑战性的学习环境
标准 2：建立家庭和社区之间的关系
2a：了解不同家庭及社区的特点
2b：通过相互尊重的关系支持和融入家庭、社区
2c：让家庭和社区参与儿童的发展和学习
标准 3：通过观察、记录和评估以支持儿童和家庭
3a：理解评估的目标、益处和用途
3b：了解并使用观察、档案袋、其他合适的评估工具和方法
3c：了解并实施负责任的评估，促进每个儿童的积极发展
3d：了解与家庭、同事的合作评估关系
标准 4：使用有效的方法
4a：理解积极的关系和支持性的互动是他们与儿童相处的基础
4b：了解和理解早期教育的有效策略与工具
4c：广泛使用适合儿童发展的教学与学习方法
4d：反思自己的实践，促进每个儿童的积极发展
标准 5：利用内容知识建构有意义的课程
5a：了解学科的内容、知识和资源
5b：了解和使用核心概念、查询工具和内容领域或学科的结构
5c：利用自己的知识、适当的早期学习标准和其他资源，为每个儿童设计、实施和评估具有发展意义和挑战性的课程
标准 6：成为专业人员
6a：认同并投入早期教育领域
6b：了解并坚持道德标准及其他早期教育指南
6c：参与持续的、协作的学习，为实践提供信息
6d：结合有关早期教育的知识、反思和批判的观点
6e：拥护儿童和早期教育专业

美国特殊儿童委员会学前教育分会的实践建议

美国特殊儿童委员会学前教育分会为特殊儿童教师制定了标准[4]。这些标准适用于从事早期特殊教育的教师，规定了早期特殊教育教师应具备以下相关知识和技能：

> 学习者的特点和发展
> 个体学习差异
> 指导策略
> 学习环境和社会互动
> 语言
> 教学计划
> 评估
> 专业和伦理道德

美国家庭儿童保育协会的标准

美国家庭儿童保育协会为家庭托儿所制定了标准，这些家庭托儿所为从出生至 8 岁的儿童提供照护和学习的机会[5]，它们在达到以下类别的标准后可取得认证：

> 关系
> 环境
> 发展性学习活动
> 安全与健康
> 专业性、经营性实践

美国家庭儿童保育协会赞助了唯一一个专门为家庭托儿所设计的国家认证系统，为符合该协会认证资格要求和质量标准的家庭托儿所授予认证。认证需要审查家庭托儿所儿童保育方案的所有方面，即关系、环境、发展性学习活动、安全与健康、专业性和经营性实践，从而提高质量。

婴幼儿教师的标准和能力

关于婴幼儿教师的标准或能力的要求有许多。美国儿童发展导师资格认证培训为教师、家庭托儿所和家访人员设计的标准是最成熟的。美国 0—3 岁婴幼儿协会专门为婴幼儿教师制定了能力标准。同时，儿童早期心理健康领域有几个以能力为基础的认证。

儿童发展导师资格认证培训证书

儿童发展导师资格认证培训证书颁发给能够促进儿童的身体、社会性、情感和智力发展的人。只有美国华盛顿特区的专业认可委员会才能颁发儿童发展导师资格认证培训证书。证书有以下四种类型：

> 以中心为基础的幼儿园
> 以中心为基础的婴幼儿照护机构
> 家庭托儿所
> 家访人员

儿童发展导师资格认证培训的能力标准是该项目的核心。目标和职能领域陈述了成为一名胜任的教师所需要具备的能力。能力目标为教师的行为建立了准则。这 13 个职能领域描述了教师为实现能力目标必须完成的主要任务或职能。每种认证的目标领域和职能领域都是相同的，但是内容随着每种认证的不同而有所不同。能力目标如下。

目标一：创设和保持安全、健康的学习环境。

目标二：提高身体和智力能力。

目标三：支持社会和情绪情感发展，提供积极的指导。

目标四：与家长建立积极、富有成效的关系。

目标五：确保运行良好、目标明确的程序能够回应参与者的需求。

目标六：保持对专业的承诺。

如果婴幼儿教师没有获得早期教育或早期干预方面的学位，那么取得儿童发展导师资格认证培训证书是很重要的。

婴幼儿教师应具备的关键能力

美国 0—3 岁婴幼儿协会发布《婴幼儿教师应具备的关键能力》以支持在集体环境中工作的教师[6]，明确了支持婴幼儿学习与发展的重要的、可观察的技能，一定程度上响应了国家有关从业者的报告[7]，该报告要求婴幼儿教师应具备特定的专业能力。

该文件的第一部分明确了早期教育项目的八个知识领域（见专栏 16.1）。正如你所看到的，作为专业发展的一部分，这些领域在本节都将被一一谈及。

专栏 16.1 八个跨部门的核心领域

领域 1：儿童早期发展

领域 2：以家庭为中心的实践

领域 3：以关系为基础的实践

领域 4：健康、发展方面的保护性因素与危险因素

领域 5：文化和语言回应

领域 6：满足家庭需求，改善服务和系统的领导能力

领域 7：专业和道德实践

领域 8：服务规划、协调、合作

关键能力聚焦于社会性、认知、语言和读写能力的学习与发展。每一种能力均包含一组子领域能力，如专栏 16.2 所示。

专栏 16.2 子领域的关键能力

支持社会性 - 情感发展

- 建立温馨、积极、有益的关系
- 提供持续、及时的照护
- 支持情绪表达和调节
- 促进社会化
- 指导行为
- 培养认同感和归属感

支持认知发展

- 促进探索和概念发展
- 建构有意义的课程
- 促进模仿、象征和游戏
- 支持推理和问题解决

支持语言和读写能力发展

- 促进语言和读写能力发展
- 拓展表达性和接受性的语言、词汇
- 促进早期读写能力的发展

美国纽约州婴幼儿保育和教育认证

一个州也可能需要一个专门的婴幼儿保育与教育资格证书。例如，纽约州为具备婴幼儿保育和发展知识的专业人员提供纽约州婴幼儿保育和教育资格证书。这一证书是婴幼儿教师成为教育领导者的必要条件之一。

道德准则

美国幼儿教育协会和美国特殊儿童委员会为早期教育行业制定了《道德行为准则》，它阐明了职业的价值和负责任的行为准则。有关道德规范、价值观和核心价值观的定义，请参见专栏 16.3。

专栏 16.3　伦理学术语

道德准则：文件可概述行业或项目的使命和价值观、专业人员应如何处理问题、基于组织核心价值观的道德原则和专业人员所遵循的标准。

价值观：行为的原则或标准；对生活中重要事物的判断。

核心价值观：规定行为和行动的指导原则。

美国幼儿教育协会的《道德行为准则》和承诺声明[8]包括以下几部分：

第一部分，确定对儿童负有的道德责任；

第二部分，确定对家庭负有的道德责任；

第三部分，确定对同事负有的道德责任；

第四部分，确定对社区和社会负有的道德责任。

我们鼓励教师熟悉这些道德准则，并将其应用于他们与儿童、家庭、同事、社区和社会的工作中。

美国特殊儿童委员会制定了一套职业道德规范，供从事特殊儿童工作的专业人员使用[9]。

规范的核心是为专业实践、专业发展及准备、回应式家庭实践、伦理和基于证据的实践提供原则和指南。例如，专业实践原则规定：“我们应该在行为和语言中表现出对每个儿童独特价值和潜能的尊重与欣赏。”

专业组织

专业人员有专业的组织。这些组织通常是非营利性组织，旨在促进特定职业的发展，维护从事该行业的个人利益和公共利益。它们可以参与宣传调查，也可以游说政府改善行业。

美国幼儿教育协会是我们这个领域最大的专业机构。它通过将早期儿童实践、政策和研究联系起来，促进所有从出生到 8 岁的儿童的高质量学习。美国家庭儿童保育协会在家庭儿童照护方面发挥类似的作用。美国特殊儿童委员会学前教育分会是从事早期干预和儿童早期特殊教育的专业组织。美国 0—3 岁婴幼儿协会的成员从事婴幼儿服务工作。

婴幼儿保教专业人士

婴幼儿教师与从事较大儿童教育的教师有所不同。成人与婴幼儿的关系更加亲密和强烈。婴幼儿非常脆弱，容易引起成人的强烈情感。自我认知对于管理这些感受很重要。这个领域还很年轻，需要倡导者为适宜的标准和经费而努力。最后，进入该领域的知识需求很小，但知识库需要不断拓展。持续的学习对于专业人员的成长是很重要的。

强烈而亲密的关系

婴幼儿保教领域是以关系为基础的，即与婴幼儿、家长、同事和雇主的关系。婴幼儿教师工作与从事较大儿童教育的教师工作的主要区别在于关系的强度和亲密程度。

与婴幼儿的关系

婴幼儿保教工作需要身体和情感上的强度[10]。在这项工作中，专业人员与婴幼儿之间需要更为密切的接触和身体支持。

婴幼儿教师与儿童进行最亲密的日常活动，如拥抱、换尿布、洗漱、喂食、擦鼻涕、擦眼泪。工作的情感本质要求儿童对成人产生依恋，即一种情感联系。对成人来说，与每个儿童建立情感联系是专业的表现。婴幼儿需要这种关系来得到更好的发展，利用关系建立自我价值感、对他人的基本信任能力，了解成人及其他人将如何对待他们，也了解自己在关系中如何发挥作用，并有效地掌控环境。

婴幼儿教师应该创设每个人可以一起生活的环境，而不仅仅是在一起学习的环境。婴幼儿保育和学习项目应该像家一样。儿童和成人在一起生活，白天通常要相处几小时，所以照护和学习环境应该是适合生活的地方。

与家长的关系

婴幼儿教师的主要工作是为亲子关系提供支持，为家庭提供信息和情感支持。在“什么对儿童最好”这一问题上，你的观点可能会与有些家长相冲突。对家长来说，在不嫉妒或怨恨的情况下与教师分享照护是很有挑战性的，尤其是在教师与婴幼儿已经建立了重要的、亲密的关系的情况下。对教师来说，在知道什么对儿童是最好的，但不与儿童的家人形成竞争关系，也是很有挑战性的。比起从事较大儿童教育工作的教师，婴幼儿教师必须与家长保持非常密切的关系，即不断地分享信息，小心地处理冲突，热情地支持亲子关系。

与同事的关系

在婴幼儿保育和学习项目中，成人是一个团队。当一个儿童需要在婴幼儿项目里换尿布时，为他换尿布的教师要相信其他教师会密切地照护其他儿童。师幼之间的大部分交流是非言语的。教师们经常在一个小空间里紧密合作。他们需要尊重彼此与儿童互动的风格。儿童的发展目标必须明确，教师们的工作任务必须公平分配。好同事会令人愉快，对他人的工作充满感激之情，能够公平地分担工作。好的员工能够听取建设性的反馈意见，从中学习并不断提高自己[11]。

自我认知

婴幼儿教师必须有自我意识。这意味着教师必须注意自己的感受和反应，以确保它们是真实存在的。有时，成人会把自己的需求强加于自己与儿童的关系上，或者把自己的意图投射到婴幼儿的身上，比如，认为婴儿哭或者学步儿说“不”都是为了激怒他们。教师可以通过思索自己的内心历史，从而成为更具有回应性的教师。

> 让教师在和婴幼儿一起玩地板游戏、创造性游戏中感到舒服的一个有趣的方法是，让他们思索自己的内心历史。我们每个人的内心都有一台“老唱片机”。我们过去的一些记录发挥着积极的赞扬、安慰的作用，也有一些记录带有警告、羞辱，被要求禁止做傻孩子、淘气的孩子、坏孩子的禁令。教师需要为婴幼儿留下积极的记

录，以此支持和鼓励他们进行安全的探索和表达好奇、快乐。教师必须努力关掉过去“播放”的惩罚和反对的“唱片”，这有助于他们轻松地享受学步儿的“凌乱”和那些令人兴奋的奇思妙想[12]。

从事与婴幼儿相关工作的成人需要对亲近和亲密感到舒适，也需要学会应对分离和悲伤。当从婴儿时就和教师在一起的儿童要去幼儿园时，教师与儿童道别会感到心碎。但他们愿意承受这种心碎，因为他们用三年的时间与儿童建立了牢固的、积极的关系。他们知道，持续性照护和主要照护促进了情感联结，这对于婴幼儿的发展是非常重要的。

了解自己包括探求自己的优点和弱点。我们需要清楚并试着理解自己的反应（“我很快就要生气了，为什么会这样？”）、挫折感（“我真的被那些爱评判别人的同事弄得很生气”）以及工作中给我们带来的快乐（“我喜欢家长从这个项目中毕业”）。这种探索有时是困难的或令人不舒服[13]。

当婴幼儿教师能够自我反省时，他们就能更好地管理自己的情绪反应，更好地认识到自己的局限性，发挥自己的技能和优势。

成为倡导者

我们将讨论婴幼儿教师的最后一个特点，即为儿童、家庭、照护、社区和自己发声。倡导者是事业的热情支持者。我们希望你成为一名倡导者，倡导早期阶段的重要性和以关系为基础的实践。正如玛格丽特·米德所言：“一小群忠诚的公民可以改变世界。”你已经在本书中学习到的知识和信息，将指导你的倡导实践。

大多数行业会受到法律、规章制度和经费的控制，而这些都来自政府组织。倡导者应该通过行业组织了解这些方面可能发生的一些变化。当立法者要修订法律时，倡导者可以通过写信或者打电话给立法者来呼吁增加经费或者改变规章制度。在一次会议的发言中，来自美国西雅图的官员解释了他们是如何开始为低龄儿童提供经费支持的。他们解释说，帕特里夏·库尔，一位杰出的婴儿研究者在市议会上做了发言，解释了他们关于大脑发展的研究。当政府官员理解了高质量的婴幼儿项目的重要性时，他们决定提供经费支持。另一个人补充说：“当经费支出开始减少时，我们就邀请帕特里夏·库尔回来（再进行解释）！”

有时，早期教育的倡导者会在儿童周时带儿童去参观市议会或州立法机构。婴幼儿项目也会邀请当选的官员和机构代表到项目中进行参观。你的第一步是关注候选人对儿童早期问题的看法，然后是投票！

专业发展

作为作者，我们希望你已经具备有关婴幼儿及其家庭，以及如何提供集体照护等方面的夯实的知识基础。这只是你专业学习的开始。我们希望你能留在这个领域，继续成长为一名专业教师。职业的另一个方面是为专业工作者的持续学习与发展提供机会。有很多方法可以帮助你继续学习，如听课、与培训者一起工作、参加专业会议、阅读期刊。本章后面将阐述一些其他的方法。

课程

如果你正在阅读本章内容，很可能你正在接受教育。美国的许多社区提供以婴幼儿学习与发展为重点的课程。《改变 0—8 岁儿童教职工：统一的基础》[14] 这份报告要求为婴幼儿提供服务的人需获得学士学位。然而，他们也认识到，为了让课程对工作人员有价值，薪酬必须大幅提高。

> 大多数投票者认为，幼儿教师应该拥有大学学位，并获得相应的报酬，以提高质量。在这一领域工作的教师同意这一观点[15]。

培训

培训是培训者和被培训者之间的一种持续的关系，他们通过观察、反思和对话来改善教师与儿童和家长之间的关系。在过去的 10 年里，培训作为一种改变早期教育实践的策略越来越受欢迎。显然，教技能并不能使他们实际地应用技能。培训者要和教师一起在教室里，或者和家访人员或家庭托儿所教师一起在家里。在大多数培训模式中，培训者看着被培训者按照已经达成一致的目标或技能进行训练。之后，他们讨论和反思所发生的事情、所观察到的良好实践以及需要改进的方面。

有时，培训是课程的一部分，并将其转化为实践。有时培训集中于一套实践，如课堂评估评分系统[16]中的项目，它阐明了教师应具备的一系列技能。培训可能更注重能力或标准。

会议

美国幼儿教育协会及其州和地方附属机构定期举行论坛、介绍会、会议来提供专门的培训。可以寻找你所在州的美国幼儿教育协会办公室，或者访问美国幼儿教育协会网站，并按名称搜索你所在的州。美国幼儿教育协会在 11 月举办大型的全国会议，在 6 月举办规模较小的专业发展会议。美国 0—3 岁婴幼儿协会在 12 月召开全国会议。

> 在全国早期教育会议开展的第一天，一个婴幼儿项目的婴儿教师杰弗里走到阳光下，他第一次觉得自己像个专业人员。在参加了几次培训后，他觉得自己确实具备了一些与婴儿及其家庭成员交流的专业知识。他对自己选择的职业感到满意。

小型会议可以由州、当地社区或照护机构举办。成为你所在州的美国幼儿教育协会下属组织的成员是获得会议通知的最佳方式。

期刊

专业人员通过期刊分享信息。有些期刊分享许多关于课堂或家访的策略，有些期刊分享研究报告。《幼儿》（*Young Children*）是美国幼儿教育协会的杂志，刊载有关儿童从出生到 8 岁的文章，还附带该组织的成员资格。《对话杂志》（*Exchange Magazine*）为中心管理人员提供可行的策略、实用的建议和接地气的观点，以帮助他们处理每天面临的重大职责和需求。美国 0—3 岁婴幼儿协会发行一本专门针对婴幼儿的杂志。它更多地以问题、研究和项目为主，涉及广泛的领域，包括婴幼儿照护、婴儿心理健康、健康和早期干预。

美国儿童早期发展、教学和学习中心正在提供一项名为“教师资料”的服务，通过智能手机向教师发送基于研究的信息。

你的愿景

> 如果打算从事婴幼儿照护工作，那为什么不创造一个婴幼儿喜欢去、我们也喜欢让他们去的地方呢？与其把我们的眼光放低，为什么不创造一个让孩子每天都感到惊奇、充满活力和欣喜的地方呢？为什么止步于“无害”呢？[17]

作为以理论为基础的反思型专业人员，教师要思考自己对儿童及其家长的期望。你希望通过成为一名婴幼儿教师来影响儿童及其家庭的生活吗？

你的价值观和期望会引导你在实践中做出重要而艰难的决定。如果一个婴幼儿项目的教师每天都在教室里来回走动，忽视对婴幼儿发展至关重要的关系，那么会怎样呢？教师要了解并重视关系的重要性，包括主要照护和持续性照护。与他人共同解决问题，努力让环境变得更加适合于婴幼儿。在任何情况下，你的价值观和期望都是你的行为指南。

不断思考，扪心自问："我想让儿童及其家长过什么样的生活，为他们留下什么样的经验？"

- 我工作的最初目的是什么？
- 我对婴幼儿有什么期望？
- 我对婴幼儿家长有什么期望？
- 我对婴幼儿项目有什么期望？
- 我希望我所在的群体、国家和世界如何促进婴幼儿的最佳发展？

以关系为基础的反思性实践

你个人的人际关系以及与同事的关系将影响你的工作和职业感受。以关系为基础的集体为日常和工作设定了一个积极的基调。反思性监督和指导有助于支持高强度且具有亲密关系的工作。

发展以关系为基础的专业集体

创造具有支持性、启发性的工作场所需要专业人员具备尊重、反思与联系的能力。我们也可以将这些概念应用到专业人员之间的关系中以及他们与儿童之间的关系中。专业人员知道他们可以和谁在一起："要建立一个群体文化和集体意识，我们需要知道我们是谁，我们为什么在这里，并发现我们可以和谁在一起。"[18] 这个过程从尊重开始。

牢记人际关系中的尊重

尊重你的同事包括认可他们的个性。每个人都需要感觉到自己是团队中有贡献、有价值的一员，成人和儿童一样，对情感联结的需求非常强烈。每个人都有自己的优势，可以用不同的方式做出贡献。以下问题解释了尊重团队中的他人意味着什么[19]：

- 在会议上，你善于倾听他人吗？
- 当你不同意别人的观点时，你有多少次是不同意这个想法，而不是这个人，从而鼓励成员分享甚至是不寻常的想法或少数人的观点？
- 通过询问同事对特定项目的意见，你多久能发现他们的特殊才能？
- 如果其他成员错过了会议，你有多少次让他们知道，你为他们错过了会议而感到失望，因为你希望他们对某事发表意见？

- 为了团队的利益，当团队成员提出想法、促进决策或为集体利益而放弃个人利益时，你会经常称赞他们吗？

除了尊重他人的优点，你也可以反思自己作为团队成员的情感和认可需求，以及你如何为婴幼儿项目做出贡献。

牢记关系中的反思

要成为一个以关系为基础的团队成员，你可以问自己："我的沟通技巧是什么？我如何处理冲突？"在和别人交流时，你能清楚地表达自己吗？你会注视着正在说话的人吗？你会等到别人说完话后再回应吗？你的回应习惯是什么？

这里有一些问题可以帮助你反思自己的回应习惯。我们在每个问题后面都添加了与婴幼儿照护这一职业相关的例子。

- 你是否通过回应说话人的感受来表明你在倾听？（"所以，当父母对你大喊大叫时，你会感到不安。"）
- 你是否通过转述内容来检查你对别人所说的话的理解？（"你主要关心的是找时间和维莎的父母谈谈？"）
- 你是否试图通过追问一些相关的问题来深化你对他人刚才所说内容的理解？（"你是说维莎的妈妈对你很生气，因为她认为你和她谈得不够？"）
- 你会先表示同意再表示反对吗？（"关于每月和父母开一次特别会议的重要性，我同意你的看法。我担心的是，我们能找到时间去做这件事吗？"）
- 当意见相左时，你是否尊重对方的想法、分享和冒险精神？（"这是一个有创意的主意，让我们在下次员工会议上和协调员讨论一下。"）[20]

尽管进行了反思并运用了较好的沟通技巧，冲突还是会发生。婴幼儿教师需要紧密合作，有时必须与同事迅速做出决定。你们每天都长时间地在一起，会产生不同的意见，对实践的分歧，以及人与人之间关系的多样性。你和同事如何解决冲突将决定你的工作经历。解决冲突的技巧是你能学到的最重要的技能之一。以下是有助于达成双赢的冲突管理策略。

1. 做好充分的准备

- 充分了解你的位置、兴趣。问："我想要什么？我为什么要它？"
- 思考对方陈述的立场和潜在兴趣。问："他们想要什么？他们为什么想要它？"

2. 积极的方法

- 承认你考虑过对方的需求："我思考过什么对你来说是重要的。你想____，这接近吗？"
- 陈述你双赢的意图："我真的想找到一个让我们双方都满意的解决方案。"
- 为达到双赢的合作许下承诺。

3. 阐明两种观点

- 明确双方意见一致之处："让我们回顾一下我们意见一致的地方。我们都想____，对不对？"
- 澄清分歧："让我们回顾一下我们的不同之处。你想____，我想____，对吧？"

4. 创造多种选择

- 不评估各自的解决方案，但要创造可能性。
- 一起头脑风暴，创造多种可能。

5. 选择解决方案，并在实践上达成一致[21]

有些冲突需要通过寻找信息来解决，而不是通过解析意见。有关婴幼儿健康、安全或情绪健康的冲突，例如，是否抱起哭闹的婴幼儿，就需要依靠信息。你们可以讨论一下关于自己做法的思考，利用你们对儿童学习信任他人和发展自我调节能力的研究和了解。作为一名有伦理道德的专业人员，你必须用科学证据来支持自己的观点，坚持"不伤害他人"和"满足儿童的情感和社会需求"的原则。你可能需要请第三方帮助自己和其他工作人员找出某些实践对儿童和家庭的健康与福祉是至关重要的原因。"让我们一起找出"可用信息的态度能够促成合作学习，它是解决冲突的一种方式。

牢记关系中的联系

通过制定和履行协议的方式与他人建立联系。协议是以协作的方式创建的，它为专业人员如何对待彼此提供了明确的基本价值观。以下是工作人员协议的一些领域，以及当这些协议被破坏时如何应对评判。

1. 我们将以灵活、合作的态度在这里开展工作，思考他人和群体的整体需求，以及我们自己的个人需求。

2. 我们每个人都要承担全部的工作量，包括一些超出工作时间的额外工作（即开家长会、策划及准备活动、做记录、做进度报告等）。

3. 彼此直接、坦诚地沟通。在交往中，我们将得到尊重和感到光荣。

4. 工作中出现的问题和困难，我们不会置之不理，也不会回避。

5. 我们都将被告知影响该中心的重大问题。这些信息将尽快当面交流，并在必要时以书面形式传达。

6. 我们明白，在敏感或困难的问题上可以向项目管理人员寻求帮助。

7. 必要时，我们将使用批评、自我批评的方式确定对协议产生负面影响的态度和行为[22]。

当专业人员的核心价值观被违背时，达成一致是必要的。然而，支持积极的关系，以关心和同情的方式回应他人，通常可以避免麻烦，也能协商出双方都满意的问题解决方案。

“尊重”“反思”和“联系”提醒专业人员，在建立充满关爱的集体方面可以采取哪些重要方法。通过在工作中为自己和他人的幸福而努力，你将关注到家长和儿童之间健康关系的重要性。

反思性监督

卡莉很期待每周和她那位善于思考的上司米娅见面。米娅实际上听了她说的话，并帮助她提高思考问题的能力。卡莉迫不及待地告诉米娅，她和希拉之间的问题，希拉是她班上一个刚学会走路的孩子，她咬了班上最小的孩子卡尔。

“反思性监督是一种专业成长的协作关系，通过重视优势和围绕不足之处展开合作来改善婴幼儿项目的质量和实践。”[23] 合作关系是一种伙伴关系，在这种伙伴关系中，每个人尽其所能地确定所服务的家庭和儿童的优势或解决他们所关心的问题。没有人知道所有的答案。反思性监督要求双方定期讨论，与支持和体贴的伙伴讨论自己的感受和想法[24, 25]。

反思性监督具有三个要素，即规律性、合作性和反思性[26]，关系中的每一个成员都拥有权利。双方对这段关系也都抱有期待，有公开的交流。反思性监督要求相互信任、保密，以及信任被监督者解决自身问题的能力。反思型管理者为大家提供思考的时间和空间，积极倾听（重新表达对方所说和所做的事情）并提出深思熟虑的问题。

反思性监督在婴幼儿照护工作中特别有效。这种关系的强度和亲密度可以让教师和家访人员产生强烈的情感。婴幼儿如此脆弱，有时甚至令人沮丧。有时，家长的行为会使教师感到不安。有时，正是我们自身历史的一部分引发了一场爆发。教师可能想和管理人员谈一谈自己安抚哭闹婴儿的技巧对杰米不起作用，这让他很生气。也许产生这种无助感的原因存在的时间比杰米的年龄都要大。在安静时可以与对这个问题感兴趣的同事一起思考，这个过程可能会令人发现这位教师小时候的哭泣问题，即成人对他的哭声没有任何安慰。他也许会提醒自己，那是很久以前的事了，现在他不再感到无助。第二天，面对杰米的眼泪，他也许就不会那么难以抑制自己的情绪了。

指导和被指导

导师是学生的引导者和榜样，帮助学生发展职业目标。他们能够在信任和保密的基础上与学生建立支持性关系[27]。

导师的职责

导师的职责如下。

- 共享信息。
- 让学生接触适当的资源。
- 分享教学策略及资讯。
- 指导并给出意见。
- 协助学生，如创设教室环境。
- 观察并讨论观察到的情况。
- 促进自我观察和分析。
- 鼓励反思，示范专业精神。[28]

技术提高了导师的能力，使他们能够为新教师和有经验的教师提供改进照护实践的机会。学生可以录下自己的教学过程，与导师一起观看。他们可能会用智能手机捕捉他们觉得特别有挑战性或有意义的时刻。在双方都同意的情况下，学生甚至可以向导师发出问题。

学生的责任

学生有责任参与学习关系。学生要思考自己想学习什么，愿意反思自己的实践，并致力于解决问题以寻求改变和改进[29]。

师生关系建立在信任、保密和承诺的基础上[30]。导师不会评估学生的工作表现，那是项目管理人员的责任。学生和导师必须能够讨论困难的问题和学生正在面对的挑战，而不惧怕报复或审判。当然，唯一例外的是，在关系开始时就必须表明，如果导师怀疑学生忽视或虐待儿童，那么从伦理和法律上讲，导师必须举报可疑的虐童行为。

下面的问题可以用来建立积极的反思性监督和师生关系。如果你是被监督的学生，那么你可以建议导师通过问卷来了解你。

1. 你是如何对婴幼儿的家庭问题产生兴趣的？
2. 你是什么时候进入这个婴幼儿项目的？你在这个婴幼儿项目中担任过什么职务？
3. 你以前在哪里工作？
4. 你的教育背景是什么？
5. 你在目前的职位上工作多久了？
6. 你的工作最棒的地方是什么？工作中，你最不喜欢的是什么？
7. 你觉得在这里工作的真正动力是什么？
8. 如果可以，你会改变工作的哪些方面？
9. 你的长期目标是什么？五年后，你想做什么？
10. 你目前在工作中学到了什么？你在做什么？
11. 你想发展什么技能或能力？[31]

在第 1 章中，我们曾说，我们的目标是让你认识到产前阶段和生命的前 3 年对儿童及其成长多么重要。我们希望，你能对改善婴幼儿及其家长的健康、能力和生活质量有所了解，并拥有工作的热情。

但愿我们已经实现了目标。

本章小结

在本书的结尾，我们圆满地结束了关于高质量婴幼儿照护的探讨。婴幼儿教师是提高质量并保证质量延续的人。本章包括以下各点。

- 婴幼儿照护符合成为职业所必需的大部分准则。专业人员致力于达到赢得他人尊重的标准。早期教育职业标准包括价值观以及专业人员的培养目标。对专业人员来说，了解职业道德准则是很重要的。持续的专业发展包括课程、指导、会议、期刊和专业组织的成员资格。
- 婴幼儿教师和其他年龄阶段儿童教师之间的主要区别在于关系的强度和亲密程度。婴幼儿教师与儿童、家长之间要建立亲密的情感纽带。教师是团队合作中的一员，需要相互尊重、愉快的工作关系。婴幼儿教师需要通过自我认知来管理被婴幼儿唤起的强烈情感。最后，教师应该在这个资金严重不足、至关重要的领域里成为倡导者。
- 3R 方法（尊重、反思、联系）支持以关系为基础的婴幼儿项目。反思性实践包括反思性监督和指导，这两个系统建立在加强关系以改进实践的基础之上。

本书的目的是让你认识到关系、成人与儿童之间回应式互动的重要性，从而使婴幼儿在情感、社会性、认知、语言和运动领域的能力得到最佳发展。希望你能对婴幼儿及其家长的健康、能力和生活质量有所了解，并从中获得热情。

反思与应用

反思的问题

1. 对你来说，早期教育领域日益专业化的好处和弊端是什么？
2. 看到自己所从事职业的实践标准和能力要求，是否会影响你成为一名专业人员的感觉？
3. 婴幼儿教师独有的挑战是什么？
4. 对你来说，以关系为基础的培训、指导或反思性监督有哪些优点和缺点？

观察与应用

1. 为婴幼儿项目设计一份长期规划。
2. 如果团队成员使用了一些你认为对儿童有害的做法（比如不安慰哭闹的儿童），想一想，你对儿童、家长、同事、集体和社会所负有的道德责任是什么？如何向同事表达你的担忧？
3. 给立法者写一封信，说明婴幼儿时期的重要性。

附录　计划指导

计划指导使用说明

儿童个人计划指导

1. 选择使用哪一版本为个体儿童制订计划。第 1 版将反思部分划分成不同的领域，第 2 版的反思部分则邀请教师用一两句话描述儿童的整体发展情况。
2. 选择本周要观察的儿童。如果你在托幼中心工作，那么一个班级的几位教师可以分工观察，明确哪位教师观察哪几个孩子；如果你所在的托幼中心采用主要照护制度，那么每位教师只需要观察自己主要照护的那组孩子；如果你在家庭托儿所工作，那么你可以选择一周观察几个孩子。如果在家庭访问项目工作，那么你作为家访人员可以和家长一起进行观察。
3. 填写“尊重”部分。无论哪一版本，教师都需要撰写逸事记录，使用儿童与教师、同伴、材料、玩具和活动互动的照片，或使用其他记录材料（比如儿童的涂鸦作品）。将这些材料粘贴到这一部分。
4. 填写“反思”部分。你可以与同事、家长一起完成这一部分。在回答“我正在做什么”时，你可以客观地描述“尊重”部分所呈现的儿童行为。在回答“我正在学习什么”时，你可以参照本书第 6 章至第 10 章“发展趋势与回应式互动表”等内容。针对第 1 版，你可以描述儿童正在探索什么或者儿童获得的发展。针对第 2 版，你可以描述儿童正在探索什么和儿童正在想什么。
5. 填写“联系”部分。你可以与同事、家长一起完成这一部分。在这一部分，请描述你将通过什么样的互动以及怎样对环境做出调整，从而回应儿童的探索和发展。
6. 为每个儿童创建一个成长档案袋，并将计划指导放入其中。利用它们反思儿童一段时间内的兴趣变化和发展进步。当儿童升班或者离开婴幼儿项目时，把儿童的成长档案袋送给家长。

小组回应式计划指导

1. 与同事和家长一起制订计划。在婴幼儿项目中，每位教师将自己为个体儿童制订的计划带到团队会议上，大家一起讨论儿童的信息，然后总结儿童探索的概念和发展，从而制订小组计划。你可以利用资源书来获得有关互动、设备和活动的点子，然后选择适宜的活动回应个体儿童和小组儿童的需求。之后，在接下来的一周中提供这样的机会。
2. 填写每月的常规活动计划。

儿童个人计划指导（第 1 版）

儿童姓名：____________________ 时间：____________________

指导人员：____

尊重儿童的情感、努力、目标、学习和关系

撰写观察记录、使用照片或其他记录材料

尊重和反思	联系
我正在做什么？	**你可以做些什么来支持我的发展与学习？** 回应式互动 环境、玩具、材料和活动
我感觉如何？	
我正在学习什么？ 情感和社会性 认知 语言 运动	

儿童个人计划指导（第 2 版）

儿童姓名：________________　　时间：________________

指导人员：____

____

尊重儿童的情感、努力、目标、学习和关系

撰写观察记录、使用照片或其他记录材料

反思

我正在做什么？

我感觉如何？

联系

你可以做些什么来支持我的学习与发展？

回应式互动

环境、玩具、材料和活动

小组回应式计划指导

组内儿童姓名：________________　　时间：________________
指导人员：________________________________
____

尊重和反思
（采用“儿童个人计划指导”中的信息）

联系：满足儿童兴趣和需求的周计划

歌曲 / 手指游戏

故事 / 图书

回应式互动

环境、玩具、材料和活动

家庭经历

特殊活动

小组的一日常规计划

组内儿童姓名：____________________ 时间：____________________
指导人员：____

____

建立关怀型集体：为儿童、家长和教师创建以关系为基础的婴幼儿项目，思考项目中正在发生的事情，以及可能发生的事情。

一日常规	进展顺利之处	我们可以做什么来改善儿童、家长和教师的体验
入托或离托		
进食		
午睡		
换尿布		
如厕		
游戏		
户外		
过渡环节		
其他常规		

参考文献*

第 1 章

1. Erickson, M. F., & Kurz-Riemer, K. (1999). *Infants, toddlers and families: A framework for support and intervention.* New York: Guilford Press.
2. Johnston, M. V. (2009). Plasticity in the developing brain: Implications for rehabilitation. *Mental Disabilities Research Reviews, 15*, 94–101.
3. Center on the Developing Child. (2016). *Toxic stress.*
4. ChildTrauma Academy. (2016). *Brain development and neuroscience.*
5. Spelke, E. S. (2002). Developmental neuroimaging: A developmental psychologist looks ahead. *Developmental Science, 5*(3), 392–396.
6. Thompson, R. A. (2016). What more has been learned? The science of early childhood development 15 years after *Neurons to Neighborhoods. ZERO TO THREE Journal, 36*(3), 18–25.
7. National Scientific Council on the Developing Child. (2010). *Early experiences can alter gene expression and affect long-term development: Working paper 10.*
8. National Scientific Council on the Developing Child. (2010). *Persistent fear and anxiety can affect young children's learning and development: Working paper 9.*
9. Saffron, J. R. (2003). Statistical language learning: Mechanisms and constraints. *Current Directions in Psychological Science, 12*(4), 110–114.
10. Meltzoff, A. N., Kuhl, P. K., Movellan, J., & Sejnowski, T. J. (2009). Foundations for a new science of learning. *Science, 325,* 284–288.
11. Meltzoff, A. N., & Kuhl, P. K. (2016). Exploring the infant social brain: What's going on in there? *ZERO TO THREE Journal, 36*(3), 2–9.

---

* 为了环保，也为了节省您的购书开支，本书参考文献不在此一一列出。如果您需要完整的参考文献，请通过电子邮箱 1012305542@qq.com 联系下载，或者登录 www.wqedu.com 下载。您若在下载中遇到问题，可拨打 010-65181109 咨询。

[illegible]

[illegible]

[illegible]

[illegible]

[illegible]

[illegible]

[illegible]

[illegible]

[illegible]

[illegible]

[illegible]

[illegible]